ETUDES

SUR

L'ÉCONOMIE NATIONALE

DE LA RUSSIE

PAR

W. BESOBRASOF,

MEMBRE DE L'ACADÉMIE IMPÉRIALE DES SCIENCES.

RÉGION (CENTRALE) INDUSTRIELLE DE MOSCOU.

TOME II.
PREMIÈRE PARTIE.

————◦◦◦◦◦————

St. PÉTERSBOURG, 1886.

Commissionnaires de l'Académie Impériale des sciences:

à ST.-PÉTERSBOURG:	à RIGA:	à LEIPZIG:
M. M. Eggers & Co. et J. Glasounof.	M. N. Kymmel.	Voss' Sortiment (G. Haessel).

Prix: 1 R. 20 Cop. = 4 Mk.

ETUDES

SUR

L'ÉCONOMIE NATIONALE

DE LA RUSSIE

PAR

W. BESOBRASOF,

MEMBRE DE L'ACADÉMIE IMPÉRIALE DES SCIENCES.

———

RÉGION (CENTRALE) INDUSTRIELLE DE MOSCOU.

———

TOME II.
PREMIÈRE PARTIE.

————∘∘⧓∘∘————

Sᴛ. PÉTERSBOURG, 1886.

Commissionnaires de l'Académie Impériale des sciences:

à ST.-PÉTERSBOURG: à RIGA: à LEIPZIG:

M. M. Eggers & Co. et J. Glasounof.   M. N. Kymmel.   Voss' Sortiment (G. Haessel).

Prix: 1 R. 20 Cop. = 4 Mk.

Imprimé par ordre de l'Académie Impériale des Sciences.

Mars 1886.   C. Vessélofsky, Secrétaire perpétuel.

Imprimerie de l'Académie Impériale des Sciences.
(Vass. Ostr., 9 ligne, № 12.)

Pour ces études, l'auteur a entrepris dep
sieurs voyages dans la région centrale indu
de Moscou. La description de ces voyages et
vations personnelles faites par lui sur les lieux o
plus grande place dans cet ouvrage. Le premier v
contenait une esquisse géographique et historique de t
la région de Moscou, le Volga de Tver à Nijni-Novgor
et la foire de Nijni-Novgorod. Le II-e volume est consacr
aux gouvernements de Nijni-Novgorod et de Jaroslavl.
Les descriptions de toutes les autres provinces de la région de Moscou (gouvernements de Kostroma, Vladimir,
Moscou, Riasan, Toula, Kalouga, Smolensk et Tver) seront le sujet des volumes suivants. Avant la description
de chaque gouvernement, l'auteur fait de nouvelles excursions dans les localités en question, dans le but de rafraîchir ses souvenirs et ses observations, recueillies dans
les voyages antérieurs.

Janvier 1886.

AVANT-PROPOS.

Le premier volume de ces études a paru en 1883. L'interruption qu'a subie cet ouvrage trouve son explication dans les travaux publiés par l'auteur à l'occasion de l'Exposition artistique et industrielle de Moscou en 1882. Dans le courant des années 1883—1885 il a fait paraître, en langue russe, le compte-rendu détaillé de cette exposition (6 volumes).

La dernière partie de ce compte-rendu, — un aperçu général de l'Exposition, figure comme appendice au présent volume. Cet aperçu, basé sur les observations personnelles de l'auteur à l'Exposition et sur d'autres renseignements recueillis par lui dans ses voyages et à diverses sources, résume les progrès des arts et de l'industrie en Russie pendant le dernier quart de siècle et leur situation actuelle, après les grandes réformes de l'Empereur Alexandre II. Il est donc parfaitement naturel que ce travail entre dans le cadre général des études de l'auteur sur l'économie nationale de la Russie et qu'il soit annexé à cet ouvrage.

Pour ces études, l'auteur a entrepris depuis 1879 plusieurs voyages dans la région centrale industrielle, dite de Moscou. La description de ces voyages et des observations personnelles faites par lui sur les lieux occupe la plus grande place dans cet ouvrage. Le premier volume contenait une esquisse géographique et historique de toute la région de Moscou, le Volga de Tver à Nijni-Novgorod, et la foire de Nijni-Novgorod. Le II-e volume est consacré aux gouvernements de Nijni-Novgorod et de Jaroslavl. Les descriptions de toutes les autres provinces de la région de Moscou (gouvernements de Kostroma, Vladimir, Moscou, Riasan, Toula, Kalouga, Smolensk et Tver) seront le sujet des volumes suivants. Avant la description de chaque gouvernement, l'auteur fait de nouvelles excursions dans les localités en question, dans le but de rafraîchir ses souvenirs et ses observations, recueillies dans les voyages antérieurs.

Janvier 1886.

AVANT-PROPOS.

Le premier volume de ces études a paru en 1883. L'interruption qu'a subie cet ouvrage trouve son explication dans les travaux publiés par l'auteur à l'occasion de l'Exposition artistique et industrielle de Moscou en 1882. Dans le courant des années 1883—1885 il a fait paraître, en langue russe, le compte-rendu détaillé de cette exposition (6 volumes).

La dernière partie de ce compte-rendu, — un aperçu général de l'Exposition, figure comme appendice au présent volume. Cet aperçu, basé sur les observations personnelles de l'auteur à l'Exposition et sur d'autres renseignements recueillis par lui dans ses voyages et à diverses sources, résume les progrès des arts et de l'industrie en Russie pendant le dernier quart de siècle et leur situation actuelle, après les grandes réformes de l'Empereur Alexandre II. Il est donc parfaitement naturel que ce travail entre dans le cadre général des études de l'auteur sur l'économie nationale de la Russie et qu'il soit annexé à cet ouvrage.

TABLE DES MATIÈRES DU TOME II.ᵉ

IV.

Le gouvernement de Nijni-Novgorod [1]) et l'Oka de Nijni-Novgorod à Riazan.

Aperçu général sur gouvernement de Nijni-Novgorod. Son développement historique. Ses conditions physico-géographiques. Son activité commerciale et industrielle. Le degré de sa prospérité. Subdivision en différents rayons. — La ville de Nijni-Novgorod. — Usine de Sormovo. — Le village de Liskovo et la ville de Makarief. Nos villes et nos villages.—District de Séménof et la ville de Séménof. L'industrie des cuillères. Les sectaires. — Gorodetz. — Balakhna. — Usine de M. Ragosine et C-ᵐⁱᵉ. — L'Oka. — Pavlovo et la Vorsma. La petite industrie domestique et les conditions de son existence. — Vorsma.

En continuant le récit de notre voyage par ordre chronologique, nous consacrons ce chapitre à la description de nos excursions dans le gouvernement de Nijni-Novgorod en 1879; ces excursions font suite à la foire de Nijni-Novgorod, retracée dans le chapitre précédent.

---

1) Les travaux littéraires sur le gouvernement de Nijni-Novgorod, les ouvrages *locaux* surtout, sont nombreux et d'un précieux secours dans l'étude de cette contrée. Nous nous bornerons ici a en indiquer les principaux, ayant trait à la description générale du pays. Nous y avons puisé des renseignements précieux qui, joints à nos observations personnelles et aux notions fournies par les habitants mêmes, constituent le chapitre présent. (Les ouvrages se rapportant à quelques localités en particulier seront mentionnés plus tard.)

V. Le dictionnaire Géographico-Statistique de la Société Imp. Russe de géographie. V. III, 1867. («Le Gouvernement de Nijni-Novgorod» et tous les noms géographiques de cette contrée.) *Haxsthausen*, Etudes sur la situation intérieure etc. de la Russie 1847. *Ilovaïsky*, Histoire de Russie, 2 partie, 1880 (Période de Wladimir chap. XVII—XXI). *Zabieline*, Développement du pouvoir monarchique en Russie (Messager historique 1881). Listes des endroits peuplés, édition du Comité Central de Statistique XXV, 1863 (Gouvernement de Nijni-Novgorod; aperçu général.). Travaux de la Commission de l'industrie domestique. *Gatzisky*, Recueil

Nous ferons précéder le récit de nos excursions d'une esquisse générale du gouvernement de Nijni-Novgorod. Nous avons exposé ses conditions historiques et physico-géographiques communes avec celles de toute la région de Moscou (Voy. V. I, ch. I). Ici nous n'indiquerons que les particularités qui distinguent ce gouvernement des autres parties de notre région.

C'est une esquisse tout à fait sommaire et le lecteur ne doit pas s'attendre à une description détaillée du gouv. de Nijni-Novgorod[2]). Nous nous proposons d'indiquer simplement la place du gouv. de Nijni-Novgorod dans la vie générale de la région de Moscou, (décrite dans le V. I au chap. I). Cette esquisse nous permettra aussi de démontrer l'importance qu'ont certaines localités par nous parcourues, relativement au gouvernement entier à toutes les autres parties de l'empire. Nous indiquerons aussi les différents endroits que nous n'avons pas visités et nous comblerons ainsi les lacunes de notre voyage.

Le gt. de Nijni-Novgorod, constitué dans ses limites actuelles depuis 1804, forme dans ces limites une unité presque sans exception[3]) territoriale à part sous le rapport historico-géographique.

<hr>

statistique sur le gouvernement de Nijni-Novgorod 1880. Annales du Comité Central de Statistique (Matériaux sur l'industrie domestique du gouvernement de Nijni-Novgorod). *Victor Ragozine*, Le Volga V. II et III, 1881. Pr. *W. Mestschersky*, Esquisses de la vie sociale moderne en Russie. St. Pétersbourg 1868. Livraison I. Comte *Tolstoy*, Esquisses du Volga 1857. Journal «Le Volga» (articles sur l'industrie du gouvernement de Nijni-Novgorod). *Stukenberg*, Travaux statistiques 1858 (Description du gouvernement de Nijni-Novgorod). *Archimandrite Macaire*, Matériaux pour la géographie et la statistique du gouvernement de Nijni-Novgorod 1858. *Doukhovskoy*, Description statistique du gouvernement de Nijni-Novgorod, Kazan 1827. *Lebédef*, Description de la situation militaire et statistique du gouvernement de Nijni-Novgorod, St. Pétersbourg 1852. *Mitchourine*, Esquisses sommaires de l'histoire du diocèse de Nijni-Novgorod, St. Pétersbourg 1857. Données économiques et statistiques recueillies par les commissions du Ministère des Domaines sur la répartition des impôts. Liv. II, 1857. Les villes de l'empire de Russie. V. III, 1863. Gouvernement de Nijni-Novgorod. (Différentes notions sur le gouvernement en général et sur ses villes en particulier.)

2) Toutes les notions se rapportant au gouvernement de Nijni-Novgorod se trouvent dans les recueils et livres mentionnés dans la note 1. La description complète de ce gouvernement est insérée dans le dictionnaire géographico-statistique, et l'esquisse sommaire dans les travaux de la commission de l'industrie domestique. Liv. II. Nous avons autant que possible évité les chiffres et les matières arides qui auraient pu rendre fastidieuse la lecture de nos esquisses.

3) A l'exception de son extrémité ouest (le long de l'Oka jusqu'au Volga, le

C'est un trait particulier à un nombre restreint de nos gouvernements dont les frontières se sont formées souvent d'une manière accidentelle et artificielle.

Le gt. de Nijni-Novgorod forme *l'extrémite orientale* de la région de Moscou qui est la base fondamentale de l'empire russe actuel et la pierre angulaire de toute notre histoire. (V. ch. I). Telle a été l'histoire de ce gouvernement. De plus, son territoire se trouve au *coeur même* de la partie centrale, la plus animée et la plus peuplée du Volga, entre ses principaux affluents — l'Oka et la Kama — et à la limite du cours supérieur du Volga et de son cours inférieur.

La ville de Nijni-Novgorod, centre administratif ainsi que historico-géographique de tout ce territoire, — se trouve à l'embouchure de l'Oka — principal affluent du Volga, et l'une des rivières les plus parfaitement navigables de la Russie[*]. Le confluent du Volga et de l'Oka est le point le plus important dans *tout le bassin du Volga, car il forme comme un noeud d'où rayonnent les voies fluviales de la plus grande partie de notre empire.* Cette situation topographique du gt. de Nijni-Novgorod sur le Volga et l'Oka constitue l'élément principal de son existence et coïncide avec sa portée historique non-seulement dans la région de Moscou mais dans tout l'empire de Russie. La stérilité relative de ce territoire qui forme comme une bande transitoire ou mixte entre la région agricole de la terre noire (du tchernozème) et la région septemtrionale des forêts et sa proximité des grandes voies commerciales (de l'Oka et du Volga) ont donné l'impulsion à l'activité industrielle de ses habitants.

Telle est l'essence aussi succincte que possible du caractère générale de cette province et de son développement historique.

---

district de Balakhna et la partie occidentale de celui de Gorbatof) faisant partie des terres de Sousdal et de Mourom, de son extrémité Est (le long de la Soura et de la Vellouga) qui appartient à la Bulgarie (voy. plus bas) et peut-être de son extrémité nord-est (près des limites du gouvernement de Viatka) confinant aux colonies de Novgorod et à la région de Viatka.

4) L'Oka est, comme importance, la quatrième rivière de toute la Russie eu égard à la quantité et la valeur des marchandises transportées et la *première* après le Volga, la Kama et le Dnièpre (*Ragozine,* le Volga, T. II, page 20).

Nous indiquerons quelques traits de ce caractère ayant influé sur la vie actuelle de ce pays.

Quoiqu'elle soit de nos jours sous le rapport ethnographique presque tout-à-fait homogène avec toute la région de Moscou et avec son noyau historique primordial — la terre de Rostof-Sousdal, cette contrée est pour ainsi dire de formation toute récente. Le gouv. de Nijni-Novgorod ayant le même sous-sol finnois que les autres parties de cette région a été assimilé par les éléments slaves et s'est russifié beaucoup plus tard qu'elles toutes. Nous y trouvons jusqu'à présent les autochtones finnois — Tchérémisses Mordves et Metcherisky, peuplades entièrement disparues des autres gts., à l'exception de quelques localités de Riazan et de Tver. On peut dire que la terre de Nijni-Novgorod s'est constituée comme colonie de Sousdal presque sous nos yeux.

Pendant toute la période historique antérieure à Pierre I, le territoire du gt. de Nijni-Novgorod avait été le théâtre d'une lutte opiniâtre de la nation russe contre tous les éléments historiques, — européens et asiatiques — hostiles à son développement. C'était comme un champ de bataille où s'opéraient tous les mouvements de notre nation pour conquérir sa puissance et son indépendance politique. On peut dire que la soumission de toute cette contrée au pouvoir, d'abord de Sousdal et Vladimir, et puis de Moscou est la base même de la consolidation de tout notre empire en Orient. Cette conquête nous permit d'asseoir sur des bases solides tant stratégiques que politiques notre extension vers l'Orient. Or ce n'est qu'après avoir étendu notre domination en Orient jusqu'à l'Oural et la Caspienne, que nous pûmes effectuer un mouvement de retour vers l'Occident pour nous mettre en contact avec la civilisation européenne, garantir notre indépendance politique vis à vis des nations de l'Occident, et nous faire rentrer en possession des terres qui nous avaient été prises par les pays occidentaux (la Pologne, la Lithuanie, la Suède). Telle est dans ses traits principaux la grande portée historique du gt. de Nijni-Novgorod.

Cette contrée devint, grâce à sa situation dans la partie centrale du bassin du Volga, la clef d'une occupation de tout ce fleuve. Nous nous emparâmes de cette importante voie de communication entre l'Europe et l'Asie et de sa partie inférieure qui assurait notre prépondérance à l'Est et contribuait à l'approvisionnement des provinces du bassin supérieur où, (sur la terre de Sousdal) à partir du milieu du XII-º s., s'était concentré l'état russe. De plus la Russie septentrionale ayant pris possession de l'embouchure de l'Oka put exercer sa domination sur toutes les autres terres russes arrosées par ce fleuve. Tous les pays de l'extrémité sud-est de la Russie étaient, par l'embouchure de l'Oka, en contact avec son centre politique, et en relations commerciales avec le nord-ouest (Novgorod) ainsi qu'avec les terres lointaines de l'Est. Tant que cette embouchure fut aux mains des étrangers, l'indépendance de la Russie ne fut pas assurée. Aussi est-il tout naturel que pendant plusieurs siècles les efforts de tous les Princes Russes tendirent à la possession du territoire de Nijni-Novgorod, qui ne tomba en notre pouvoir qu'après des luttes sanglantes et acharnées. C'est dans cette contrée que se maintinrent le plus longtemps les peuplades finnoises (Mordves et Tchérémisses). Elles y opposèrent longtemps une résistance acharnée et furent les dernières à s'assimiler aux éléments slaves.

L'énergie de cette résistance avait ici une raison d'être spéciale. Ces peuplades finnoises, d'humeur plus guerrière que les autres, trouvaient un solide appui dans le puissant empire asiatique de Bulgarie. Cet empire fondé de temps immémorial sur les rives du Volga et de la Kama (affluent le plus considérable du Volga après l'Oka) avait été de tout temps hostile à la Russie et prêtait main-forte à tous ses ennemis. On suppose d'ailleurs que ses habitants étaient de la même race mongole (ou Oural-Altaï ou Ougre) que les Finnois.

Dès les débuts de notre histoire politique nous voyons les princes russes (ceux de Kief d'abord et puis ceux de Sousdal), entreprendre des expéditions contre la grande Bulgarie établie dans une position dominante du Volga, entre son cours supérieur et son cours inférieur, et exerçant une influence prépondérante sur le commerce de l'Asie avec l'Europe. Les limites de cet empire, très incertaines et difficiles à préciser, traversaient (le long de la Soura) les parties orientales et septentrionales du gt. de Nijni-Novgorod. Les possessions bulgares (et leurs peuples tributaires les Mordves et les Tchérémisses) s'étendaient bien loin à l'Occident le long du Volga, presque jusqu'à l'embouchure de l'Oka.

A proximité de cette embouchure, sur le Volga, dans le district de Makarief, se trouvait la célèbre ville bulgare, Aschel ou Oschel, élevée comme forteresse avancée destinée à protéger les Bulgares contre la Mordva et la Russie. Les Bulgares ne se contentaient pas de leur domination sur le Volga et faisaient de fréquentes incursions sur les terres russes (de Rostovo-Sousdal, Mourom et Riazan). C'étaient les adversaires les plus redoutables de toute la Russie du Nord-Est.

Toute l'étendue du gt. de Nijni-Novgorod actuel, surtout les parties situées au sud du Volga et à l'est de l'Oka, étaient occupées par les Mordves. Nous trouvons même de nos jours des vestiges de leurs villages le long de la Vetlouga, sur la rive gauche du Volga. Les Mordves (appelés Bourtas par les écrivains arabes) ainsi que leurs tribus principales — Erzia et Mokcha — étaient concentrées sur l'espace entre Nijni-Novgorod et la ville Arzamas (corruption des mots mordves Erzia et Mas), mais s'étendaient bien au-delà des limites du gt. de Nijni-Novgorod. Aussi toute cette contrée avec ses bourgs russifiés fourmille-t-elle de noms géographiques d'origine Mordve ou finnoise. La Mordva gouvernée par ses princes et ses chefs militaires offrait une certaine organisation politique, inconnue aux autres peuplades finnoises (excepté peut-être les Ziriânes et les Permiaks en Biarmie). Située entre la Bulgarie et la Russie, la Mordva avait été toujours hostile à cette dernière. Sa position sur la route militaire et commerciale de la Russie à la Bulgarie (pour le commerce avec la Biarmia et l'Asie) présentait un sérieux obstacle à tous nos projets de conquête de la Bulgarie (remplacée plus tard par l'empire tatare de Kazan) et du Volga. La soumission de cette région pouvait seule nous assurer la victoire et faciliter notre extension à l'Orient. Elle devait aussi mettre fin à la guerre acharnée des princes de Sousdal contre Novgorod, en entravant les relations commerciales de cette ville avec la Mordva et la Bulgarie (par le Volga), et en empêchant les arrivages de blé des terres fertiles du bas Volga.

Les populations russes de Rostovo-Sousdal étaient dans le gt. de Nijni-Novgorod, dans le district de Balakhna, en contact immédiat avec les frontières de la Mordva. Cette dernière localité (le district de Balakhna) avait, de temps immémorial, appartenu à la Russie, et sa ville la plus ancienne (ne présentant qu'un bourg maintenant) — Gorodetz-Rodilov (sur le Volga dans le district de Balakhna) — avait été connue avant le XII⁻° s. et était échue en apanage aux princes Gorodetsky (de la famille des Bogolubsky de Vladimir). Mais la domination de la Russie de Sousdal s'arrêtait aux rives de l'Oka. La lutte des princes russes avec la Mordva et la russification de ce peuple furent constamment entravées et retardées tant que les Russes ne s'établirent pas de pied ferme au confluent de l'Oka et du Volga, et ne prirent pas possession de ce point culminant du cours des deux voies d'eau. C'était le point de réunion des milices des princes de Sousdal, Rostov et Mourom qui de là entreprenaient des expéditions contre les Bulgares, et plus tard contre l'empire de Kazan.

Le grand prince de Sousdal ou de Vladimir, Jouri II, ayant remporté une victoire sur les Bulgares, assura la possession de cet endroit à la Russie en fondant en 1221 sur la rive droite et escarpée du Volga, une ville fortifiée qu'il appela *ville Novgorod basse* — ou *Nijni* (c'est-à-dire du bas Volga). La construction de cette ville fortifiée sur le sol même des Mordves et sur le seuil de la Bulgarie inaugure une nouvelle ère dans notre histoire et contribue à la russification de ces pays. Le nom donné à cette ville indique d'une manière évidente l'importance qu'on y attachait et les espérances qu'on fondait sur elle. D'ailleurs les princes de Sousdal ne furent pas déçus dans leur attente. Novgorod, dite la ville princière de Novgorod, devait inspirer non seulement le respect aux barbares de l'Orient, mais elle s'imposa comme un adversaire fier et redoutable à la Novgorod républicaine du Nord qui dominait le bassin supérieure du Volga et tenait toutes les forces princières en échec pendant des siècles. Cette puissance de Nijni-Novgorod était due surtout à sa position exceptionellement favorable au centre de toutes les relations commerciales, au point culminant du Volga qui avait toujours été une des conditions essentielles du commerce avec Novgorod — cité la plus riche, la plus importante et la plus ancienne de toute la Russie du Nord. En parlant de l'importance de cette ville pour toute la Russie nous tenons à rappeler que toute une partie de Nijni-Novgorod reçut le nom de Petchora (on y bâtit dans la suite le monastère de Petchora), et que l'un des affluents de l'Oka fut appelé *«Potchainoy»*. Ces dénominations furent données en mémoire de Kief «mère des villes russes» cité la plus importante de la Russie méridionale, qui se trouvait à cette époque en relations de parenté avec la Russie septentrionale. Ainsi Nijni-Novgorod fut comme le point de fusion de ces deux parties de l'Empire, du midi et du Nord. Comme situation pittoresque, Nijni-Novgorod est considérée comme la plus belle ville de la Russie après Kief à qui elle cède le pas sous ce rapport. Malgré sa position périlleuse d'avant—poste, sur le passage de nos ennemis qui la dévastèrent et la saccagèrent durant plusieurs siècles, Nijni-Novgorod justifia les effort et sl'espoir de ses fondateurs. Elle se peupla rapidement, développa son commerce, et devint dès le commencement de notre siècle le plus grand marché du monde.

De même que Nijni avait été placée à l'Orient comme un avant-poste de Sousdal, de même sa foire sert maintenant de station au commerce de Moscou avec le même Orient, la prépondérance de Sousdal ayant passé à Moscou.

Nous croyons pouvoir mentionner dès à présent le rôle prépondérant que Nijni est appelée à jouer dans le commerce avec l'Orient, quand, conformément à ses destinées historiques et naturelles, elle sera reliée par un chemin de fer avec la Sibérie. Mais malgré son activité commerciale, cette ville, élevée sur la limite extrême de la Russie et exposée à toutes les attaques des ennemis de l'extérieur et de l'intérieur, fut longtemps considérée comme simple avant-poste (ville-forte). Son Kreml (fort) armé lui prêtait le caractère d'une véritable forteresse. Cet état de choses dura jusqu'à Pierre le Grand qui, le premier, ordonna de la désarmer.

Nijni-Novgorod faisait, ainsi que Gorodetz-Rodilof, partie des principautés de Sousdal et de Vladimir. Dès la seconde moitié du XIII-e s. elle forme avec sa dépendance, le bas Volga, (située sur l'emplacement du gt. de N. Novgorod actuel) l'apanage particulier du prince André Jaroslavitch qui le reçut de son oncle le grand-prince de Sousdal (ou de Vladimir) — ancêtre d'une souche particulière des princes de Sousdal — Nijni-Novgorod. A sa mort, cet apanage échut au fils d'Alexandre-Nevsky, — André. Pendant tout un siècle, les luttes intestines des princes firent passer Nijni-Novgorod tantôt au pouvoir des princes de Sousdal et tantôt à celui des princes de Moscou.

L'autonomie de très courte durée de cette terre remonte au règne du prince de Sousdal — Constantin Vassilievitch qui, ayant reçu du khan l'investiture (*iarlikh*) (lettres patentes) confirmant ses pouvoirs dans la Grande-Principauté Sousdal Nijni-Novgorod — fixe pour capitale Nijni-Novgorod et étend sa domination sur tout ce gouvernement de la rive droite du Volga jusqu'à la Soura. Ce prince est surtout connu par les efforts qu'il fit pour coloniser cette contrée en y établissant, sur les débris des colonies mordves, les habitants de Sousdal et d'autres terres russes. Depuis la fondation de Novgorod, l'activité de tous les princes est dirigée vers cet objectif. En 1394, le g. prince de Moscou Vassily Dmitrievitch (soutenu par le khan tartare Tohtamich) s'empare de Nijni-Novgorod, fait prisonniers ses princes, et annexe cette contrée à son état en y mettant pour gouverneurs des princes de Moscou. Les princes de Gorodetz et les descendants de ceux de Nijni-Novgorod (de Constantin Vassilievitch) tentèrent plusieurs fois de détacher cette terre de Moscou. Ainsi en 1412 l'un de ces descendants — Daniel Borissovitch, s'empara (avec l'aide du Sultan Zeleni) de Nijni et y régna cinq ans; au bout de ce temps il abdiqua volontairement en faveur du gr. prince de Moscou, et depuis lors ce pays perd définitivement son autonomie et entre dans la principauté de Moscou.

Cette esquisse succincte de l'histoire politique de la terre de Nijni dans sa première période, nous montre l'étroite connexité entre ce territoire et celui de Sousdal et puis de Moscou. Elle nous fait voir les éléments hostiles et hétérogènes qui s'y sont fondus, et la lutte opiniâtre et sanglante dont elle a été le théâtre.

Les premières tentatives faites pour rétablir l'ordre dans la contrée et la pacifier se rapportent à la fondation de Nijni-Novgorod dans les premiers années du XIII-° s. C'est de cette époque que datent la russification et la civilisation des turbulentes et sauvages peuplades finnoises. On procéda par la colonisation, la propagation de l'évangile et le développement du commerce. Mais la Mordva, animée d'un farouche ressentiment pour notre domination, nous fit payer cher sa soumission. Les guerres et les révoltes ouvertes des populations Mordves éclataient de tous côtés et, alimentées et appuyées par les bartares, durèrent jusqu'à l'établissement du pouvoir des czars à Moscou (même au-delà).

Mais, bientôt après la fondation de Nijni nous voyons surgir un adversaire plus redoutable que les Mordves et les Bulgares et qui, venu d'Asie, nous fit complètement renoncer à la conquête de la Bulgarie. Nous voulons parler des Mongols ou Tatares dont la première apparition remonte à 1224, trois ans après la construction de Nijni. En 1239 ces barbares firent une première incursion dans le pays, le mirent à feu et à sang et saccagèrent plusieurs fois N.-Novgorod. Ces invasions durèrent trois siècles, jusqu'à ce que le joug mongol fût définitivement secoué. En 1445 Oula-Makhmed pilla pour la dernière fois Nijni qui fut encore plusieurs fois assiégée par les Tatares de Kazan (en 1506, 1520 et 1536).

Le puissant empire de Kazan qui remplaça et absorba la Bulgarie, se constitua sur la frontière même du gt. de Nijni-Novgorod. Aussi n'y a-t-il pas lieu de s'étonner que la terrible lutte entre Moscou et Kazan pesa de tout son poids sur ce pays et lui en fit sentir toutes les terribles conséquences. Il servait d'objectif à toutes les attaques de l'empire de Kazan, et de base aux opérations militaires dirigées contre cette ville par les princes Jean III Vassiliewitz et l'empereur Ivan IV. La conquête de l'empire de Kazan (1552) et de l'empire d'Astrakhan (1557) enleva à Nijni-Novgorod son caractère d'avant poste situé sur les frontières de l'Asie. La chute de ces deux puissants états lui permit de relever les murs de ses villes et de participer à une organisation politique générale. Les incessantes invasions tatares et la proximité de l'empire de Kazan ajoutèrent aux populations autochtones finnoises un élément tatare.

Nous voyons que cette terre fut non-seulement le théâtre de la terrible lutte entre les Russes et les peuplades asiatiques, mais qu'elle supporta encore tout le poids des guerres intestines entre les princes. Il se passa bien du temps avant qu'elle pût être pacifiée. Elle eut à réprimer les révoltes locales de la Mordva et à subir les désastreuses conséquences des troubles de l'époque, à ressentir le contre-coup des désordres provoqués par l'apparition des usurpateurs au commencement du XVII°·siècle, (les habitants de Balakhna se joignirent aux faux Démétrius et assiegèrent Nijni en 1608) et à repousser les Cosaques qui vivant de rapine rôdaient dans tout l'empire et remontaient le Volga jusqu'a Nijni-Novgorod. Sa position centrale sur la grande artère commerciale de la Russie lui valait l'affluence de capitaux et de forces, mais l'exposait en même temps aux attaques de tous les ennemis de la nation russe. La première agression des flibustiers de Novgorod se perd dans la nuit des temps, et la dernière (du côté opposé par le bas Volga) fut celle des brigands de Stenka Rasine sous le règne d'Alexis Mikhaïlovitch.

Mais l'esprit national s'était développé et fortifié en raison directe de l'acharnement et de la violence des guerres que la Russie livrait pour son autonomie. Les collisions fréquentes et les relations tant guerrières que pacifiques et commerciales des Russes avec les étrangers contribuèrent beaucoup à la russification de ces derniers. Au moment le plus critique de l'existence de l'empire russe (dans l'interrègne) cette limite extrême du territoire devient le foyer d'un mouvement profondément national qui pacifie la contrée, répare les désastres, repousse l'ennemi et régénère totalement la Russie. En 1611 un simple bourgeois (boucher) de Nijni adresse un appel au peuple, qui se lève en masse à sa voix et s'unit pour la même cause — le salut de l'empire. Les habitants de Nijni et leurs milices se mettent (d'après les documents du temps) à la tête de ce mouvement et forment «une assemblée populaire pour l'unification de l'empire de Moscou et l'élection d'un czar russe au trône de Moscou».

Ainsi cette ville, érigée par les princes de Sousdal, qui jetèrent les premiers germes de l'unification autocratique de l'état russe par la supression du pernicieux système des apanages, cette ville opposée comme un rempart à tous les ennemis de la Russie accomplit solennellement quatre années plus tard sa mission historique. Elle s'arme non seulement contre l'ennemi du dehors, mais contre les rebelles voulant renverser le pouvoir autocrate auquel elle doit son origine et prend l'initiative dans l'établissement d'une nouvelle dynastie régnante. Organisée par les princes sur des bases toutes nouvelles, en opposition à l'ancienne Novgorod dont le gouvernement républicain s'était laissé aller à tous les débordements et à tous excès, — Nijni manifeste pourtant en elle l'ancien esprit russe, transplanté ici par les émigrés de Novgorod et de Sousdal. Elle reste fidèle à son prototype (Novgorod du Nord) dans les traditions de sa vie publique. Le signal de ce soulèvement populaire est donné en 1611 a Nijni dans une assemblée du peuple (Wetche) et il se transmet rapidement par l'entremise de cette assemblée dans toutes les villes de la terre russe. Fondée à l'époque transitoire entre l'ancienne Russie des assemblées populaires et des autonomies locales et la nouvelle Russie autocrate, Nijni-Novgorod nous offre un exemple de la conciliation de ces deux éléments politiques et de leur commune entente aux époques les plus critiques de notre histoire.

Ce fut le dernier évènement politique et militaire du gt. de Nijni-Novgorod. Dès lors elle se livre entièrement à une activité paisible, au commerce, à l'industrie, et fait de sa foire le centre de tout le commerce intérieur de la Russie et du commerce de l'Europe avec l'Asie.

Nous jugeons inutile de suivre les différentes phases administratives du gt. de Nijni-Novgorod. Nous passerons les diverses modifications de son régime gouvernemental et ses nombreuses transformations d'une unité territoriale à une autre. En 1804 il s'établit dans ses limites actuelles, presque conformes aux frontières de la Mordva que nous avons retracée plus haut.

Il ne nous reste qu'à mentionner un seul fait historique des temps modernes. Les réformes ecclésiastiques du patriarche Nicon au XVII-° siècle provoquent une migration des vieux-croyants (rasskolniky) et de divers sectaires dans les espaces boisés de la partie Nord du gt. de Nijni-Novgorod (sur la rive gauche du Volga dans les districts de Séménov et de Makarief). Ces régions ont été les dernières à se peupler. Les épaisses forêts recouvrant ces espaces servirent d'abri à de nombreuses communautés de sectaires professant différentes doctrines. De là ils se répandirent dans tout le gt. de Nijni-Novgorod.

Toute cette vie historique plusieurs fois séculaire de la terre de Nijnii-Novgorod est remplie d'un mouvement incessant de luttes, de collisions et de rapprochements des peuples de toutes les nationalités, parlant différentes langues et appartenant à diverses religions depuis le paganisme des Finnois, et l'islamisme des Tatares jusqu'à l'orthodoxie chrétienne. Les hauts faits et les grands événements non-seulement de l'histoire russe, mais de l'histoire universelle (comme la conquête de l'empire de Kazan, dernier rempart des Mongols) se sont passés sur cette terre; aussi sa vie historique ne pouvait manquer d'exercer une puissante influence sur le développement économique et intellectuel de sa population. Il y avait certains moments dans l'histoire de ce pays où les destinées historiques de toute notre nation s'y concentraient et s'y déroulaient. Aussi n'y a-t-il pas lieu de s'étonner que les princes de Nijni-Novgorod conçurent l'audacieux projet de mettre cette terre et sa capitale à la tête de tout l'empire russe. Même de nos jours la position géographique particulière de Nijni, liée aux grandes traditions de l'histoire inspirait la même pensée et désignait cette ville comme la capitale naturelle de la Russie. Cette idée s'impose d'elle-même à toute personne qui visite ces lieux pendant la foire annuelle de Nijni-Novgorod, quand le pouls de la vie universelle y bat avec une intensité inconnue à toute autre localité russe, quand on y voit la réunion la plus nombreuse des représentants de tous les pays de la Russie d'Europe et de l'Asie, quand enfin, des hauteurs des murs de cette ville ayant essuyé toutes les tempêtes de notre histoire, l'oeil du spectateur embrasse le tableau le plus grandiose et le plus vaste de toute la Russie. Les impressions, les sensations et les idées assaillent le voyageur et nous croyons qu'il est impossible de ressentir quelque chose d'analogue dans n'importe quel autre endroit de la Russie. Le trait saillant de ce tableau consiste dans ce qu'il nous offre une union de tout notre passé et de tout notre présent; la pensée ne peut nulle part, sous les impressions d'un paysage, prendre son essor aussi loin et parcourir de si vastes espaces de notre patrie. Tout autour (dans la ville même), sur les montagnes où furent posées les premières assises de la ville, se pressent les souvenirs de l'ancienne Russie de Moscou, de Sousdal et de Kief. Plus bas, au confluent des deux rivières les plus importantes de la Russie,

se concentre et bouillonne toute la vie commerciale et industrielle
de la Russie moderne recevant chez elle le monde entier. Le
cours des eaux que l'oeil peut suivre sur une immense étendue,
les navires qui s'y pressent, et les marchandises apportées de tous
les coins de la Russie — tout cela transporte notre pensée à tous
les confins de notre patrie, par l'Oka jusqu'à la Petite-Russie,
par le Volga — en amont jusqu'à la Baltique, et en aval jusqu'à
la Caspienne, par la Kama jusqu'à l'Oural et la limite Nord-Est.
Et le prodigieux attroupement de la foire grouille en bas au confluent des deux fleuves et fait voyager notre esprit dans tous les
coins de l'univers, bien au-delà des frontières de la Russie. L'impression immédiate produite par la vue des immenses prairies et
forêts qui s'étendent au-delà du Volga, évoque en nous le souvenir des «bois» qui se déroulent sur un espace infini au Nord, jusqu'aux rives de la Baltique et de l'Océan glacial. . . .

Toute cette vie historique, agitée et guerrière du gt. de Nijni
et surtout ce déplacement continuel sur son territoire de peuples
et de nations, devaient exercer une puissante influence sur la culture intellectuelle et particulièrement industrielle de ses habitants[5]). Le caractère de cette vie historique impliquait naturellement une forte propulsion du commerce, qui s'y est révélée de
temps immémorial et s'est maintenue jusqu'à nos jours. Outre la
foire universelle, transportée de Kazan dans le gt. de Nijni-Nov-

---

[5] Si le développement intellectuel de la population de Nijni-Novgorod
(comparativement aux contrées des steppes), n'est pas aussi élevé qu'on aurait dû
s'y attendre, après une vie historique aussi orageuse et aussi tumultueuse et s'il est
inférieur à celui des autres gouvernements de la région de Moscou (Vladimir, Jaroslavl, Moscou et Tver) ce fait doit être attribué à l'existence dans ce pays de
colonies tatares et finnoises qui, quoique russifiées, n'ont pas été tout à fait assi-
milées par les Russes (dans les premiers temps de l'histoire). Les capacités intellectuelles innées de la race mongole (de Ouralo-Altaï ou touraniennes) sont infiniment inférieures à celles de la race arienne à laquelle appartiennent les Slaves.
Le niveau intellectuel peu élevé du peuple du gouvernement de Nijni (comparativement aux gouvernements de Moscou et de Tver) s'explique aussi en partie par
le manque d'écoles primaires, dont le nombre y est de beaucoup moindre, que dans
les gouvernements de Moscou et de Tver. (En 1879 le gouvernement de Nijni-
Novgorod n'en avait que 365, tandis que Moscou en comptait 700 et Tver 548.)
Cependant le nombre des écoles de Nijni s'accroît tous les jours et d'après le rapport (en 1879) du directeur des écoles primaires, Mr. N. N. Ovsiannikof, influe
d'une manière bienfaisante sur les conditions morales et intellectuelles du peuple.

gorod, d'abord à Wassili-Soursk, puis à Makarief (au monastère de Jeltovodsk) et enfin à Nijni-Novgorod [6]) tout ce gouvernement a été de longue date le théâtre d'une activité commerciale permanente servant d'intermédiaire entre l'Ouest et l'Est (Asie et Europe) et en partie entre le Sud et le Nord (entre les steppes de tchernozème et les contrées septentrionales du trans Volga et les pays septentrionaux les plus éloignés des côtes de la Mer Blanche et de l'Océan Glacial). Quoique ce soit principalement un commerce de transit, pouvant se passer des agents et de capitaux locaux, cependant il anime et enrichit plusieurs localités du gouvernement, car bon nombre de ces villes et de ses habitants y prennent considérablement part. Toute l'étendue du gt. de Nijni (sur toute sa partie occidentale) avait été dans le temps les plus reculés de notre histoire, et même à l'époque préhistorique (c'est-à-dire avant le commencement de notre histoire politique) le lieu de croisement de nombreuses voies commerciales, qui s'y rencontraient outre le Volga et l'Oka et rayonnaient de l'Ouest à l'Est et du Sud au Nord, comme cela a été indiqué plus haut dans l'esquisse historique. Il faut remarquer que, vu la nouvelle extension du commerce et de l'industrie de nos jours et vu ses conditions et exigences actuelles, le développement du commerce de transit de ce gouvernement a été dans ces derniers temps paralysé par une raison majeure. Le fait est que le réseau de nos voies ferrées dans sa direction vers le Nord-Est et la Sibérie sur la ligne principale des voies de tout l'empire s'arrête brusquement, et d'une façon tout à fait anormale, à Nijni-Novgorod. Les réclamations incessantes et les instances réitérées de notre monde commercial dans ces vingt dernières années n'ont abouti à aucun résultat [7]) et la Sibérie s'est éloignée des centres de la Russie à des distances infiniment plus grandes que du temps de Jean le terrible (comparativement à la rapidité des communications des autres contrées, jouissant du privilège des voies ferrées)

---

6) Voyez l'appendice VII au Tome I (chap. I esquisse historique de la foire de Nijni-Novgorod).

7) Voyez les articles de *Gatzisky* et d'*Ovsiannikof* «sur l'importance de la ligne de Sibérie» dans le recueil de Nijni-Novgorod, Tome V. 1871.

tandis que dans d'autres localités on construisait des chemins de fer presque inutiles, situés sur des lignes parallèles se faisant concurrence. Tout le commerce du gt. de Nijni-Novgorod, et par conséquent tout notre commerce avec l'Orient et l'Asie, auraient énormément souffert de cet état de choses, si nous n'avions pas comme compensation les voies fluviales, dont ce pays est si abondamment pourvu.

La russification et la civilisation de ce pays, et par suite la russification et la civilisation de tous les pays de l'Est et du Nord-Est, doivent être attribuées non-seulement aux guerres que la Russie et les princes faisaient à ce gouvernement, mais aussi au commerce et à la prédication de l'Evangile entreprise par des hommes pieux de l'église orthodoxe (ou grecque). Ces missionnaires, dont le plus célèbre est Makarii (Macaire) de Jeltovodsk [8]) étendaient vers l'Orient leurs conquêtes pacifiques et les consolidaient par l'organisation de communautés et la construction de couvents. Le gt. de Nijni-Novgorod se distingue par une quantité considérable de monastères dont le nombre monte à 21. Il y en a qui sont très anciens (comme celui de Petchersky à Nijni-Novgorod) et d'autres célèbres par leur activité (les communautés de femmes à Arsamas [9]). Quant à l'importance que les monastères ont sous différents rapports pour notre économie nationale, il faut surtout mentionner le fait que ces agglomérations de pélerins en ont formé comme des centres commerciaux de l'ancienne Russie. Car c'est ordinairement à proximité des couvents que s'organisaient les foires qui existent encore de nos jours. Il faut citer sous

---

8) Voyez plus loin dans la description de Makarief et dans l'appendice VII au Tome I (chap. I).

9) Nous avions grande envie pendant nos voyages de faire plus ample connaissance avec le côté économique de nos couvents dont plusieurs ont été visités par nous (ainsi que nous l'exposerons ultérieurement) et de recueillir entre autres des données précises sur leurs revenus et leurs dépenses imparfaitement connus même au St. Synode. Mais la réalisation de ce désir a été entravée par des obstacles insurmontables. Lors de notre voyage au gouvernement de Nijni-Novgorod, nous avons pu rassembler, grâce à l'attention bienveillante de Monseigneur Macaire, evêque de Nijni-Novgorod et d'Arsamas, quelques notions statistiques sur les monastères. Cependant elles sont trop incomplètes pour que nous puissions en tirer des conclusions sur la situation financière des couvents. Nous n'avons pas renouvelé ces tentatives dans les autres gouvernements.

ce rapport le monastère de Makarii ou de Jeltovodsk qui donna naissance à la grande foire de Makarii (actuellement de Nijni-Novgorod). Le gouvernement de Nijni-Novgorod a encore sous ce rapport une autre particularité d'une portée considérable dans notre industrie. Il compte au nombre de ses couvents cinq communautés de femmes s'occupant de divers travaux industriels, dont les produits sont même mis en vente. La plus célèbre de ces communautés est celle d'Alexéievsk à Arsamas [10]).

Le facteur primitif naturel et particulièrement puissant ayant activé le développement tant industriel que commercial et historique de cette contrée est sa situation topographique *intermédiaire*, entre l'Orient et le centre historique de l'empire, entre le Nord et le Sud, les terres agricoles du tchernozème et les régions boisées et manufacturières de la Russie. Cette situation avait été déterminée avant tout par une cause naturelle dominante; c'est-à-dire par le confluent du Volga et de l'Oka. Ces eaux, ayant eu une influence civilisatrice dans l'histoire des Slaves d'Orient qui, éloignés de l'océan, vivaient au fond du continent européen, — ont été à juste titre appelées les mers de ces Slaves, leur signification étant identique à celle des mers des peuples occidentaux de l'Europe. Nous nous sommes d'ailleurs suffisamment étendu plus haut sur ce sujet. Parmi les nombreux ports qui sont situés sur ces deux voies d'eau dans les limites du gouvernement de Nijni-Novgorod et qui servent non-seulement à la navigation, mais aussi à différentes opérations commerciales s'y concentrant, il y en a qui (excepté le port principal de Nijni-Novgorod au confluent de l'Oka et du Volga) ont une portée non-seulement locale, mais universelle dans tout le commerce (des céréales principalement) international. (Tel est le cas de Lisskovo). Les autres rivières (affluents du Volga et de l'Oka) dont ce gouvernement est richement doté, contribuent à la navigation sur ces deux principales artères fluviales.

Mais, outre ce facteur naturel de l'économie nationale et tous les autres éléments physico-géographiques plus ou moins identiques aux autres parties de la région de Moscou (décrites par

---

10) *Haxthausen* en a parlé longuement dans ses Études etc. T. I, p. 274.

nous dans le Tome I, chap. 1), nous devons encore indiquer quelques autres particularités physiques ayant leur valeur économique.

Le trait le plus caractéristique, exclusif dans toute la région de Moscou, est le sol de *tchernozème* ou de la terre noire. Il apparaît au Sud du gouvernement de Nijni-Novgorod et en recouvre une notable partie, un tiers environ de toutes les terres arables de ce gouvernement) — toute la partie Sud-Est, (à une profondeur de 3 pieds dans les districts de Sergatch et Loukoyanof et une certaine partie du district de Kniaguinine) et pénètre en bandes étroites et sous forme d'îlots même dans la partie Sud-Ouest (dans les districts de Gorbatof et Ardatof). Il est vrai que les parties infiniment plus vastes des gouvernements de Riazan et de Toula, attenantes à la région industrielle de Moscou, sont couvertes de tchernozème, mais les parties de tchernozème de ces deux gouvernements sont purement agricoles et nous les excluons de notre région, tandis que nous y comprenons tout le gouvernement de Nijni-Novgorod. Le fait est, qu'en dépit du développement de l'agriculture général à tout ce gouvernement, à l'exception seulement de ses parties les plus stériles, surtout les espaces boisés du Nord, d'au-delà du Volga (dans les districts de Séménof et Makarief) outre quelques localités commerciales et industrielles et malgré un développement excessif de l'agriculture dans certaines parties du gouvernement, (principalement dans celles qui sont recouvertes de tchernozème dans les districts de Sergatch, Loukoyanof et Kniaguine), toute la population du gouvernement de Nijni-Novgorod joint aux occupations agricoles un esprit industriel qui lui est inhérent. Cette union de l'activité agricole et industrielle est commune à tout le gouvernement, et forme le trait caractéristique qui le distingue des autres contrées de la région de Moscou et particulièrement des gouvernements limitrophes (de Moscou et de Vladimir).

Quoique le sol de ce gouvernement soit relativement peu fertile exceptées les localités de tchernozème et quelques autres tous ses habitants, à très peu d'exceptions près, s'occupent d'agriculture. Cette tendance est historique [11]). Cependant la population,

---

11) L'œuvre la plus sérieuse sur l'économie rurale du gouvernement de

même des parties les plus agricoles du pays (par ex. des districts de Kniaguine et Loukoyanof), s'est de tout temps adonnée, avec un penchant historique non moins prononcé, à différents métiers auxiliaires hors de la maison et à domicile [12]). Quoiqu'en général la quantité de céréales produite par le gouvernement soit insuffisante à son alimentation, et bien que l'existence de ses habitants ne soit pas assurée par l'agriculture seule, toujours est-il que certaines parties de ce gouvernement produisent du blé en abondance et l'exportent non-seulement dans les autres localités de ce gouvernement, mais dans d'autres gouvernements. C'est un fait excessivement rare dans la région industrielle de Moscou, et presque inconnu dans cette contrée, excepté dans certaines parties des gouvernements de Tver et de Kalouga. Vu cette diversité du sol et d'autres conditions économiques, le gouvernement de Nijni-Novgorod offre une très grande variété sous le rapport de la productivité agricole. Les localités les plus productives ayant une abondance de grains, et pouvant même en exporter, se trouvent sur les terres de tchernozème des districts de Kniaguine, Sergatch et Loukoyanof. Les localités moins productives, mais ayant des céréales en quantité suffisante et quelquefois même dusuperflu se trouvent dans les districts d'Arsamas, de partie de celui d'Ardatof et dans une portion celui de Vassil-Soursk (sur la rive droite du Volga). Les districts de Nijni-Novgorod, Gorbatof et partie de celui d'Ardatof produisent ordinairement une quantité de grains suffisante à leur alimentation, mais en manquent quelquefois. Enfin les localités incapables de se nourrir et ayant toujours recours à l'achat sont les districts de Balakhna, de Séménof et les parties d'audelà du Volga des districts de Makarief et Vassil-Soursk. Tout cet espace forme cependant la plus petite partie du gouvernement.

Nijni-Novgorod et qui traite cette question à fond est due à la plume de notre statisticien *Gatzisky*. Elle est intitulée: Matériaux pour l'étude de l'alimentation et du commerce des grains du gouvernement de Nijni-Novgorod. (Recueil de Nijni-Novgorod T. V, 1875.) Nous puisons en partie à cette source, tout en bornant nos remarques sur l'agriculture du gouvernement de Nijni aux notions les plus urgentes.

12) Voyez plus bas les causes de leur développement.

13) Voyez pour le district de Loukoyanof les articles de Mr. Roussinof dans le recueil de Nijni-Novgorod.

2*

Certaines localités de cette dernière catégorie du district de Séménof récoltent si peu de blé que le paysan n'en a que pour 2 ou 3 mois. Nous pouvons conclure de l'esquisse précédente que, sous le rapport de l'agriculture (et conséquemment sous le rapport des conditions générales de la prospérité de la population), le gouvernement de Nijni-Novgorod est loin de se trouver dans une position aussi désastreuse qu'ont bien voulu le dire certains écrivains pessimistes (voyez plus bas) [14]. Bien au contraire, il se trouve même dans une situation très favorable, comparativement aux autres gouvernements de la région de Moscou, car il ne faut pas perdre de vue que le gouvernement de Nijni-Novgorod est situé sur la voie principale du transport des céréales, que ses parties les moins fertiles se trouvent à proximité de nos régions les plus riches en blé, et qu'enfin l'agriculture y est unie à une activité industrielle et commerciale tout aussi développée que dans les autres gouvernements de notre région.

Une autre condition naturelle qui joue un rôle prépondérant dans l'industrie gît dans la *richesse forestière* de ce pays. Les forêts commencent dans sa partie septentrionale (dans les districts de Séménof, Makarief et Vassil-Soursk), sur la rive gauche du Volga, et s'étendent sur un immense espace vers le Nord. Elles se sont conservées aussi dans d'autres localités de ce gouvernement, sur la rive droite du Volga (quoique toute cette partie soit appelée *«les montagnes»* pour la distinguer de la partie située sur la rive gauche, appelée *«les bois»*) [15]), et même dans les localités les plus industrielles. Il est vrai que de nos jours on a beaucoup déboisé ces contrées, mais d'après les calculs les plus récents, un tiers ($\frac{1}{3}$) du territoire de tout ce gouvernement est encore couvert de forêts. Il n'y a pas un seul gouvernement de la région de Moscou qui soit aussi riche en forêts. Bien que le gouvernement de Kostroma en soit presque aussi abondamment pourvu, ses localités manufacturières sont totalement déboisées et les forêts ne se trouvent que dans les parties éloignées (au Nord) des centres commerciaux.

---

14) Voir l'article de Gatzisky mentionné plus haut.
15) Voir les célèbres ouvrages de P. I. Melnikof «Dans les forêts» et «Dans les montagnes».

Outre ces principaux facteurs naturels, le gouvernement de Nijni-Novgorod jouit d'une autre condition naturelle importante. Nous voulons parler de l'existence de métaux (minerai de fer, gypse, albâtre, terre glaise pour la poterie a. d. s.), qui se trouvent dans plusieurs de ces localités et fournissent des matériaux à différentes branches de l'industrie.

Tous les éléments physiques et historiques précités ont non-seulement déterminé l'activité commerciale de Nijni-Novgorod, mais ont prêté un caractère industriel particulier à tous ses habitants et même, à très peu d'exceptions près, à toute la population des villages [16]). Ce caractère industriel gît bien moins dans les fabriques et usines, quoique ces dernières s'y multiplient dans ces derniers temps, (tout en y étant en nombre plus restreint que dans d'autres gouvernements de la région de Moscou ceux de Moscou, Vladimir, Kostroma et Sousdal); que dans les métiers hors de la maison et surtout dans la petite industrie domestique, pratiquée par toute la population du gouvernement de Nijni-Novgorod. Ce gouvernement se distingue par un développement excessif de l'industrie domestique (*dite chez nous buissonnière*). C'est son *trait industriel le plus caractéristique*. Ce gouvernement devrait être placé, sous ce rapport, au premier rang, et l'emporter même sur le gouvernement de Moscou, où la petite industrie est infiniment plus développée que dans tous les autres gouvernements de la Russie. Une notable partie de la petite industrie du gouvernement de Moscou est subordonnée aux fabriques et aux usines (c'est-à-dire que les ouvriers exécutent à domicile les commandes faites par les grandes fabriques, magasins et ateliers de Moscou). L'origine même de cette industrie n'est pas indépendante, car elle est née sur le sol des fabriques et a été provoquée par une distribution d'ouvrage à domicile faite par les fabricants. La petite industrie du gouvernement de Nijni-Novgorod est beaucoup plus autonome. Elle s'est organisée depuis longtemps d'une manière tout à fait indépendante de la grande industrie et de ses établis-

---

16) V. l'Annuaire statistique II, Livr. 8, St. Pétersbourg, 1872. Matériaux pour l'étude de l'industrie domestique. (Gouvernement de Nijni-Novgorod et esquisse générale de la petite industrie de ce pays. Il faut consulter aussi les Travaux de la Commission sur l'étude de la petite industrie en Russie.

sements. Nous manquons de données statistiques qui puissent nous renseigner d'une manière exacte sur les dimensions de la petite industrie de Nijni-Novgorod, mais si le chiffre de 14,000 petits établissements industriels, donné par notre statistique officielle [17]) est exact, nous pouvons nous faire une idée de son extrême extension. Les métiers et les occupations diverses hors de la maison se pratiquent aussi sur une très grande échelle. D'après notre statistique officielle, $\frac{1}{5}$ de toute la population quitte annuellement le pays pour travailler hors de son domicile légal [18]).

Les conditions qui contribuent ici à l'extension de la petite industrie et de tous ces métiers auxiliaires sont en partie identiques à celles des autres localités où s'exercent ces métiers. Parmi ces conditions il faut citer en premier lieu: le climat qui n'admet les travaux agricoles que pendant la plus petite partie de l'année. Ensuite le sol, à l'exception des terres de tchernozème, est trop peu fertile pour pouvoir assurer le sort du paysan, et dans certaines localités (au Nord au-delà du Volga) est parfaitement impropre à toute culture. Enfin un penchant historique et inné dans toute la race grand-russienne de Rostovo-Sousdal, établie dans ce pays, un goût prononcé pour les métiers industriels. Il faut ajouter à toutes ces considérations certaines conditions particulières du gouvernement de Nijni-Novgorod, qui influèrent si puissamment sur le développement des professions industrielles, qu'elles se propagèrent même parmi les habitants des terres de tchernozème. Ces conditions sont: le caractère topographique et historique de ce gouvernement, qui a été et est jusqu'à présent le théâtre de rencontres de gens de différentes nations et peuplades. Tout ce mouvement incessant est favorable à l'industrie domestique. Les voies commerciales, (surtout fluviales) et le développement prépondérant du commerce, déterminent les différents métiers et travaux étroitement liés aux opérations commerciales et au transport (tel est le petit trafic, telle est l'industrie batelière sur le Volga et dans ses ports etc.) [19]). Toutes ces conditions susmentionnées facilitent l'écoulement des produits

17) Voir l'annuaire statistique II, Livr. 3, p. 87.
18) Idem, p. 87.
19) V. T. I, chap. I de cette ouvrage.

de la petite industrie et l'acquisition des matériaux bruts qui lui sont nécessaires. D'ailleurs la foire de Nijni est d'une importance toute particulière sous ce dernier rapport. Enfin, le gouvernement abonde en certains matériaux bruts dont se fournit l'industrie domestique (le bois, le minerai de fer etc.).

Les variétés de l'industrie domestique et les professions hors de la maison sont si nombreuses et si multiples dans le gouvernement de Nijni, qu'il n'existe probablement pas d'industrie ou de métier qui soient étrangers à cette contrée [20]). Parmi les professions qui exigent un travail personnel et manuel il faut citer, en premier lieu, toutes celles ayant trait à la navigation, à la construction des navires sur le Volga et l'Oka, et le petit commerce de leurs ports. La navigation à vapeur a fort heureusement fait disparaître la plus dure et la plus pénible des professions — celle de haleur. Les branches de l'industrie manufacturière les plus répandues, les plus importantes et absorbant le plus grand nombre de bras sont: 1) la *charpenterie* et l'*industrie forestière* qui exportent les productions les plus variées non-seulement en Europe, mais même en Asie. (Cette industrie s'étend partout, mais se concentre principalement dans la partie d'au-delà du Volga du district de Balakhna dans les districts de Séménof, Makarief et en partie de Vassil-Soursk, voyez plus bas). 2) L'industrie *métallurgique*, surtout celle du fer, dont l'origine se perd dans la nuit des temps (elle est pratiquée dans plusieurs localités, mais surtout dans le district de Gorbatof, en partie dans celui de Séménof, Balakhna, Nijni-Novgorod et Ardatof). 3) L'industrie des *cuirs*, principalement dans les districts d'Arzamas, de Kniaguine, Gorbatof et en partie Vassil-Soursk. 4) La *foulerie* (dans le district de Séménof et ailleurs).

---

20) Nous pouvons nous faire une idée de la variété des professions et métiers pratiqués hors logis par la population du gouvernement de Nijni, ainsi que du penchant et du goût qu'elle a pour ces métiers, par le fait que des villages entiers sont abandonnés par leurs habitants qui vont quêter pour les églises, se font bateleurs et promènent de village en village des ours apprivoisés et dressés ou érigent la mendicité à l'état de profession etc. Chacune de ses professions est l'apanage exclusif d'un certain village ou de plusieurs. On peut trouver un aperçu général de toutes les branches de la petite industrie du gouvernement de Nijni-Novgorod avec un classement géographique: dans l'Annuaire statistique II, Livr. 3. (Gouvernement de Nijni-Novgorod.)

Après la description des conditions physiques et historiques du gouvernement de Nijni-Novgorod, surgit une question, qu'on pose ordinairement relativement à chaque gouvernement de la Russie. Quel est, au total, le degré de prospérité de ce gouvernement, c'est-à-dire, quel est le degré de bien être dont jouissent ses habitants? Le pays est-il riche ou pauvre? (nous parlons naturellement du *total général* de cette richesse) [21]). Cette question ne peut être résolue que d'une manière approximative et non absolue, c'est-à-dire nous pouvons tirer une conclusion sur la prospérité et richesse du gouvernement de Nijni-Novgorod *comparativement* aux autres provinces. Mais faute de renseignements statistiques exacts qui permettent d'établir cette comparaison, notre conclusion elle-même ne peut être qu'approximative et sujette à caution dans son acception strictement scientifique. Si nous nous en rapportons aux observations personnelles et «de visu» des voyageurs ayant visité les différentes parties de la Russie (et de même nos propres observations), le gouvernement de Nijni-Novgorod doit être placé dans la catégorie *moyenne* de toutes les provinces de la Russie d'Europe. Il appartient à la catégorie la plus élevée de cette catégorie. Du reste, d'après notre conviction personnelle, il y a très peu de gouvernements, les plus riches seulement, qui puissent être placés plus haut [22]). Nous tenons à rappeler en passant une vérité incontestable, — c'est qu'il y a une différence notoire entre la richesse d'une population et son bien-être, fût-ce même matériel. Le degré de prospérité d'une population (c'est à dire son sentiment du bien-être, son mécontentement ou sa satisfaction de son état économique) ne peut pas être déterminé par sa richesse, tout en exceptant les cas ex-

---

21) On juge chez nous ordinairement du degré de prospérité de chaque province par le payement des impôts (directs) ou la quantité des leurs arriérés. Ce mode d'appréciation est très erroné, car le recouvrement des contributions dépend d'une foule de conditions administratives (de la sévérité des poursuites et des exécutions, etc.), qui n'ont rien de commun avec les moyens de solvabilité des contribuables.

22) L'aperçu général sur la prospérité de la plus grande partie du gouvernement de Nijni-Novgorod donne cependant lieu à quelques exceptions, dans le sens de la pauvreté extrême de certaines localités dont il sera parlé plus tard.

trêmes [23]); ce degré n'est fixé que par le rapport qui existe entre les besoins dont la non satisfaction provoque des souffrances de la population, et les moyens qu'elle a de les satisfaire. Quant à la richesse proprement dite, le gouvernement de Nijni-Novgorod, comparé aux autres parties de la Russie, peut être considéré comme riche. Ce fait peut être prouvé par l'exportation dans d'autres gouvernements du superflu de ses produits non seulement industriels, mais aussi agricoles, qui (au total général) excèdent les besoins locaux, puis enfin par les profits qu'il retire du commerce et du transit. Cependant la petite industrie domestique, qui domine dans ce gouvernement, ne permet pas à la masse des producteurs de réaliser de gros bénéfices. Dans certains cas elle n'assure même pas la subsistance quotidienne (voyez plus bas). Cependant, l'adjonction de différents métiers et professions aux travaux agricoles, a une influence bienfaisante sur la prospérité du pays. Le niveau assez élevé de son bien-être (au point de vue mentionné plus haut) doit être attribué à ce qu'avec tout le développement industriel de la population, elle a conservé, et un certain caractère patriarcal et une certaine simplicité de moeurs et de besoins, vu sa vie essentiellement rustique [24]). On y remarque moins que dans les autres pays manufacturiers (gouvernement de Moscou par ex.) le manque d'équilibre entre un développement rapide des exigences du luxe et un développement lent des moyens propres à y faire face.

Parmi tous les indices du bien-être, susceptibles d'appréciation, le plus sûr est le mouvement de la population. Cet indice est, vu la défectuosité de notre statistique, approximativement le plus certain, quoiqu'on ne puisse pas s'y fier entièrement, à la suite des lacunes se produisant même dans cette partie des travaux statistiques. Les renseignements que nous possédons sur le mouvement de la population du gouvernement de Nijni-Novgorod [25]) nous fournis-

23) Même au sein de l'opulence, l'homme peut se considérer comme un être malheureux, et le pauvre peut en revanche se sentir heureux.

24) Nous voulons parler de la plus grande partie de la population. Ce caractère patriarcal donne lieu à quelques exceptions qui se présentent surtout dans le voisinage des centres commerciaux, près de Nijni-Novgorod et sur les rives du Volga.

25) Nous avons puisé les renseignements qui suivent aux sources ci-dessous

sent malheureusement des indications trop peu précises pour qu'elles puissent exclure toute autre opinion sur le degré de sa prosperité. On ne peut pourtant pas douter du développement continu du bien être dans tout le cours du siècle passé. Ainsi le total de la population du gouvernement de Nijni-Novgorod est en 1766 de 461,000. Il s'élève en 1846 — à 1.105,000, en 1865 — à 1.250,000 et actuellement (1882) il est de 1.510,000 [26]). Ces chiffres dénotent des conditions incontestablement favorables, embrassant un espace de temps de plus d'un siècle, d'autant plus que dans cette augmentation de la population l'accroissement naturel révélant le degré de prospérité a agi d'une manière infiniment plus intense que l'immigration des autres gouvernements. Cependant les renseignements officiels indiquent différents écarts dans ce mouvement à diverses époques. Ces écarts peuvent être attribués à diverses raisons, que nous ne sommes pas en mesure d'approfondir, vu le manque de données nécessaires. Elles peuvent aussi être mises sur le compte des défauts de notre statistique. Ainsi on constate dans les années 60 [27]), de 1863 à 1865, une diminution de la population du gouvernement de Nijni-Novgorod, ce qui a probablement donné lieu à tous les bruits qui ont couru sur la misère de ce pays. Mais ce fait peut être expliqué par l'inexactitude des renseignements ou par le déplacement de la population dans d'autres gouvernements, pour l'exercice des métiers hors du domicile légal. Dès lors (de 1865) la population de ce gouvernement suit dans les 25 dernières (jusqu'à 1883) années, un développement continu et progressif, fait qui est confirmé par les calculs du Comité statistique du gouvernement de

mentionnées: Diction. Statis. Géograph. «le gouvernement de Nijni-Novgorod», p. 433; Annuaire stat. II, Livr. I; Russische Revue, 1882. Recueil en souvenir du premier congrès statistique russe, édition du com. statis. de Nijni-Novgorod, Liv. II, 1875. (Tableaux de la mortalité du gouvernement de Nijni-Novgorod). Recueil de renseignements statis. sur le gouvernement de Nijni-Novgorod. Ed. du Com. Stat. de Nijni-Novgorod 1880 (c'est la source principale) Statistique comparée de Janson 1878, T. I. Tableau des endroits peuplés. St. Pétersbourg 1863 (gouvernement de Nijni-Novgorod).

26) Conformément aux conclusions du Com. Statis. du gouvernement de Nijni-Novgorod portant ce chiffre, pour l'année 1878, à 1.400,000 âmes.

27) Les sources ci-dessus indiquées donnent des notions diverses même par rapport à ce fait. Nous nous en tenons à l'Annuaire statistique.

Nijni-Novgorod, nous inspirant une grande confiance. (C'est la source que nous avons toujours considérée comme la plus sûre)[28]. Les données statistiques officielles (du comité statis. centr.) indiquent que l'accroissement naturel du gouvernement de Nijni-Novgorod dans ce dernier temps est presque identique aux autres gouvernements de la région industrielle de Moscou[29].

Nous possédons encore un autre symptôme physiologique de la prospérité de toute la population de ce gouvernement: le département de la guerre le classe parmi les 13 gouvernements de la Russie qui, à l'époque du recrutement pour le service militaire obligatoire, fournissent le plus petit nombre d'hommes (atteints de quelque infirmité physique et par conséquent — le plus grand contingent d'hommes valides et robustes (quoique de petite taille, comme tous les habitants des contrées manufacturières).

Le commerce et l'industrie contribuaient à l'enrichissement (c. à. d. à l'accumulation des capitaux) des particuliers de certaines classes du gouvernement de Nijni-Novgorod et quoique cette richesse partielle soit loin d'être l'expression de la richesse de la masse de la population, toujours est-il qu'elle influe sur cette dernière d'une manière bienfaisante. L'indice le plus sûr de l'extension du commerce, de l'industrie et des capitaux particuliers, se révèle dans l'augmentation des patentes délivrées aux marchands et aux industriels. Leur nombre s'élevait en 1865 à 10,631 (patentes diverses) et en 1878 à 13,669, ce qui fait une augmentation de 30%. Nous voyons encore un autre indice assez probant de la richesse croissante de ce gouvernement dans les prix élevés des fermages de la terre. Il est vrai que, sous l'influence de la situation et de la fertilité du sol, ces prix sont très variés non seulement dans différentes localités, mais même dans un seul et même district. Mais en général ils sont très élevés non-seulement dans les districts de tchernozème (dans le district de Loukoyanof on paie 10 r. de rente pour la déciatine*), un peu plus d'un hectare, et dans celui de Sergatch jusqu'à 14 r.) et les

28) L'accroissement naturel est en général plus intense sur les terres de tchernozème et plus faible vers le Nord.
29) V. Recueil de Nijni-Novgorod. C. S. G. 1880. Tableaux statis.
*) 1 déciatine = 1,09250 hectare.

contrées riveraines du Volga (par ex. dans dist. de Nijni-Novgorod et Vassilsk jusqu'à 10 r. et Makarief jusqu'à 12 r.), mais aussi dans beaucoup d'autres localités (à Arsamas 10 r., à Ardatof —4½, à Gorbatof—5, à Kniaguinine jusqu'à 12)[30]). Il faut noter que, de toutes les terres achetées pendant ces dix dernières années dans le gouvernement de Nijni-Novgorod, 25% ont été acquises par des paysans (outre les terres de rachat)[31]). Ce notable accroissement de la propriété foncière des paysans doit compenser l'exiguité des terrains concédés aux paysans dans ce gouvernement et leur stérilité.

Nous pouvons nous faire une idée du bien-être des populations de ce gouvernement en consultant le curieux résumé sur les causes de la mendicité locale, basé sur les communications fournies par toutes les institutions locales. Il en résulte que le plus grand nombre de paysans (près de 12,000 sur un total de 13,700 mendiants) se livre à la mendicité non par manque de moyens d'existence, mais simplement par goût, habitude, paresse, et le plus souvent par vice. Il y en a cependant qui ne demandent l'aumône que pendant un certain temps, à la suite de quelque revers de fortune ou d'un accident quelconque.

Il est tout naturel que, vu l'extrême variété des conditions géographiques et historiques de ce territoire, le niveau du bien-être de la population, de son développement moral et intellectuel, est différent dans diverses localités. Les habitants des contrées riveraines du Volga sont ceux qui jouissent du plus haut degré de bien-être matériel ou plutôt de toutes les conditions favorables à ce bien-être. Mais se trouvant à proximité des grands centres industriels et commerciaux ils subissent, comme d'ordinaire, l'influence pernicieuse de la foule bruyante des voyageurs et de la facilité des gains. Ici encore il y a quelques heureuses exceptions. (Voir plus bas Lisskovo.) Ces foyers du commerce et de l'industrie engendrent l'inégalité des conditions; dans la classe la plus pauvre les exigences croissent vite en disproportion avec les moyens de les contenter; le luxe et l'opulence qui s'étalent aux

---

30) Recueil de Nijni-Novgorod. C. S. G. 1880.
31) Recueil de Nijni-Novgorod. C. S. G. 1880.

yeux de la misère font naître une sourde irritation et un mécontentement dans la masse. Les localités dont les habitants s'occupent d'agriculture et trouvent encore dans les métiers domestiques des ressources subsidiaires en hiver, sont relativement les plus heureuses.

Pour clore cette esquisse du gouvernement de Nijni-Novgorod, pour expliquer le choix des contrées que nous avons parcourues dans ce gouvernement, et pour faire connaître au lecteur les localités que nous n'avons pas visitées, il est nécessaire d'indiquer ici les traits caractéristiques des diverses parties dont se compose cette province. Le gouvernement de Nijni-Novgorod se distingue par une extrême variété des conditions physiques, sociales, et surtout économiques de la vie du peuple, quoique presque tout ce territoire ait constitué dans le passé une avité historique.

A la suite de l'ensemble des conditions tant physico-géographiques (le sol et le climat) topographiques (les voies de communication) qu'historiques et économiques, le gouvernement de Nijni-Novgorod peut être subdivisé en plusieurs parties qui diffèrent essentiellement l'une de l'autre, sous le rapport économique [35]).

32) Recueil du gouvernement de Nijni-Novgorod. 1880, p. 143.
33) Principalement certaines colonies de gouvernement de Nijni-Novgorod (v. par ex. le bailliage de Tchernoukhine, article de *Kordatof* dans le recueil de Nijni-Novgorod. C. S. G. 1880).
34) Consulter pour se renseigner sur la richesse et le bien-être du gouvernement de Nijni-Novgorod l'article de Mr. *Hatzisky* «Matériaux pour l'étude de la question alimentaire etc. (Recueil de Nijni-Novgorod, T. V, 1875.) Cet article contient une foule de renseignements précieux, basés sur les investigations personnelles de l'auteur, et offre en même temps un tableau de la vie du peuple. Mais il nous semble que les couleurs sombres du tableau sont exagérées. Ces idées pessimistes sur la vie du peuple sont très répandues chez nous aujourd'hui et proviennent de ce qu'on envisage la vie sous un point de vue idéal, ou de ce qu'on la compare à la vie des autres peuples plus civilisés et plus riches. Ce procédé a sous de certains rapports sa raison d'être et peut être d'un certain secours dans quelques cas particuliers. Mais on ne peut juger du bien-être d'une contrée de la Russie qu'en la comparant à ses autres contrées, et en prenant en considération son passé (et non l'avenir auquel on aspire).
35) Voir pour plus amples détails sur les traits caractéristiques des différentes parties du gouvernement de Nijni-Novgorod (outre nos observatioss personnelles exposées plus bas l'article de Mr. *Hatzisky* «matériaux sur la production alimentaire etc. (Recueil de Nijni-Novgorod T. V.) Annuaire statistique de la Russie, II, Livr. 3 (gouvernement de Nijni-Novgorod); Dist. stat. géogr. (gouvernement de Nijni-Novgorod). Travaux de la commission istituée pour l'enquête sur

D'abord le gouvernement de Nijni-Novgorod est nettement divisé par le cours du Volga qui le sépare en deux moitiés: la plus petite, septentrionale (ou plutôt du Nord-Est) ou partie du Transvolga (sur la rive gauche du Volga), et la plus grande moitié méridionale (ou Sud-Ouest sur la rive droite du Volga). La première partie est très caractéristiquement surnommée *«région des forêts»* et la seconde *«région des montagnes»*[36]) en raison de la rive droite du fleuve, qui est plus élevée sur tout son cours que la rive gauche. Toute cette région est en général plus montagneuse que la région septentrionale. La première moitié comprend: une partie du district de Balakhna (cependant cette localité appartient plutôt à la région riveraine, v. plus bas) tout le district de Séménof, celui presque en entier de Makarief, et une partie de Vassil. La seconde moitié comprend la plus grande partie du district de Balakhna et de Vassil, une petite partie de Makarief et les districts de Gorbatof, Sergatch, Ardatof, Arsamas, Kniaguinine et Loukoyanof. La région septentrionale se distingue de la partie méridionale du gouvernement par toutes ses conditions physiques: ses forêts, marécages, lacs, sables, brouillards, la rigueur du climat et la stérilité du sol. Nous avons déjà dit qu'ici commence la grande région des forêts du Nord. Ici la nature et le caractère des habitants, fût-il aussi grand-russien, diffère beaucoup des centres industrieux de la région de Moscou. L'agriculture n'existe presque pas dans toute cette partie du gouvernement de Nijni-Novgorod, et les habitants assurent leur existence en ayant recours à différents métiers nécessitant principalement l'emploi du bois.

Toutes les meilleures terres se trouvent dans la partie méridionale, qui se distingue, auprès du développement de l'agriculture (très grand dans les contrées de tchernozème) surtout par la variété infinie des conditions naturelles de la vie et des occupations de la population. Toute cette moitié méridionale du gouvernement de Nijni-Novgorod fait partie intégrante de la région

---

l'industrie domestique, Livr. II, 1879 (Aperçu géogr. du gouv. de Nijni-Novgorod). *Ragozine* «le Volga», T. III etc.

36) V. l'ouvrage de *Melnikof* en deux parties «les forêts» et «la montagne».

industrielle de Moscou; la moitié du Transvolga constitue un terrain, transitoire entre cette région et le Nord de la Russie (v. plus bas notre excursion dans le district de Séménof). Cette partie septentrionale d'au-delà du Volga est triste et peu peuplée. On y voit, malgré la proximité du Volga de grands espaces déserts, impraticables, presque sauvages et inhabités (surtout dans le district de Makarief). Toute la population se concentre près du Volga et de ses deux affluents le Kergenetz et la Vetlouga — principales artères alimentaires de ce pays (rivières plutôt flottables que navigables, du reste très importantes pour l'économie forestière). En dehors des forêts qui sont la seule richesse de cette contrée, qui abondent aussi dans certaines localités du midi, tous les autres éléments naturels favorables au travail humain appartiennent exclusivement à la partie méridionale. Ainsi, à l'exception du Volga et de ses points riverains, tous les principaux foyers du commerce et de l'industrie du gouvernement de Nijni-Novgorod, tout le mouvement de sa vie moderne, tous ses liens économiques les plus importants avec la région de Moscou, tout cela appartient à sa partie méridionale. La population de la partie septentrionale, «des forêts», mène une vie à part (v. plus bas). Ces deux parties diffèrent aussi essentiellement sous le rapport de la densité de la population: les localités les plus peuplées du gouvernement (jusqu'à 2000 âmes par mille carré [37]) sont au midi dans les districts de Nijnii-Novgorod, Kniaguinine, Arzamas et Sergatch; les autres districts de cette partie sont moins peuplés (jusqu'à 1300 âmes par mille carré). Les localités les moins habitées (600 âmes par mille carré) se trouvent dans la partie septentrionale (les districts de Séménof et de Makarief). Mais ces chiffres ne nous présentent que la densité moyenne de la population de cette dernière partie et ne nous donnent aucune idée de ses immenses espaces déserts et complétement dépeuplés. Nous pouvons voir sur la carte de la population de la Russie d'après les communications du comité central de statistique) cette différence tranchée entre les deux

---

37) D'après les données des années 60; actuellement la densité de la population a augmenté dans cette partie du gouvernement, mais n'a pas changé dans la partie septentrionale.

parties de ce gouvernement. La densité de la population de la partie méridionale est identique à la densité moyenne de la région industrielle de Moscou (de 30 à 40 âmes par verste carrée), tandis que la partie septentrionale entre directement dans la région du Nord de la Russie (par ex., le pays boisé de Vologda compte environ 10 âmes par mille carré).

Comme conséquence de toutes les conditions précitées, les deux parties de ce gouvernement diffèrent aussi complètement sous le rapport historique, ainsi que nous avons eu l'occasion de le voir dans l'esquisse historique. La partie méridionale s'est peuplée et a paru sur l'arène historique bien avant la partie septentrionale. Outre les colonies finnoises (Mordva) et bulgares (v. plus haut) dont l'origine remonte aux temps antéhistoriques et qui ont posé ici les premières assises de la culture, du commerce et de l'industrie [88] (totalement inconnues à la région des forêts) [89], toutes les plus anciennes (du XII s.) colonies *russes* appartiennent à la partie méridionale (dans les districts de Balakhna, Nijni-Novgorod, Arzamas, Kniaguinine, en partie Gorbatof et Makarief). La partie la plus ancienne de ces colonies c'est-à-dire toute la limite extrême Nord-Ouest de ce gouvernement (le district de Balakhna) le long du Volga et entre la rive droite de ce fleuve et la gauche de l'Oka, avec le point le plus ancien la bourgade Gorodetz Radilof est, depuis les temps les plus reculés, entrée dans la composition de la terre de Sousdal. La colonisation russe de la partie du Transvolga (districts Séménof et Makarief) est de toute fraîche date et commença dans la seconde moitié du XVIIe

---

[88] Nous avons eu lieu d'expliquer que le plus ou moins grand degré d'ancienneté de la culture est, indépendamment de toutes les autres conditions, un élément puissant dans l'histoire et les progrès de l'économie nationale (V. T. I, chap. I).

[89] Tous ces vestiges de peuplades finnoises presque complètement russifiées (la langue exceptée) se trouvent dans la partie méridionale du gouvernement, déduction faite cependant de 2000 Tchérémisses habitant les dist. de Vassil et de Makarief. Mais ils ne vivent que près des deux rives du Volga et non dans la contrée des forêts proprement dites. La plus remarquable des peuplades finnoises est: La Mordva, près de 112,000 âmes, dans les dis. d'Ardatof, d'Arzamas, Kniaguinine, Loukoyanof, Sergatch et N. Novgorod.

Les Tatares, au nombre de 34,000 âmes, se trouvent dans les dis. de Kniaguinine, Vassil et Sergatch.

s. (la véritable colonisation ne date que du XVIII-e s. v. plus bas),
du moment où les sectaires (rasskolniks) vieux-croyants se sont
réfugiés dans les bois et dans les marais de ce pays. Dès lors, cette
contrée (les bords de la rivière Kergenetz surtout, v. plus bas) a
servi (et sert encore de nos jours) d'abri à tous nos sectaires et
dissidents, formant actuellement un trait caractéristique particulier de la vie de ce pays.

Il nous semble que tout ce qui a été dit explique suffisamment la diversité de la physionomie physico-géographique, historique et économique des deux parties du gouvernement de Nijni-
Novgorod, situées à gauche et à droite du Volga.

Mais, outre ces deux parties distinctes du gouvernement, il
faut en remarquer une troisième, qui forme comme un pays ou
une bande à part — c'est le cours du Volga avec tous ses bourgs
riverains. C'est la partie la plus active et la plus animée sous
tous les rapports, ayant ses traits caractéristiques et une vie à
soi. L'essence de cette vie se résume dans la navigation et le
mouvement commercial, qui alimentent toutes les occupations des
habitants riverains. La navigation et le commerce contribuent
aussi à la multiplication des fabriques dont le nombre s'accroît
près du Volga (particulièrement plus haut que Nijni, à proximité
de Moscou, des voies ferrées aboutissant au Volga et du combustible des forêts du Transvolga). Ce fleuve exerce une puissante
attraction sur toutes les parties du gouvernement. Toutes les
voies et routes de transport des marchandises y convergent. C'est,
pour ainsi dire, l'axe autour duquel tourne la vie de tout le gouvernement, même en dehors de l'époque de la navigation (après
que les marchandises se sont accumulées dans les ports). La totalité des cargaisons qu'on y embarque (outre le mouvement de
transit) est évaluée à 30 millions de roubles par an. Aussi cette
bande riveraine est-elle la plus peuplée de tout le gouvernement.
On relève sur le Volga même (sur un parcours de 250 verstes),
108 villages et 4 villes avec une population d'environ 85 mille
âmes (en 1863) formant un quart ($^1/_4$) de la population des quatre
districts que traverse le Volga (Balakhna, Nijni-Novgorod, Makarief et Vassil). A l'exception d'Arzamas, tous les principaux
centres commerciaux du gouvernement se trouvent ici. La vie

qui règne le long de ce fleuve a un caractère non local et provincial, mais tout russe, même européen et international qui n'appartient à aucune autre partie du gouvernement de Nijni-Novgorod (pas même aux bords de l'Oka).

Il faut encore distinguer quelques contrées separées du gouvernement de Nijni-Novgorod, dans sa partie méridionale excessivement variée dans sa composition [41]). Une autre voie fluviale qui y est analogue au Volga par son activité est l'Oka avec ses rives. Il est vrai que ni le mouvement qui y domine, ni la signification de ses ports, ne peuvent égaler ceux du Volga, mais tout le cours de l'Oka tranche sur le gouvernement et forme de même une bande séparée. Passé cette ligne, tout le coin Nord-Ouest du gouvernement, limitrophe du gouvernement de Vladimir, entre la rive droite de l'Oka et la rive gauche du Volga (district de Balakhna) jusqu'au confluent de l'Oka et la Kliasma (rivière historique de la terre de Sousdal), se présente comme une unité territoriale séparée. Ce caractère s'accuse non-seulement sous le rapport historique (ce pays fit partie de la terre de Sousdal et est le plus ancien du gouvernement de Nijni-Novgorod relativement à la colonisation russe v. plus haut), mais aussi sous le rapport commercial, ce pays étant actuellement l'un des plus industriels de tout le gouvernement de Nijni-Novgorod. La stérilité de plusieurs localités de cette contrée, l'abondance des forêts, le voisinage des deux principales artères commerciales et fluviales l'arrosant de trois côtés, enfin l'esprit de trafic inhérent à ses habitants qui entrent directement dans la composition du noyau historique de la région de Moscou, et se rapprochent le plus par leur situation topographique du foyer principal de notre région, de Moscou et de ses centres (du gouvernement de Vladimir), telles sont les conditions qui ont imprimé un mouvement progressif à l'industrie de cette contrée. En dehors de tous les métiers de la petite industrie et hors de la maison, ce pays (la bande riveraine du Volga et la ville Nijni-Novgorod y compris) l'emporte sur

---

40) Il ne faut pas perdre de vue la subdivision, indiquée plus haut, du gouvernement sous le rapport de l'agriculture.

41) Nous donnerons de plus amples détails sur certaines de localités, susnommées dans la description de nos excursions.

tous les autres par ses fabriques et usines (par leur nombre et leur variété). L'industrie manufacturière s'y développe maintenant avec une intensité à nulle autre pareille, sous l'empire d'un concours de circonstances particulièrement favorables (v. plus bas notre voyage à Balakhna et le long du Volga).

Cette contrée confine à l'Est au district de Nijni-Novgorod remarquable non seulement par l'essor de son industrie, mais aussi par la diversité des faces de sa vie et de son économie. L'agriculture y est aussi développée en dépit du commerce et de l'industrie. Plus loin, dans la partie occidentale du gouvernement, et au Sud de l'Oka et du district de Balakhna, s'étend encore une des localités les plus industrielles, — le district de Gorbatof, comprenant dans son activité outre les différentes branches manufacturières, les principaux centres de la production métallurgique dont le vaste rayon s'étend bien loin à l'Ouest et au Sud, et sort des limites du gouvernement de Nijni-Novgorod. Nous voyons ici les villages de Pavlovo et de Vorsma (appelés les Scheffield de la Russie) — principaux centres de cette localité et endroits remarquables non-seulement dans le gouvernement de Nijni-Novgorod, mais dans toute la Russie (v. plus bas). Enfin, plus loin au Sud, dans l'extrémité Sud-Ouest du gouvernement dans le district d'Ardatof, ce rayon est circonscrit par tout un groupe de fonderies et d'usines métallurgiques (v. plus bas), dont l'extension est particulièrement favorisée par le minerai de fer et la multiplicité des forêts. L'abondance du combustible a engendré ici différentes branches de la productivité manufacturière, ce qui n'a pas entravé le développement de l'agriculture, qui prospère surtout dans les localités de tchernozème du district d'Ardatof. Il nous semble que cette région Sud-Ouest soit la seule, de tout le gouvernement de Nijni-Novgorod, qui offre un pareil amalgame de contrastes, un contact aussi immédiat de terres fertiles et stériles, de populations agricoles et industrielles.

Contrairement à la partie occidentale et essentiellement[42]) industrielle du gouvernement de Nijni-Novgorod (sur la rive

---

42) Nous disons «essentiellement» car ainsi que nous l'avons dit plus haut, l'agriculture, même peu lucrative, est combinée avec une activité commerciale et industrielle.

3*

droite du Volga), toute sa partie orientale, comprenant un grand nombre de terres fertiles de tchernozème, est essentiellement agricole [43]) (districts de Sergatch, Loukoyanof et Kniaguinine).

Au coeur même de la province, entre ses deux parties opposées de l'Est et de l'Ouest, se trouve le district d'Arzamas [44]) remarquable et original sous maint rapport. Il est comme le point de ralliement et de jonction des limites extrêmes de l'Ouest et de l'Est, des contrées agricoles et manufacturières du gouvernement de Nijni-Novgorod. La ville d'Arzamas sert de point de croisement à une quantité de routes, mais surtout à cinq grandes voies postales et commerciales, qui y aboutissent de temps immémorial, et réunissent aux voies ferrées et entre elles les différentes localités situées encore en dehors du réseau des chemins de fer. Mais outre cette signification de noeud de communications, d'une importance de premier ordre dans la Russie du Nord-Est, et outre son passé historique, Arzamas sert de marché pour un vaste rayon qui dépasse les frontières du gouvernement de Nijni-Novgorod. La ville d'Arzamas est célèbre par les diverses branches d'industrie (parmi lesquelles il faut citer en premier lieu l'industrie des cuirs, des peaux, des fourrures, la peinture d'église et les ouvrages à l'aiguille des couvents). L'agriculture doit être considérée comme l'occupation principale de la plupart des habitants du district d'Arzamas, car elle assure leur existence. On y adjoint quelquefois la culture d'espèces rares et chères (telles que le lin, le chanvre, les légumes et les fruits). Cependant certaines industries (des cuirs, des laines etc.) sont très répandues dans la population rurale. Il y a des productions qui se vendent dans toute la Russie. Mais toutes ces industries portent un caractère domestique.

Outre toutes les localités mentionnées, caractérisées par les particularités de la nature et de la vie nationale et ayant une portée générale pour toute la Russie, on peut trouver dans le

---

43) Cette partie agricole du gouvernement n'a pas été visitée par nous et nous est très peu connue (v. entre autres: *Korobkine* esquisse de la ville de Kniaguinine et de son dist. et les indications de *Roussinof* sur le dist. de Loukoyanof dans le recueil de Nijni-Novgorod).

44) Le district d'Arzamas offre une lacune dans notre voyage, car l'idée que nous avions de le parcourir a été entravée par certains obstacles et par plusieurs circonstances personnelles.

gouvernement de Nijni-Novgorod d'autres endroits, d'une importance moindre, mais jouant un rôle dans la vie locale du gouvernement. Nous ne jugeons pas nécessaire de nous y arrêter, car la description détaillée de chaque localité dans les provinces que nous avons parcourues n'entre pas dans le cadre de notre ouvrage.

Il ne nous reste qu'à noter que, parmi toutes les villes de ce gouvernement, Nijni-Novgorod occupe la première place. C'est le centre non-seulement administratif et officiel de la province, mais son centre réel, historique et économique.

Les villes les plus remarquables et les plus peuplées après Nijni-Novgorod sont: *Arzamas*, le bourg (ville qui ne sert pas de chef-lieu dans un district) *Potchinky* dans le district de Loukoyanof, les villes de district *Balakhna*, *Ardatof*, *Séménof*, *Sergatch*. Mais plusieurs endroits indiqués officiellement comme villages, sont en réalité des villes; tels sont: *Pavlovo*, *Lisskovo*, *Gorodetz*, *Bogorodskoy* (district de Gorbatof), *Vyezdnaya Sloboda* (district d'Arzamas), *Vorsma* (district de Gorbatof), *Mourachkino* (district de Kniaguinine), *Madaevo* etc.

Tel est l'aperçu général du gouvernement de Nijni-Novgorod. Nous passerons, maintenant, à la description de nos voyages et des pays visités par nous.

Nijni-Novgorod doit être placé à la tête de tout le gouvernement. C'est une position qu'elle occupe, non-seulement comme chef-lieu de la province, ainsi que c'est le cas pour plusieurs de nos villes, mais par les différentes phases de sa vie ancienne et moderne. Elle est le centre moral et économique dominant tout le pays. Nous avons eu maintes fois l'occasion de parler de son importance, mais absorbé par la foire, nous n'avons pas pu nous livrer à des investigations spéciales dans la ville même. D'ailleurs Nijni-Novgorod est suffisamment étudié et connu, grâce aux forces statistiques locales qui déploient une activité remarquable dans cette ville.

Il ne nous reste plus qu'à ajouter à tout ce qui a été dit que Nijni-Novgorod a, indépendamment de la foire, une grande sphère d'activité commerciale et industrielle. Il a en outre une considérable portée économique, non-seulement pour les pays riverains du Volga, mais pour toute la Russie. En raison de ses reliques et de ses curiosités historiques (des églises surtout), des avantages de sa position topographique, et de la beauté des sites, il est au premier rang des villes russes et appartient par sa population (plus de 50,000 âmes, probablement 60,000 actuellement) à la classe la plus élevée de la catégorie moyenne de nos villes (comprenant de 20 à 50 mille habitants). Il n'y a en tout que sept villes qui font partie de cette classe. Sous le rapport de la population, Nijni-Novgorod ne cède le pas qu'aux deux capitales et à: Varsovie, Odessa, Kischinef, Vilna, Kief, Kazan, Riga et Saratof. Toutes les autres villes russes lui sont inférieures, vu la faible population de tous nos centres urbains. Nijni-Novgorod occupe presque la même situation relative en tant que commerce et industrie (on relève actuellement jusqu'à 51 établissements manufacturiers dans cette ville).

Il faut surtout remarquer que, à en juger par nos observations personnelles et les données statistiques, Nijni-Novgorod se trouve tout récemment en pleine *croissance*. C'est le cas de très peu de villes du Volga, car le développement de la navigation à vapeur et des voies ferrées fait disparaître les centres commerciaux de second ordre (v. T. I, chap. II). Nous voyons un indice de cette croissance intense de Nijni-Novgorod sous le rapport économique (indépendamment de la foire), dans le nombre des patentes délivrées dans le courant de 13 années (de 1865 à 1878 le nombre s'éleva de 3,548 à 5,010) [45]). L'aspect extérieur même (bâtisses et édifices) de Nijni s'est sensiblement modifié dans ces derniers temps et a pris de l'extension. La croissance de la ville sous ce rapport s'étend principalement en bas, le long du Volga et de l'Oka, soi-disant «bazar inférieur», à proximité de la navigation, des ports et de la foire, et loin des montagnes qui constituaient l'emplacement de l'ancienne ville. Cela s'explique par le

---

45) Pour de plus amples renseignements sur Nijni-Novgorod voir toutes les sources indiquées plus haut et surtout: Mr. *Gatzisky*, Nijegorodka, Nijni-Novgorod 1877. Recueil d'informations statis. sur le gouv. de N.-Nov. édit. du C. S. du gouv. de N.-Nov. 1880 (partie III, p. 97 etc.) et le Dict. Stat. Géogr. (Nijni-Novgorod avec une biographie complète.) La statistique la plus récente du gouv. de Nijni-Novgorod a été principalement étudiée par Mr. *Gatzisky* auquel le Com. Stat. local est redevable de ses progrès.

fait que les exigences ont totalement changé de nos jours; jadis on trouvait plus de sécurité sur les montagnes et derrière les murs qui entourent jusqu'à présent le Kremlin de l'Ancien Novgorod.

La ville de Nijni-Novgorod a une portée spécifique d'une excessive importance qui lui a été dévolue par toute l'histoire, toute la géographie de la Russie. Cette portée domine toutes les branches de son activité et doit, selon les lois immuables de la nature, survivre à toutes les autres fonctions de cette ville et à la grande foire elle-même. Nous voulons parler de la situation de Nijni-Novgorod. Cette ville est une des stations intermédiaires les plus importantes de la Russie (si non la plus importante vu sa situation centrale), sur la grande voie (dite sibérienne) de l'univers, qui partant des limites occidentales non seulement de la Russie, mais de l'Europe, de tout le monde civilisé (l'Amérique y comprise) de tous les centres intérieurs de la Russie et de l'Europe, s'étend jusqu'aux derniers confins de l'Orient et de l'Asie. C'est le nœud d'une voie reliant la Russie d'Europe à la Russie d'Asie, l'Atlantique au Pacifique. Telle est la signification principale de cette ville dominant tous les autres éléments de son développement et lui appartenant en propre, indépendamment de sa situation sur le Volga qui n'est qu'un anneau presque de second ordre dans cette voie universelle. La croissance de Nijni aurait été infiniment plus rapide sous tous les rapports si elle n'était pas, d'une manière anormale et fortuite, paralysée par les retards de notre réseau des lignes ferrées qui s'interrompt brusquement à Nijni même. Cette bizarre circonstance n'a pas annulé l'importance de cette route de Sibérie et n'est même pas parvenue à modifier sa direction (malgré toute la puissance de la vapeur). Le préjudice causé à Nijni par cette interruption de la voie ferrée, qui dès son commencement s'est signalée comme ligne magistrale de la Russie, serait insignifiant s'il ne lésait les intérêts politiques et économiques majeurs de toute la Russie. Tant que cette ligne n'est pas construite, la Sibérie est éloignée de Moscou et de la Russie d'Europe à des distances infiniment plus grandes qu'elle ne l'était au XVI-e s. (relativement à la rapidité des communications de notre temps). Aucune autre voie ferrée (on en propose tant) en Orient ne peut remplacer cette route de Sibérie, qui a mis près de 10 siècles à se former et à déterminer cette direction par Nijni-Novgorod et par la partie la plus centrale et la plus peuplée du bassin du Volga, par la région la plus riche, et le coeur même de la Russie (Moscou). L'intervertissement artificiel et arbitraire des routes commerciales, frayées par l'histoire, entraîne toujours un nombre incalculable de conséquences funestes à l'économie nationale. Il y a une fatalité tout-à-fait extraordinaire qui s'est attachée à la construction de cette ligne, tant de fois commencée, et tant de fois abandonnée. Il est impossible de douter que la force des choses prendra le dessus et que cette grande entreprise ne se fera pas longtemps attendre. Tout le développement de Nijni-Novgorod, de tous ses établissements (dépôts, magasins, ports et docks sur le Volga), des établissements manufacturiers et des affaires commerciales qui doivent lui permettre d'accomplir ses destinées historiques, tout dépend de cette ligne de Sibérie. Toutes les entreprises sont paralysées par l'incertitude qui plane sur cette question.

J'eus l'occasion lors de mon séjour à Nijni (31 Août 1879) de visiter la célèbre usine de Sormovo (district de Balakhna près du village de Sormovo, sur la rive droite du Volga, plus haut que Nijni). Cette usine est située tout près de Nijni à qui elle est reliée par un tramway longeant la rive droite du Volga depuis la gare du chemin de fer de Moscou-Nijni; elle peut être considérée comme une de ses dépendances.

Cette usine (appartenant aux créanciers de D. E. Bernardaki) est désignée sous le nom de «usine de wagons, roues, machines, ressorts, chantiers de vaisseaux, fonderie d'acier et fil d'archal, fonderie de fer et usine métallurgique». Toutes ces dénominations nous montrent les dimensions de cet établissement. C'est l'un des plus vastes et des plus parfaits en son genre de toute la Russie. Il fut fondé en 1849 spécialement pour la construction des bateaux. Il fut acheté plus tard par Mr. Bernardaki qui lui donna son organisation actuelle, mais revint, après sa faillite, à ses créanciers [46]. Cette usine a actuellement pour spécialité principale la construc-

---

[46] Elle est actuellement administrée par le principal créancier, Mr. Jouravlef, et dirigée par un anglais Mr. Aschton.

tion des *wagons* avec tous leurs accessoires. Elle est, sous ce rapport, l'une des premières de la Russie et a été reconnue telle par la dernière exposition de Moscou qui lui décerna le premier prix [47]).

Les produits de l'usine de Sormovo sont aussi parfaits que son organisation. Toutes les bâtisses, ateliers, machines et accessoires se distinguent par tous les perfectionnements de la technique moderne. Toute l'organisation de l'usine est très compliquée; on a été obligé d'y combiner les branches des industries les plus variées, car toutes les parties constitutives d'un wagon (depuis l'acier jusqu'à l'ameublement) sont faites ici. L'emplacement de l'usine au centre de toutes les communications et avec un débarcadère sur le Volga, est particulièrement favorable à son activité.

Il y a ici beaucoup d'étrangers qui sont à la tête de différentes parties techniques. Leur présence était indispensable vu la nouveauté de l'entreprise. Tous les ouvriers sont russes. Le matériel prépondérant est le fer, exclusivement russe (des usines des pr. Belosselsky sur l'Oural). Le prix d'un wagon est ici le même que le prix d'un wagon étranger (les droits de douane y compris — 300 r.). Nous avons été quelque peu surpris de voir confectionner des meubles de noyer américain, qui coûte 5 fois plus cher que le chêne russe et fait monter par là la valeur des wagons des I^{ères} classes. Il est vrai que leur cherté augmente encore en raison d'un aménagement intérieur coûteux; le luxe augmente tous les jours sous ce rapport. Cela s'est manifesté d'une manière évidente à l'exposition de Moscou. Nous nous y arrêtons spécialement, car la réduction des dépenses des chemins de fer n'est pas de minime importance pour nous. D'ailleurs, nous n'avons encore aucun droit de déployer un luxe de décors, au détriment de la solidité et du confort qui font souvent défaut au public, malgré tous les raffinements de l'opulence.

Il faut remarquer que, malgré les qualités hors ligne de l'usine de Sormovo, ayant engendré chez nous une branche industrielle toute nouvelle et particulièrement importante, cette entre-

---

47) La fonte de l'acier d'après le système de Siemens forme, à ce qu'il paraît, l'une des principales branches de l'activité industrielle de cette usine.

prise a été conçue dans des dimensions trop grandioses et qui excèdent la demandé de ses produits. Lors de notre visite (à l'époque d'une animation extraordinaire de notre commerce) les commandes étaient inférieures à la force productive et l'usine manquait d'ouvrage [48]). Nous ne mentionnons cette circonstance que parce qu'elle constitue un phénomène maladif assez ordinaire dans notre industrie. Nous voyons à chaque instant surgir des entreprises dont les dimensions dépassent les conditions pratiques des marchés et des débouchés. De là viennent les mises de fonds disproportionnées et la pénurie en capital de circulation.

Notre première excursion dans le gouvernement de Nijni-Novgorod, fut dirigée vers sa partie la plus caractéristique (v. plus haut) les rivages du Volga et l'un de leurs points principaux le village de *Lisskovo* [49]). Il est situé sur la rive droite (montagneuse) du Volga, à environ 90 verstes plus bas que Nijni, dans le district de Makarief, à l'embouchure de la riv. Soundouvik, vis-à-vis de la ville Makarief (sur la rive gauche du Volga). Il est impossible de passer sous silence la grande portée historique de tout l'espace du Volga compris entre Nijni-Novgorod et Lisskovo [50]). L'histoire passée de ces endroits se trouve en étroite connexion avec leur vie actuelle [51]). Cet espace s'étendait ainsi

48) Mais il paraît que depuis lors les commandes ont afflué à la fabrique. En 1879 l'usine n'avait que 900 ouvriers, et d'après les documents présentés à l'exposition de Moscou leur nombre s'élevait en 1883 à 1800. Toujours est-il, que vu l'incertitude qui plane sur la question de nos voies ferrées, cette usine ne peut pas être à l'abri des éventualités et ne peut, par conséquent, pas compter sur la même quantité de commandes.

49) Il n'existe pas, du moins à notre connaissance, une description spéciale de Lisskovo. V. pour plus amples détails sur Lisskovo et le cours du Volga (outre les ouvrages mentionnés au commencement du chapitre sur le gouvern. de Nijni-Novgorod) de Mr. *Neidgardth*, Guide du Volga 1862. Dict. Statis. Géogr. (Lisskovo). *Ragozine*, le Volga, V. II, 1881 (surtout le chap. V). Annuaire statis. II, Livr. III, (p. 85, notions sur la petite industrie Lisskovo). Recueil de Nijni-Novgorod T. V, 1875. (*Gatzisky*, Matériaux pour l'étude etc. sur le commerce de grains de Lisskovo.) Colonies urbaines de l'empire russe. T. III (ville de Makarief).

50) V. plus haut l'esquisse du gouv. de Nijni-Novgorod.

51) Cette étendue est décrite en détail dans l'ouvrage de Mr. *Ragozine*, le Volga, T. II (avec une carte détaillée si-jointe) et dans le Guide du Volga de Mr. *Neidgarth* (p. 73—75). Cette zône du Volga est bordée des deux côtés par une quantité de villages manufacturiers et commerçants. Le plus remarquable (parmi les villages riverains) est le village de *Besvodnoy* sur la rive droite à 35 verstes de Nijni, (il s'adonne à l'industrie du fil d'archal [de métal] et des filets et engins de pêche).

que la plus grande partie du gouvernement de Nijni-Novgorod sur la limite de l'ancienne Russie et entra très tard dans la composition des territoires russes. C'est ici que commençait l'Empire de la grande Bulgarie (sur la Kama) dont les frontières nous sont aussi peu connues que son histoire. Il est indubitable cependant qu'au début de notre histoire les rives du Volga étaient occupées par les Finnois, et que tout cet espace de la grande voie fluviale reliant l'Orient à l'Occident, l'Asie à l'Europe, était le théâtre d'une lutte acharnée de la nation russe contre ses divers ennemis de races asiatiques. C'est ici que fut entreprise cette guerre interminable des princes de Sousdal, de Vladimir et enfin de Moscou, contre la Mordva, les Bulgares et les Tatares. C'est ici que se déroulèrent les évènements les plus saillants de ce grand procès universellement historique dans lequel la nation slavo-russe et en sa personne la race arienne écrasait l'Asie et ses innombrables peuplades (mongoles ou touraniennes) — toute cette «engeance immonde» de notre histoire, comme l'appellent nos anciens chroniqueurs. Les résultats éclatants de cette lutte historique sont évidents aujourd'hui: toutes les populations riveraines de cette partie du Volga sont du type grand-russien le plus pur. Il n'y a pas l'ombre d'un mélange quelconque de peuples finnois ou asiatiques qui abondent cependant dans d'autres contrées.

Cette lutte entre les éléments ethnologiques si divers trempe, comme toute lutte historique, le caractère national et vivifie et fortifie les forces civilisatrices. Tout ce rude travail historique sur les barbares asiatiques n'a pas été perdu pour les populations de cette contrée.

Au milieu de ce travail, l'industrie et le commerce conquérant les richesses de l'Orient, et en élevant ces peuplades asiatiques dans les idées de paix et de civilisation ont de tout temps joué un rôle non moins grand que les armées russes. Maintenant le commerce et l'industrie dominent dans ce pays, grâce à des circonstances locales particulièrement favorables. La navigation de rencontre (en aval et en amont) y est plus intense qu'à n'importe quel autre endroit du Volga, et l'activité bouillante des populations riveraines prête à toute cette partie du Volga une animation pareille à celle qui y régnait à l'époque des guerres du moyen âge et des incursions de flibustiers, mais cette activité éminemment pacifique à un caractère opposé aux temps passés C'est jusqu'à présent le lieu du rendez-vous le plus tumultueux et le plus bruyant des peuples de l'Orient et de l'Occident, et le point de départ de toutes les conquêtes du commerce russe en Asie.

Cet essor de la nation russe subjuguant la barbarie de l'Orient trouvait un puissant auxiliaire dans la prédication de l'Evangile. Nous voyons surgir simultanément avec les forteresses et les centres commerciaux russes, de nombreux monastères qui s'étendant le long du Volga vers l'Orient (païen et puis mahométan) luttent aussi pour la civilisation chrétienne et européenne et scellent leurs labeurs par le sang des martyrs.

Les rives du Volga, que nous avons parcourues dans ce voyage, portent une empreinte profonde et indélébile de tout ce passé historique. Cette empreinte se manifeste principalement dans l'extrême développement du commerce et de l'industrie, produit par cette histoire orageuse de plusieurs siècles.

La ville de Makarief et le village de Lisskovo sont les monuments les plus saillants de ce passé et en même temps l'incarnation la plus vivante de la vie moderne. Sous l'influence des mouvements si divers de l'histoire, Makarief est tombé en pleine décadence. Lisskovo est dans une situation tout-à-fait florissante.

Makarief, situé au confluent du Kergenetz et du Volga, avait été primitivement un monastère (Jeltovodosk, de Jeltoy-vody, eaux jaunes, ou plutôt bancs de sable jaune qui s'accumulaient ici). Il fut fondé à la fin du XIV s. par le moine de Nijni-Novgorod Saint-Makary (ou Macaire). Détruit par les Tatares en 1439 et relevé en 1624 par le moine de Mourome — Abraham, il fut encore dévasté par les bandes du fameux bandit du XVII° siècle, Stenka Rasine. Actuellement il est définitivement supprimé. Les masses de pélerins qui y affluaient en été donnèrent lieu à une espèce de marché considéré maintenant comme l'origine de la foire de Nijni-Novgorod [52]). Plusieurs de nos foires ont pris naissance de la

52) Nous supposons que l'origine de la foire de Makarief ou de Nijni-Novgorod est beaucoup plus ancienne. Nous la voyons surgir bien des siècles aupara-

même manière. Cette foire de Makarief, instituée le jour anniversaire de la mort de St. Makary, fut reconnue officiellement par le gouvernement en 1641, mais elle existait incontestablement bien avant cette époque. En 1816 un incendie anéantit toutes les bâtisses de la foire, et elle fut transférée en 1817 à son emplacement actuel, à l'embouchure de l'Oka près de Nijni-Novgorod. Dès lors le «vieux Makary» (comme l'appelle le bas peuple), — jadis foyer important de la population du gouvernement de Nijni-Novgorod, déclina visiblement et n'offre aujourd'hui que des ruines pleines de poésie et de souvenirs historiques, mais ayant perdu toute signification dans la vie contemporaine. Makarief a transmis son nom glorieux au «Jeune Makary» (à la foire de Nijni-Novgorod), mais il restera gravé dans la mémoire de la nation aussi longtemps que durera le grand marché qui, situé à l'embouchure de l'Oka, prend au XIX-ᵉ s. une extension toujours plus grande.

Le seul lien vivace qui existe maintenant entre Makarief et la foire se résume dans l'habitude qu'ont ses habitants de se rendre à ce marché pour offrir leurs services (surtout pour la partie culinaire), et y écouler leurs uniques produits — les coffres-forts. Cependant ce lien aussi doit s'éteindre, car le nombre des habitants de Makarief dépassant à peine 1500 personnes des deux sexes, décroît rapidement et la ville dépérit complètement. La population du village de Lisskovo, situé vis-à-vis de Makarief sur l'autre rive du Volga, s'accroît au contraire rapidement et dépasse de beaucoup le chiffre de 7000 âmes, indiqué dans la statistique officielle. Makarief n'est à l'état de ville que sur le papier et même seulement sur les papiers officiels, en réalité il est depuis longtemps tombé au rang de village, et la cité s'est transportée à Lisskovo qui est classé dans les registres officiels parmi les villages. C'est cette question intéressante de nos nombreuses villes officielles, devenues des villages par la force des choses, et de nos villages devenus des villes, malgré la terminologie administrative, qui nous porté à parler de ce cadavre, le «vieux Makary».

---

vant, en Bulgarie, puis passer à Kazan, puis à Vassili-Soursk et enfin au monastère de Makarief. Nous sommes persuadé que c'est le même marché se transportant de l'Orient à l'Occident dans le courant de 10 siècles. (V. nos esquisses sur la foire de Nijni T. I.)

Ces espèces de villages — villes non reconnues comme telles par le gouvernement, ne sont pas rares chez nous (par ex. Pavlovo, Kymra, Ivanovo etc.); Mais dans le cas présent, ce phénomène de la vie réelle, annulant en quelque sorte toutes les entraves et les fictions de la loi, a pris des proportions tout à fait extraordinaires. Toutes les autorités et les fonctionnaires du district, obligés de vivre à Makarief comme chef-lieu de ce district, ne l'habitent même pas; à l'exception du bureau de la caisse (chaque district a son trésorier et sa caisse de l'Etat) qui y reste, tous les établissements publics se sont transportés à Lisskovo qui est le vrai chef-lieu du district. On ne vient à Makarief que pour toucher les appointements de l'Etat et ce fait seul lui prête encore un certain aspect de chef-lieu du district de Makarief. Lisskovo, en tant que village, est gouverné par les pouvoirs publics institués dans les campagnes, c'est-à-dire par le maire (starschina) du Volost [53] élu par les paysans pour trois ans. Au milieu de toutes les autorités du district (il y a même un colonel de gendarmerie qui y réside en permanence), et même bien au-*dessus d'elles* se trouve *l'autorité suprême de ce fonctionnaire électif*. Pour le lieu même et pour toutes ses affaires administratives il n'y a pas de pouvoir plus grand. C'est un phénomène très curieux et qui se rencontre dans tous nos villages-villes. Ainsi l'un des endroits les plus importants et les plus peuplés de la Russie, qui regorge de monde de toutes parts, même des étrangers (qui y ont leurs bureaux et leurs agents pour l'achat des céréales), habité enfin par toutes les classes sociales (les représentants de l'ancienne noblesse et de l'aristocratie de finance moderne), cet endroit a pour *chef administratif un paysan*, ci-devant serf de la propriétaire du village de Lisskovo qui y réside encore. C'est une des originalités de la vie russe moderne qu'il est difficile de rencontrer ailleurs et qui mérite l'attention. C'est grâce à ces traits de notre vie, ayant leurs racines dans l'histoire et le caractère national, étranger à l'antagonisme de classes et de naissance, qu'un ordre parfait règne ici dans la sphère administrative; et il pourrait être envié par

---

53) Le Volost est une subdivision du district formée par un ensemble de quelques villages (environ 1000 habitants mâles). Un seul grand village comme Lisskovo constitue un Volost.

maint administrateur de qualité supérieure. Ce n'est qu'en vertu de cet état de choses et de la force naturelle de la vie nationale, que peuvent être endurées les nombreuses imperfections, bizarreries et *inconséquences* de l'organisation de nos institutions locales, qui classe les villes parmi les villages. La concession à ces villages des droits municipaux pourrait priver ces communes même de l'ordre qui y existe actuellement. Au moment de notre séjour à Lisskovo l'autorité du village était dignement représentée par le bailli («starschina», fonctionnaire électif, à la tête du «Volost» unité administrative) Mr. Tiagélof, qui occupait ce poste depuis l'émancipation des paysans. Il appartient au nombre des baillis les plus respectables que nous ayions eu l'occasion de voir au milieu de tant d'autres exerçant leur emploi d'une manière peu digne. Le nombre de ces derniers s'est sensiblement accru avec le développement excessif de l'élément bureaucratique dans les institutions rurales, contrairement à l'esprit des réglements de 1861 (sur l'émancipation des paysans). Il n'y a que les personnalités hors ligne, d'un mérite transcendant, jouissant de conditions particulièrement favorables (certaine instruction élémentaire et fortune), qui puissent venir à bout de la méticuleuse routine bureaucratique (la puissance du scribe y compris) qui ronge comme une vermine nos institutions rurales. Il faut noter que les baillis ou syndics de bailliage de cette espèce, tout en s'élevant par leur développement intellectuel et leur fortune au-dessus du milieu ambiant, n'abandonnent pas leurs occupations habituelles, et par conséquent ne rompent pas avec le milieu social auquel ils appartiennent. C'est pourquoi, ils conservent malgré le pouvoir dont ils sont revêtus, le caractère de *représentants* naturels de ce milieu. Ils ne sont que les premiers parmi les égaux, et jouissent en dépit de leurs fonctions officielles, et en raison de ces mêmes fonctions, d'une autorité morale octroyée par le peuple seulement à ses propres élus. Voilà le type du bailli préposé à l'administration des campagnes, tel qu'il a été conçu par le législateur de 1861, dénaturé plus tard et réduit au type de paysan-bureaucrate (tchinovnik).

Tel est aussi Mr. Tiagélof. Il s'occupe, comme la plupart des habitants de Lisskovo, du commerce de grains, servant d'inter-

médiaire entre les petits commerçants et les grandes maisons
de la Russie et de l'étranger. Cela ne l'empêche pas d'exercer
consciencieusement les devoirs liés à sa charge. Il observe les besoins
de la population, surtout ceux de la classe la plus pauvre, et dépense tous ses honoraires en actions de bienfaisance. Il habite une
vaste maison de pierre, à deux étages, construite au temps du
servage — époque où Lisskovo était déjà en pleine prospérité (nous
en reparlerons plus tard). Il est en relations d'amitié avec toutes
les classes de la société, avec les propriétaires nobles comme avec
les autorités administratives, et se tient par les journaux au courant de tous les évènements intérieurs et extérieurs ayant trait
au commerce; mais il est en même temps le vrai type d'un habitant de Lisskovo, simple, patriarcal, quoique instruit à sa manière,
et adroit comme tous ses compatriotes. Il n'est nullement paysan, ou villageois, malgré son classement officiel (comme tous les
habitants de Lisskovo), mais il est l'incarnation vivante d'un certain type national dont nous allons parler tout à l'heure. C'est
l'un des plus robustes représentants de notre self — governement
local que nous ayons jamais eu l'occasion de voir. Nous lui
sommes bien reconnaissant du concours qu'il a voulu nous prêter
dans nos explorations de Lisskovo. Nous tenons à mentionner à
ce propos que, toutes les fois que nous avons eu l'occasion de nous
adresser aux syndics de bailliage, leurs renseignements nous ont
été d'un précieux secours. Leur position dans le milieu social
permet à un étranger de s'initier à ce milieu et de voir la vie
nationale telle qu'elle est.

La gloire de Lisskovo n'est pas d'ancienne date, quoiqu'elle
se soit sensiblement accrue en ces dernier temps. Ce village est
indubitablement connu depuis le XVI-e siècle, mais on doit faire
remonter son origine à une époque encore plus reculée, car son
nom est mentionné dans les plus anciennes chansons du Volga [53]).
Lisskovo (de la montagne Lissoy-chauve) se trouve à l'embouchure de la Soundovik, dont le bassin a été de tout temps très
peuplé. L'ancienne ville de Soundovik dévastée par les batares

---

[53] Par exemp. la chanson citée dans l'ouvrage de Ragozine «le Volga»
(T. II, p. 165).

était située sur cette rivière. Lisskovo a constamment grandi au détriment de Makarief et de sa foire, et ce fut le point de départ de sa notoriété et la première condition de sa richesse. Le cours du Volga entre Lisskovo et Makarief s'est sensiblement modifié dans ces derniers temps (probablement à partir du XVI-° s.) et a décliné vers le Nord, c'est-à-dire de la rive droite à la rive gauche. Aussi, au printemps, à l'époque du débordement du fleuve, les inondations vont en augmentant à Makarief et en diminuant à Lisskovo, de sorte que la zône submergée s'agrandit dans la première de ces deux villes et décroît dans la seconde. Il est hors de doute qu'antérieurement à cette déviation, le Volga passait au pied de la montagne qui supporte Lisskovo. Ce bourg se trouve aujourd'hui à deux verstes du fleuve. Plus bas, sur la rive même du Volga, se trouve le village d'Issady, faubourg de Lisskovo, et en réalité son port dans toute l'acception du mot, quoique Lisskovo soit classé, dans les manuels de géographie, parmi les «ports» du Volga. Makarief devenait, en conséquence des raisons décrites, de moins en moins propice à l'entrepôt des marchandises apportées pour la foire. Lisskovo au contraire offrait toutes les qualités requises à cet effet, et servait de station intermédiaire à tous les produits destinés à la foire. Ce fut l'origine de l'activité commerciale de sa population.

Lisskovo est, sous ce rapport, l'un des ports les plus importants de tout le Volga. C'est sa force et sa richesse principales. Au Sud il est en contact avec la région fertile de tchernozème. Grâce au Volga et aux voies de terre convergeant de cette région vers Lisskovo, ce bourg reçoit du Sud-Est d'énormes provisions de produits agricoles, principalement de céréales (blé et froment par millions de pouds), et la graine de lin cultivée non-seulement dans le gouvernement de Nijni-Novgorod, mais aussi dans d'autres provinces voisines (de Simbirsk principalement). Tous ces produits s'accumulent ici, et se transportent ensuite dans tous nos pays septentrionaux peu fertiles, et à l'étranger. Cet endroit est comme un entrepôt et une bourse de notre commerce, car c'est ici que se fixent les prix de nos céréales. Ces espèces d'entrepôts et de stations intermédiaires sont très fréquents le long du Volga, mais, de tous les centres du *bas* Volga reliant le commerce du

Nord avec la région fertile du Volga, Lisskovo est le point le plus rapproché du Nord. C'est là que se résume toute sa portée. C'est ici que peuvent être adressées, pendant la navigation, toutes les commissions d'achat devant faire face à toutes les demandes de grains émanant des parties supérieures du bassin du Volga et de l'étranger. Une grande quantité de blé est moulue à Lisskovo même et transportée, à l'état de farine, aux ports situés en amont du Volga et à Pétersbourg. Il y a ici actuellement 15 moulins à vent, mais leur nombre était autrefois beaucoup plus considérable. En général, la quantité de blé moulu y diminue de jour en jour. Il faut en chercher la raison dans ce que les acquéreurs deviennent de plus en plus exigents sous le rapport de la qualité de la farine, et cette dernière est infiniment meilleure dans les moulins mécaniques (à la vapeur) qui se multiplient sensiblement.

L'activité commerciale de Lisskovo est naturellement devenue une source puissante de revenus pour tous ses habitants, même pour ceux qui ne prennent pas une part directe à cette activité. La population de cet endroit se vante de sa richesse: «De l'argent! nous en avons tant que les poules n'en veulent pas (dicton populaire)», nous disait le cocher de fiacre (isvostchik) qui nous menait du débarcadère à Lisskovo.

La masse de la population y a un goût tout particulier pour le commerce. Lisskovo est le grand dépôt central, non-seulement des produits agricoles cités plus haut, mais des marchandises les plus variées, que répandent ses marchés-bazars (tenus 2 fois par semaine) dans les vastes pays en aval et en amont du Volga. Nous y trouvons un développement excessif des petits métiers manuels et surtout de la fabrication des objets métalliques, tels que serrures, cadenas, coffres-forts dans le genre des armoires incombustibles (production toute moderne), pompes à eau, poêles et enfin articles de mercerie (boutons, dés, bagues etc.). La totalité de la population de Lisskovo ne s'occupe pas d'agriculture et afferme toutes ses terres aux paysans du voisinage.

C'est ainsi que cette ville, portant le titre officiel de «village», s'éleva et se développa spontanément sans avoir été fondée par qui que ce soit, en dépit des lois écrites et grâce aux lois naturelles de l'économie et de la vie nationale. La plupart des habi-

tants de Lisskovo appartiennent jusqu'à présent, selon les registres
officiels, à la classe des «paysans», ci-devant serfs. Cette inconsé-
quence, entre son rang officiel et sa position réelle dans la vie, offre
certains inconvénients, mais n'entrave pas sa prospérité. On ne
peut en dire autant de plusieurs de nos villes jouissant de toutes
sortes d'immunités et privilèges municipaux, ce qui ne les empêche
pas de tomber à l'état de bourgades abandonnées ou plutôt de
vrais villages. Nous avons ainsi beaucoup de villes tout-à-fait
artificielles ou factices, créées par l'administration et la loi. Nous
avons en revanche beaucoup de villages-villes dans le genre de
Lisskovo. Peut-être notre législation n'a-t-elle pas encore élaboré
un type d'organisation municipale ou urbaine qui soit conforme
à ces villes naturelles, à leur histoire propre et à leur vie. La
catégorie de villes intitulées «possade» (catégorie au-dessous des
villes, chefs-lieux de district) qui existe dans la loi, ne satisfait
pas aux besoins de ces villes naturelles ou historiques dont plusieurs, comme Lisskovo par exemple, l'emportent de beaucoup sur
les villes de district, égalent et surpassent même quelquefois les
«villes de gouvernement» (chefs-lieux des gouvernements). Toutes
ces villes naturelles ne peuvent ni ne doivent être villes de district ou de gouvernement (c'est-à-dire ne peuvent pas être chefs-
lieux de l'administration locale). Il se peut même que l'administration dite des «paysans», ou plutôt l'organisation des autorités établie sur les bases de l'administration rurale et ses rapports
avec tout l'organisme de l'état, soit plus propices au développement
de ces villes historiques et naturelles que nos institutions urbaines.
Ces exemples ne sont pas rares en Russie. Tant que la science n'a
pas suffisamment approfondi les lois de la nature pour permettre
à l'homme de s'en servir selon ses visées et de les subordonner à
ses desseins, il est plus sûr de leur laisser toute liberté de croissance historique et de s'y soumettre. Les lois fondamentales de
la vie du peuple ne peuvent pas être impunément violées. Cela
se rapporte aussi bien à la vie physique de la nature qu'à celle
de la société. L'une et l'autre finiront par reprendre leurs droits.
Toutes les prescriptions de la loi n'ont pas empêché la décadence
de Makarief et l'élévation de Lisskovo. Elles ne sont pas plus
parvenues à enrayer l'action des conditions géologiques du bassin

4*

du Volga, qui ont fait dévier son cours vers le Nord et occasionné par là les inondations de Makarief qu'elles finiront pas recouvrir tout-à-fait de leurs eaux. Il est indubitable que des travaux hydrographiques, strictement conformes aux lois de la nature et de la science et appuyés par une étude du Volga, auraient pu atténuer l'effet destructeur de ses eaux, modifier son cours déréglé, très embarrassant pour la navigation et le commerce, et lui donner une direction plus régulière que suivent toutes les rivières de l'Europe civilisée. Mais tant que les explorations scientifiques et les améliorations qu'elles auraient dû provoquer nous font défaut, nous devons nous soumettre aux «caprices» de la nature de ces eaux, encore si peu obéissantes. Tout ce qui a été dit s'applique aussi aux institutions municipales et publiques, ayant pour mission de faciliter le cours normal et régulier de cette vie et non de la violenter et de l'intervertir. Ainsi, le transfert de la foire de Makarief à Nijni-Novgorod n'a été couronné de succès que parce qu'il était conforme à son histoire et à toutes les conditions naturelles géographiques et économiques de notre commerce.

Il est donc évident que seules les institutions urbaines qui répondent aux besoins réels de la vie historique, morale et économique de ces villes naturelles, peuvent seconder les progrès de leur vie et de l'industrie. Toute autre condition créée artificiellement par les exigences de l'administration ne peut avoir chance de succès. Ces sortes d'exigences administratives et gouvernementales ont fondé beaucoup de villes, dénuées de tout esprit urbain. Elles dépérissaient et ne restaient plus qu'à l'état de centres administratifs, dont les habitants mêmes revenaient à la culture des champs et aux occupations rustiques. Tandis, qu'en dépit de toutes les lois et mesures administratives entravant l'exercice des professions urbaines par les paysans, en dépit de l'absence de toutes institutions municipales, des villages entiers grandissent, prospèrent et se transforment en villes. Nous pouvons citer à l'appui de ce que nous venons de dire deux exemples frappants: l'ancienne ville de Vladimir, chef lieu du gouvernement de Vladimir, autrefois résidence de nos souverains, est tombée en pleine décadence et le village d'Ivanovo est devenu de lui-même la principale ville de cette province.

Le lecteur peut trouver que nous nous sommes trop longuement étendu sur ce chapitre. Nous l'avons fait parce que c'est
une question de la plus haute importance chez nous et ayant un
intérêt d'actualité. Nous n'en avons cependant effleuré que les
côtés qui se sont imposés à notre esprit à la suite de nos observations personnelles.

Nous avons souvent entendu émettre l'opinion que l'homme
russe est par sa nature même — villageois ou paysan — qu'il répugne
à la vie de cité et que notre caractère national primordial s'in-
carne dans le villageois — agriculteur. Cette opinion est suscitée
d'abord par le fait que dans plusieurs de nos villes la classe la
plus pauvre de la société — les «bourgeois» (mietschanine) s'occupent d'agriculture. Puis cette idée est encore confirmée par le
type général de ces citadins — *bourgeois*. Ce type est en comparaison de toutes les autres classes et conditions de la société le
plus incolore, le plus indéterminé, manquant de tous les traits caractéristiques essentiellement russes et se présentant sous les aspects
les plus divers dans une seule et même localité. Il faut remarquer cependant, qu'indépendamment de tout ce qui a été dit plus
haut, cette opinion est surtout soutenue par notre classe civilisée
et les étrangers qui tiennent absolument à découvrir dans notre
bourgeoisie les éléments des «bürger» et «bourgeois» de l'Occident, qui ne peuvent être comparés qu'à nos bourgeois Juifs,
allemands et polonais des provinces occidentales, mais n'offrent
aucune analogie avec les bourgeois russes.

C'est précisément à Lisskovo et dans nos autres villes naturelles ou devenues spontanément telles, qu'on peut voir le vrai
type historique du citadin russe. Il diffère essentiellement du
marchand (même au milieu des gros négociants de Lisskovo) et
du «bourgeois» (d'après le titre officiel). Il se présente pour ainsi
dire comme le développement ultérieur du type de nos anciens
citadins ou bourgeois, qu'on appelait «possadsky» (gens de possade).

Tels sont à notre avis les habitants de Lisskovo. Ils se sont
de tout temps exclusivement adonnés aux occupations et aux
professions urbaines, et le seul lien qui les unisse à la terre est
leur droit de propriété foncière qu'ils font valoir en affermant

leurs terres communales. Ce type et toutes ces traditions historiques de cité se sont formés dans le courant de plusieurs siècles.
Grâce au concours de Mr. Tiagélof nous avons pu nous initier à
la vie intime des habitants. D'ailleurs leur savoir vivre, leur
hospitalité et leur hardiesse dans les rapports avec les étrangers
(sans l'ombre cependant de l'impudente rouerie qui distingue
souvent nos classes ouvrières dans les centres manufacturiers)
ont beaucoup facilité nos recherches. Leurs maisons et tout
l'aménagement de leur intérieur, même dans la classe la plus
pauvre, quoique empreints d'un certain cachet d'originalité, sont
tout-à-fait pareils aux logements des villes et ne rappellent en
rien «la chaumière» du paysan. Au contraire, les maisons de
beaucoup de nos bourgeois des villes officielles sont semblables à
cette chaumière. La particularité des habitations de Lisskovo, en
comparaison des logements dans nos villes, consiste dans ce que
chaque famille vit dans une maison séparée (comme c'est l'usage
en Angleterre). Les maisons sont presque toutes à deux étages.
Le rez-de-chaussée est occupé par les ateliers et la cuisine, à
l'étage supérieur se trouvent les appartements de réception et
les chambres à coucher. Presque tous les habitants de Lisskovo,
excepté les plus pauvres, ont une espèce de salon tout-à-fait
isolé des chambres à coucher et de la cuisine. Et il faut noter
qu'ils vivent eux-mêmes dans ces salons, qui ne leur servent pas
d'appartements de parade, ce qui est très souvent le cas chez les
marchands de nos villes et même des capitales. Même la classe
la plus pauvre se distingue ici par un certain comme il faut, par
son affabilité, la délicatesse des manières, du maintien et de la
toilette. Ces traits tout-à-fait urbains se font surtout voir parmi
les femmes qui jouissent ici de la considération des hommes et
de la position de «maîtresse de maison» de matrone, vénérée et
obéie. On ne trouve nulle trace ici ce type de notre «paysanne»,
abrutie par le despotisme du chef de la famille et pliant sous le
fardeau du travail. La femme de Lisskovo est cependant très
active et s'occupe de commerce et de métiers sur le même pied
que les hommes. Sous le rapport physique elle ne brille ni par la
beauté, ni par l'expression de la physionomie, mais elle se distingue
par la finesse, certain charme et certaine grâce de toute sa per-

sonne. Le costume de paysanne est naturellement complètement banni d'ici. La toilette des femmes est essentiellement citadine, quoique présentant certaines particularités qu'il n'est pas nécessaire de décrire ici.

La propriété la plus importante de la vie de Lisskovo se résume dans la remarquable instruction de ses habitants. Ils sont positivement tous lettrés, et l'instruction scolaire même des classes les plus pauvres dépasse ici de beaucoup le niveau général de nos écoles élémentaires. Il est rare de trouver, même dans nos grandes villes, un aussi haut degré du développement intellectuel de la masse. Bon nombre d'enfants du bas peuple même ne se contentent pas de l'instruction donnée aux écoles locales (dont l'une est une école élémentaire à 2 classes, avec 5 instituteurs) et font leurs études dans les gymnases. Un trait de ces progrès intellectuels est particulièrement consolant. Ces études tout élevées qu'elles soient, ne viennent pas troubler l'intégralité et l'originalité du caractère national. Elles n'éloignent pas l'enfant de la vie de famille et des occupations traditionnelles de ses pères et ne sont pas altérées par toutes ces baroques manifestations, soi-disant «progressives» qui arrivent si souvent de nos jours dans l'instruction de notre bas peuple. Nous avons trouvé ici un développement intellectuel tout-à-fait sensé, élevant la vie populaire et entièrement contraire à ce développement précoce et maladif qui pervertit l'homme du peuple, et ébranle les bases de sa vie en n'y ajoutant que le scepticisme sur toutes les traditions de ses ancêtres. Il nous a été particulièrement agréable de constater les effets de cette instruction sur les jeunes femmes. Elles sont, malgré leurs études scolaires, restées «simples» d'allures (comme cela se dit chez nous). De même qu'elles n'ont pas l'habitude de fumer la cigarette, mode très répandue dans nos fabriques et même dans les villages environnants, de même les jeunes gens ne s'adonnent pas aux «idées» modernes et n'abandonnent par leurs affaires pour courir après des chimères politiques et sociales. Malgré leur vie active, compliquée par l'immixtion des éléments étrangers les plus variés, les habitants de Lisskovo sont restés fidèles aux pieuses coutumes de leurs aïeux. La richesse et la magnificence des 9 églises de la localité, remarquables par leurs curiosités antiques, s'accroissent tous les jours. Enfin tout le genre de vie de cette population est marqué au coin d'une certaine intimité patriarcale et sympathique, très rare dans ces espèces d'entrepôts de commerce et dans tous les centres industriels. Nous ne voulons pas passer sous silence encore une particularité de cette ville — village. Les enfants de tous les gens riches et même simplement aisés font leurs études au gymnase classique de Nijni-Novgorod. «Seulement nous ne les y laisserons pas longtemps», nous disaient leurs pères, «de peur qu'ils ne perdent le goût du métier» (c'est à dire du travail). C'est un résultat très triste de notre instruction supérieure et nous l'avons souvent entendu signaler dans notre monde industriel.

Avant de passer à l'exposition ultérieure de mes observations sur Lisskovo, je tiens à mentionner encore deux côtés saillants de notre question sur les villes-officielles et les villages-villes (ou villes naturelles). La différence la plus marquée qui existe entre elles consiste dans ce que toute l'organisation administrative et financière de ces dernières ou *la commune* repose sur le *«mir»* —, dont il ne reste aucun vestige dans les villes-officielles et qui n'a jamais existé dans les villes nouvellement fondées. Ce régime communal, avec son ancienne autonomie et ses libertés, s'est maintenu ici avec une stabilité que n'ont pu ébranler la bureaucratie et sa tutelle méticuleuse. La liberté et l'indépendance de cette existence autonome et historique s'est surtout perpétuée dans nos grands biens seigneuriaux, dans ceux surtout qui ne payaient qu'une redevance d'argent (obrok) à leurs propriétaires. Au nombre de ces derniers se trouvent presque tous nos célèbres villages-cités de la Grande Russie (tels sont Lisskovo, Pavlovo, Ivanovo, Gorodetz etc.). Le pouvoir du seigneur se bornait ici à la perception de la rente (obrok), et à la protection qu'il accordait à ces paysans contre toutes les intrusions et infractions de la police et des fonctionnaires publics (des tchinovniks). Notre population rurale, dite libre, dans les domaines de l'Etat, était bien moins indépendante de l'administration bureaucratique, et bien moins libre dans son régime communal que ces biens seigneuriaux.

Il y a encore un autre fait qui nous démontre clairement pourquoi nos villages-cités sont en réalité beaucoup plus villes

que les villes elles-mêmes. Les causes et les motifs historiques ayant
contribué à la naissance des villes sont très variés. Plusieurs de
ces causes ont de nos jours perdu toute raison d'être. Telle est,
par exemple, la défense armée ayant nécessité dans l'ancienne
Russie l'érection de toute une série de places fortifiées. Les évolutions de l'histoire moderne leur ont fait perdre leur raison historique et elles sont toutes tombées en ruines. Cependant, le trait
le plus essentiel qui distingue à notre époque surtout les citadins
des villageois se résume dans «des occupations citadines» et les
métiers différents de l'agriculture, et déterminant toute la direction de la vie économique et morale de la ville. Ces occupations
savoir: le commerce, les métiers manuels et plus tard l'industrie
manufacturière, doivent être considérés comme la raison capitale
de la transformation des villages en villes. Aussi est-il tout naturel que la population de ces villages, adonnée depuis des siècles
aux professions des villes, soit même plus foncièrement citadine
que la classe ouvrière de nos villes officielles s'occupant souvent
de travaux agricoles. Les fonctionnaires publics et la noblesse
locale habitant les villes n'y sont attachés par aucun intérêt réel.

Tout voyageur qui visite Lisskovo sent surgir dans son esprit
mille questions intéressantes relativement au passé et au présent
de notre nation. Mais l'intérêt principal de cet endroit gît dans
l'extrême prospérité de sa population. Nous n'avons jamais rien
vu de semblable en Russie. Cependant nous ne manquons pas de
centres industriels et commerciaux aussi riches si ce n'est plus
riches que Lisskovo. Mais nous avons été frappé ici par l'aisance
et le bien-être de la grande majorité des habitants et précisément
de la classe ouvrière qui vit de son travail et non de son capital.
Nulle part nous n'avons constaté une absence aussi totale de la
coexistence des deux extrémités, — de la richesse et de la misère
— de ce phénomène si ordinaire dans les nouveaux centres industriels de l'Europe occidentale et même de notre pays. Quant à la
misère noire elle n'existe pas ici, à l'exception de quelques circonstances malheureuses à la suite de cas isolés d'ivrognerie.
Tout l'aménagement et l'installation extérieure des logements,
même de la classe la plus pauvre, sont remarquablement convenables et même élégants. Les habitants de Lisskovo l'expliquent

par le penchant qu'ils ont d'imiter les riches et de les égaler dans les détails extérieurs d'une vie «convenable». Mais cette tendance, inhérente à tout le peuple grand-russien, et se manifestant surtout dans les endroits les plus animés, n'amène pas du tout ici la désorganisation de la vie de famille, la domination du luxe au détriment du confort, et l'insolvabilité. Au contraire, ces dehors décents s'allient à une véritable aisance domestique, confirmée par l'abondance dans chaque ménage de tous les objets de première nécessité: logement, nourriture et vêtements (le linge y compris). Il faut encore ajouter à tous les traits caractéristiques déjà signalés, l'amour de l'ordre et de la propreté qui a été de tout temps l'apanage de toutes les classes riches et pauvres de Lisskovo. Ces qualités sont surtout remarquables ici parce qu'elles font complétement défaut à nos populations grand-russiennes (les vieux-croyants exceptés).

Tous les renseignements que nous donnons ici sont basés sur nos observations personnelles. Nous sommes maintes fois entré dans les logements des habitants de Lisskovo, au moment où ils s'y attendaient le moins et n'avaient fait aucun préparatif pour nous recevoir. C'est précisément cette vie journalière, prise pour ainsi dire sur le vif, qui offre un intérêt tout particulier pour le voyageur. Ainsi notre attention a été attirée entre autres choses par la scrupuleuse propreté de la toilette quotidienne de tous les membres de la famille, les vieillards et les enfants y inclus. Nous avons constaté avec un plaisir extrême que même les personnes les plus pauvres ont des lits et du linge de lit, ce qui est très rare dans la population grande-russienne, même dans ses sphères commerciales les plus élevées. Tout étranger, même quand il entre à l'improviste, est sûr d'être traité et accueilli avec empressement. Ceci fait certainement partie de l'hospitalité si large des habitants de Lisskovo, pour laquelle ils sont si renommés, mais elle prouve aussi leur aisance.

Depuis notre visite à Lisskovo nous n'avons trouvé qu'un seul endroit aussi prospère,—c'est le pays potager dans le district de Rostof, gouvernement de Jaroslavl (v. plus bas chap. V). Le niveau élevé du bien-être moral et matériel du gros de la population, la répartition égale de la richesse et l'absence absolue de la misère — sont autant de points de rapprochement entre ce pays et Lisskovo. Mais les habitants de ces deux localités diffèrent essentiellement par leur genre de vie et leurs occupations. Les habitants de Lisskovo sont le type le plus accompli du citadin russe et les maraîchers de Rostof offrent l'incarnation la plus parfaite du villageois-paysan, quoique les uns et les autres soient officiellement classés parmi les paysans. Cependant le passé historique des deux populations les a marquées d'un trait de ressemblance. Le fait est que l'une et l'autre ont, à travers le cours des siècles, gardé avec une scrupuleuse exactitude notre administration communale. Ce régime s'est fortifié dans les formes de la nouvelle organisation rurale, mais il repose sur des bases historiques consolidées par une série de siècles. Ce régime de self-government, cette protection mutuelle, mais libre des membres de la commune, cette économie communale sauvegardant les intérêts de la société et par conséquent ceux des particuliers, la «discipline» morale enfin de ce régime — telles sont les causes multiples et majeures de la vigueur inhérente à la vie nationale de ces deux localités si parfaitement dissemblables sous tous les autres rapports. Nous y avons trouvé, dans l'une comme dans l'autre, les finances communales admirablement ordonnées et faisant face à tous les besoins publics et généraux de la population, venant en aide aux particuliers nécessiteux et étendant au-dessus de tous leur main protectrice et bienfaisante.

Ces villages jouissent encore d'une prérogative complètement inconnue aux villes, mais d'une portée économique et sociale qui assure le sort des indigènes. Tout propriétaire, fût-ce même le plus pauvre, a un bien immeuble — une maison, un enclos et une terre s'il le veut. Les propriétés territoriales de la commune forment comme un fond de réserve destiné à doter d'un immeuble les générations futures. La bourgeoisie pauvre des villes officielles n'a rien de semblable. Mais nous avons peu appuyé sur cet avantage de la prospérité de nos villages-cités, car c'est une circonstance trop bien connue.

Pour donner plus de clarté à cet aperçu général de Lisskovo nous y adjoignons une esquisse succinte de certains faits recueillis par nous lors de notre voyage. Tenant à nous initier personnellement à la vie de la classe ouvrière, nous avons pénétré dans plusieurs maisons qui nous avaient été indiquées par des personnes compétentes comme pouvant servir de modèle aux 3 degrés de la prospérité générale, se résumant à peu près de la façon suivante: degré *moyen* (de la plus grande partie des habitants de maison), *supérieur* (de même de la classe ouvrière vivant de son travail) et *inférieur* (c'est à dire considéré ici comme misère). Nous avons toujours agi de la sorte dans toutes nos investigations.

Nous indiquerons brièvement les traits individuels se rapportant aux spécimens des 3 catégories mentionnées, *outre* les traits *communs* à tous les habitants de Lisskovo.

1) *Ménage de degré moyen.* La famille s'occupe de la fabrication des dés et des boutons de métal. Les ouvriers se recrutent dans la famille même *sans ouvriers du dehors.* On vend 1000 dés à raison de 5 roubles à des acquéreurs qui les revendent à 6 roubles le mille et fournissent les matériaux indispensables à leur confection. La famille possède une maison à 2 étages. Son aspect extérieur et son aménagement sont analogues aux demeures des petits commerçants dans les villes de district. On mange du boeuf deux fois par jour. Les femmes secondent les hommes dans leur travail, en fourbissant les dés et les boutons.

Cette industrie tombe en décadence en raison de la concurrence faite par les produits étrangers, ou plutôt par les produits des grandes fabriques mécaniques. Les dés étrangers sont argentés et ne coûtent pas plus cher que les dés en cuivre jaune de Lisskovo. On a vainement tâché de les imiter à Lisskovo. Cela prouve que notre petite industrie domestique a besoin de perfectionner ses procédés techniques. C'est le seul moyen pour elle de se maintenir.

Vu la décadence de ce métier, la famille songe à procurer à ses enfants un gagne-pain plus avantageux et sûr. L'un des fils est scribe, l'autre a une place de commis dans un magasin.

Cette branche principale de la petite industrie à Lisskovo se présente ici sous plusieurs aspects: D'abord, avec un caractère tout intime comme la famille dont nous venons de parler. Puis avec le concours d'ouvriers loués. Enfin la fabrication en gros spécialement basée sur l'aide (travail) des ouvriers loués. Ce dernier aspect revêt ici la forme d'une fabrique (il n'y en a qu'une seule de ce genre à Lisskovo).

Toutes les conditions précitées sont très fréquentes dans notre industrie domestique. Mais ce qui est un fait parfaitement isolé, très rare dans ce genre d'affaires, concordant cependant admirablement avec l'ensemble des intérêts économiques de Lisskovo, c'est que les *marchands-accaparcurs n'exploitent pas* les industriels (fournisseurs). Ils achètent à des prix raisonnables (ne déprécient pas la marchandise) comme on peut s'en assurer d'après les chiffres susmentionnés. En général l'exploitation des marchands-accapareurs est le fléau économique et social de la petite industrie. Nous en reparlerons dans la suite. Nous n'avons pas trouvé ici cette animosité entre les fournisseurs et acheteurs, si fréquente dans d'autres localités.

2) *Ménage pauvre.* La famille est dans le dénuement à la suite de la maladie du chef de la famille qui ne peut plus s'adonner à l'industrie batelière (travailler sur les radeaux le long du Volga). Toute la famille s'occupe de la fabrication des boutons. Mais le père étant la seule personne adulte, la famille est sans soutien. La maison tombe en ruine. Le syndic de bailliage a promis, devant nous, d'accorder sur la caisse communale un secours d'argent pour réparer la maison. Malgré une misère évidente (nous n'en avons pas vu de pire à Lisskovo) les enfants sont proprement mis et on nous a offert du thé dont les plus pauvres sont toujours pourvus.

3) *Famille aisée.* Le chef de la famille est un petit commerçant. Il vend aux paysans des articles de petite bijouterie, qu'il achète à la foire de Nijni-Novgorod ou dans les localités en amont du Volga. Il les débite sur place ou les expédie dans d'autres endroits. Sa femme lui vient en aide dans son ouvrage. Toute la famille, surtout la maîtresse de la maison (qui est dans la force de l'âge), et l'ordre qui règne partout laissent au visiteur une impression excessivement agréable. Les enfants reçoivent une éducation très soignée. Mais la fille de la maison étudie sous la direction du sacristain et non à l'école, quoiqu'il y en ait une modèle à Lisskovo. La mère craint «que sa fille ne se gâte à

l'école». A tous les éloges que nous lui adressions sur la parfaite
organisation de son foyer domestique, elle nous répondit: «Cela
vient de ce que nous vivons en bonne intelligence avec mon mari,
il n'est pas ivrogne».

Nous allons clore cette esquisse sur Lisskovo en indiquant
une des causes essentielles de sa richesse et surtout du développement intellectuel de ses habitants. C'est un endroit qui a, de
longue date, acquis une certaine notoriété sous le rapport du
commerce, de l'industrie et en raison des péripéties de son passé
historique. L'ancienneté de la culture est par elle-même un puissant agent moteur secondant l'instruction industrielle et commerciale indépendamment de tous les autres éléments propices. Toute
la marche ultérieure des événements historiques, embrassant une
époque plusieurs fois séculaire, et se concentrant ici au point culminant du cours du Volga (entre l'Oka et la Kama), a consolidé
la réputation de cette localité et a favorisé l'esprit d'initiative de
sa population.

Il faut mentionner en outre l'activité bienfaisante des seigneurs propriétaires de Lisskovo, auxquels ses habitants garderont
une éternelle reconnaissance. Cet endroit a longtemps appartenu
aux princes de Géorgie. Actuellement il est à la comtesse Tolstoy
qui veille avec sollicitude à tous les besoins de ses ci-devant serfs,
et spécialement à l'entretien de l'école qui a été établie par les
Tolstoy au temps du servage. Ainsi, outre les conditions favorables des vastes propriétés seigneuriales, la vie du peuple y trouvait un puissant appui dans la vigilance et la bienfaisance de ses
maîtres. Cette sollicitude personnelle a fait défaut dans d'autres
propriétés, tout aussi riches que Lisskovo (par ex. Pavlovo et
Ivanovo) qui étaient à la merci d'intendants abusant de leur pouvoir. Cette circonstance nous explique le bon souvenir que la
population de Lisskovo a gardé du servage. Ils n'en parlent
jamais avec amertume quoiqu'ils soient enchantés de son abolition. L'émancipation des serfs a en général contribué à la prospérité de Lisskovo, car autrefois les propriétaires répartissaient
les redevances (l'obrok) selon leur bon plaisir, allégeant dans un
but humanitaire les pauvres et surchargeant les riches (jusqu'à
200 r. par famille). Mais ces derniers, désireux de se soustraire

à cette imposition, dissimulaient leurs capitaux, ce qui les empê-
chait de donner une plus grande extension à leurs opérations
commerciales et industrielles.

Enfin nous dûmes prendre congé de cette sympathique et
hospitalière population du Volga. Nous tenons à constater que
nous lui devons les souvenirs les plus agréables de notre voyage.
Aussi malgré notre hâte de partir, car nous étions pressé, fûmes
nous heureux de certaines circonstances qui nous retinrent ici
encore une journée. Ces espèces de retard sont très fréquents
sur le Volga. Le fait est que le bateau à vapeur, devant nous
ramener dans la soirée à Nijni, partit une heure avant l'heure
indiquée [54]. Nous dûmes revenir d'Issady (faubourg riverain de
Lisskovo) à Lisskovo pour y passer la nuit. Fort heureusement
nous n'eûmes pas les inconvénients du déballage et autres, car
l'auberge était bien aménagée — chose rare même dans nos villes
(de province). Le lendemain, un autre bateau à vapeur partit de
nouveau avant l'heure fixée. Ne pouvant recueillir aucune informa-
tion exacte sur les heures de départ et d'arrivée, nous prîmes le
parti de nous installer sur la rive même d'Issady, dans l'attente
de quelque bonne fortune qui nous permît de continuer notre
voyage et de rentrer à Nijni. Tous les voyageurs parcourant le
Volga et pressés de partir procèdent de la même façon. Un départ ou une arrivée à l'heure réglementaire est une bonne chance
inespérée dans ces contrées, aussi personne ne compte-il là-dessus.

Mais mes réflexions chagrines sur l'ignorance chez nous de
la valeur du temps firent bientôt place aux nombreuses observations et impressions qui m'assaillirent à ce débarcadère d'Issady —
l'un des plus animés du Volga. Tout voyageur-explorateur doit
considérer comme une circonstance particulièrement favorable
ces retards inopinés dont le motif est connu de tous ceux qui les
entourent. En effet le public sachant que vous n'avez pas l'intention de séjourner dans la contrée, continue à vaquer à ses affaires
ne s'inquiétant nullement de votre présence et offrant par là le
champ libre à vos observations. Aussi nous est-il arrivé plusieurs

---

54) Le retard dans les départs et les arrivées peut à la rigueur être expliqué
et excusé par les difficultés et les embarras de la navigation sur le Volga, mais
les départs prématurés sont positivement inexcusables.

fois de répandre ce même bruit dans des endroits que nous visitions exprès, ayant fait un assez long voyage pour y parvenir. Nous tâchions de propager la nouvelle que nous n'y étions que «de passage», étudiant la contrée pour tuer le temps et «d'ennui». Nous nous réjouissions souvent de semblables interruptions dans nos excursions.

Il en fut de même dans ce cas là. L'immense panorama du Volga et de ses rives baignées dans l'éclatante clarté d'un soleil d'Août, nous saisissait par l'imposante et pittoresque beauté de son aspect. Mais nous avons eu beau jouir de ce tableau, abîmé dans la contemplation et oubliant les longues heures d'attente du bateau, nous ne sommes pas en mesure de le décrire. Aussi ne mentionnons nous ces beautés de la nature qu'à titre de souvenirs, et parce qu'elles reflètent d'une manière évidente l'histoire et la vie de cette localité. Le paysage qui se déroulait devant nous n'est pas seulement l'un des plus pittoresques du Volga, il est aussi très caractéristique.

La vie de l'homme, la densité de la population riveraine, le mouvement accéléré de la navigation, du commerce et de l'industrie, enfin les traces de la culture des siècles écoulés — tout cela se détache ici avec une vigueur exceptionnelle et éclipse les impressions de la nature. Tel est le trait dominant et le charme particulier du bassin moyen du Volga. L'aspect change complètement quand on descend le fleuve (à partir de l'embouchure de la Kama). Ici les forces puissantes de la nature infiniment plus productives que le labeur de l'homme dominent tout ce qui les entoure. Nous y voyons les espaces libres du Volga et de ses bords offrant un spectacle unique dans son genre dans notre patrie, l'abondance des eaux autour desquelles s'étendent les immenses champs de tchernozème dont le cultivateur négligent abuse autant qu'il peut sans parvenir à épuiser ces terres encore vierges, en comparaison de celles de l'Europe occidentale et même des terrains peu fertiles du bassin moyen du Volga. C'est la période la plus récente de notre culture «notre lointain Orient» dont toutes les destinées et espérances reposent sur l'avenir.

Derrière nous, sur le bord *montagneux* en deçà de Issady, s'élève Lisskovo, dominé lui-même par les hautes montagnes (de

Lissiy). La route qui mène de la ville au débarcadère présente
un va-et-vient incessant de piétons, de véhicules et d'équipages.
Devant nous, sur l'autre bord, apparaissent les ruines historiques
du couvent de Makarief et l'embouchure non moins historique de
la rivière Kerjenetz. Mais c'est comme la dernière limite de cette
vie intense du Volga. Elle s'éteint complètement ici. Au delà des
prairies, près des eaux stagnantes et mystérieuses de Kerjenetz,
réputées «sacrées» parmi les vieux-croyants, commencent les
épaisses forêts qui s'étendent à perte de vue au Nord. Ces sombres bois abritent tout un monde à part, différent de celui du Volga
et que nous verrons plus tard.

Contrairement au silence sépulcral qui règne dans l'épaisseur
de ces forêts, au milieu de ce monde de schismatiques, le port
d'Issady offre une animation et un tohu-bohu continuel. Une foule
de monde assiège les débarcadères. Les uns débarquent, les autres
s'embarquent; les bateaux montent et descendent le courant, le
mouvement est continu. La foire de Nijni-Novgorod tire à sa fin
et chacun se presse de revenir chez soi. Le commencement et la
fin de la foire sont toujours signalés par une affluence de passagers qui envahissent les bateaux. L'élément prépondérant de
cette foule est le même que celui de toute foule russe c'est-à-dire
le paysan. Et ici comme partout ailleurs dans ces cas là, nous
avons été particulièrement impressionné par l'esprit de paix, de
conciliation et d'amour qui s'exhale de toute cette masse bruyante
et agitée. Il fallait voir avec quelle docilité et quel calme elle se
soumettait «aux rappels à l'ordre» des quelques humbles représentants de la police, disséminés dans cette houle humaine pour
y maintenir l'ordre. C'est un phénomène si ordinaire chez nous
que nous n'y faisons aucune attention, car nous sommes accou-
tumés à la soumission et à la tranquillité de notre peuple. Mais
les étrangers qui vivent au milieu des déchaînements des passions
haineuses de la «populace» des rues, ne peuvent revenir de leur
étonnement à la vue de cet esprit paisible et sans aucune animosité
pour les classes supérieures. Ce n'est que dans des cas tout-à-fait
exceptionnels, quand le peuple voit ou croit voir une profanation
de ses droits historiques les plus sacrés, une atteinte à ses sentiments de nationalité et de sa religion, qu'il se soulève tout-à-coup,

11.   5

dépouille toute soumission aux «autorités légalement instituées», déborde, écrase tout, ce qui plonge le monde dans la consternation....

Ce tableau si foncièrement pacifique de la vie industrielle qui se déroulait devant nous, ne fut même pas troublé par l'apparition à l'horizon d'un point noir qui nous rappelât d'autres phases de notre époque, tourmentées, sombres et totalement étrangères à la vie nationale qui bouillonnait sur la rive. On attendait au débarcadère l'arrivée d'un bateau de détenus (le gouvernement loue ces bateaux à une compagnie privée et les affecte au transport, sur le Volga et la Kama, des criminels déportés dans «des endroits plus ou moins éloignés de la Sibérie»). On devait faire monter sur le bateau deux détenus qu'on avait à cet effet amenés de la prison locale dans un canot sous la garde de trois soldats. Le canot devait aborder le bateau au milieu du fleuve. Dans la foule le bruit s'était répandu que c'étaient des condamnés «politiques» (nihilistes). La curiosité du public avait été d'abord vivement excitée, mais on n'avait pas de temps à perdre et chacun retourna à ses affaires. Quand le rassemblement se fut dispersé, nous nous approchâmes du canot. Le doux balancement de la vague avait endormi les gardiens, qui sommeillaient tranquillement à l'abri de leurs fusils. Nous liâmes conversation avec les deux prisonniers. Ils avaient un air malheureux et inoffensif. L'un, âgé de 14 ans, ayant perdu à Moscou son père et n'y trouvant ni gîte ni abri, s'était enfui dans son pays natal au gouvernement de Viatka. Mais comme il n'avait pas de passeport, il fut arrêté sur le bateau par un gendarme. L'autre, un jeune Tartare, avait voulu se soustraire par la fuite au recrutement militaire. Tous les deux appartenaient à cette innombrable masse de peuple qu'on arrête si souvent chez nous pour vagabondage et manque de «papiers». Quoique désignés comme prévenus politiques, ils n'étaient certes pas de ceux qui prennent part à des conspirations. Il ne leur venait pas à l'esprit de profiter du sommeil de leurs gardiens pour s'évader. Au contraire, ils étaient visiblement satisfaits d'avoir trouvé gîte et pitance aux frais du gouvernement. Notre patrie abonde de détenus de ce genre.

Malgré les fusils chargés des sentinelles, tout ce groupe

avait un caractère aussi pacifique et patriarcal qu'un autre assemblage de personnes installées à proximité sous une tente portative. Nous tenons à en parler pour mettre en lumière un phénomène caractéristique de ce tableau de genre, de style russe. Ce second groupe se composait d'une famille de chapeliers, venus exprès de Kniaguinine (ville du gouvernement de Nijni-Novgorod), où l'industrie des bonnets de fourrure a pris une grande extension. Dès que l'hiver arrive toute la famille, les mineurs y inclus, se transporte à Samara, y établit un atelier et confectionne des bonnets qui se vendent sur place et aux foires locales. En été, tout ce petit monde revient à la campagne dans la maison, dont les volets et les portes restent cloués pendant la morte saison. Chacun retourne aux travaux des champs, et s'étant pourvu à la foire de Nijni de tout le matériel nécessaire à la chapellerie, en automne on se remet en route pour Samara. Cette famille a réussi même à se procurer une machine à coudre. En général elle semble jouis d'une certaine aisance, et considère comme un fait tout-à-fait normal ce genre de vie nomade et l'adjonction de l'industrie aux travaux agricoles (qui se trouvent à une distance de 1000 verstes).

Mais il est temps que nous quittions ce paisible et lumineux tableau de l'activité industrielle de ce pays.

Nous laissâmes Lisskovo et les «Montagnes» (côté droit) derrière nous et nous entreprimes du 4 au 6 Septembre une excursion dans les «forêts» (côté gauche) à travers le district de Séménof et vers la ville de Séménof. Ainsi nous fûmes obligé de nous transporter des bords riants et ensoleillés du Volga dans la sombre épaisseur des bois. Cette région forme dans le gouvernement de Nijni comme un pays complètement à part (v. plus haut). Elle occupe toute l'extrémité Nord-Est de ce gouvernement, s'étend à perte de vue au Nord dans le gouvernement de Kostroma (dans les bassins d'Ounja et de Vetlouga) et inaugure à proprement parler le région boisée de la Russie. L'impression produite par cette région est d'autant plus forte qu'elle se trouve à peine à quelques verstes du Volga. On peut même distinguer des rives de ce fleuve du «versant» de Nijni-Novgorod les «tâches vert-foncé» qui plaquent l'horizon. Le monde et la nature de ce pays diffèrent essentiellement des rives du Volga et des parties méridionales du gouvernement de Nijni. Nous avons esquissé plus haut en quelques traits de plume les particularités qui les distinguent de toutes les autres localités du gouvernement de Nijni-Novgorod. Mais ce pays a une physionomie à part et un intérêt tout-à-fait particulier relativement à toute la Russie.

Le district de Séménof [55]) en est le représentant le plus typique [56]).

Toute la vie de ce district est déterminée par l'abondance des forêts et la stérilité du sol composé en majeure partie de sables et de marais [57]). Les habitants se nourrissent du blé produit par des pays plus fertiles. Même les parties susceptibles de culture (ensemencées de seigle et de pommes de terre) produisent une quantité de céréales qui ne suffit que jusqu'au mois de Décembre et s'épuise quelquefois deux mois après la récolte. Il est tout naturel que l'agriculture de ce pays soit dans un état déplorable et végète piteusement avec le secours de la petite industrie domestique. Les seigneurs propriétaires ont depuis longtemps renoncé à toute tentative agricole, et les paysans seuls cultivent à leurs risques et périls ce sol ingrat qui ne récompense que parcimonieusement la peine du laboureur. Tout le district est occupé par des paysans (il n'y a qu'une seule ville et elle est tout-à-fait

55) Pour plus amples renseignements sur la ville, le district de Séménof et les vieux-croyants, voir le dictionnaire de statistique et de géographie. *Annuaire du gouvernement de Nijni-Novgorod* du comité statistique de Nijni-Novgorod 1864 (p. 71). De Mr. *Ostroounof* — Histoire du schisme dans le gouvernement de Nijni-Novgorod (Recueil de Nijni-Novgorod, Tome V). *Gatzisky* — Krasnaïa Ramen (Recueil en souvenir du premier comité statis. russe 1875). *Borissovsky* — L'industrie des cuillers dans le district de Séménof (Travaux de la commission sur la petite industrie liv. II, 1879). *Melnikof* (Petchorsky) «Dans les forêts et les montagnes». Voir aussi dans l'appendice du livre présent l'article de Mr. *Ovsiannikof*.

56) La meilleure description de la vie du peuple dans le district de Séménof se trouve dans le célèbre ouvrage de Mr. *Melnikof* «Dans les forêts et les montagnes». Tous les renseignements que l'auteur y donne sont le fruit de ses observations personnelles. Mais quoique le fond de l'œuvre soit parfaitement conforme à la réalité, l'élément romanesque qui y prédomine altère quelquefois la vérité en donnant lieu à certaines exagérations et licences poétiques. Cette remarque a surtout trait à la vie des schismatiques que l'auteur a peinte sous des traits beaucoup trop sombres.

57) On ne compte dans ce district que 80,000 dess. de terre arable (argileuse et sablonneuse) sur un espace de 540,000 dessiatines.

originale) [58]). Quant à la noblesse (en fait de propriétaires fonciers) elle n'a qu'un seul représentant, le maréchal de noblesse, vivant ici par affaires, mais s'absentant fréquemment. Autrefois (il y a à peine un siècle) ce district était recouvert d'épaisses et interminables forêts (sans solution de continuité). Malgré les ravages qu'elles subissent, elles embrassent encore de nos jours plus des deux tiers de la superficie du district, environ 350,000 dessiatines sur 540,000 dessiatines). A mesure qu'on avance au Nord elles se serrent en masse compacte et les sables et marais ne forment que des oasis perdues dans ces immensités.

Les conditions naturelles précitées ont poussé la population à la petite industrie qui a fondé la renommée de ce pays. La proximité du Volga, de la foire de Nijni-Novgorod et des centres commerciaux, facilite l'achat des matières premières (fer, laine etc.), ainsi que l'écoulement des produits manufacturés dans tous les coins de la Russie. Les productions prépondérantes sont naturellement celles qui demandent l'emploi du bois et du combustible. Tels sont: au premier plan les différents ouvrages de bois (surtout les cuillers universellement connues et la vaisselle tournée) dont le rayon s'étend bien au delà des limites du district de Séménof, vers le Nord et l'Ouest, dans le gouvernement de Kostroma. Puis viennent les différents métiers forestiers et les objets métalliques comme les clous, palanches et crampons [59]). Il faut y ajouter les articles foulés (divers éléments de toilette en laine foulée) qui occupent près d'un tiers de la population. Mais vu l'infime développement intellectuel de toute cette population et son isolement, l'industrie domestique y est d'un côté constamment exploitée par les marchands accapareurs, et d'un autre côté menacée par l'élévation des prix des matériaux bruts (surtout du bois) et la cherté croissante de la vie (des denrées alimentaires).

---

58) Sur les 540,000 dess. formant le district, il n'y a que 97,000 appartenant à des propriétaires de la classe de la noblesse.

59) Bien que cette industrie métallurgique soit répandue dans d'autres endroits, elle se concentre principalement au Sud-Est du district, dans une localité connue sous le nom de «Krasnoïe Ramen» et comprenant deux Volost (bailliages) celui de Méjonief et celui de Belkine (v. l'article mentionné plus haut — Krasnoïe Ramen par Mr. *Gatzisky*, qui analyse toutes les conditions économiques de cette industrie).

Toutes ces causes réunies l'empêchent d'assurer le sort des petits industriels, quoique les investigateurs locaux prétendent que le genre de vie de la population s'est sensiblement amélioré dans ces 20 dernières années, tant sous le rapport matériel que sous le rapport intellectuel [60].

L'émancipation des paysans, ayant aboli la jouissance gratuite du bois dans les propriétés seigneuriales et les domaines de la couronne, a porté par là même un coup sensible à toutes les branches d'industrie qui en nécessitaient l'usage. Les populations s'occupant de la fabrication d'objets métalliques en ont souffert tout particulièrement [61]. Cette dernière industrie, d'ailleurs, exerce une influence néfaste sur la santé des ouvriers, car (vu la malpropreté du métier) elle engendre les épidémies.

---

[60] Ici nous tenons à faire une remarque qui se rapporte non-seulement à ce pays mais à bien d'autres en Russie. Dans ces derniers temps les idées les plus pessimistes ont cours sur la situation de notre patrie. Il faut noter que le degré du bien-être général de toutes les populations s'est indubitablement élevé, malgré toutes les plaintes sur l'appauvrissement, singulièrement amplifiées par nos écrivains — pessimistes. Ces récriminations doivent être attribuées principalement à la croissance rapide des besoins qui sont, même dans les régions les plus écartées de la Russie, en disproportion avec les forces productives. Ce fait, triste à constater, ne réfute nullement l'élévation générale de la prospérité nationale.

[61] L'article de Mr. Gatzisky, mentionné plus haut, nous expose en détail toutes les causes défavorables à la production des clous en 1874 dans le siège principal de cette industrie à «Krasnoïe Ramen». Nous y joindrons quelques notions ultérieures (1879) recueillies par nous de la bouche des indigènes, lors de notre excursion dans le district de Séménof. Un ouvrier cloutier fabrique jusqu'à 2 pouds de clous par semaine à raison de 80 copecs par poud et gagne ainsi 1 rouble 60 cop. par semaine. Mais il faut en défalquer 55 cop. pour l'achat d'un tchetvert de charbon. Toute famille, composée de 3 membres, du mari, de la femme et d'un enfant mineur consomme 1½ poud de farine par semaine, le poud coûtant 65 cop. il lui faut donc 97½ cop. par semaine pour se nourrir, ainsi l'ouvrier n'a plus que 7½ cop. pour toutes ses autres dépenses. Dans le bailliage de Méjouief (aussi à Krasnoïe Ramen) un ouvrier fait dans une semaine 1 p. de petits clous et 1½ p. de grands. Il reçoit pour son travail de la semaine 1 r. 20 c. pour les petits clous et 1 r. 12½ c. pour les grands (en comptant le poud à 75 cop.), ainsi il gagne en moyenne 1 r. 31½ cop. Il dépense pour le combustible 90 cop. Ainsi il ne lui reste que 42 cop. pour sa peine. Il consomme par semaine avec sa famille (de 3 membres) 1½ p. de farine que lui revient à 97½ cop. Il est évident qu'il lui manque encore 55 cop. par semaine. Mais, comme les ouvriers de toute cette localité (Krasnoïe Ramen) travaillent pour les acheteurs en gros, ces derniers les paient non en espèces sonnantes, mais en produits naturels, ce qui fait que tous ces paysans sont les débiteurs des acheteurs, s'endettent de plus en plus et restent insolvables.

Ainsi, la petite industrie domestique domine ici tous les autres éléments de la vie économique. Mais quoique les relevés officiels portent jusqu'à 21 le nombre des fabriques et usines de cette localité, il n'y a en réalité que 5 grands établissements manufacturiers (mus par la vapeur et pourvus de machines) dont 4 (trois moulins et une usine métallurgique), se trouvant dans le voisinage du Volga, doivent être considérés comme faisant partie de ses rives et non du district mentionné. Une seule fonderie de fer de fonte entre directement dans la région de Séménof. Ce faible développement de la grande industrie [62]) dans une contrée qui jouit de toutes les conditions favorables à son extension, se trouvant à proximité des centres commerciaux et se distinguant par l'esprit d'initiative de ses habitants, est digne de remarque. Le fait est que cette population est, par son genre de vie et son caractère même, peu disposée à fournir des bras ouvriers aux fabriques. Ce genre de vie ne lui agrée pas et elle ne s'engage pas dans les grands établissements industriels [63]). Nous voulons parler ici du principal élément moral de la population du district de Séménof [64]), constituant sous le rapport de la culture générale et de l'économie le trait le plus saillant de sa vie, des sectaires *vieux-croyants* enfin [65]).

---

62) Il n'y a pas dans tout le district un seul établissement qui soit plus important et qui loue plus d'ouvriers.

63) Effectivement, il ne nous est pas arrivé de voir des vieux-croyants parmi la population ouvrière des fabriques et usines. Nous expliquons ce fait par leur genre de vie sédentaire et retiré, incompatible avec la vie en société des fabriques.

64) Cet élément schismatique empiète sur les limites du district de Séménof et s'étend bien loin dans les gouvernements de Nijni-Novgorod et de Kostroma, quoique son foyer principal soit à Séménof.

65) Nous n'effleurons cette question de nos sectaires qu'en tant que cela est nécessaire pour esquisser le tableau général de la vie de cette localité et de ses côtés économiques. Nous nous abstenons de tout jugement sur la matière religieuse. Nous tenons seulement à faire remarquer au public peu compétent dans la question de nos sectes, que tous les dissidents de notre Église Orthodoxe (du culte Greco-Russe) appartiennent à deux catégories bien tranchées: 1) les *schismatiques* ou *rasskolniky*, s'intitulant *vieux-croyants* et 2) tous les autres sectaires ou *hérétiques* (d'après la terminologie de notre Église). Les premiers ont pris naissance sur le sol historique de notre Église orthodoxe et en ont gardé tous les dogmes. Ils se sont séparés de l'Église après la réforme du patriarche Nikone, au XVII-e siècle, en croyant garder intactes les anciennes et vraies traditions du culte ortho-

On peut dire que tout le district de Séménof (la partie riveraine du Volga exceptée) n'est qu'une vaste colonie de schismatiques — vieux-croyants (principalement de Moscou). Il a conservé ce caractère jusqu'à nos jours, car il est encore actuellement
le siège principal de tous les vieux-croyants reconnaissant la prêtrise (v. la note précédente)[66]). Ce fut au XVII-ème siècle, à la suite
de la réforme du patriarche Nikone que les vieux-croyants se ré-
fugièrent dans ces forêts. Mais leur nombre s'accrût surtout au
commencement du XVIII-ème siècle, à l'époque de la révolte des
streltsi contre Pierre le Grand (les streltsi — troupe de garde des
czars de Moscou étaient tous des vieux-croyants) et des exécutions
qui la suivirent. C'est dans l'épaisseur de ces bois aussi que se
cachaient les serfs qui s'enfuyaient de chez leurs seigneurs. La
ville de Séménof fut fondée par les schismatiques (probablement
dans la seconde moitié du XVII-ème siècle); l'ancien village de Séménof tire son nom d'un des premiers dissidents qui s'établirent
ici — le strélitz Simon, forgeron de son état[67]). Il y faisait de la
propagande de concert avec un autre sectaire, Saphon — moine
évadé du monastère de Solovetzki. Cela provoqua l'arrivée dans
cette contrée de nombreux missionnaires orthodoxes. L'archimandrite Pytyrime édifia en 1717 à Séménof la première
église orthodoxe; bientôt après le village fut érigé (nommé) en
ville en 1717 et en chef-lieu du district en 1779. Cependant
l'activité des missionnaires de l'église ne parvint pas plus ici
qu'ailleurs à vaincre la résistance opiniâtre des fanatiques et les-

doxe. Ces vieux-croyants se divisent en deux classes: les *popovtzi* admettant les
prêtres — popes — et les bezpopovtzi, sans prêtres. Ces derniers ne croient pas à
l'existence de la grâce dans la hiérarchie ecclésiastique depuis la réforme; ils se
subdivisent en un nombre infini de sectes. Les sectaires appelés hérétiques ont
surgi sur un sol étranger à l'église orthodoxe et à la Russie. Ils ont leurs dogmes
et confessions de foi chrétienne ou non-chrétienne; la plupart sont de provenance
occidentale protestante. Ces sectes sont excessivement variées.

66) Les données officielles qui indiquent un quart de la population du district
comme appartenant au schisme, ne nous donnent aucune notion précise sur le
nombre des sectaires. Toutes les communications privées et nos observations personnelles prouvent d'une manière irréfutable que presque toute la totalité de la
population de ce district s'est séparée de l'église orthodoxe et appartient ouverte-
ment ou secrètement au schisme. Elle domine dans la contrée et y fait la loi.

67) C'est de là que date probablement l'origine de l'industrie du fer à Séménof qui compte 30 usines.

temples et monastères orthodoxes sont les seuls vestiges de ces missions. Tous ces dissidents raskolniks se concentraient principalement sur les bords de la rivière Kergenetz, qui se dirige du Nord au Sud du district de Makarief, et du gouvernement de Kostroma au Volga (v. plus haut Lisskovo) et traverse ainsi la partie Est la plus déserte du district de Séménof entre des marais et des forêts impraticables. Cette «fangeuse» rivière (Kergenetz), considérée comme sacrée dans les traditions, glorifiée dans les chansons du pays et jouant un rôle prépondérant dans l'histoire du raskol, est peu favorable à la navigation et ne sert qu'à la flottaison du bois. Ces bords mystérieux et sacrés servent de refuge aux nombreux adeptes (hommes et surtout femmes) de la vieille foi. C'est ici que furent érigés les nombreux monastères — maisons-mères du schisme et dont les débris se sont conservés malgré le sac des années 40 (v. plus bas).

La Russie ne manque certainement pas d'endroits plus déserts et sauvages que les forêts de Séménof, mais ces dernières sont particulièrement commodes pour les dissidents persécutés, par leur proximité de tous les centres de la Russie et de Moscou surtout. Ce voisinage est devenu encore plus sensible depuis la construction des voies ferrées, reliant ces centres au Volga et s'arrêtant aux confins mêmes de ce pays, et depuis l'extension de la navigation sur le Volga mettant ce cours d'eau en communication avec toutes les contrées de la Russie. L'isolement relatif de cette région s'est accentué simultanément à ces deux faits importants de notre vie nationale. La bruyante activité, la vie tumultueuse qui règne sur les bords du Volga, à peine à quelques heures de chemin, n'a, jusqu'à présent, pas pénétré ici. Le voisinage de Moscou et des autres centres importants a une grande portée non-seulement commerciale (ces villes servant de débouché aux productions de la petite industrie), mais aussi religieuse, car il permet aux sectaires réunis dans ces parages de se tenir au courant de toutes les affaires et menées de leurs coreligionnaires disséminés dans la Russie entière. Il faut remarquer que la lutte religieuse dont ces forêts sont le théâtre depuis la seconde moitié du XVII-ème siècle, lutte qui s'apaisait pour se rallumer avec une nouvelle ardeur à l'époque des troubles de notre vie historique, et la résistance opiniâtre des deux côtés ont nécessairement élaboré un principe d'entente mutuelle, de «modus vivendi», de concessions de part et d'autre, enfin une habitude de se souffrir réciproquement. Aussi avons-nous constaté dans les relations des habitants de ce pays de divers cultes et même dans les rapports de la police avec les sectaires une concorde que nous n'avons trouvée nulle part ailleurs.

Il est plus que probable que c'est à cette tolérance religieuse (de fait, si non de droit) qu'on doit attribuer l'immense affluence des différents sectaires dans ces parages. Quoique le chisme vieux-croyant (admettant la prêtrise — les popovtzy) domine ici, nous nous sommes laissé dire que le district de Séménof, et la ville surtout, offrent des représentants des sectes les plus diverses. Cette ville se présente chez nous pour ainsi dire comme un asile libre pour tous les réfugiés confessionnels de la Russie à l'instar de Zürich, Genève etc. pour les réfugiés politiques de l'Europe.

Le caractère particulier et exclusif de tout ce monde nous explique la douceur et la résignation avec lesquelles cette population supporte les tristes conditions physiques de son existence. Le nombre des habitants de cette région (ainsi que de la partie riveraine de Makarief) malgré son infertilité s'est sensiblement accrû ces derniers temps [68]), bien que sous le rapport de la densité de la population le district de Makarief soit le moins favorisé de toutes les parties du gouvernement de Nijni-Novgorod. En déhors des intérêts de religion et de morale qui l'emportent sur les intérêts économiques et attachent ces gens à ces lieux, les vieux-croyants mènent un genre de vie très modeste et sédentaire et sont peu exigents sous le rapport des conditions de la vie matérielle [69]). Leur tempérance, leur réserve et leur sobriété excluent toute dépense frivole et tout étalage de luxe. Ils sont cependant très prodigues dans tout ce qui a trait à la magnificence des églises.

---

[68] En 1865 il en y avait en tout 80,000 avant le recens. génér. et en 1878 près de 86,000.

[69] Excepté les schismatiques-aristocrates qui vivent dans les villes et y mènent grand train.

Il est vrai que les richesses et les précieux ornements de leurs saintes images et de leurs objets du culte ont été accumulés petit à petit pendant des siècles entiers. En général les personnes pieuses supportent facilement les privations de la vie et trouvent dans les félicités et les consolations de la religion une compensation à leurs peines. Ainsi cette prédisposition à la piété a une certaine portée économique dans la vie du peuple. Il faut aussi prendre en considération l'assistance et les secours mutuels que se prêtent tous les membres de ces sectes et qui forment un autre élément important de l'économie locale. Il paraît que ces secours en argent et en crédit et cette solidarité des coreligionnaires ont une si grande importance dans ce milieu que les ouvriers de certaines professions et industries (des cuillers par ex.) se font vieux-croyants uniquement pour jouir de cette assistance mutuelle. Le schisme est par lui même une source de revenus tant sous le rapport des différentes professions liées au culte (par ex. les femmes qui font les prières de carême, des morts et à d'autres occasions chez les richards vieux-croyants de Moscou), que sous celui d'aumônes et de dons de la part des coreligionnaires.

Le 4 Septembre nous quittions Nijni pour nous rendre à Séménof — ville distante de 75 verstes de Nijni. Nous voyagions avec des chevaux de poste (entretenus par le zemstvo) et nous avions à parcourir la route postale qui est un tronçon de l'ancienne voie commerciale (de Moscou — Nijni-Novgorod) se dirigeant de Moscou par Nijni-Novgorod au Sud (vers Arsamas) et se bifurquant au Nord dans le gouvernement de Kostroma et au Nord-Est dans celui de Viatka. C'est encore de nos jours une route praticable et très bien entretenue, dans le genre d'une chaussée. Le parfait état de tous les chemins du district de Séménof font honneur à l'administration provinciale (du zemstvo) qui a eu à lutter contre les inégalités et les conditions défavorables du sol. Il faut noter que sur tout ce parcours il y a un double contingent de chevaux et relais de poste, les uns étant du ressort de l'Etat (de l'administration centrale) et les autres de celui du zemstvo. Cet incident nous remet involontairement en mémoire le dualisme ou parallélisme [70]) qui existe entre notre administration gouvernementale ou centrale (payée par le trésor de l'Etat) et notre administration locale du zemstvo ; toutes les deux dépensent plus d'efforts et d'argent qu'il ne faut, en travaillant souvent sur le même objet.

Les premiers indices de la région forestière et de ses habitants se font déjà voir un peu au-delà de Bore — hameau commercial et industriel (fabrication des objets métalliques et corroyés) situé vis-à-vis de Nijni sur la rive gauche du Volga et au commencement de la route postale. On y remarque des foules d'ouvriers qui reviennent de la foire de Nijni-Novgorod et vous accompagnent le long du chemin. Nous mentionnerons les associations (*artelles*) de scieurs de Vétlouga (gouvernement de Kostroma) pays qui, malgré ses particularités, est comme la prolongation septentrionale de ces mêmes forêts de Séménof. Ce sont de bons gars (orthodoxes) gais, francs et le coeur sur la main, sans la moindre teinte de l'humeur farouche des sectaires vieux-croyants. Tel est le type des habitants des contrées boisées de Kostroma. Ils sont très contents du bénéfice réalisé à la foire (pour 5 semaines de travail — 20 roubles par homme ou 40 roubles par couple de gain net, tous leurs frais payés) bénéfice deux fois plus important que celui de la foire de 1878 et ils nous montrent avec orgueil les quelques menus objets et bibelots qu'ils rapportent à leurs familles. Ces scieurs travaillent toujours hors de la maison par association de 80 personnes, se divisant en couples. Le salaire se partage avec une égalité absolue. Celui qui fournit moins de travail (un vieillard par ex.) reçoit la même paye que son camarade, mais il doit en revanche régaler toute la société à ses frais. «Il est impossible de faire le partage du salaire en proportion de la peine ou du travail», disent-ils, «les uns ont du bois plus dur et par conséquent une besogne plus rude et cependant la paye est la même». Tel est le raisonnement que font toutes les associations basées sur le système de la coopération. On surveille ceux qui travaillent mal. Le doyen (starosta) ou régisseur de l'artelle achète les provisions et veille à la distribution,

---

70) V. *W. Besobrasof*, Administration et selfgovernement. St. Pétersbourg, 1882 (en langue russe).

en revanche il travaille moins. En voyage les scies sont portées à tour de rôle.

Toute la route qui mène à Séménof abonde en villages, dont les habitants s'occupent de la fabrication d'objets métalliques et foulés. L'industrie célèbre des cuillers ne commence que près de Séménof même. Les fouleurs sont très mécontents de leurs affaires. Ils se plaignent de ce que le prix de la marchandise tombe (est-ce par suite de l'accroissement continu de l'offre en disproportion avec la demande, ce qui arrive dans toute petite industrie?) et de ce que les acheteurs en gros les exploitent (c'est un éternel sujet de plaintes de tous les petits industriels). Mais l'attrait principal de ce chemin est dans les villages des vieux-croyants disséminés à droite et à gauche et se présentant avec toutes les particularités qui leur sont inhérentes. Les femmes surtout sont typiques. On leur doit la scrupuleuse propreté qui règne dans les demeures et qui surprend d'autant plus le voyageur qu'elle forme un contraste frappant avec la saleté commune à notre population grande-russienne.

Les femmes surtout sont en général très dissimulées et réservées à l'égard de tout étranger, mais ici, sur la grande route, elles se sont inconsciemment écartées de ces habitudes, causent volontiers et offrent l'hospitalité. Toutes les auberges (ou tout simplement les maisons qui abritent les voyageurs) sont exclusivement dirigées par les femmes, jouant en général un très grand rôle dans le monde schismatique; elles ont acquis une certaine habileté et rouerie dans leurs relations avec le public. Elles sont très madrées et nourrissent toujours quelque arrière-pensée. Les vicissitudes de l'histoire du raskol ne sont pas passées inaperçues par elles, et leur ont laissé un fond d'expérience dont elles tirent partie dans leurs relations diplomatiques avec les représentants de l'église de «d'état» ou «gréco-russe» selon leur expression. Les vieux-croyants tenant notre Eglise pour schismatique ne l'appellent jamais orthodoxe. Mais, malgré cette habitude des voyageurs, l'usage du tabac (introduit de nos jours dans les maisons des riches vieux-croyants demeurant en ville) est sévèrement prohibé non-seulement dans les auberges, mais même dans les rues. Le tabac est regardé par les vieux-croyants comme «da nourriture du diable» selon les idées de l'ancienne Russie. L'action de fumer est considérée comme un péché mortel, et rien que la demande d'une permission leur paraît une atteinte à la chasteté du foyer. Ce qu'il y a de plus curieux dans ces auberges ou gargottes (offrant une seule et même nourriture au paysan et au grand seigneur à raison de 10 copecs par tête et à discrétion), c'est cet amalgame bigarré de voyageurs et de passants se rassemblant ici de tous les coins de l'univers à la table commune. Le principal contingent de cette foule est naturellement fourni par tous les proscrits de l'église et les vagabonds divers qui passent d'un endroit à l'autre, se dérobant aux regards de la police et se dirigeant en pèlerins vers les couvents et les lieux saints. Parmi ces lieux saints, révérés par les vieux-croyants, il faut classer non-seulement ceux qui ont été illustrés par les exploits de leurs apôtres, mais aussi les églises et les couvents orthodoxes, réputés saints avant la réforme de Nicone et le schisme, tels que: Kief, Moscou, Troitzky-Serguievo, Solovky. Tous ces réfugiés et pérsécutés de la religion voyagent beaucoup sur l'ordre de leurs communautés trouvent dans ces auberges un accueil particulièrement affable, même de la part de gens professant des doctrines opposées aux leurs. Ainsi les popovtzy accueillent avec empressement les bespopovtzy qu'ils tiennent cependant pour des hérétiques et des rénégats. Les auberges, situées à l'intersection des routes frayées depuis des siècles par les sectaires, ont toujours leurs portes grandes ouvertes pour «tout passant» à l'exception de la «classe civilisée» cependant, dont la présence inspire toujours une grande méfiance et de fortes appréhensions. Quelles que soient les querelles et les discordes intestines de ces sectes diverses de ce monde hors la loi, tout se tait et se coalise devant l'ennemi commun (l'Eglise de l'Etat et la bureaucratie qui la représente), quand il s'agit de secourir celui qui fuit ses persécutions et embrasse le martyre pour la vraie foi. Et l'on ne demande jamais d'où il vient et où il va. Nous avons eu maintes fois l'occasion de voir pareil fait durant notre voyage. Tout ce monde hétérogène, n'ayant que l'ennemi de commun, se réunit autour de la table à thé et tout en dégustant ce breuvage, ou en trempant sa cuiller dans l'écuelle commune de soupe aux choux, s'adonne aux conversations les plus amicales et les plus animées. Les vieux-croyants (les plus tenaces dans leurs principes) se livrent à de tendres épanchements envers des hommes niant toute espèce de croyance et église, celle de l'Etat comme celle des vieux-croyants. Ils se plaignent en commun contre les prêtres de Nicone. Et que de récits intéressants sur les terres lointaines et libres! que de descriptions attachantes des péripéties du voyage. Voilà entre autres quelques paysans (bez-popovtzy appartenant à la branche extrême gauche des schisma-tiques, qui ne reconnait aucun clergé) ayant émigré à la suite d'une «exiguité» (étroitesse) ou «manque d'espace «ou de liberté, ce terme se rapporte non à la terre, mais à la vie religieuse ou plutôt leur vie en dehors de l'église, dans des terres plus éloi-gnées, plus libres et plus fertiles (à l'Orient, sur les confins de l'Asie) les voilà, dis-je, revenus parmi leurs compatriotes unique-ment pour les voir, car on a beau se trouver bien en terre étran-gère, on n'en souffre pas moins de la séparation. Ils racontent monts et merveilles sur ces régions «lointaines» et prônent à qui mieux mieux leur commissaire de police «stanovoy». «Vivez comme bon vous semble, nous dit-il, mariez-vous et ne vous mariez pas, peu m'importe» (il s'agit de sectes qui ne reconnaissent par la vie congu-gale, mais qui professent l'amour libre) [71]. Aussi se trouve-t-on ici même mieux que sur les bords de Kergenetz. Voici un autre voyageur qui vient de recueillir sur la grande route un malade, un mourant plutôt. Le malheureux ne peut pas proférer une pa-role. On l'a mis dans la chaumière et on ne sait pas ce que l'on doit en faire. Un cadavre présente des dangers inouis vis-à-vis de la police! Mais on ne veut pas l'abandonner en le mettant dehors, ce serait un gros péché, et la charité de l'homme russe répugne à cette mauvaise action, surtout ici, dans les endroits où l'on entoure tout «voyageur» d'une vénération particu-lière.

La ville de Séménof est par elle-même très insignifiante; elle compte 3,000 habitants et les données officielles nous montrent

---

71) Les bespopovtzy ne reconnaissant pas les saints sacrements (du mariage, du baptême etc.) ont beaucoup plus de difficultés à se soumettre aux exigences officielles de la vie civile que d'autres schismatiques.

que ce nombre ne s'est presque pas accrû[72]) dans l'espace de ces vingt dernières années, et ses revenus municipaux et ses dépenses ne dépassent pas 3,000 roubles. Cependant, on remarque dans la ville même de notables améliorations, tant dans l'administration municipale (on y a fondé une banque communale et une école pour les jeunes filles) que dans l'embellissement extérieur de la ville. Il faut l'attribuer à la promulgation des derniers réglements municipaux ayant donné un nouvel essor à la vie et aux finances de nos cités, nonobstant les nombreuses défectuosités et lacunes qui se font jour de temps en temps dans notre administration urbaine. Malgré l'insignifiance de Séménof, ses habitants s'occupent, en dehors des métiers subsidiaires et secondaires comme celui de forgeron et de fouleur, de différentes professions industrielles dont quelques-unes sont très originales et remarquables. Les produits qui attirent principalement l'attention du voyageur sont les rosaires en cuir des vieux-croyants et la vaisselle en bois, surtout les cuillers.

Séménof occupe sous le rapport de l'industrie des rosaires une place presque unique dans son genre, car cette ville réunit en elle, comme principal foyer du schisme, toutes les conditions indispensables au progrès de cette branche. D'ici les chapelets se répandent par toutes les voies dans toutes les régions schismatiques jusqu'au fin fond de la Russie, à l'étranger, dans les Balkans et les terres autrichiennes peuplées de dissidents russes. Ces objets du rite vieux-croyant sont également recherchés par les deux grandes catégories, les *popovtzy* et les *bespopovtzy*. Ils forment comme un symbole extérieur, comme un anneau d'alliance entre les innombrables groupes de la vieille foi et de l'ancien zèle religieux. La légalité de ce symbole est une grande facilité pour sa propagation. On en confectionne des genres les plus variés, depuis les rosaires les plus modestes jusqu'aux plus luxueux enjolivés de pierreries, et de toutes sortes d'ornements faits à la

---

[72) V. le recueil statistique sur le gouvernement de Nijni-Novgorod, 1880. Ce phénomène est tout-à-fait incompréhensible et peut être expliqué par une erreur des renseignements officiels et par le genre de vie particulier de cette population qui «se cache» plutôt qu'elle ne vit à Séménof.

main. C'est d'ailleurs le cadeau le plus en usage dans la contrée et les femmes le donnent en guise de souvenir et même en signe d'amour.

Mais, dans le commerce, les cuillers en bois ont une importance bien autrement grande. Elles forment l'ustensile indispensable à tout ménage russe, et se sont dans le courant des siècles historiquement identifiés avec la vie de notre peuple; aussi rayonnent-elles de Séménof sur toute la Russie. Nous n'avons pas l'intention de donner ici une description de cette industrie, l'une des plus importantes branches de la petite industrie. Elle a été analysée dans l'Ouvrage de la Commission de l'industrie domestique et surtout dans l'article de l'archiprêtre *Borissovsky* [73]). Nous ne mentionnerons que quelques observations tout-à-fait personnelles. La fabrication des cuillers en bois, dont la demande suit dans toute la Russie d'Europe et la Russie d'Asie un accroissement aussi sûr, fixe, stable et continu que la demande du pain (motivée par l'accroissement de la population) est très répandue dans plusieurs localités de la Russie. Mais le district de Séménof est le siège principal de cette industrie. Grâce au schisme, elle revêt ici un caractère particulier, et prête aux cuillers de cette ville certains signes distinctifs les faisant rechercher sur nos marchés forains. Leur confection s'est implantée chez les populations schismatiques et parmi les nombreuses espèces de cuillers destinées à différentes contrées et classes; on en fait pour les vieux-croyants de toutes particulières, ornées de signes symboliques. Ainsi la ville de Séménof forme avec tous ses villages environnants comme un rayon séparé dont une partie des habitants s'adonne exclusivement à cette industrie et abandonne l'agriculture, tandis que l'autre n'y consacre que ses loisirs. Mais, vu la stérilité du sol, le nombre de la première catégorie de la population augmente rapidement, malgré l'insuffisance des bénéfices réalisés (car ce travail est peu rénumérateur) les petits producteurs étant, comme c'est toujours le cas dans la petite industrie, exploités

---

[73]) Voir les Travaux de la Commission instituée par le gouvernement pour étudier notre industrie domestique, liv. II. 1879 (Industrie des cuillers).

6

par les acheteurs en gros [74]). Le développement de cette industrie
et la faible concurrence qui existe parmi les acheteurs locaux peu
nombreux, ont fait tomber le prix jusqu'à uu minimum incroyable
(par ex. le prix en gros de certaines espèces de cuillers est porté
à 4 r. le mille). Cependant les matériaux deviennent de jour en
jour plus chers. Cette industrie s'est organisée comme tous nos
petits métiers, au sein du foyer domestique, sans fabriques. On
ne loue presque pas d'ouvriers du dehors, les membres de la famille travaillent eux-mêmes. Cela ne l'a cependant pas empêchée
de s'étendre bien loin à l'Ouest (avec des solutions de continuité)
au-delà des limites du district de Séménof et principalement dans
celui de Balakhna où son origine se perd dans la nuit des temps.
C'est de ces foyers schismatiques du district de Balakhna (du
bourg Pourech) qu'elle se transplanta au XVII-ème siècle dans les
premieres colonies sectaires du district de Séménof. Ainsi l'histoire de cette industrie est intimement liée à l'histoire même du
schisme. Le rayon le plus rapproché de la ville de Séménof comptait
à lui seul dans les années 70 plus de 20 mille ouvriers des deux
sexes, fournissant 35 millions de cuillers. Le nombre des bras et la
quantité des produits augmentent, tous les jours, vu la décadence
de l'agriculture et peut-être aussi la propagation du schisme. La
ville de Séménof avec ses marchés permanents et ses acquéreurs
en gros, se présente comme le siège capital de tout ce rayon industriel sous le rapport de la vente de la marchandise (en partie
pour le fini du travail) [75]) et de l'acquisition des matériaux et instruments. Il y a cependant encore quelques petits marchés forains disséminés dans les bourgades (à Hochloma par ex.). Toute
cette région industrielle de Séménof gravite autour du Volga, car
non-seulement là foire de Nijni-Novgorod offre un débouché à la
marchandise, mais Gorodetz (bourg riverain) habité par les dis-

---

74) Mr. Borisovsky nous donne dans l'article précité tous les détails sur ce
triste état de choses. Il nous indique les prix extraordinairement bas payés aux
producteurs de cuillers et ceux auxquels on les livre au public.

75) Tout morceau de bois destiné à devenir cuiller doit subir jusqu'à 10 opérations successives, donnant lieu à une stricte division du travail. Les ouvriers
(membres de la famille, femmes et enfants) se partagent en deux catégories. La
1-re fait le gros oeuvre et la 2-me lui prête le fini artistique.

sidents, constitue par lui même le principal marché spécial des cuillers et autres objets en bois de l'industrie domestique. Elles se répandent d'ici dans toute la Russie.

Les cuillers de Séménof sont, dans un certain genre, de vrais chefs-d'oeuvre de technique. Il faut naturellement prendre en considération qu'elles se fabriquent à l'aide des instruments les plus grossiers et les plus primitifs faits à la maison sans la moindre notion technique (tels sont la hache, l'essette et le couteau de 85 à 10 cop. la pièce [76]). Mais ce défaut est compensé chez les artisans par une éducation technique naturelle et un savoir-faire intuitif qui se transmet depuis des siècles de génération en génération. Nous restions tout-à-fait stupéfait devant les merveilles de cet art original. Nous en croyions à peine nos yeux en voyant se transformer devant nous, dans l'espace de vingt minutes, un grossier tronc de bouleau en une cuiller achevée et cela avec l'aide des instruments les plus primitifs (d'une hache et d'une essette pour fouiller le bois). Cette même hache servait à confectionner une toute petite cuiller à moutarde. Il ne restait plus qu'à les affiler à la lime. Un ouvrier peut faire de cette façon jusqu'à 300 pièces par jour. Qui oserait fixer les limites de l'immense développement qu'auraient pu atteindre ces trésors d'intuition technique si on avait bien voulu y joindre les lumières de la culture, de la science et de tous ses perfectionnements mécaniques! Mais cette misérable population, travaillant ici à l'un des objets de première nécessité pour le peuple russe, manque même de toutes les conditions élémentaires de chaque métier, de la propreté et de l'assainissement des demeures et des ateliers. (L'air vicié par l'odeur de la couleur des cuillers peintes est reconnu comme malsain, surtout pour les femmes et enfants).

On a beaucoup discouru sur les mesures que devrait prendre notre gouvernement pour venir en aide à la petite industrie qui jouit depuis quelque temps d'une faveur toute particulière dans nos cercles éclairés et littéraires. Mais malheureu-

---

76) L'exposition de Moscou de 1882 nous en offre quelques spécimens dans la section de la petite industrie.

sement toutes les tentatives de ce genre n'ont abouti à rien; une des causes de l'inefficacité des mesures gouvernementales consistait dans cette circonstance que la question était envisagée sous un point de vue abstrait, sans connaissance de chaque fait spécial nécessitant aussi des secours spéciaux. Dans le cas présent la seule mesure efficace devrait se résumer dans la livraison, si ce n'est gratuite, du moins à prix réduit du bois des forêts de l'Etat [77]), nos petits-industriels souffrant surtout de la cherté de cet article, provoquée par la réforme des paysans. (V. plus haut). L'industrie des cuillers du district de Séménof est, comme les autres métiers domestiques, sous tous les points digne d'intérêt et a beaucoup plus de titres à la protection du gouvernement que les grands établissements manufacturiers en renom qui en jouissent si largement. Une livraison de bois sagement ordonnée nécessiterait de légers sacrifices de la couronne, mais diminuerait le pillage illégal des forêts.

Après les cuillers, l'industrie la plus remarquable est celle de la vaisselle et des meubles sculptés et peints. Ce métier se pratique sur les mêmes bases que les autres métiers domestiques et se concentre à Séménof et dans les bourgs environnants. Dans ces derniers temps d'ailleurs les objets de style russe sont en grande vogue dans nos grandes villes. Ici, sur place, ils se vendent à vil prix, car les producteurs n'ayant aucun moyen de parvenir jusqu'aux villes et marchés, se laissent exploiter par les marchands locaux. Les dessins de ces meubles de vieux style russe ont atteint une certaine perfection qui leur permet de faire bonne figure non-seulement dans les logements de la classe moyenne, mais aussi dans ceux de la société riche. Il nous reste cependant de grands progrès à accomplir dans ce domaine de l'art décoratif et du fini artistique. Le concours de gens éclairés et instruits est d'une extrême efficacité sous ce rapport et l'on peut en juger par le résultat qui a couronné les efforts personnels d'un habitant de la localité, M-r Chapliguine, qui, à lui seul, par ses conseils donnés aux

---

77) En dehors du palmier servant à la fabrication des cuillers de 1-re qualité on emploie encore le bouleau, le tremble, l'aune et quelquefois le sorbier.

artisans, a modifié et amélioré les dessins des meubles susmentionnés.

Nous tenons encore à citer l'usine métallurgique de Séménof visitée par nous. C'est le seul grand établissement de la ville (le district n'en a pas beaucoup d'ailleurs). Il fournit jusqu'à 10 mille pouds de fonte par an, surtout des *haltères* dont la précision du poids a acquis une grande réputation.

Mais les occupations industrielles sont le moindre attrait de Séménof. Cette ville offre un intérêt tout particulier par le côté moral de son genre de vie. Ainsi, malgré la nullité de la ville elle-même, elle conserve cependant, grâce à son importance dans la vie religieuse de notre peuple, une physionomie qui lui appartient en propre. Le difficile est de saisir les traits de cette physionomie et de discerner tout ce qui se cache sous son enveloppe extérieure, tout ce qui paraît à jamais enseveli dans les mystérieux sanctuaires et refuges de cette vie cloîtrée, mais ce qui, en réalité, vit et palpite avec intensité et energie derrière ces murs et au fond des âmes qu'elles abritent de tout regard de curiosité oisive.

Malgré un séjour de peu de durée dans cette ville, nous eûmes l'occasion de jeter un coup d'œil dans les refuges de cette vie cloîtrée. Leurs habitants n'observent pas la même réserve envers tout le monde; au contraire ils s'en départent volontiers quand ils se persuadent que le visiteur n'a aucune arrière-pensée malveillante et n'est pas un agent de police ou simplement un espion. Ils deviennent très hospitaliers même et affables envers ceux qui prennent de l'intérêt à leur sort et viennent les voir, non par vaine curiosité, mais par sympathie et désir d'apprendre. Les circonstances qui forcent ce monde à la dissimulation et à la réserve, imposent en même temps à tout voyageur une certaine discrétion dans la divulgation d'observations et notions dues à la confiance des habitants. C'est ce qui explique d'un côté le manque de notions précises sur ce monde dans notre littérature, et d'un autre côté la profusion de récits mensongers et d'idées erronées, répandues de parti pris par des gens peu consciencieux ou superficiels. De nos jours on brode sur ce monde mystérieux les récits les plus fantasques, mais visant à l'effet.

Nous supposons que cette dissimulation n'est pas seulement

une conséquence du régime imposé à tous nos sectaires, mais que c'est aussi un trait inhérent au caractère même des vieux-croyants.

La ville de Séménof frappe à première vue par son aspect extérieur. Nous avons une masse de villes de district tout aussi insignifiantes, aussi n'est-ce pas ici le nombre restreint de ses habitants ni la pauvreté de ces dehors qui nous étonnent. Non, ici l'on sent à chaque pas, derrière l'installation banale d'une vie de district, quelque chose *d'extraordinaire*. Ce n'est pas à coup sûr un effet de l'imagination. L'impression la plus saisissante est produite par un calme absolu dans les rues et une absence totale de manifestations de la vie publique. On ne peut rien voir de semblable même dans le plus pauvre village (du culte orthodoxe) de la grande Russie. Il semble que toute la vie s'est réfugiée derrière ces maisons bien closes. Dans la rue pas âme qui vive, quelques rares passants forcés de sortir pressent le pas en silence. On ne voit personne aux fenêtres, les maisons semblent inhabitées. Autre fait caractéristique: Le seul misérable restaurant de la ville ne sert que des repas commandés d'avance; on n'y trouve absolument rien à manger si l'on y vient en passant. Les églises, ce lieu de réunion des habitants de nos villages les plus pauvres, sont désertes. Elles sont peu fréquentées même par les personnes qui passent pour orthodoxes. D'ailleurs il est à présumer qu'il n'y a pas un seul orthodoxe sincère parmi les indigènes de Séménof, les quelques employés du gouvernement exceptés [78]). Il n'y a en tout que deux églises orthodoxes dont l'une en bois appartient au rite dit «vieux uni» le rite a été institué au sein de notre église pour y ramener les schismatiques, mais il ne prospère guère. Il faut noter que l'érection de la première église orthodoxe remonte à 1717; ainsi, dans le courant d'un siècle et demi, on n'en a édifié *qu'une seule*. Cependant, malgré ce calme plat et ce silence sépulcral, la ville n'est pas morte; au contraire, derrière les murs des maisons bat et palpite une vie religieuse ardente,

---

78) D'après les renseignements privés dignes de foi (v. l'article de Mr. Borissovsky) nous pouvons nous persuader que les personnes pratiquant les rites de l'église orthodoxe forment un total de 11% pour la ville de Séménof et de 4% sur toute la population du district.

une lutte pour l'existence, désespérée et pleine d'abnégation, une activité infatigable embrassant un monde à part d'intérêts communs, monde empiétant, s'étendant bien au-delà du territoire russe. C'est ici que se décident (fût-ce même en seconde instance, la première étant à Moscou) les affaires de ce monde à part, appelé vieux-croyant, ayant pris naissance sur la limite même de la période moscovite de notre histoire, s'étant jusqu'à présent moins que tout autre, rallié au mouvement national, réconcilié avec sa période pétersbourgeoise et lui opposant une résistance opiniâtre. Séménof a une importance toute spécifique pour les schismatiques vieux-croyants de la catégorie admettant la prêtrise. C'est le point de rencontre de toutes nos sectes, mais il ne joue qu'un rôle secondaire dans la vie des autres confessions. C'est ici qu'affluent les hommes et les nouvelles de toutes les parties de l'univers, habitées par ces vieux-croyants «popovtzy». C'est de ces forêts aussi qu'ils se répandent dans toutes les directions jusqu'aux mers lointaines baignant les bords de la Russie, et bien au-delà. Le seul indice extérieur de cette activité et de ces relations se résume dans la correspondance postale (et dans la réception de sommes importantes envoyées par de riches zélateurs du schisme pour l'entretien de leur coreligionnaires de la localité!). Ils s'y rassemblent de toutes les contrées, mais ils se dérobent aux regards dans les maisons particulières.

Séménof est avant tout par lui-même le foyer prédominant du schisme de la dite catégorie. Les sectaires l'entourent d'une vénération toute particulière, comme un lieu sacré, et comme le centre des diverses terres saintes qui l'entourent. On y voit affluer de tous les coins de la Russie une foule de pélerins cherchant à fortifier leur âme et à la retremper dans «la vieille foi» — ce réceptacle sacré des traditions primitives du culte. Séménof constitue, comme nous l'avons déjà dit, l'une des plus anciennes colonies schismatiques remontant aux temps de Nicone et ayant par conséquent les traditions de la «vieille foi» dans toute leur pureté. On y trouve encore de nos jours, non loin de la ville (à la distance d'une verste), dans une forêt, la tombe de l'un de ses fondateurs, moine défroqué du monastère de Solovetzk-Saphon, vénéré par le peuple comme saint. Chaque sectaire doit, ne fut-ce qu'une fois par an, visiter ce tombeau, prier dans la chapelle y attenante et emporter de l'eau et de la terre de ce lieu saint[79]. En outre, Séménof a été, depuis des siècles, entouré de refuges ou communautés schismatiques établies ici aux premiers temps de l'installation des sectaires dans ce pays. Ces refuges, couvents de femmes pour la plupart, constituent les plus anciens foyers du schisme et servent d'asile aux persécutés. Ils sont disséminés dans les sombres forêts avoisinantes. (Les plus fameux d'entre eux sont les couvents de Komarof à l'Ouest de Séménof et d'Olenny à l'Est.) Ils se multiplient surtout sur les bords du Kerjenetz, rivière qui traverse tout le district de Séménof et est célèbre dans l'histoire du schisme. (Ici le couvent le plus connu est celui de Scharpansky ou Lykovtchina.) Tout chemin, menant des gouvernements intérieurs à ces refuges, passe par Séménof. Dans ces derniers temps cependant tous ces couvents ont été détruits et démolis[80]), mais leurs ruines et les anciennes religieuses qui les gardent sont fréquemment visitées par tous les pieux adhérents de la vieille foi. Depuis la destruction des couvents au commencement des années 50 (principalement en 1853) la ville de Séménof a repris un nouvel éclat dans le monde schismatique. A la population indigène sont venus se joindre les victimes (hommes et surtout femmes) de la religion, les religieux et religieuses des cloîtres disparus. Plusieurs de ces dernières se sont fait un nom dans les annales du schisme, jouissent d'une grande autorité, et sont entourées du respect général. Ainsi elles ont pu à Séménof même, et en quelque sorte au su et vu de la police, se créer une sécurité d'existence inconnue dans la solitude des bois, où elles étaient toujours un objet de suspicion, de rapports, de légendes et d'enquêtes. Les plus âgées parmi ces femmes ont auprès d'elles des jeunes filles, dirigées par elles, portant le nom de «soeurs converses», ainsi que des enfants. Ces communautés (dites «cellules») quoique illégales, se sont établies de leur propre chef, par la force des choses historiques. Les

---

79) Voir l'article de Mr. Borissovsky «l'industrie des cuillers dans le district de Séménof».

80) Ils ont été fermés par ordre du gouvernement au commencement des années 50.

enfants y apprennent à lire et à écrire, à manier l'aiguille et sont
élevés dans les principes de la vieille foi. On y garde scrupuleu-
sement la tradition des ancêtres et on y suit une discipline et une
manière de vivre strictement conforme au rite. Et notez, que dans
toute communauté reposant sur la base religieuse, et particulièrement dans l'éducation fondant l'harmonie de la foi et de la vie, la
femme se présente comme la force motrice la plus puissante. Le
monde vieux-croyant s'est pénétré de cette idée, qui s'est depuis
longtemps imposée à tous les hommes sincèrement attachés à leur
cause et à leur religion. Les nonnes de ces cellules vont souvent,
surtout pendant le carême, à Moscou, Pétersbourg et dans d'autres
villes pour y remplir dans des maisons riches différentes cérémo-
nies du culte; elles font les prières usitées auprès des morts, soig-
nent les malades etc. Ces occupations assurent très honorablement
leur existence.

Plusieurs des vieilles religieuses ont été témoins oculaires de
la destruction des monastères schismatiques dans les années 50,
et leurs récits fournissent mainte donnée précieuse sur cette
«époque terrible» dans l'histoire du schisme. Ces renseignements
ne se trouvent ni dans les livres, ni même dans les archives officielles, et sont d'autant plus inappréciables, qu'étant verbales, leur
source tarit avec la mort successive des témoins historiques. Cette
histoire orale de toutes les angoisses et de tous tourments physiques
et moraux, endurés par des hommes dont le seul méfait est de vouloir, dans la solitude de leurs forêts, adorer Dieu à leur manière,
cette histoire de tous les genres d'exploitation, de l'adulation des
instincts cupides et charnels pratiquée par des personnes revêtues
du pouvoir et ayant droit de martyriser et terrifier, toute cette
histoire est à tel point lugubre et épouvantable qu'aucun mortel
élevé dans les principes du bien ne peut s'en faire une idée, à
moins de l'avoir entendu raconter par des gens dignes de foi. La
seule pensée consolante au milieu de ces navrants récits, c'est que,
malgré le peu de temps écoulé depuis lors et ce fanatisme attardé
de quelques ennemis de la liberté de conscience même de nos
jours, toutes ces persécutions, au moins avec ces procédés barbares, ne peuvent plus se répéter de notre temps. Si le progrès
n'a pas été aussi rapide dans cette période de 30 ans qu'il

aurait pu l'être, il s'est accompli cependant à un degré très sensible.

Certaines de ces femmes cloîtrées sont très remarquables et jouissent d'une grande autorité dans le monde du schisme. Elles sont entourées de respect, même de la part des orthodoxes et des représentants du pouvoir. La personne qui joue maintenant le plus grand rôle est la mère *Esther*, réfugiée ici après la démolition du célèbre couvent d'Olénief (v. plus bas) dont elle était l'abbesse. Les dissidents viennent de loin pour lui présenter leurs hommages et la consulter, et tout voyageur, quoique d'une autre confession, aspire à l'honneur de lui être présenté. Les personnages les plus haut placés demandent une audience. Mais l'obtention en est difficile, d'autant plus que, vu son grand âge, elle est sujette à de fréquentes maladies. Nous lui sommes personnellement très reconnaissant pour l'accueil bienveillant qu'elle a bien voulu nous faire, pour les récits intéressants, pour les discours édifiants que nous avons entendus de sa bouche. Nous comprenons la curiosité qu'elle excite et la vénération dont on l'entoure. C'est effectivement une personne hors ligne. En dehors de facultés intellectuelles tout-à-fait extraordinaires (quoique denuée de toute instruction) et de vastes notions sur le monde du schisme, la mère Esther a encore gardé souvenir de tous les évenements ayant signalé les longues années de son existence. Cette visite nous a laissé des impressions ineffaçables [81]).

---

81) La mère Esther appartient à la branche la plus ancienne des vieux-croyants, admettant la prêtrise, à celle surnommée des «prêtres-transfuges» ou du «sacerdoce secret»; ses prêtres ordonnés par l'église orthodoxe, ont passé au schisme (ont été «volés» par lui, comme s'exprime notre peuple). Il n'y eut pas d'autres vieux-croyants qui ne voulurent pas rompre avec les saints-sacrements et le clergé jusqu'à la création dans les années 50 à Belokrinitza (en Autriche dans la province de la Bukhovina), de l'épiscopat et de toute une hiérarchie d'église des vieux-croyants. Depuis lors il s'est formé chez nous toute une hiérarchie de l'église dissidente, dite autrichienne, d'archevêques et de prêtres, hiérarchie (illégale d'après les principes de notre église) qui s'est étendue sur toute la Russie. Cette branche du raskol se subdivise encore en deux classes ou sectes: celle qui reconnaît l'autorité de la lettre pastorale de l'archevêque autrichien Cyrille (dans les années 60) et celle qui ne la reconnaît pas. Cette fameuse lettre pastorale, tout en distinguant la vieille foi de la religion de notre église, ne la réprouve pas comme schismatique et privée de la grâce, ainsi que le faisaient jusque là tous les vieux-croyants. Tant pour le nombre que pour la puissance, les adhérents de cette lettre ont la prépondérance, dans le monde vieux-croyant et dans le centre principal du schisme, à

La maison qu'habite la mère Esther se compose comme tous ces refuges de quelques chambrettes ou cellules disposées sans symétrie les unes à côté des autres. Elles se distinguent comme toutes les habitations dissidentes par une scrupuleuse propreté, mais sont encombrées de meubles, de tableaux aux murs, de toutes sortes d'ornements de tous les styles, caractères et époques, réunis ici par hasard et formant un ensemble excessivement bigarré et disparate. Mais la peinture recouvrant les murs, est particulièrement caractéristique et curieuse, quoique d'une qualité très modeste. Sa plus grande partie se compose de ces images populaires «brossées» appelées chez nous «loubotchny». Les sujets religieux en constituent le fond et on peut y trouver les images de tous les saints de notre Eglise excepté cependant: Dmytry de Rostof, Mitrophane de Woronège et Tikhon Zadonskoy, ces trois saints ont été canonisés après la réforme de Nikone et le schisme. C'est le cas pour tous les cloîtres visités par nous. «Pardon, nous dit-on, nous ne vénérons pas ces saints; ils ne se trouvent pas dans notre calendrier ecclésiastique». Puis viennent les portraits des Empereurs de Russie, mais de ceux-là seulement qui ont été plus ou moins bienveillants pour les vieux-croyants. Et le portrait de l'Empereur Alexandre II se trouve à la première place, dans la cellule de la mère Esther, de même que dans tous les refuges dissidents visités par nous à Séménof[82]). Les schismatiques parlent avec amour de ce souverain. On voit aussi partout les portraits des tzars Michel Féodorovitch et Alexis Mikhaïlovitch. Mais nous ne sommes pas parvenu à découvrir une seule image représentant les Empereurs Pierre I-er ou Nicolas I-er. A nos questions au sujet de Pierre le Grand on nous répondait ordinairement que «nous ne sommes pas les seuls à le blâmer, car plusieurs d'entre vous (c'est-à-dire ouailles de l'église dominante) sont de la même opinion que nous» sur «des souverains pieux qui portaient toute leur barbe», (comme Michel Fédorovitch et Alexis Mikhaïlovitch). Toutes ces pein-

---

Moscou (au cimetière de Ragoschkoy). Tels sont les 3 groupes de la catégorie des schismatiques admettant la prêtrise. Il y a une lutte acharnée entre ces trois groupes qui remplit de guerres intestines le monde vieux-croyant.

82) Notre voyage a été accompli avant l'avènement au trône de l'Empereur actuel.

tures religieuses et historiques forment comme une collection
systématique pénétrée d'une seule et même idée et la seule note
criarde de cet ensemble consiste dans les quelques tableaux «pro-
fanes» trouvés Dieu sait où, et jurant avec le reste, tels sont les
quelques gravures de modes collées aux murs. Il nous est arrivé
de voir dans les couvents visités par nous au district de Séménof
une masse de ces gravures de journaux illustrés quelquefois d'un
genre grivois complètement incompatible avec l'esprit de la vieille
foi. Cette étrange dissonance de l'aménagement extérieur de ce
monde respectable n'a attiré notre attention que parce qu'elle
nous rappelle un autre trait réel de leur genre de vie. Nous voulons parler du niveau peu élevé de leur culture, malgré l'élévation
de leur ardeur religieuse. C'est à cette infériorité intellectuelle
qu'on doit attribuer l'étalage insconscient de ces «nouveautés pro-
fanes» admises partout en tant qu'elles ne sont pas en contradic-
tion formelle avec les rites. Il arrive souvent de voir les choses
les plus choquantes rester incomprises.

Mais tous ces petits riens de l'installation s'effacent et disparaissent totalement devant la profonde impression produite par la
principale partie de ce refuge — l'oratoire. Ces oratoires (trans-
formés en cas de besoin en chapelles) forment un dépôt de tous
les trésors matériels et moraux, accumulés pendant des siècles
par une série de générations et se résumant dans les images ornées
de pierres et de métaux précieux et les accessoires divers de l'of-
fice divin (dans les vêtements sacerdotaux, vases sacrés etc.).
Tout cet ensemble de richesses offre un intérêt tout particulier
pour l'archéologue et pour tout fidèle, car il porte l'empreinte la
plus pure de l'harmonie de l'ancienne église et de son style by-
zantin. La position sociale, le degré de fortune, la piété de tout
vieux-croyant trouvent leur expression dans l'oratoire qui fait la
fierté de son propriétaire. L'oratoire du logement que nous dé-
peignons était particulièrement riche et même grandiose. Mais
l'aspect le plus imposant est celui de la maîtresse de la maison
entourée de sa suite de novices ou sœurs converses vouant une
obéissance passive à leur «mère» (matouchka, petite mère) chez
laquelle ni l'âge ni les infirmités n'ont pu diminuer l'enthousiasme
religieux, la chaleur de sa parole, la foi inébranlable à la «vieille

croyance» et son indignation contre les persécuteurs [83]). Offensée et humiliée, se trouvant dans la position d'une bannie et d'une proscrite dont l'existence est à la merci du dernier agent de police, la mère Esther est en réalité une souveraine omnipotente non-seulement dans le royaume de son intérieur domestique, mais sur les vastes espaces et les routes d'où affluent vers elles les fidèles. Même les personnes préposées à sa garde abordent cette recluse avec une certaine déférence et avec appréhension, surtout si leur propre foi n'est pas aussi ferme que celle de cette remarquable femme. Et c'est à cette exilée et persécutée que se vouent corps et âme les jeunes filles, et cela au moment ou l'on ne cesse de se plaindre de ce que l'on ne peut pas «venir à bout» de notre jeunesse et qu'elle n'obéit à personne! Ainsi voilà une recluse qui, par la seule autorité de sa personne, est une véritable puissance, quoique dépourvue des attributs et prérogatives du pouvoir et exposée constamment aux menaces et injures du plus infime des représentants officiels. Telle est la puissance de la force morale, de la foi *ardente* ayant des origines et des sympathies *historiques* dans le peuple.

Nous entreprîmes d'ici une excursion dans les bois des alentours arrosés par les eaux de la Kerjenetz et de ses affluents. La vie et la nature de cette localité donnent une idée complète du caractère de toute la région boisée. Les innombrables forêts s'étendant à droite et à gauche du chemin vicinal ne sont coupées que par quelques marais ou clairières pratiquées par les premiers colons ayant fui ici la nouvelle religion.

Ces oasis de l'immense région forestière donnent place à de petits villages situés à une verste à peine des ruines des couvents démolis. Ces ruines se composent pour la plupart de quelques tombes délabrées et d'un petit nombre de cellules épargnées par la destruction et habitées exclusivement par des femmes — anciennes religieuses ayant sous leur direction une jeunesse cher-

---

[83] Il faudrait avoir le pinceau d'un artiste pour peindre cette imposante figure drapée dans les plis de sa longue robe noire de nonne, sa crosse en main, les yeux étincelants d'indignation ou d'exaltation, et le maintien commandant l'obéissance.

chant ici le salut de l'âme. Les jeunes filles (soeurs converses) sont en tout soumises aux doyennes qui n'ont cependant aucune espèce de «droits» sur elles. «Toute discorde ou contestation peut être tranchée à Moscou» (c'est-à-dire auprès des chefs du schisme) disent-elles, «on nous y donnera avis et conseil». Ces «refuges» ou communautés sont en tous points semblables à ceux de Séménof, seulement leur état pécuniaire n'est pas aussi florissant, et leur population plus simple approche de l'état du paysan, quoiqu'elles portent aussi le cachet du type original des schismatiques). Quelques cases ou cellules contiguës l'une à l'autre forment ce que l'on nomme ici un groupe de bâtisses, qui n'ont aucun aparence du dehors. Mais les oratoires sont ici, comme ailleurs, remplis de précieuses images et d'autres objets du culte très riches. Nous étions étonné de voir cette population exclusivement féminine vivre au milieu des forêts sans crainte des voleurs dont toutes ces richesses auraient pu exciter la convoitise «Dieu veille sur nous» répondait-on à nos questions. Ainsi ce désert de dévastation et de ruines s'est recouvert peu à peu d'herbe et a donné éclosion à une vie nouvelle respirant quelque peu plus librement, mais attendant de l'avenir son entière délivrance. La force de la nature a pris ainsi le dessus sur toutes les restrictions de la loi et sur toutes les persécutions. L'arrivée de toute nouvelle figure inspire la terreur à ce monde abrité par l'épaisseur des bois. Chacun s'empresse de disparaître dans tous les recoins, antres et tannières pouvant servir de refuge. Mais quelques paroles bienveillantes rassurent et calment cette terreur. On voit alors apparaître les doyennes dans leurs vêtements de nonne défendus par la loi et, sur leur ordre, toute la population sort petit à petit de toutes les cachettes, et bientôt leur silence obstiné et les regards méfiants font place à une bonne causerie intime et gaie.

Nous avions surtout envie de voir le refuge d'Olénief ou plutôt les vestiges de ce cloître, l'un des plus anciens et des plus célèbres [84]

---

84) Ce refuge est mentionné dans l'ouvrage de Petchersky (Melnikof) «Dans les forêts et les montagnes» et les nonnes de ce cloître ont probablement fourni la donnée des héroïnes de ce roman, quoique la scène se passe non pas au cloître d'Olenief, mais dans celui de Komarof.

(v. plus haut). Il se trouve sur la rivière de la Kerjenetz près du village d'Olénief. Ce qu'il y a de plus curieux, comme trait caractéristique de ces colonies dissidentes, c'est que le recensement officiel
fait monter la population de ce village à 9 hommes et 95 femmes.
Cette étrange disproportion numérique entre les sexes doit être
evidemment expliquée par le grand nombre de religieuses de
cloîtres, inscrites ici comme au lieu de leur domicile légal, (les
hommes n'y étant que de passage).

Nous avons encore visité dans la même localité le petit refuge
de femmes de Tchérépouchine (a côté du village de Tchérépouchine)
qui ne se distingue en rien des autres communautés. Ce cloître
appartient à la secte des vieux-croyants qui ne reconnaissent
pas la lettre pastorale de Cyrille et se trouve en opposition avec
les cloîtres voisins.

Enfin nous allâmes voir le monastère reconnu par la loi, Po-
krowsky, qui appartient au rite des vieux-croyants unis (v. plus
haut) fondé en 1831 et dirigé par la vénérable et hospitalière
abbesse Léonide. C'est à son esprit d'ordre et d'économie que
toute la communauté est redevable du bien-être dont elle jouit,
malgré sa pauvreté. L'ordre, la modestie et la décence qui y
règnent font l'impression la plus agréable.

Ainsi, nous avions l'occasion de voir groupées sur cet espace
restreint toutes les variétés de notre schisme acceptant la prêtrise. Elles vivent les unes à côté des autres; une discorde sourde
les partage. Mais la guerre ne devient jamais ouverte pendant que
l'ennemi commun est là, leur imposant à toutes le silence.

Nous quittâmes le district de Séménof pour revenir au Volga,
entreprendre (les 6 et 8 septembre) un voyage en amont de Nijni,
et revoir encore une fois toute cette intéressante contrée riveraine
du fleuve [85]). Notre intention était de faire plus ample connaissance avec deux points saillants du pays, Gorodetz et Balakhna.

Toute cette partie du Volga (jusqu'à la frontière du gouver-

---

85) V. plus haut dans l'esquisse générale du gouvernement de Nijni (p. 42 et
43) et de notre excursion à Lisskovo.

nement de Kostroma) se trouve dans le district de Balakhna[86])
situé sur les deux rives du fleuve (surtout sur la rive droite). Le
district susmentionné occupe tout l'angle Nord-Ouest du gouvernement de Nijni-Novgorod (jusqu'à l'Oka au sud). Nous avons
caractérisé précédemment ce pays essentiellement différent par
son histoire des autres parties du gouvernement de Nijni-Novgorod et entrant dans la composition du noyau de la région de
Moscou — la terre de Sousdal. De tous les districts du gouvernement de Nijni, celui de Balakhna est, par sa situation même sur
les confins des gouvernements de Wladimir et de Kostroma, et
son industrie manufacturière croissante, celui qui se rapproche le
plus de la région industrielle de Moscou. Il forme un trait d'union
entre le gouvernement de Nijni et les principaux centres de cette
région, quoiqu'il se présente comme une localité distincte. La proximité du Volga et de Nijni-Novgorod et l'excessif développement de toutes les branches de l'industrie domestique (formant le
trait caractéristique du gouvernement de Nijni-Novgorod) le font
participer non pas seulement officiellement, mais par sa vie même,
à l'existence de cette province. Il est, par sa nombreuse population schismatique, lié au district de Séménof. Le développement
considérable et simultané de toutes les variétés de petits métiers,
ainsi que des professions hors de la maison, l'énergique activité
commerciale qui domine dans la partie riveraine, nous font envi-
sager le district de Balakhna comme le point culminant de la vie
industrielle du gouvernement de Nijni-Novgorod. L'essor de ces
diverses professions et métiers est dû autant à l'esprit industriel
(distinguant ses habitants et en général toute la terre de Sousdal),
qu'à l'ancienne immigration des Novgorodiens réfugiés ici après
la soumission de la république de Novgorod à l'empire de Moscou.

---

86) Voir pour le district de Balakhna, outre les sources mentionnées ayant
trait au gouvernement de Nijni-Novgorod: le Registre des endroits habités (gouvernement de Nijni-Novgorod selon les renseignements de 1859); Dictionnaire statistique et géographique de l'Empire de Russie, T., I 1863 (district de Balakhna);
Recueil de Nijni-Novgorod, de Gatzisky, T. III, 1870 (quelques notions sur la vie
industrielle de Balakhna); *Almanach* du gouvernement de Nijni-Novgorod pour
1865; Les Travaux de la Commission pour la petite industrie, liv. VII (la construction des navires dans le bailliage de Tchernoretzk — par *Karpof*).

Parmi les innombrables industries du district de Balakhna il faut citer en premier lieu: la confection d'objets en bois, favorisée par l'abondance des forêts, la construction des navires, très ancienne probablement, et de temps immémorial pourvoyant de vaisseaux tout le Volga et la Caspienne, la fabrication de menus objets en bois et les autres métiers forestiers, tels que celui de tanneur; nous y trouvons encore les foulons, les forgerons, les potiers, les menaîchers, les pêcheurs etc. Le penchant aux occupations industrielles et commerciales est si prononcé dans ce district, que les paysans négligent la culture de la terre, même dans les endroits fertiles.

La plus grande partie de la population quitte ses foyers et se rend dans les contrées les plus éloignées de la Russie, jusqu'à la mer Caspienne, pour y exercer les différents métiers se rapportant principalement à la navigation, mais aussi ceux de maçon, menuisier, etc. Il y a des localités où plus des $\frac{3}{4}$ de la population pratique diverses professions hors de la maison. Le district de Balakhna compte aussi le plus grand nombre de vastes établissements manufacturiers et industriels. Certains d'entre eux sont renommés à juste titre. Les conditions précitées, l'extrême extension de l'industrie domestique, la proximité des voies de communication, enfin la vie historique plusieurs fois séculaire de ce district, toutes ces causes réunies ont fait surgir ici un grand nombre de villages commerciaux qui forment des marchés facilitant les débouchés aux articles fabriqués dans le pays. Ces sièges du négoce ne sont pas situés uniquement le long de la voie du Volga, quoique la fiévreuse animation qui règne sur ce cours d'eau permette aux habitants de ce district et à ceux des points riverains de participer directement aux transactions et aux opérations commerciales de la Russie entière. Il y a des villages qui portent le cachet citadin et qui, bien que classés parmi les villages, l'emportent de beaucoup sur quantité de nos villes officielles. Tels sont les bourgs de Gorodetz et de Katounky [87] appartenant aux

---

[87] Nous n'avons malheureusement pas eu le temps de visiter Katounky. Voir là dessus le dictionnaire statistique de géographie (Katounky). La description la plus détaillée se trouve dans le Recueil de Nijni-Novgorod, T. I, 1867 (le bourg de

points les plus importants du Volga et connus dans toute la Russie.

Le bourg de Gorodetz [88]) ancienne ville de Badilof ou Gorodetz Zavoljsky, connu dans l'histoire dès le XII-ème siècle, est le plus ancien des points urbains du gouvernement de Nijni-Novgorod. (V. plus haut dans l'esquisse historique du gouvernement de Nijni-Novgorod). C'était autrefois la capitale de l'apanage des princes Gorodetzy, de la famille des princes de Sousdal. Le seul monument épargné par l'invasion des Tatares et témoignant de la gloire historique de Gorodetz est (outre les remparts inexpugnables) le couvent d'hommes de S. Théodore, érigé en 1164 et restauré après avoir été brûlé par Baty. Le monastère a été illustré par la mort de St. Alexandre Nevsky qui y expira (en 1263) pendant son voyage de retour de l'Orda des Mongols à Wladimir. De nos jours l'état matériel du couvent n'est rien moins que florissant (il possède 11000 roubles de capital et 5000 de revenus [89]); il faut en rechercher la cause dans l'accroissement de la population schismatique à Gorodetz. Ce bourg est devenu depuis bien longtemps le centre des sectes des popovstzi qui, se trouvant à la tête des affaires commerciales du pays, attirent ici leurs nombreux coréligionnaires du voisinage. C'est aussi ici que se trouve le marché permanent et principal de tous les produits de la petite industrie (des objets en bois particulièrement).

Réduite de capitale princière à l'état de simple village [90]), Go-

---

Katounky et les villages de la paroisse par le prêtre *J. Dobrozrakof*). Le bourg de Katounky et très ancien et très connu. Parmi toutes les industries communes à cet endroit, il faut citer en premier lieu ses fabriques de cuir (30) et de colle. Il est le siège de toute l'industrie du cuir de la contrée environnante et le centre du commerce local.

88) V. le dictionnaire statistique et géographique (Gorodetz); L'*Almanach* du gouvernement de Nijni-Novgorod 1865; Registre des endroits habités (gouvernement de Nijni-Novgorod, p. 51); Le Volga de Tver à Astrakhan, guide du Samolet 1862.

89) Le prieur du couvent est excessivement en peine pour trouver les ressources nécessaires à l'achèvement de la bâtisse.

90) Gorodetz appartient, avec toutes ses terres adjacentes, à différents propriétaires, mais principalement à la comtesse Panine et aux Apanages de la famille Impériale. La famille des Panine l'a eue, par droit de succession, des Orlof, auxquels l'impératrice Catherine II en avait fait cadeau. Cette souveraine daigna même s'arrêter à Gorodetz lors de son voyage. Le tzar Michel Féodorovitch

rodetz, semblable en cela à plusieurs autres villes historiques de la terre de Sousdal et Moscou, se releva avec une vigueur nouvelle, et se conquit de droit une place importante dans la vie commerciale et industrielle de notre époque. Cette force puissante compensa pour toute la terre de Moscou et de Sousdal la gloire politique des jours passés. Mais Gorodetz, comme Lisskovo, n'est considéré comme village que sur les papiers officiels. C'est une vraie ville, tant sous le rapport des occupations que du genre de vie de ses habitants. L'agriculture y est complètement délaissée. Toute la terre communale est affermée et les revenus en sont affectés aux besoins de la commune. En dehors des industries mentionnées, Gorodetz en a beaucoup d'autres communes à tout le district de Balakhna (telles sont les ouvrages en cuir, semelles de bottes, fabrication, contrefaçon des vins étrangers, (construction des navires à rames etc.). Il y a jusqu'à 20 grandes fabriques et 40 moulins. Les pains d'épice indigènes sont connus dans toute la Russie, et les formes en bois servant à leur confection ont une grande valeur d'antiquité, car plusieurs d'entre elles remontent jusqu'aux czars de Moscou. Mais la principale activité de ce bourg se résume dans son commerce de céréales qu'il achète dans les ports du Bas-Volga et qu'il expédie à Pétersbourg. Le port de Gorodetz, se trouvant à $1\frac{1}{2}$ verste en amont, est, sous ce rapport, un des plus importants de tout le cours moyen du Volga, et on y embarque des masses énormes de marchandises, qui se répandent sur toutes les voies du bassin du Volga. Les marchés hebdomadaires absorbent les productions de toutes les localités avoisinantes et les revendent en gros. Le nombre des boutiques ouvertes tous les jours à Gorodetz monte à 200, mais les jours de marché ce nombre s'élève jusqu'à 1200 [91]). Ces marchés ou foires permanentes se trouvent dans plusieurs de nos bourgs-villages et ont une importance capitale dans le commerce pour l'achat du matériel brut par les producteurs de l'industrie domestique et pour la vente de leurs produits.

Toutes les conditions précitées activent la vie et contribuent

donna Gorodetz à la fille de Godounof — Xénie. Dans la suite il passa aux domaines de la couronne.

91) Ce chiffre, quoique recueilli sur place, nous paraît exagéré.

à l'animation de Gorodetz. La population indigène, évaluée à 5000 âmes, est constamment accrue par l'énorme quantité de gens de passage. Le mouvement commercial ne perd rien de son intensité pendant toute l'année, mais il s'accentue avec une énergie nouvelle au moment de la navigation. Nous trouvons à Gorodetz la même administration communale et rurale que dans nos autres villages-villes, seulement ici il y a infiniment moins d'ordre qu'à Lisskovo par exemple. L'autonomie de tous ces villages-cités repose sur la seule et même base historique dont nous avons parlé plus haut. Les plus riches négociants et capitalistes sont sortis de la classe des paysans-serfs. Gorodetz a sensiblement gagné avec l'émancipation. Les revenus communaux (tirant leur source principalement de la location des boutiques du bazar) sont assez considérables pour assurer le bien-être de Gorodetz qui, cependant, laisse, sous plus d'un rapport, beaucoup à désirer dans son extérieur et son aménagement public. Son bien-être dépendra aussi de la forme d'administration que devront revêtir dans l'avenir ces villages-villes, incapables d'exister plus longtemps avec leur administration rurale actuelle les plaçant en dehors de toute surveillance de la police et les privant, par conséquent, de sécurité publique.

En dehors des traits communs à tous les bourgs-villes du cours moyen du Volga, Gorodetz a encore certaines particularités caractéristiques. Ainsi tout le bruit et la fiévreuse animation de ce bourg situé au point culminant de la navigation et du commerce russes, ne troublent en rien ni la simplicité patriarcale de la population locale, ni la vie recluse de ses habitants. Plusieurs d'entre eux, même les plus riches de l'endroit, vivent tout à fait en dehors de ce tourbillon. Ils ont l'air de se soustraire complètement au mouvement du milieu ambiant, ce qui ne les empêche pas cependant d'amasser de très gros capitaux, grâce à l'activité commerciale suscitée par ce va-et-vient incessant. Cette claustration et cet isolement de la vie publique peuvent être expliqués en partie par la prépondérance de l'élément schismatique, vieux-croyant, dans la population. (Selon les calculs les dissidents forment plus du tiers de la population.) Quoique la grande ancienneté de Gorodetz ne se manifeste par aucun signe extérieur, apparent, cependant on y sent un certain souffle d'antiquité qui se révèle dans tout, même dans la manière d'être de ses jeunes commerçants qui cependant parcourent toutes les villes grâce aux bateaux à vapeur. Il nous est arrivé de voir dans la ville même des maisons hermétiquement closes par de grandes portes de fer et entourées d'un mur de pierres. Ces demeures semblent habitées par des gens dont le principal souci est de se dérober à toute invasion ennemie du dehors, comme s'ils vivaient encore au temps des Tatares qui dévastèrent leur ville. Les saintes images et les objets de prix sont soigneusement serrés dans des coffres, dans les sous-sol, pour le cas, disent-ils, d'une manifestation de la colère divine (incendie).

Les voyageurs qui débarquent ici à toute heure ne trouvent positivement ni gîte, ni abri. Ceux qui n'ont pas de connaissances sont contraints de coucher à la belle étoile. Il en fut de même pour nous. Toutes nos recherches d'un refuge pour la nuit furent vaines et nous nous vîmes obligé de passer la nuit, dans l'attente du bateau, sous les fenêtres d'une misérable auberge borgne, si sale que tout homme bien élevé ne s'y risquerait pas 5 minutes, à moins d'avoir à faire une «étude de moeurs».

Cependant Gorodetz est une des stations de la principale rue de la Russie où affluent les gros bonnets de la finance et où résident des millionnaires qui savent, pour s'enrichir et faire leurs affaires, utiliser tous les perfectionnements techniques du siècle, tels que la vapeur et l'électricité. La population indigène passe son existence loin de toutes les réunions publiques, et ceux qui y voyagent pour le commerce sont peu exigents sous le rapport du comfort. Aussi les quelques méchants cabarets de l'endroit répondent-ils amplement à tous les besoins de la vie publique. Les faits de cette nature sont très fréquents en Russie et le touriste s'y heurte à chaque pas. Tout à côté des chemins de fer, des bateaux à vapeur, des télégraphes et des raffinements du luxe européen, on voit surgir des phénomènes qui vous plongent brusquement dans le monde de la plus grossière ignorance, dans les temps de l'Etat Moscovite. Ces anomalies forment comme des vestiges d'une culture fort reculée et perçant à travers les couches superficielles de la civilisation moderne. La vie actuelle de la Russie fourmille de ces contrastes, car toute la croissance organique de la civilisation et de l'instruction de notre patrie s'est faite inégalement et par saccades. Les nombreux perfectionnements techniques et les raffinements de la culture européenne ont fait tout-à-coup une brusque irruption dans un pays qui vivait de sa vie à lui, bien avant cette civilisation.

Après Gorodetz nous visitâmes la ville de *Balakhna*. Nous avions grande envie de voir la fabrique d'huiles minérales (tirées des résidus de naphte) de Ragosine et C-ie, fondée en 1876 et ayant acquis une réputation qui a éclipsé toutes les productions industrielles établies dans cette ville [92]). A l'époque de notre séjour en 1879 la fabrique était, ainsi que son directeur, Mr. Ragosine, à l'apogée de l'activité. On ne pouvait suffire aux commandes de la Russie et de l'étranger. En 1879 la même société ouvrit une autre fabrique plus vaste que la première, et nommée *Constantinovskoy* (située dans le bourg de Constantinof sur le Volga, district de Romanof-Borissoglebsk, gouvernement de Jaroslavl). En 1879 et 1880, Mr. Ragosine réputé comme l'un des industriels les plus actifs et intelligents, jouissait d'une grande notoriété, et son nom avait un immense retentissement non-seulement à Nijni-Novgorod, mais sur tout le Volga. Il avait fait une rapide et brillante carrière commerciale et était pour ainsi dire devenu le lion du monde des affaires dans ces parages. Depuis lors tout a changé. En 1882 la Société fut tout-à-coup déclarée en faillite après un fléchissement des affaires à peine perceptible pour les gens du métier (lors de notre dernier séjour à la foire de Nijni en 1882). Et comme en 1878—1880 on aurait taxé de folie et «d'ignorance des affaires» celui qui aurait osé emettre le moindre doute sur les opérations de Mr. Ragosine et le crédit illimité dont il jouissait, de même en 1882 on aurait trouvé inconvenant de prononcer un mot en faveur de son activité. Ces faits se répétent à tout bout de champ dans nos sphères commer-

---

92) Pour Balakhna voir outre les sources susmentionnées: le dictionnaire géographique statistique (Balakhna); *Neidhardt* — Voyage sur le Volga; Recueil de Nijni-Novgorod, T. III (quelques mots sur la vie industrielle de Balakhna). Les colonies urbaines de l'Empire de Russie, T. III. Le Volga de Tver à Astrakhan (publ. par le Samolet).

ciales et n'édifient jusqu'à présent personne. Aussi, vu cette légè-
reté de notre monde commercial et même de ses «piliers» les plus
solides, il est excessivement difficile et même inutile de relever
les côtés faibles (défectuosités) d'une affaire en pleine prospérité
et d'en indiquer les bons côtés à l'époque de sa décadence.

Toutes ces considérations ne doivent cependant pas influencer
l'observateur impartial dont le devoir strict est de consigner et
de relater ses observations, indépendamment des différents courants de l'atmosphère ambiante. L'activité de l'usine Ragosine
et C-ie tient une si grande place dans notre industrie contemporaine qu'elle a droit, à plus d'un titre, à la considération publique.

La fabrique de Ragosine et C-ie extrait divers produits des
résidus de naphte (après la fabrication du pétrole). Elle fournit
aussi les nouveaux matériaux d'éclairage des lampes, mais surtout
les huiles pour le graissage des machines, connues sous le nom
d'*oléonaphte*. Il est indubitable que sous le rapport de cette dernière production, Mr. Ragosine occupe la *première place*, non-
seulement chez nous, mais aussi dans l'Europe entière. Cette
place lui revient de droit autant pour la quantité de sa production
que pour son ancienneté. La commission des experts à l'Exposition de Moscou (1882) n'a pas manqué de le confirmer en attes-
tant ses produits comme étant de première qualité. Quel que soit
l'homme qui puisse revendiquer la découverte des produits et des
procédés techniques de Mr. Ragosine, il est incontestable que,
dans la sphère commerciale, c'est à lui seul, comme premier fabricant de ces matières, que revient tout l'honneur de cette découverte [93]). Il a été le premier à l'exploiter sur une grande échelle
et à lui frayer un chemin vers les marchés de la Russie et de
l'Europe. Il est à remarquer que ces huiles, tout en remplaçant
avantageusement l'huile d'olive dans le graissage des machines et
à un prix bien inférieur, ont d'abord été introduites en France et
bien plus tard seulement en Russie. Ces faits ne sont pas rares

---

93) Cette question n'est pas de notre compétence et nous ne nous y arrêtons
que parce qu'elle a été soulevée dans la presse après la faillite de Ragosine et C-ie.
L'extraction de ces huiles du naphte n'a été connue des autres fabriques que bien
après l'exploitation entreprise par la fabrique Ragosine, et ne remonte qu'aux années 80.

chez nous et ne peuvent s'expliquer que par la routine de nos industriels. Même au moment de notre visite à la fabrique, une seule moitié de ses produits annuels restait en Russie et l'autre prenait le chemin de l'étranger. Dans ces derniers temps plusieurs usines se sont empressées de suivre l'exemple donné par Mr. Ragosine. Mais sous ce rapport Mr. Ragosine (pour les huiles de graissage et non pour les autres produits de naphte) l'emporte de beaucoup sur tous les établissements de ce genre [94]).

A l'époque de notre visite à la fabrique, sa production avait atteint son maximum et l'établissement préparait *mille* pouds d'oléonaphte (son article principal) par jour (toutes les 24 heures), et *300 milles* pouds par an. Les différentes espèces de cette substance servent aux usages les plus variés. On travaillait jour et nuit, sans relâche, sans pouvoir suffire aux commandes toujours croissantes. Aussi la Société s'était-elle crue obligée d'ouvrir un second établissement de ce genre à Constantinof (gouvernement de Jaroslavl). L'installation de cette fabrique en 1879 n'avait rien que de fort naturel à ce moment-là. Mais il se peut que la tension forcée de la production, provoquée par une recrudescence passagère de la demande et une mise de fonds disproportionnée au capital de circulation, ont contribué au dérangement des affaires de la Société, dérangement précipité encore par différentes circonstances personnelles ayant compliqué la crise. Ces espèces d'entraînements motivés par des conditions momentanément favorables sont le fléau de notre monde industriel et engendrent des crises et des faillites innombrables. Ces cas se sont surtout répétés à la suite de l'excitation industrielle des années 1879—1880 dont les tristes résultats se font sentir jusqu'à présent. (V. T. V, chap. III.)

Nos impressions personnelles sur l'usine de M. Ragosine sont on ne peut plus agréables, et l'esprit d'ordre et de sagesse qui présidait à toute l'administration nous à laissé un souvenir très

---

94) Toutes les usines s'occupant de la préparation des produits du naphte (surtout du pétrole) sont actuellement au nombre de 19. (V. l'Indicateur des fabriques et usines d'Orlof, publ. par le département du commerce et des manufactures 1881, page 573—575.

favorable [95]). Quant au côté technique de l'affaire, il ne nous convient pas de le juger; nous nous en rapportons complétement à l'opinion de l'expertise de l'Exposition de Moscou, ayant proclamé ses produits modèles [96]).

Mais ce qui nous frappa le plus et excita au plus haut point notre satisfaction, ce fut de trouver toute la partie technique concentrée exclusivement entre les mains de jeunes gens russes ayant fait des études supérieures. Ainsi on voit à la tête de la fabrique Mr. *Elsnitz* ayant fini le cours de ses études en 1867 à l'Université de Moscou (faculté des sciences naturelles). Il a sous ses ordres environ 10 techniciens ayant aussi achevé leurs études dans différents établissements supérieurs. Il ne nous est encore jamais arrivé de trouver quelque chose d'analogue dans nos autres établissements industriels. On y voit au contraire dominer des étrangers ou des russes privés, pour la plupart, de toute instruction. Dans ces derniers temps cependant le nombre des techniciens russes instruits s'est sensiblement accrû, et on les voit servir dans les fabriques, mais ils se perdent dans la masse et ont rarement voix au chapitre, dans la direction générale des affaires [97]). L'exploitation entière est basée sur la science et donne des résultats pratiques irréfutables, évidents et hautement appréciés dans nos sphères industrielles. L'usine de Balakhna est non seulement «au courant» du mouvement scientifique dans le ressort de cette branche, mais elle se met à la tête de ce mouvement. Ainsi nous y voyons un laboratoire chimique, annexé à l'établissement et s'occupant d'un travail purement scientifique, d'expériences sur de nouveaux produits du naphte.

Toute cette affaire est intéressante au plus haut point. Elle est pénétrée d'un esprit *d'indépendance* scientifique et technique,

---

95) Nous nous faisons un devoir d'exprimer ici notre gratitude toute particulière au directeur de la fabrique, Mr. *Elsnitz*, dont l'intelligente hospitalité tendait à nous mettre au courant de l'affaire.

96) Voir le compte-rendu de l'exposition (travaux des experts) rédigé par W. P. Besobrasof, 1883.

97) Nous mentionnerons dans la suite les nouvelles exceptions dans cet ordre de choses (comme à la fabrique de J. J. Baranof près d'Alexandrof, gouvernement de Vladimir).

d'une *originalité*, dans la meilleure acception de ce terme, d'initiative qui est si rare dans notre industrie, imitant en toutes choses les procédés et les méthodes de l'étranger, qu'il en fut de même pour toutes nos autres entreprises de ce genre. Solidement établie sur des bases intellectuelles et matérielles (l'abondance de la matière première) qui nous sont propres et naturelles, elle se tient à la hauteur de la culture européenne, suit les progrès de la science universelle, et fait face à la demande toujours croissante des marchés étrangers. Ayant prospéré en dehors de toute protection officielle, elle s'en passera à l'avenir aussi. Les vives appréhensions d'une concurrence étrangère (car il est à présumer qu'on ne manquera pas d'y introduire des fabriques similaires) ont suggéré l'idée de frapper d'un droit de douane l'exportation du naphte brut et de ses produits. Mais cette mesure préjudiciable aux producteurs de naphte et à cette nouvelle richesse nationale aurait pour effet d'étouffer l'énergie des forces intellectuelles, travaillant, ainsi que nous l'avons vu, à l'extraction de nouvelles substances et au perfectionnement du naphte. La protection privilégiée ôterait à ce travail sa raison d'être.

Et cependant, malgré les succès éclatants déjà obtenus, il reste encore de grands progrès à accomplir dans ce domaine. Ainsi on ne connaît pas encore toutes les substances diverses pouvant être retirées du naphte, et on n'a jusqu'à présent pas trouvé le moyen de transformer en huile et d'utiliser *toute* la quantité des résidus après l'extraction du pétrole dont le prix cependant est trois fois moindre que celui de l'huile [98]).

Le rapide développement de l'industrie du naphte dans ces huit dernières années est un des faits les plus saillants de notre histoire industrielle moderne. C'est une branche d'exploitation toute nouvelle et appelée à un grand avenir [99]). Malgré sa nouveauté,

---

98) Voir l'opinion des experts à l'Exposition de Moscou 1882. Compte-Rendu de l'Exposition.

99) En 1872 le rendement annuel du naphte montait à un million et demi de pouds, et en 1879 — à 22 mil. Pendant cette période le prix est tombé de 45 copeks à 2 et 3 cop. par poud. Les perfectionnements et progrès à accomplir doivent s'appliquer principalement à la substitution d'orifices mécaniquement pratiqués aux puits naturels. Les deux premiers puits artificiels parurent chez nous en 1872, et en 1879 il y en avait déjà 350.

et article a occupé la première place à l'Exposition de Moscou 1882, à côté du sucre et des spiritueux, parmi les innombrables produits de la grande section des produits industriels (VII-ᵐᵉ groupe). La branche la plus intéressante et surtout la plus avantageuse de l'industrie du naphte se résume principalement dans l'utilisation de ces résidus (après la fabrication du pétrole), dont on n'était pas autrefois parvenu à tirer parti, et spécialement dans la préparation des huiles de graissage. Au début de l'exploitation, ces rebuts ne servant à rien et n'ayant aucune espèce de valeur, toute la matière première d'huile de graissage ou oléonaphte de Ragosine revenait à 1 copek, et le poud d'oléonaphte coûtait 5 roub. et remplaçait presque tout un poud d'huile d'olive du prix de 10 à 11 r. On voit par là à quel point sont immenses les bénéfices que permet de réaliser cette découverte dont les avantages sont inappréciables, vu l'application de plus en plus fréquente de la force mécanique et par conséquent l'augmentation de la demande des huiles de graissage. C'est toute une richesse, créée tout-à-coup, transformant des matières sans valeur en objets de grand prix et d'une utilité générale. Telle est la puissance des forces créatrices du travail armé de la science! En somme ce sont elles qui fondent la véritable richesse du pays, les soi-disant trésors de la nature étant d'une importance secondaire.

Nous tenons à remarquer que pendant notre tournée aux fabriques et usines en 1879 et 1880, à l'époque la plus florissante de la société Ragosine et Cⁿ, il nous est arrivé de recueillir de la bouche des techniciens et mécaniciens les opinions les plus contradictoires sur l'oléonaphte. Les uns étaient enchantés de la substitution de ce produit à l'huile d'olive et en vantaient hautement les avantages; les autres en dénigraient l'usage. Tout en faisant la part des préjugés et de la routine, nous attribuons cette divergence de vue 1) au fait que l'oléonaphte ne peut pas remplacer l'huile de d'olive avec un égal succès pour toutes les parties d'un mécanisme, et 2) au manque de discernement des variétés de cette substance, dont chaque espèce particulière ne répond qu'à un usage qui lui est propre.

L'emplacement de la fabrique Ragosine et Cⁱᵉ est on ne peut mieux choisi. Le Volga sert de voie de transport à la matière brute, venant du Caucase, ainsi qu'aux produits manufacturés qui se répandent d'ici dans toute la région industrielle.

Mais l'usine de Ragosine et Cie n'est qu'une nouveauté à Balakhna. Cette ville est, malgré l'insuffisance de sa population (près de $4\frac{1}{2}$ mille âmes), sous plus d'un rapport remarquable depuis longtemps dans notre vie industrielle. Balakhna est une des plus anciennes villes historiques de la Russie du Nord-Est. Elle a participé aux différents évènements de notre histoire. Les chroniques ne citent son nom qu'à partir de la fin du XV$^{-ème}$ siècle, mais il est hors de doute que son origine comme ville commerciale remonte à plusieurs siècles auparavant. Parmi les plus anciennes industries, existant de temps immémorial (outre la briqueterie, la poterie, la faïencerie, la menuiserie etc. etc.) et analogues aux industries de tout le district de Balakhna, la première place appartient incontestablement à la construction des navires, dont on fournit le Volga, la mer Caspienne et même la flotte de Perse (?). C'est ici que Pierre I^{-er} envoyait des étrangers pour enseigner les règles de l'art, et les navires de Balakhna ont figuré avec honneur dans la campagne d'Azof entreprise par ce monarque. La construction des navires suit ici un développement continu. Dans ces derniers temps on s'est même mis à construire des bateaux à vapeur. (Le principal chantier de l'endroit appartient aux frères Plotnikof.) Un autre métier, non moins ancien, est la confection des dentelles (particulièrement en soie ou de la blonde noire et écrue). Cette industrie, quoique très répandue dans le pays, se maintient toujours au même niveau sans faire de progrès. Les dessins ne varient guère. Toute l'affaire a un caractère de famille (se passant d'ouvrières à gages). Les ouvrières en dentelles gagnent à peine 7 r. par mois et sont constamment exploitées par les acheteurs en gros. La plus ancienne branche d'industrie de Balakhna — le saunage, mentionné dans tous les manuels de géographie comme particularité de cette ville, n'existe plus de nos jours. Le Volga en changeant de direction a submergé les puits salins de l'endroit. La tradition attribue l'introduction du saunage aux Novgorodiens, ayant soi-disant formé ici la première colonisation slave remontant au début de notre histoire (A ce qu'on prétend sur l'emplacemement d'une ville bulgare ayant existé au IX s. et bien auparavant.) Mais des sources plus authentiques nous font croire que les Novgorodiens ont été établis ici par Jean III après la soumission de la république. Toutes ces traditions sur les colonies premières et l'introduction de l'industrie par les Novgorodiens (traditions très répandues partout dans la terre de Rostof-Sousdal) n'ont pour nous de l'importance qu'en tant qu'elles corroborent la supposition que les Novgorodiens ont été les premiers initiateurs de l'esprit industriel dans ce pays et dans toute la région de Moscou. Nous y trouvons, en outre, la confirmation d'une supposition historique encore plus commune, soutenant que la colonisation la plus ancienne de la terre de Sousdal avait été due aux Novgorodiens ou plutôt aux Slaves-Russes de l'Occident (d'Illmen). (V. T. I, chap. 1.)

Ayant terminé cette tournée, nous quittâmes le Volga pour faire notre dernière excursion dans le gouvernement de Nijni-Novgorod, dans sa partie occidentale (districts d'Ardatof et de Gorbatof)[100], région la plus remarquable et la plus industrielle (après celle de la foire de Nijni), renommée par ses produits de fer et d'acier concentrés dans le village de Pavlovo. Nous profitâmes de l'occasion pour parcourir l'Oka (en bateau à vapeur) de Nijni à Riazane (8—17 Septembre 1879).

Nous avons eu maintes fois l'occasion de parler de l'importance de l'Oka dans l'histoire du peuple russe et de notre région en particulier[101] pour ne pas nous écarter de notre sujet et nous ne dirons que deux ou trois mots de cette question. L'Oka a été de

---

100) Nous avons fait plus haut une esquisse de toute cette partie du gouvernement de Nijni-Novgorod.

101) Voir les informations plus complètes sur l'Oka, tant sous le rapport physico-géographique qu'historique et économique, dans le Diction. Statis. Géogr. de l'Empire Russe, T. III «Oka» (c'est une esquisse générale de l'Oka sous toutes ses faces et sa littérature au complet jusqu'à 1867); l'Annuaire Statis. de l'Empire Russe, livraison du Comité Central Statis. Liv. II «matériaux pour la statistique de la navigation fluviale dans la Russie d'Europe» *Zwérinsky*, 1872 (on y trouve à plusieurs reprises des données relatives à l'Oka); *Schnitzler*, l'Empire des Tsars, T. I, 1862, pp. 110, 112, 172, 451 surtout pp. 464—466. *Victor Ragosine* — Le Volga, T. II, 1881, chap. II, III et IV, T. III, 1881, pp. 393—403 (le livre offre une description particulièrement attrayante et animée de l'Oka et de son bassin, c'est un morceau de lecture *intéressant*, mais on ne doit pas se fier entièrement aux notions historiques exposées et surtout aux combinaisons politiques basées là-dessus).

temps immémorial, et bien avant le commencement de notre histoire politique, — la grande voie de l'immigration slavo-russe de l'Ouest et du Sud dans les terres du Nord-Est. En outre, l'Oka dans sa direction du Sud à l'Est, arrose les terres de Russie (Rostof-Sousdal, Mourom et Riazan) qui sont précisément le berceau de la vie politique et économique de l'empire renaissant après l'invasion mongole. Une autre portée de l'Oka se rattachant d'une façon plus directe et intime à notre étude, c'est qu'elle forme à l'Est et au Sud (jusqu'au confluent avec la Moskva) comme le Volga au Nord et à l'Est (jusqu'au confluent de l'Oka)—la frontière du noyau historique des terres de l'Etat de Vladimir d'abord, et puis de Moscou et par conséquent du centre primitif de la région industrielle de Moscou; c'est la partie la plus animée et la plus vivace de toutes les provinces de la Russie. (V. T. I, ch. II.) Les écrivains d'autrefois désignaient toute cette région industrielle de Moscou (avant son extension jusqu'aux limites déterminées par nous dans le VI, ch. I) sous le nom de «Volga-Oka» ou simplement «Okskoy». Les deux principaux affluents de l'Oka (dans son cours inférieur la Kliazma et la Moskva) pénètrent au coeur même de ce pays, situé avec tous ses centres historiques dans le bassin de l'Oka (la ville de Moscou — sur la Moskva, Vladimir sur la Kliazma; Sousdal sur un affluent de la Kliazma, la Nerly). L'Oka était, après le Volga, la voie de communication et de transport la plus importante de toute la région de Moscou. Elle facilitait la réunion des terres et des hommes, mettait en contact les peuples les plus éloignés, et reliait en quelque sorte les quatre points cardinaux. Ses eaux sont, après celles du Volga toutefois, les plus animées et les plus peuplées de toute la Russie, surtout dans son cours inférieur parcouru par nous, gouvernements de Nijni-Novgorod, Riazane, Vladimir et Moscou.

Mais la portée de l'Oka dépasse les limites de notre région et s'étend bien au-delà. Prenant sa source dans le gouvernement d'Orel, dans la région essentiellement agricole (terre noire) elle suit jusqu'à son embouchure une ligne plus ou moins rapprochée de la limite septentrionale de cette région. Grâce à ses innombrables sinuosités, elle arrose huit gouvernements et les affluents de tout son bassin en baignent un nombre infiniment plus grand.

Le système des eaux de l'Oka réunit pour ainsi dire toute la Russie intérieure, tant agricole qu'industrielle, tout le noyau central grand-russien de l'empire, et le met, par l'intermédiaire du Volga, en contact avec les pays les plus lointains et même avec les contrées étrangères de l'Europe et de l'Asie. Telle est l'immense portée de l'Oka. Cette importance s'est manifestée pendant une série de siècles dans l'histoire intérieure de notre patrie, à l'époque où nos cours d'eau étaient les principales voies de communication et les véhicules de la culture, du commerce et de la civilisation. Ainsi l'Oka a joué un rôle prépondérant dans le plus grand évènement de l'histoire de notre culture, nommément dans la russification des peuplades finnoises établies le long de tout son cours, et dont quelques débris se sont conservés jusqu'à nos jours, seulement dans le gouvernement de Riazane. Elle a été de tout temps la route suivie par les Slavo-Russes dans leur migration de l'Ouest au Sud. Cette signification, pour ainsi dire intérieure et locale, n'a pu être signalée par les évènements retentissants de l'histoire des voies d'eau internationales, telles que le Volga, le Dnièpre, le Danube etc., mais elle n'en est pas moins profondément historique. On peut dire que l'Oka est la plus grande rivière *intérieure* de la Russie.

Aussi n'y a-t-il pas lieu de s'étonner de l'excessif développement de la navigation et du transport des marchandises sur l'Oka, malgré le défectueux entretien de ses eaux et l'absence absolue de tout perfectionnement technique pouvant faciliter la navigation. Toutes nos observations relativement au Volga (T. I, ch. II) se rapportent également à l'Oka, à la seule différence près qu'il a été fait encore moins pour l'Oka que pour le Volga, quoique les améliorations et travaux hydrotechniques eussent pu être effectués à bien moins de frais ici et n'auraient pas manqué de contribuer aux progrès de l'économie nationale. Sous le rapport de la quantité et de la valeur des marchandises, l'Oka est le 4-me de tous les cours d'eau de la Russie (il vient après le Volga, le Dnièpre et la Kama). Le mouvement de transport sur l'Oka est si considérable que, d'après les comptes rendus de la navigation de 1871 —1874, il représente les *deux tiers* de la quantité totale des marchandises circulant dans le bassin du Volga sur tout son parcours jusqu'au confluent avec l'Oka [102]). Mais la différence qui existe de nos jours entre le Volga et l'Oka gît principalement dans ce que le mouvement de transport sur le Volga (dans son cours moyen, du moins), l'emporte sur celui des chemins de fer. Ainsi ces derniers, loin d'atténuer l'effet de la navigation sur ce fleuve, l'ont au contraire renforcée et développée (ainsi que nous l'avons exposé dans le T. I, chap. II). On ne peut pas en dire autant de l'Oka dont l'activité de transport est inférieure à celle des voies ferrées qui l'environnent. La construction des chemins de fer (de Mourom, Moscou — Riazane, Moscou — Toula, Orel, Riajsk — Viazma, Smolensk — Orel), traversant l'Oka et son bassin dans toutes les directions, a diminué la navigation [103]). Il faut en attribuer la raison au moindre volume d'eau de l'Oka, à l'exiguïté des dimensions de son bassin comparativement à celui du Volga, et en partie aux imperfections hydrotechniques. Ces dernières surtout influent d'une manière néfaste sur toute la navigation à vapeur de l'Oka dont l'origine remonte cependant à 1860. Les bateaux à vapeur, ceux mêmes du plus faible tirant d'eau affectés au transport des voyageurs, sont arrêtés dans leur course par mille entraves et par de nombreux bancs de sable. Cependant la vapeur est la seule puissance qui puisse permettre à nos cours d'eau de rivaliser avec les chemins de fer.

Tous ces défauts nous sautèrent aux yeux dès le début de notre traversée de Nijni-Novgorod à Riazane (du 8 au 17 Septembre), dans la meilleure partie du cours inférieur de l'Oka. Le pyroscaphe avançait à peine, se traînant à tâtons, cherchant son chemin par d'incessants sondages et donnant à chaque instant sur des bancs de sable. Vu la saison avancée, les bateaux cessaient de fonctionner en aval de Riazan, mais, à l'époque des pleines eaux, ils vont ordinairement jusqu'à Kolomna. Ces conditions engendrent tout naturellement l'incurie et la négligence de la compagnie entretenant ces bateaux. Aussi ces derniers manquent-ils aux règles les plus élémentaires du comfort et il est difficile

---

102) Voir Ragosine — le Volga, T. I, p. 80.
103) Voir les tableaux graphiques de Bliokh. Influence des chemins de fer sur la situation économique de la Russie.

de se faire une idée de la saleté, de la confusion et du désordre qui y règnent. Les pénibles sentiments qui agitent le voyageur et attestent l'inertie et l'insouciance des contemporains concernant ce cours d'eau historique, forment un triste contraste avec l'impression produite par ses rives — par sa nature et son histoire plusieurs fois séculaire. Les bords de l'Oka sont très pittoresques en cet endroit et priment, de ce chef, ceux du Volga jusqu'à Nijni. Elles sont tout particulièrement animées dans les ports s'étant fait, de temps immémorial, un nom dans le commerce[104]).

Ainsi que nous l'avons dit nous nous proposions comme but de notre voyage [105]) le bourg de Pavlowo, situé sur la rive droite de l'Oka en aval de Gorbatof, (à 70 verstes par terre et 111 verstes par eau de Nijni).

Aussi depassâmes-nous Gorbatof (sur l'Oka, 21 verstes plus bas que Pavlowo) sans nous y arrêter, son importance étant parfaitement insignifiante. Pavlowo est, dans toute l'acception du mot, le centre ou la capitale non-seulement du district de Gorbatof, mais de toute la vaste région s'étendant au-delà de ses limites (dans les gts. de N. Novgorod et de Vladimir, principalement dans le d. de Mourom [106]) et célèbre pour ses produits métalliques.

---

104) Les points les plus remarquables, situés sur tout le parcours de l'Oka, dans son cours inférieur en deçà de Nijni-Novgorod sont, dans les gouvernements de Nijni-Novgorod, Vladimir, Riasan, Toula et Moscou: la ville de Gorbatof, le bourg de Pavlovo, la ville de Mourom, b. Karatcharovo, Elatmga, Kassimof, Spasskoe, Staraia Riazan, b. Beloomuth, b. Dedinovo, Kolomna, v. Kaschira et v. Serpouchof (v. pour plus amples renseignements «le Volga» de Ragosine, T. III, p. 396—403).

105) Nous tenons à-exprimer notre profonde gratitude à Mr. Treskine, chef du district de Gorbatof, qui a bien voulu nous faciliter nos tournées et explorations.

106) Voir des informations plus détaillées sur Pavlovo et son rayon industriel dans l'ouvrage de Mr. *Labzine*, — Etude sur la coutellerie, la serrurie et autres productions métalliques du district de Gorbatof (gouvernement de Nijni-Novgorod) et district de Mourom (gouvernement de Vladimir). St. Pétersbourg, 1870 (c'est le meilleur ouvrage qui existe sur Pavlovo et son activité économique, technique et industrielle). *Smirnof*, — Pavlovo et Vorsma. Moscou 1864 — ouvrage qui contient plusieurs renseignements recueillis par l'auteur en personne. Les deux écrits susmentionnés donnent une parfaite idée de Pavlovo. V. aussi *Pobedonostzef* et *Bapst*, Lettres sur le voyage de feu le grand-duc héritier Nicolas. Almanach du gouvernement de Nijni-Novgorod pour l'exercice 1865. Annuaire statis. II, liv. III, 1872. Matériaux sur l'industrie domestique du gouvernement de Nijni-Novgorod (détails

«Qui ne connaît les productions de Pavlovo! dit feu P. I. Melnikof [107]) (Petchersky). Chacun de nous se sert à son dîner d'un couteau et d'une fourchette de Pavlovo, taille son crayon avec un canif de Pavlovo, porte un vêtement coupé avec des ciseaux de Pavlovo, et enferme son avoir sous une serrure de Pavlovo; depuis quelque temps on ne se rase même plus qu'avec un rasoir de Pavlovo. Et certes ce ne sont pas les chalands qui font défaut aux habitants de Pavlovo; d'un côté ils possèdent la foire de Nijni, et de l'autre leurs voisins les colporteurs du gouv. de Wladimir qui parcourent avec leur charrette de long en large notre vaste patrie et poussent jusqu'à Kiakhta et Irkoutsk, transportant dans leurs coffres les productions et la gloire de Pavlovo. Près de 10 mille canifs passent annuellement de la foire de Nijni dans les mains de Persans qui les emportent dans leur pays, et, en ayant émoussé la pointe, en forment des espèces de fourchettes. Les serrures de Pavlovo encastrées dans des coffres aussi de Pavlovo ou de Makarief s'en vont à Boukhara, Khiva, Taschkent et jusque sur les confins de l'Afghanistan au grand ébahissement des indigènes ravis du son éclatant de l'ingénieuse serrure de Pavlovo!»

Ces paroles rendent suffisamment toute l'importance industrielle de Pavlovo et nous indiquent clairement les raisons de sa renommée universelle. La confection de tels ou tels autres outils ou instruments, de ceux particulièrement qui servent à satisfaire les plus élémentaires exigences de l'homme comme la nourriture et le vêtement, caractérise les diverses périodes du développement historique de l'humanité et de la culture (âge de pierre, de bronze, de fer etc.). Aussi est-ce un mérite spécial de Pavlovo d'avoir rendu un service pour ainsi dire «civilisateur» en pour-

sur les métiers du rayon de Pavlovo). — *Melnikof* — Le bourg de Pavlovo. Les articles du même dans le journal de Moscou. Diction. géogr. statis. (Pavlovo).

107) La mort de Mr. Melnikof (en 1882) est une perte irréparable non-seulement dans le domaine de nos belles lettres (du roman), mais aussi de la science. Il joignait à un remarquable talent d'écrivain (unique dans son genre, dans la peinture de la vie populaire du grand-russien, rendue dans une langue tout-à-fait originale et essentiellement russe, une connaissance approfondie de la situation économique et historique de la Russie. Nous lui sommes personnellement redevables de maintes notions sur le gouvernement de Nijni-Novgorod et la foire de Nijni que nous avons plusieurs fois visitée ensemble.

voyant, dès le XVII° s., des dizaines de millions d'hommes des instruments les plus indispensables à la vie de chaque jour. Ces objets fabriqués primitivement en fer et puis en acier et même en cuivre, sont connus dans le commerce sous la dénomination générale de «*coutellerie et serrurerie*». Quelques uns d'entre eux ont servi à remplacer des instruments primitifs en bois, d'autres ont satisfait des besoins d'un genre de vie plus cultivé et plus élevé comme les fourchettes et les serrures dont l'usage avait été complètement inconnu jusque là. Des masses énormes de cette marchandise sont expédiées spécialement de cette localité; elle est accessible par ses prix infimes aux classes les plus pauvres. Aucune autre région ne pratique cette industrie sur une aussi grande échelle et à aussi bas prix. Nous ne pouvons apprécier toute l'importance de cette activité qu'en nous rappelant que les masses innombrables de notre population manquent, jusqu'à nos jours, des ustensiles les plus ordinaires et foncièrement nécessaires à tout ménage, comme les fourchettes et les couteaux par ex. Rappelons à ce sujet l'énorme différence qui détermine actuellement les degrés sociaux de l'usage d'un couvert par personne (ce qui n'est le cas que chez les très riches paysans, en proportion d'un seul sur des centaines de milliers d'âmes) et de l'écuelle commune généralement usitée dans nos chaumières, et dans laquelle mangent des millions de paysans. Cependant l'emploi journalier de couteaux, de fourchettes, etc. aurait fait faire un grand pas à la culture de notre peuple et à son bien-être tant physique que moral. Mais ce résultat ne peut-être atteint qu'avec la réduction des prix des produits de cette industrie. D'un autre côté il est incontestable que le travail des petits industriels n'assure pas leur existence, et que les conditions de leur vie nécessiteraient une élévation des prix, mais le bien-être de millions d'hommes et les progrès à accomplir dans leur bien-être en exigent impérieusement la réduction au minimum. Cette réduction des prix ne peut être obtenue que par le perfectionnement de la partie technique et particulièrement par l'emploi de la force *mécanique* dans la confection des articles de qualité inférieure (v. plus bas). Toutes ces questions économiques se rapportent à toutes les branches de la petite industrie dome-

8*

stique excepté les ouvrages manuels défiant l'habilité des machines.

Il n'y a rien d'étonnant que, grâce aux conditions précitées, la ville de Pavlovo se soit fait une renommée qui a fixé sur elle l'attention du public, des voyageurs russes et même de l'étranger. En dehors de l'intérêt qu'offre le côté purement industriel de cette ville et de son rayon adjacent, la curiosité est vivement excitée par la vie intérieure de ses habitants et les particularités inhérentes à tout ce pays. Diverses questions ont surgi sur ce terrain et ont éveillé l'attention du public même des capitales, en donnant lieu à une longue polémique dans les journaux des grandes villes. Ces questions n'ont pas seulement une influence locale, mais une importance économique et sociale générale.

Le bourg de Pavlovo a été si souvent décrit que nous nous bornerons à quelques renseignements recueillis par nous sur place, de la bouche de personnes compétentes, et à nos impressions et appréciations personnelles [108]). Nous avons indiqué plus haut les principaux ouvrages imprimés fournissant des données statistiques, géographiques et historiques sur cette localité. Mais la meilleure étude sur l'industrie de Pavlovo appartient à M. le Professeur Labzine (1866). Il a traité la matière à fond. Quoique spécialement technique, cet ouvrage nous esquisse aussi les principaux traits économiques de cette industrie.

On prétend que cette industrie a pris naissance à Pavlovo même, et s'est propagée ensuite dans tout le rayon environnant. La date de la fondation de ce bourg est incertaine; mais autant qu'on en peut juger par les documents historiques, l'emplacement actuel était occupé dans la seconde moitié du XVIᵉ siècle par une place forte construite par le gouvernement de Moscou et appelée Pavlovo [109]). Cette place, quoique située dans un lieu désert, exigeait, par sa position même sur l'ancienne voie commerciale, des moyens de défense. Le nom de Pavlovo est cité au com-

---

108) Nous tenons à exprimer notre profonde gratitude au fabricant en chef de Pavlovo Mr. Varypaief — syndic du bailliage, qui nous a aidé dans nos recherches.

109) V. par *Smirnof* — Pavlovo et Vorsma p. 9. Une légende raconte qu'un ermite (sectaire) du nom de Paul — Pavel était venu s'installer dans la forêt déjà au commencement du XVI-e siècle.

mencement du XVII° s. sur la plus ancienne carte officielle de
la Russie avec la dénomination de *ville*. Il se peut que les Streltzi
qui gardaient le fort aient compté parmi les leurs des forgerons
(très nombreux chez eux) ayant jeté les premières bases de toute
la production métallique du pays (ils en furent bien des fois les
promoteurs dans d'autres contrées). En 1622 Pavlovo, compris
parmi les domaines de la cour, fut donné au prince J. B. Tcherkassky (dont la mère était la soeur de Féodor Nikititch Romanof, patriarche Philarète, père du premier czar de cette dynastie).
En 1745 il passa (par suite du mariage de la princesse Tcherkassky avec le comte Schérémétief) dans la famille des comtes
Schérémétief qui en sont restés propriétaires jusqu'à nos jours
(jusqu'à l'émancipation des paysans).

L'industrie métallurgique (dont la branche la plus ancienne
est la confection des serrures) existait déjà à Pavlovo au commencement du XVII° s. En 1621 on y comptait 11 forges. Plus
tard, cette industrie se développa rapidement et se répandit dans
toutes les campagnes avoisinantes. Transmise de père en fils,
elle prospéra promptement grâce à des conditions économiques
particulièrement favorables. Ainsi la proximité de la foire de Makarief (plus tard de Nijni-Novgorod) facilitait l'achat des matières brutes et la vente de la marchandise, qui s'écoulait sans
difficultés, grâce aux nombreuses voies d'eau et de terre rayon-
nant de tous côtés et offrant un incessant mouvement de voyageurs, frêteurs de navires, marchands et surtout colporteurs et
petits traficants du gt. de Vladimir. Toute cette petite gent de
revendeurs s'approvisionnait d'articles métalliques à la foire de
Nijni et les transportait jusqu'en Asie. Nous n'avons aucune données certaines sur les causes historiques ayant donné naissance
à cette industrie, aussi l'attribuons nous, à titre de supposition, à
la présence du minerai dans les régions limitrophes — des gts.
de N.-Novgorod (dist. d'Ardatof) et de Vladimir (d. de Mourom,
Soudogda, Melenky) et aux nombreuses mines exploitées ici de
temps immémorial. Il faut remarquer cependant que de nos jours
l'industrie de ce bourg n'est pas alimentée par les métaux des régions indiquées, mais bien par ceux des localités les plus éloignées (de l'Oural et de l'étranger). Les mobiles historiques de

la petite industrie sont en général très compliqués et multiples.
Ils sont souvent fortuits (ainsi quelque individu de passage commence par exercer un métier quelconque), et n'ont souvent rien
de commun avec les conditions naturelles locales (avec les matières fournies par le sol).

Le développement de l'industrie de Pavlovo a reçu une puissante impulsion de la fabrique établie par le comte Schérémétief
au XVIII° s. sur la Tarka (Pavlovo se trouve au confluent de la
Tarka et de l'Oka) et fermée en 1770. Parmi les ouvriers de
cet établissement il y avait des «natifs de Pavlovo» ayant appris
la serrurerie à Toula (sur l'ordre de leur seigneur probablement).
Il est de fait que les progrès et l'origine même de plusieurs métiers de l'industrie domestique doivent être attribués au pouvoir
autoritaire des propriétaires à l'époque du servage.

La coutellerie de Pavlovo a été le plus secondée dans le XIX°
siècle par un fabricant d'objets métalliques, habitant de Pétersbourg, mais, sujet francais — M. Canaple. Trouvant la main
d'oeuvre trop chère à Pétersbourg, il fit ses commandes à Pavlovo
et s'y rendit plusieurs fois en personne pour donner aux ouvriers
ses indications et leur enseigner les procédés. Il donna de cette
façon un grand essor au perfectionnement de cette industrie et
y introduisit la fabrication des ciseaux (peu répandue jusque là
par suite de certaines difficultés techniques) faisant actuellement
la gloire de Pavlovo. Tous les objets exécutés sur la commande
de M. Canaple portaient sa marque — considérée comme la meilleure. Ces articles pouvaient hardiment rivaliser avec ceux de
l'étranger (anglais) et se vendaient en Europe et chez nous comme
étant de provenance étrangère. Le nom de Canaple a acquis une
immense popularité à Pavlovo et sa mémoire y est vénérée jusqu'à présent comme celle d'un bienfaiteur.

Nos observations personnelles sur Pavlovo et Vorsma (autre
foyer important de cette industrie) seront précédées d'un aperçu
général de Pavlovo et de son rayon, aperçu basé sur des notions
qui nous ont été fournies, selon notre programme, par les indigènes au courant de l'affaire.

Les neuf dizièmes de la population de Pavlovo même, comptant 15 mille âmes, se composent d'ouvriers ou artisans se livrant

exclusivement au travail des articles en fer et en acier (en partie en cuivre) spécialement des serrures de toutes formes, du prix de 3 cop. à 25 r. la pièce. Les petits-industriels ou «buissonniers» comme on les appelle en Russie formant le contingent le plus considérable de cette classe d'ouvriers (excepté ceux qui travaillent aux fabriques), préparent des serrures des couperets, couteaux à pain, des couteaux de table, canifs, fourchettes, rasoirs, ciseaux, clochettes etc. On rencontre bien de ci, de là, quelques autres métiers, les badigeonneurs, peintres d'images saintes et des menuisiers. En dehors de quelques fabriques plus ou moins grandes, il n'y a, à proprement parler, qu'un seul grand établissement, (celui de Varypaïéf muni d'une machine à vapeur). On y voit bien encore trois autres établissements portant le nom de fabriques, mais ayant plutôt le caractère de simples ateliers (l'un de M. Banine et deux de M. Kalekine). Presque toute la population ouvrière travaille à domicile, pour son propre compte ou sur la commande des fabricants ou maîtres d'ateliers. Les femmes et les jeunes filles donnent le fini aux produits, font des entailles aux limes et aux scies, repassent et affilent les couteaux et sciseaux pour les ateliers et fabriques. Bref toute la famille du petit-artisan concourt à la production des instruments fabriqués par le propriétaire de la maison.

Le dizième restant de la population s'occupe du commerce des denrées alimentaires, et particulièrement de l'achat et du trafic des articles métalliques tant en fer qu'en acier.

Toute cette industrie ne se concentre pas uniquement à Pavlovo, elle embrasse tout le pays environnant en y conservant ce caractère domestique.

Le bourg de Pavlovo est le point d'écoulement des produits de toute cette région. C'est le rendez-vous de tous les artisans locaux qui s'y rassemblent tous les lundis pour y vendre leur marchandise aux acheteurs en gros, qui les revendent à des marchands du dehors et les éparpillent sur toutes nos foires. Tous les acquéreurs en gros forment deux catégories distinctes: ceux de la première n'achètent que pour adresser tout le stock à un individu en ayant fait la demande soit à Moscou, à St.-Pétersbourg ou ailleurs. Ceux de la seconde accaparent les marchandises pour les transporter et les écouler aux différentes foires (d'Irbit, Menzelinsk, Kharkof, Rostof etc.). La foire de N.-Novgorod sert de principal débouché et on y voit trafiquer les artisans eux-mêmes. Mais bien peu de ces derniers sont en relations directes avec les marchands (du dehors). La différence dont bénéficient les accapareurs et les revendeurs sur les prix d'achat et de vente est *régulièrement* de 25 à 50%. Nous verrons plus tard que leurs bénéfices réels surpassent de beaucoup cette mesure qui n'est qu'un minimum. Il s'ensuit que tous les acquéreurs locaux faisant de bonnes affaires *«à leur manière»* s'enrichissent rapidement, tandis que les ouvriers ne trouvent pas de rémunération satisfaisante pour leur dur labeur, et continuent à languir dans la misère. Ce genre de faits présente malheureusement très peu d'exceptions, et il est rare de voir un artisan s'affranchir du joug de l'accapareur et travailler à ses frais et dépens en vendant sa marchandise directement aux consommateurs ou aux marchands en gros du dehors.

La production des articles en cuivre, en fer et en acier s'est notablement accrue dans ces vingt dernières années; elle a presque doublé. Mais cette extension d'activité n'a rien de consolant, car la qualité de la marchandise a baissé en raison directe de sa quantité. Les pauvres artisans, pressurés par les accapareurs et la réduction du prix, négligent le fini du travail et tâchent de se dédommager sur la quantité. Ceux d'entre eux qui ont les moyens d'attendre et de s'en tenir à leurs prix sont en grande minorité. Aussi cette industrie tend-elle vers une décadence générale (à l'exception des ouvriers qui travaillent sur la commande des industriels des fabriques).

La vente des articles métalliques de Pavlovo fut très bonne à l'époque qui suivit la guerre de Crimée jusqu'à l'année 1870, mais de 1871 à 1876 la demande diminua, les prix tombèrent et atteignirent le minimum en 1876 et au commencement de 1877. Bon nombre d'ouvriers abandonnèrent le métier et cherchèrent un gagne-pain plus lucratif. Mais en 1877 la demande s'anima à tel point qu'en 1878 les acheteurs en gros se virent obligés de parcourir les villages pour l'achat et la commande de la marchandise, — fait insolite, car ordinairement les producteurs viennent la leur offrir. Les prix de certaines espèces de qualités inférieures doublèrent presque et se tinrent au même niveau de prospérité jusqu'à ces derniers temps où il se produisit un ralentissement dans le débit.

Toutes les matières premières de cette industrie, telles que acier, fer, cuivre, zinc, plomb, fil d'archal, émeri, palmier, ocre etc. sont achetés par les marchands de Pavlovo à la foire de Nijni-Novgorod, à Moscou et à Pétersbourg. Plus tard ces mêmes acheteurs les vendent ou les échangent contre les articles tout faits aux ouvriers de tous les villages s'occupant de l'industrie des métaux. Mais les principaux fabricants tels que Zavïalof, Varypaïef, Kondratof, et Kalïakine font eux-mêmes leurs achats à Pétersbourg et à Moscou.

Les principales voies d'écoulement des produits sont: la foire de Nijni-Novgorod, les villes de Moscou, de St.-Pétersbourg, la foire d'Irbit, de Menzelinsk, de Kharkof, Rostof sur le Don, Odessa et Constantinople.

Les salaires de tous les ouvriers loués par les maîtres des fabriques et ateliers, — des forgerons, fondeurs, mouleurs etc. — se sont considérablement élevés; par exemple les forgerons gagnent à présent 15 roub. par semaine au lieu de 10 roub. d'autres ouvriers 4 et 5 roub. au lieu de $2\frac{1}{2}$ et $3\frac{1}{2}$. Cependant tous les salaires ont des fluctuations sous l'influence de la demande et de l'offre des articles manufacturés. Il faut noter ici, qu'en général les ouvriers ralentissent leur travail au moment de la recrudescence de la demande, cette dernière provoquant ordinairement une élévation de gain, et par contre ils redoublent d'efforts pendant un affaiblissement du débit engendrant une baisse dans les salaires. Quant aux ouvriers des grandes fabriques leur paye a monté comparativement aux années soixante de 50 à 75%.

On nous a dit à Pavlovo que le bien-être matériel de la classe ouvrière a fait des progrès dans ces vingt dernières années. Ces progrès se manifestent principalement 1) dans une amélioration des vêtements poussée même quelquefois jusqu'au luxe (à la recherche), 2) dans les maisons et le confort intérieur et enfin 3) dans la nourriture. Il est possible que cela soit vrai, mais d'après nos observations personnelles, qui seront décrites plus loin, le niveau de l'existence est encore très peu élévé dans cet endroit.

L'industrie du fer et de l'acier centralisée à Pavlovo se répand sous la forme d'industrie domestique parmi la population villageoise d'une considérable partie de la région située sur les deux rives de l'Oka, dans les gts. de Vladimir et de N.-Novgorod. Mais c'est dans le district de Gorbatof, gt. de Nijni-Novgorod, que cette occupation absorbe le plus grand nombre de bras et atteint l'apogée de son développement. Puis vient le district de Mourom (gt. de Vladimir) confinant au district de Gorbatof au sud, le long de l'Oka, (des deux côtés) exerçant la même industrie, quoique principalement sur la rive droite de l'Oka, la gauche se vouant à d'autres métiers. Cette même petite industrie métallurgique s'est développée, quoique à un moindre degré, à l'ouest dans le district de Soudogda (gt. de Vladimir). Enfin les districts d'Ardatof (gt. de N.-Novgorod) et de Mélenky (gt. de Vladimir) limitrophes de ceux de Gorbatof et Mourom, mais plus au sud en aval de l'Oka, possèdent, de longue date, de grandes fonderies et des usines dont l'activité est analogue. Ainsi tout l'immense espace, concentré dans le bassin inférieur de l'Oka se consacre aux divers métiers ayant pour base le fer. Ici nous voyons apparaître un phénomène inhérent *propre* à toute espèce de développement industriel; les différentes ramifications professionnelles plus ou moins similaires et liées entre elles par l'emploi d'une seule et même matière première, possèdent des «*rayons géographiques*» de leur extension.

Toute l'industrie concentrée à Pavlovo et dans le pays voisin est représentée par la confection d'espèces très peu variées de produits en fer et acier, tels que serrures et cadenas, couteaux et canifs, fourchettes, ciseaux et quelques instruments analogues en métal. Il faut y ajouter, mais en quantité moins considérable, les articles en cuivre comme serrures et clochettes[110]). Autant que nous avons pu le constater, chaque localité a sa spécialité de produits (ainsi les serrures et couteaux sont fabriqués à Pavlovo,

---

110) Tous les articles fabriqués à Pavlovo sont décrits en détail dans l'ouvrage de Mr. Labzine (avec dessins).

les canifs à Vorsma etc.). On fabrique bien dans le pays quelques autres articles métalliques (les instruments de chirurgie par ex.), mais ils n'ont qu'une importance secondaire, et sont dispersés entre certaines familles seulement à titre d'exceptions au type général des articles. Malheureusement la variété des ces formes et de ces types ne se développe guère, reste, pour la plus grande partie stationnaire depuis une série de siècles, et s'en tient toujours à certaines catégories d'articles, bien que chacune de ces catégories comprenne différentes sortes d'espèces et de genres. Mais toutes ces variétés changent de forme très lentement et s'adaptent difficilement aux exigences et au goût du temps. Ces particularités propres à toute production domestique découlent de son essence même. Tous les métiers faisant partie de la petite industrie manquent de capital, et suivent des procédés routiniers transmis de père en fils; ils ne peuvent conséquemment reproduire que certaines espèces et certains modèles adoptés une fois pour toutes. La technique scientifique ou rationnelle dans la grande industrie invente constamment de nouvelles variétés conformes aux besoins de l'époque; elle change les formes et enseigne aux ouvriers de nouvelles méthodes. Le capital se charge des risques de l'introduction et de la propagation des nouveaux produits et de leur débit au public qui ne se prête aussi que lentement aux innovations. En outre, cette diversité de formes et d'espèces est facilitée par la production *mécanique* étrangère à la petite industrie [111]). Ce caractère de petite industrie domestique prévaut dans toute cette fabrication métallique de Pavlovo et lui prête un intérêt tout particulier aux yeux du public et de la presse de notre temps, qui se sont pris chez nous d'un engouement extraordinaire pour cette industrie. Nous pouvons voir, par les faits suivants, à quel point ce caractère domestique domine ici. Ainsi dans le bourg même de Pavlovo sur 700 (chiffre approximatif) ateliers de serrurerie à domicile et 500 forges, on ne relève que 18 établissements établis sur un grand pied ou fabriques travaillant

---

111) En même temps la production mécanique se distingue surtout par l'*homogéneité* ou égalité des exemplaires de chaque espèce et genre et c'est là une grande condition de succès inconnue encore à l'industrie domestique produisant les objets les plus disparates d'une seule et même espèce.

avec des ouvriers gagés. Mais, à proprement parler, il n'y a qu'une seule *vraie grande fabrique* (Varypaïef) méritant ce titre. Des dizaines de milliers d'habitants du pays (dist. Gorbatof et Mourom) pratiquent ces mêmes métiers à domicile, et tout le pays ne possède au plus que deux grandes fabriques et il n'y a *que trois* grandes forges (de Zavialof à Vorsma et de Kondratof à Vatcha distr. de Mourom). Toutes les autres usines nommées officiellement *fabriques* et jouissant même d'une certaine renommée, ressemblent plutôt à des ateliers, leur activité étant étroitement liée à la vie journalière des habitants de la maison et les ouvriers faisant partie de la famille, ainsi que l'atelier de la maison.

C'est ici le lieu d'expliquer enfin ce qu'il faut entendre, à notre avis, par *petite industrie* ou *domestique* (appelée chez nous *buissonnière*); sa définition seule a soulevé maintes controverses dans notre presse. Il nous semble qu'au milieu de cette polémique on a perdu de vue *l'essence* même de cette industrie, la distinguant nettement de toute autre forme industrielle: a) des manufactures et fabriques de la grande industrie (appelée selon la terminologie à la mode «capitalistique»), b) des métiers et divers travaux manuels, et c) des occupations d'amateur (de dilettantisme et de goût) (du dilettantisme vendant par occasion ses produits)[112]. Mentionnons en passant que l'expression «*buissonnière*» appliquée chez nous à la petite industrie (expression dont l'étymologie est très vague), n'est nullement populaire mais plutôt littéraire, introduite dans ces derniers temps et peu répandue dans le peuple. Il se peut qu'elle tire son origine de quelque terme local, mais le fait est que nos petits industriels ignorent cette dénomination et appellent leurs métiers: domestiques, petits, de leur cru etc., etc.

L'essence de la petite industrie, particulièrement distincte de toute autre occupation industrielle, se résume principalement dans

---

112) Les discussions auxquelles donne lieu ce terme d'industrie *domestique* ou petite proiennent beaucoup de l'ignorance de la vie réelle, ainsi que d'une cause commune à tous les débats sur les questions économiques et sociales: le contradicteur voit dans un fait donné, non ce qui *s'y trouve réellement*, mais ce qu'il *souhaiterait y trouver* et ce qui devrait y exister selon ses idées et à son point de vue personnel et idéal.

ce fait *«qu'elle ne constitue pas une entreprise industrielle régulière, systématiquement organisée dans un but commercial»* (fût-ce par un individu, une société ou une association), mais elle est tout bonnement un *«usage»*, une coutume, une habitude contractée par l'industriel, dès sa naissance, indissolublement liée à toute son existence et en faisant partie intégrante. Elle naît, vit et meurt avec lui sans qu'il s'en rende compte. Toute branche de la petite industrie comme toute coutume peut-être primitivement établie par l'iniative d'une personne ou en raison de quelque calcul commercial. L'origine historique de ces occupations est aussi variée que celle de tous les usages et coutumes. Ainsi plusieurs professions ont été implantées à l'époque du servage par les propriétaires qui, soucieux de les répandre parmi les serfs, mettaient en apprentissage les enfants de leur nombreuse valetaille et leur faisaient ainsi apprendre un métier. Il arrivait quelquefois que les habitants de telle ou autre localité, encouragés par l'exemple de quelque fabricant de la contrée, se mettaient au même travail dans leurs maisons et à leur façon, dans des dimensions et des conditions compatibles avec leur genre de vie (tel fut le cas de la petite industrie cotonnière dans le dis. de Schoya gt. de Vladimir, des allumettes d. de Medinsk gt. de Kalouga, les productions métallurgiques de l'Oural, etc., etc.). Toujours est-il qu'une fois installée, cette industrie s'unifie avec la vie du peuple, y devient *une occupation involontaire* de chaque habitant, indépendante de tout calcul commercial de sa part, comme toute habitude et toute *coutume*, et s'impose au producteur en dépit même de ses intérêts. Il peut la renier et l'abandonner comme tout autre usage, mais au prix de grands efforts et sacrifices, et le plus souvent il y consacre toute sa vie, la transmettant à ses enfants et petits enfants, malgré le changement des conditions économiques du métier, entraînant souvent la ruine de toute sa descendance.

Telle est la particularité économique la plus essentielle de la petite industrie, d'où proviennent tous ses traits caractéristiques et distinctifs qui la séparent de toute autre forme de la production industrielle. De là vient aussi sa particularité la plus prononcée et la plus marquée c'est: qu'elle est *historiquement et indis-*

solublement unie à la vie même du peuple, qu'elle *se répand dans la population épidémiquement* comme une contagion, comme un *penchant moral* (psychologique) et *générique,* passant de l'un à l'autre, dans le temps et l'espace (par tradition et héritage)[113]. Elle se propage par sa force élémentaire et morale en dépit des conditions économiques d'une industrie donnée, elle croît par ex. à une époque où toutes les circonstances commerciales et industrielles lui sont profondément défavorables. Par une offre forcée de la marchandise, elle fait baisser les prix à un moment où la demande est faible, les matériaux chers et la concurrence de la grande industrie écrasante. Et il arrive au contraire que la petite industrie ralentit son activité et disparaît tout-à-fait à des époques de la recrudescence de la demande. (Tel fut le cas de la fabrication des dentelles qui, dans certaines localités, dépérit au moment où cet article est le plus en vogue.) Tous ces phénomènes définissent clairement le caractère de la petite industrie: pareille à tous les usages et coutumes populaires elle naît, vit, et meurt avec la vie historique du peuple, sous l'empire des lois physiques et morales de son histoire.

De là viennent tous les signes distinctifs de la petite industrie, considérés à tort par certaines personnes comme son caractère fondamental. Tels sont: les petites dimensions de chaque *unité* industrielle (c'est-à-dire de la somme des produits de chaque industriel en particulier) le domestique ou familier de la production, la prépondérance du travail manuel privé du secours de la force mécanique, l'imperfection technique et la routine surannée des procédés. Toutes ces particularités issues de l'essence

---

113) Toutes les professions et métiers de fabrique se propagent *en partie* de la même façon, mais seulement *en partie* disons nous. L'élément moral de la force de l'habitude transmettant de l'un à l'autre (par héritage et voisinage) une prédisposition psychologique à telle ou autre genre de travail est inhérente à toute activité industrielle, quelle que soit la forme sous laquelle elle se présente. Mais dans les entreprises commerciales et industrielles, dans la grande industrie (les fabriques), de même que dans les métiers ordinaires des villes cet élément moral est *dominé* par un principe économique ou un calcul commercial. La petite industrie peut être comparée sous ce rapport au dilletantisme ou travail d'amateur, à la seule différence près que ce dernier existe, non en raison d'une coutume locale invétérée, mais d'un *goût personnel* ne s'étendant même pas à tous les membres de la famille.

même de la petite industrie lui sont effectivement inhérentes avec quelques restrictions pourtant [114]). Après la définition que nous avons donnée de cette industrie, il est tout naturel que l'artisan s'occupe de son affaire dans sa maison même et avec l'aide de sa famille. C'est une habitude du foyer aussi profondément enracinée que toute autre coutume formant un bien inaliénable de sa maison, comme de ses commensaux. Il est tout naturel aussi qu'il impose ce travail à sa famille. Il n'a garde de déroger aux traditions et il poursuit la besogne malgré le manque du capital nécessaire à l'engagement des ouvriers et à l'achat des machines et outils perfectionnés. Aussi ne se sert-il que des instruments reçus par héritage et qui existent dans sa maison comme tout autre *ustensile de ménage* (accessoire de sa *vie* et de son métier) grossièrement fabriqué par lui ou acheté à un marché voisin. Il n'applique à son travail que les quelques notions techniques qui lui sont transmises par son père ou ses voisins, simultanément avec d'autres coutumes et usages. Ces notions héréditaires peuvent se perfectionner, comme toute autre coutume, mais lentement et par voie historique. Le petit industriel produit *comme il peut et autant qu'il peut*, et il vend sa marchandise en conséquence, sans s'informer des conditions commerciales des débouchés et de marchés. Quelles que soient ces conditions il lui est impossible *de ne pas produire et vendre*; il le fait par habitude, de même qu'il fait le signe de croix en se mettant à table et en achevant son repas [115]). C'est sur le sol de cette in-

114) Il y a des cas où la petite industrie atteint des proportions assez considérables. Cela arrive ordinairement quand certains producteurs font, en dehors de leur travail personnel à domicile, l'achat en gros et la vente de la même marchandise. Il y en a même beaucoup, qui engagent des ouvriers qu'ils adjoignent à leur famille. Ils se fournissent même de machines et autres auxiliaires mécaniques (par ex. les machines à coudre dans la région de Kymry s'occupant de cordonnerie). Enfin certaines productions (la confection des dentelles par ex.) dénotent une technique merveilleuse, quoique ne répondant pas toujours aux exigences de la mode.

115) Toutes les particularités susmentionnées de la petite industrie (ses petites dimensions, caractère domestique, prépondérance du travail manuel) sont propres aussi à tous les métiers des villes avec lesquels on la confond. Il faut en excepter cependant les connaissances techniques acquises par les artisans ayant fait leur apprentissage dans des ateliers au courant des progrès de leur branche industrielle; l'esprit de calcul commercial et de spéculation est inhérent même au plus infime artisan des villes, pourvu qu'il ne fasse par partie de cette petite industrie héréditaire.

dustrie qu'ont pris naissance plusieurs des grands établissements et fabriques produisant les mêmes articles, mais sur une plus grande échelle et au moyen d'autres procédés. Il se peut que ces usines aient été établies par quelques petits industriels plus sagaces et plus aisés que leurs confrères, ou par quelque capitaliste, toujours est-il qu'elles ont surgi à la suite d'un calcul commercial et de certaines données du temps et du marché permettant de retirer de grands avantages de la transformation du travail routinier, domestique et local, en une affaire industrielle systématiquement organisée. Ce passage de l'industrie domestique à la grande industrie s'est opéré sous l'influence d'éléments purement économiques. Cette transition est déterminée par une coïncidence du développement de la petite industrie avec des circonstances économiques d'une époque donnée, particulièrement propices, telle qu'une recrudescence de la demande des produits. Ainsi, on a établi des fabriques de toiles dans des localités adonnées de longue date à la petite industrie du tissage à la main (dans les gts. de Jaroslavl, Kostroma et Vladimir); des fabriques de couteaux à Pavlovo et Vorsma (v. plus bas) pratiquant l'industrie métallurgique sur des assises familières et domestiques. Quelquefois la population locale vivant dans le voisinage immédiat des fabriques continue à exercer la même activité en petit, dans des conditions qui lui sont accessibles et diffèrent essentiellement de la production manufacturière des grands établissements. Cela se voit dans plusieurs localités et à Pavlovo entre autres.

L'essence de l'industrie domestique exposée par nous plus haut définit tous ses côtés forts et faibles, tant sous le rapport économique que sous le rapport social.

Les qualités de la petite industrie, nous faisant particulièrement apprécier son développement, sont principalement du domaine social. Mais quelques-unes d'entre elles rentrent dans la sphère économique. Ainsi, sa force particulièrement importante au point de vue de la moralité, consiste dans ce que cette forme d'industrie n'arrache pas le paysan à son foyer domestique et ne l'enlève pas, par conséquent, à sa vie historique comme le font le travail aux fabriques, aux usines, et tous les métiers hors de la maison. Une autre propriété de la petite industrie, jouant un rôle prépondérant dans le domaine de l'économie, se manifeste dans l'extrême *bon marché du prix de revient* de ses produits. Ce bon marché est tel qu'il permet à ces articles de supporter longtemps la concurrence des objets faits à la mécanique et perfectionnés. L'origine de cette modicité de prix tient à l'essence même de ces produits: ils naissent, pour ainsi dire, d'eux-mêmes, découlant du train de vie journalier du producteur, sans nécessiter de dépenses spéciales à l'exception de l'acquisition de la matière première (que les villageois se procurent souvent gratis, comme p. ex. le bois). L'insignifiance du prix de revient est encore provoquée ici par l'éducation professionnelle gratuite, apanage (attribut) de la petite industrie particulièrement précieux, vu le manque d'écoles techniques. Enfin ce bon marché provient du caractère *auxiliaire* de ces métiers, qui ne servent qu'à remplir les loisirs laissés par l'agriculture.

Il faut aussi considérer comme une force puissante de cette industrie le caractère national *original* de ses produits (dans la forme, le style, le type, l'ornementation etc.). Cette originalité de la création et du goût, par son intime union avec le développement de l'imagination, de l'esprit d'invention et du génie créateur national, a une grande influence non-seulement dans le domaine de la culture générale, mais aussi dans celui de l'industrie et du commerce. Cet élément original et national se conserve dans les produits les plus accomplis du genre, car la science et la technique rationnelle aidant, il atteint des formes d'une perfection étonnante. Certains articles parviennent même à cette supériorité dans la période de domesticité, grâce au goût personnel ou au savoir faire acquis en apprentissage par l'industriel [116]). Plusieurs productions ayant surgi sur le sol de l'industrie domestique et plus tard transformées en grande industrie ont porté leurs produits au plus haut degré de perfection; malgré les perfectionnements mécaniques le type original et national s'est conservé dans ces productions.

Nous pouvons citer comme échantillons de ces articles pure-

---

116) Ce qui a été prouvé par la section de la petite industrie à l'Exposition de Moscou en 1882.

ment russes, et découlant de la petite industrie quoique jouissant d'une célébrité européenne et universelle, les nouveaux objets d'orfévrerie en or, argent et émail de M. Ovtchinnikof et autres, les articles en papier-mâché de Zoukoutine, les samovars (bouilloires) de Toula, les dentelles de différentes localités, les nouveaux modèles des poëles en faïence etc. Le type national de la production est une grande force pour toute branche industrielle, et peut servir de base solide à la division du travail entre les nations, facilitant les échanges internationaux.

Enfin il ne faut pas perdre de vue l'immense profit que notre population rurale retire de la petite industrie, surtout en raison des conditions peu favorables de notre climat. Elle y consacre le temps libre ou plutôt les loisirs forcés que lui accordent les travaux des champs et jouit ainsi «*à domicile*» d'un gagne pain subsidiaire rapportant un bénéfice net, quelque infime qu'il soit.

Il est presque inutile de s'étendre sur les côtés faibles de l'industrie domestique, car ils sautent aux yeux après tout ce qui a été dit précédemment. Son défaut économique capital découle de l'essence même de son caractère décrit plus haut. Introduite en guise de coutume quotidienne, en dehors de tout calcul commercial, la petite industrie se développe et produit sans la moindre prise en considération ni des conditions des marchés, ni de ses conditions intérieures, (c'est-à-dire moyens de production — capital et habileté personnelle). Aussi la petite industrie est-elle la première à souffrir des éventualités entraînant une variation de l'offre et de la demande: Le petit industriel n'est pas à même de prévoir toutes ces fluctuations et de restreindre ou d'agrandir son activité en conséquence, car il ne peut pas cesser de produire comme il ne peut cesser d'exister, il ne peut pas limiter ou éteindre sa production de même qu'il ne peut finir arbitrairement son existence; il ne peut de même pas augmenter la somme de son travail, dût-il donner la pleine mesure des forces actives de toute sa maison. Dans l'industrie domestique la production «*excède*» généralement la demande (ce qui produit une baisse continuelle du prix d'achat), car elle croît simultanément avec la population jusqu'à ce qu'il s'ensuive une crise, sous l'empire de conditions industrielles tout-à-fait critiques. Il est vrai que la demande de la mar-

chandise grandit avec l'accroissement de la population et de son
bien-être dans d'autres régions, mais elle est pleinement satisfaite
par le travail des fabriques et usines qui peuvent, grâce aux nouvelles inventions mécaniques, élargir le cercle de leur activité, per-
fectionnant par là leurs produits et les vendant meilleur marché.
Cette activité des fabriques et des machines écrase les petits-
métiers par leur concurrence redoutable; outre le calcul commercial, la principale puissance de la grande industrie c'est le capital.

Ce vice fondamental engendre une foule d'autres infirmités
inhérentes à presque toutes les branches de notre industrie domestique. Le manque de capital, si commun à tous les producteurs
travaillant par nécessité et non par calcul, et surtout le défaut de
capital de roulement, l'absence de toute expérience commerciale,
enfin les difficultés qui arrêtent le paysan lorsqu'il veut sortir de
son pays, toutes ces raisons mettent les petits industriels à la
merci des accapareurs et des capitalistes *locaux* et les assujettis-
sent par là à un monopole désastreux pour leurs intérêts. Les
acheteurs en gros, très peu nombreux dans les petits centres commerciaux, et surtout dans la campagne, sont tous de connivence
et établissent une entente qui exclut la concurrence, condition
indispensable à tout commerce régulier.

Il nous reste encore à mentionner un côté faible de la petite
industrie tenant aussi à son essence même, nous voulons parler
des défauts techniques, des procédés arriérés et routiniers de la
production, de l'ignorance des règles les plus élémentaires de la
technique. Tel est, à très peu d'exceptions près, le caractère dominant de la petite industrie, même de celle où le travail manuel
et l'habileté personnelle prédominent et rendent moins dangereuse
la concurrence des grandes fabriques et manufactures. Les exceptions peuvent devenir plus fréquentes dans ces derniers temps,
car l'attention accordée par le public cultivé à la petite industrie
a fait naître dans ce monde obscur un certain mouvement intellectuel, et l'a mis en contact avec d'autres sphères; une forte impulsion fut donnée par l'Exposition de Moscou qui la première
offrit en 1882 un tableau d'ensemble de notre industrie domestique et mit les industriels en contact avec le monde civilisé et
les grands marchés. Ce mouvement a été encore renforcé par

9*

les voyageurs et les hommes de lettres qui sont allés explorer sur les lieux ces métiers de la petite industrie. Néanmoins la routine technique, si caractéristiquement appelée par le peuple «travail cru» forme une de ses propriétés inaliénables tant qu'elle est dans sa période de domesticité. Cet état de choses ne pourrait changer que le jour où la masse du peuple aurait atteint un degré d'instruction que nous osons à peine rêver à l'heure actuelle.

Nous avons cru nécessaire d'expliquer le caractère général de l'industrie domestique, car il détermine plus que toute autre chose la vie entière de Pavlovo et du pays environnant. Mais cette question a par elle même un grand intérêt d'actualité ayant soulevé dans la presse des débats à tendances les plus contradictoires. D'ailleurs il serait impossible de prendre des mesures efficaces pour remédier aux défauts de la petite industrie sans se rendre de son état réel un compte exact impartial, et non imaginaire, rêvé par ses trop zélés partisans. Nous verrons bientôt à quel point ces «*mesures*» ont été malencontreuses chez nous [117]). Passons maintenant à nos observations personnelles sur Pavlovo, observations devant compléter notre esquisse.

Ce soi-disant bourg appartient au type de nos villes «non officielles» dans le genre de Lisskovo cité plus haut. Pavlovo constitue un spécimen très caractéristique de ce type, quoiqu'il ait certaines particularités uniques dans leur genre et déterminées par la nature de l'activité de ses habitants. Son industrie coutelière lui a, de longue date, valu le nom de Scheffield russe, de même que le bourg d'Ivanovo a mérité celui de Manchester en raison de son industrie cotonnière [118]). Ces deux villes—bourgs appartenant aux comtes Schérémétief, présentent par la somme de leur production et de celle des localités environnantes le degré le plus élevé du développement industriel en Russie. Seule, la région métallurgique de l'Oural pourrait leur être comparée sous ce rap-

---

117) En dehors des grands ouvrages édités par la «Commission sur la petite industrie» (au ministère des finances) et différentes monographies sur certaines localités nous croyons pouvoir citer le rapport des experts de l'Exposition de Moscou 1882 — travail (annexé au compte rendu de l'Exposition) donnant un aperçu général de l'industrie domestique.

118) Nous donnerons dans le chapitre VII une description détaillée du bourg Ivanovo transformé en ville — Ivanovo-Vosnessensk.

port. Le rayon industriel de Pavlowo n'est pas seulement renommé pour la masse de ses produits, comme celui d'Ivanovo, mais aussi pour leur supériorité de certains articles (de Warypaïef, Zavialof etc.) qui ne trouvent pas leurs pareils parmi les indiennes d'Ivanovo ne dépassant guère la moyenne qualité de cette marchandise. Ces deux centres, s'étant émancipés industriellement bien avant l'abolition du servage, présentent une grande identité sous le rapport de l'histoire, de la culture intellectuelle et du genre de vie de leur population. Cependant la différence économique marquée qui sépare les deux villes git dans ce qu'à Ivanovo la forme manufacturière des grands établissements prime (presque dans le cours de tout le XIX s.) la petite industrie, tandis qu'à Pavlovo c'est cette dernière qui domine. Cette différence se reflète aussi sur le genre de vie de la classe ouvrière homogène au fond des deux localités. L'industrialisme poussé ici à ses dernières limites a provoqué dans ces deux bourgs une agglomération d'ouvriers prolétaires semblables à ceux de l'occident. Les conditions particulièrement onéreuses de la petite industrie à Pavlovo oppriment sa population et rendent son existence infiniment plus misérable et plus précaire que celle des habitants d'Ivanovo [119]. Aussi voit-on apparaître dans ces deux localités des indices d'une lutte sociale et d'un antagonisme marqué entre les classes que la généralité de notre nation ne connait pas encore. Les manifestations et les symptômes de ces rapports sociaux diffèrent dans ces deux localités. Cela tient en partie à la diversité du caractère des deux populations et de la différence dans leurs conditions économiques. Les habitants d'Ivanovo, dont la majorité travaille dans les grands établissements, sont plus indépendants et plus remuants que ceux de Pavlovo, dont le moral est abattu et écrasé. Cependant, malgrè toutes les distinctions économiques propres à chacune de ses deux populations, leur vie à toutes les deux a été tissue des mêmes éléments historiques et sociaux—du servage et du travail industriel. Elle s'est écoulée au milieu des luttes intestines de trois forces: du pouvoir seigneurial, du capital d'argent et du travail personnel.

---

119) Cet état précaire et incertain, forme le trait le plus caractéristique du prolétariat industriel moderne. (Voir nos articles sur la question ouvrière dans «la Voix» en 1880).

Les contrastes de la société et les conflits entre les couches sociales hétérogènes personnifiant les forces susmentionnées, l'aristocratie foncière, la bourgeoisie et le prolétariat ouvrier,—se sont déclarés ici avec une intensité presque inconnue à tout autre endroit de la Russie.

Cependant tout ce que nous avons dit sur le prolétariat industriel de Pavlovo et sur les tristes conditions de son existence ne se rapporte pas entièrement au pays limitrophe—des districts de Gorbatof et de Mourom. Ici les villageois ne s'adonnent pas exclusivement à l'industrie, mais s'occupent aussi de l'agriculture venant ainsi remédier aux conditions incertaines et précaires des leurs métiers. Nous devons constater néanmoins que cette population rurale n'est pas plus riche, se trouve même plutôt moins à l'aise que celle de Pavlovo, mais avec des besoins plus modestes, elle est bien moins aigrie contre son sort et contre les capitalistes—marchands. En revanche, les ouvriers des fabriques et les petits industriels de la région cotonnière d'Ivanovo (gt. de Wladimir) ont presque complètement renoncé aux travaux agricoles.

L'aspect seul de Pavlovo est l'expression achevée de son histoire et le type le plus accompli de nos villes naturelles. Ce village s'est transformé de fait en ville sans la moindre prescription ou ordre des autorités, ni du seigneur [120]), toujours absent, ni du gouvernement. L'entassement et le désordre des bâtisses accolées les unes aux autres sans plan ni symmétrie distinguent ce bourg-ville de nos villes officielles régulièrement et uniformément bâties d'après des plans tracés et rigoureusement observés. Les innombrables et sordides maisonnettes en bois (type des habitations bourgeoises de nos villes de district) dont plusieurs, quoique à deux étages, sont de travers, vermoulues et menaçant ruine, forment un contraste frappant avec les somptueuses maisons en pierre des quelques richards du lieu. Les propriétaires de ces maisons sont des marchands enrichis aux dépens des ouvriers, mais de la même classe des paysans locaux. Ils n'en diffèrent d'ailleurs que par leurs capitaux et leurs patentes de guilde; leur culture et leur instruction ne sont pas plus avancées. Quoique officiellement toute la popula-

120) La présence des propriétaires à Lisskovo a considérablement contribué à son bien-être et à sa bonne organisation.

tion porte le titre de paysan, on ne voit pas ici de vrais paysans. A l'exception des quelques marchands enregistrés dans les villes officielles, tous les habitants de Pavlovo sont, par leur genre de vie, tous citadins. Ils forment le type si commun chez nous des «artisans» et n'ont pas la moindre idée des travaux agricoles.

L'agglomération de la population est si grande et la dimension des domiciles si petite que leurs propriétaires n'ont même pas de jardin potager — cet attribut si nécessaire chez nous à la vie du pauvre et répondant à ses besoins les plus élémentaires. Tout l'emplacement de la maison se borne au terrain sur lequel elle est bâtie (il n'y a même pas de cour). L'absence totale de verdure vient encore accentuer la triste impression produite par Pavlovo, qui aurait pu cependant, grâce à sa pittoresque position naturelle, offrir une vue très belle. La saleté et le désordre sont engendrés par le genre de travail de ses habitants. Non-seulement la ville regorge d'usines, de forges et d'établissements métallurgiques de tous genres, mais chaque maison n'est à proprement parler qu'un atelier. On travaille même dans la rue et toute la ville n'est qu'*un seul et même atelier*». Il faut citer comme un trait caractéristique de Pavlovo dans ce sens le grand nombre d'hommes nus circulant dans les rues sans revêtir les habits qu'ils dépouillent pendant le travail à cause de la chaleur des forges. Ce phénomène bizarre rend encore plus sombre l'aspect de la profonde misère de la classe ouvrière. Toutes ces conditions de la vie se font surtout sentir dans le domaine de l'hygiène et les conclusions de la statistique de Pavlovo sont on ne peut plus déplorables. Pour ce qui est de la beauté de la vue extérieure, il ne vient même pas à l'idée de s'en occuper ici. En dehors de la tendance pratique commune à toutes les populations grandes russiennes, la passion du gain et du lucre atteint ici son apogée et absorbe toute autre préoccupation, même dans les classes élevées de la société locale. Quant au bas peuple, il est surmené par le souci du pain quotidien qu'il n'est jamais sûr de gagner. Toutes les idées sortant du cadre étroit des misérables tracas journaliers se traduisent par l'embellissement des églises, qu'on tâche de pourvoir du plus grand nombre possible de cloches et de chantres à voix tonitruantes.

On en vient cependant involontairement à admirer la sécurité et la paix qui règnent à Pavlovo, ainsi que dans nos autres bourgs-villes (Lisskovo par ex.) quand on songe que, malgré l'importance de ce lieu et la densité de sa population, toute la surveillance administrative est confiée à quelques autorités rurales ou simple-ment au syndic du bailliage représentant toutes les fonctions gouvernementales et policières.

Pour résumer tout d'abord toutes nos observations person-nelles et les renseignements recueillis par nous sur Pavlovo, nous devons constater que tout en ayant parcouru la Russie en tous sens, surtout dans ses localités les plus pauvres au point de vue des conditions naturelles, nous se connaissons pas d'endroit où la masse de la population soit dans un denûment aussi complet, où le niveau du bien-être soit aussi bas et la population aussi assidue au travail qu' à Pavlovo. Et ce n'est pas une indigence sporadique se manifestant dans certains ménages ou à certaines époques par-ticulièrement défavorables à l'industrie, c'est une misère épidémi-que infectant toute la classe ouvrière (à très peu d'exceptions près) incessante, héréditaire et en dépit *de toutes les mesures* (v. plus bas) jusqu'à présent *incurable*. La tension du travail y atteint un maximum incroyable. La plus grande partie des ouvriers travaille de 15 à 16 h. par jour (c'est la norme) et beaucoup d'entre eux, *la moitié* à ce que l'on dit, tant hommes que femmes, jusqu'à 18 heures par jour! Et quel dur labeur! Nous n'aurions pas voulu y croire si nous ne nous en étions persuadé «de visu». Tous les ouvriers se lèvent à quatre heures, quelques uns beaucoup plus tôt même à minuit. Le nombre d'heures de sommeil est réduit au minimum. Cette misère est d'autant plus sensible que les gens vivant dans des centres industriels, au croisement des grandes routes commerciales, ont des exigences et des besoins beaucoup plus développés que ceux des habitants des campagnes agricoles, fussent-ils aussi pauvres que les premiers (comme dans nos gou-vernements de steppes par ex). En outre, n'oublions pas la présence immédiate de la richesse et le contact avec les gros capitalistes gonflés d'orgueil et écrasant de leur mépris ces mêmes ouvriers aux dépens desquels ils s'enrichissent, et sur lesquels ils l'empor-tent non par une supériorité morale ou intellectuelle, mais par un raffinement de ruses et de supercheries, ce contact journalier envenime la misère. Cette dernière excite particulièrement la pitié en raison de la douceur extraordinaire de la classe ouvrière de Pavlovo qui se distingue par là même au milieu du peuple russe généralement doux et paisible. Il ne nous est jamais arrivé de voir une population aussi soumise et humblement résignée à son triste sort.

Quant aux violations arbitraires par les ouvriers des contrats passés avec les patrons, nous devons constater que, malgré les vives récriminations qu'elles soulèvent ici, cette mauvaise foi y est à l'ordre du jour et fait partie des moeurs locales. Elle ne forme pas un attribut spécial de la classe ouvrière, mais elle a été plutôt inculquée par les classes aisées de la société. Les capitalistes sont les premiers à donner l'exemple de la corruption et de la dépravation, en ayant recours aux moyens les plus frauduleux dès que leur intérêt personnel est en jeu (v. plus bas). Les droits sacrés des contrats et de la propriété d'autrui n'entrent pas en ligne de compte quand il s'agit pour ces gens d'un bénéfice quelconque. Ces idées pernicieuses passent du riche au pauvre et finissent par le pervertir. Les patrons honnêtes sont le plus à plaindre dans cet état de choses. Cette remarque ne concerne pas spécialement Pavlovo. Il nous est arrivé souvent d'entendre accuser les ouvriers de manque de parole et de bonne foi, mais ces mêmes défauts se reproduisent aussi fréquemment parmi les gros industriels!

Il faut noter que la classe pauvre de Pavlovo a été particulièrement éprouvée par l'incendie de 1872, dont les tristes conséquences se faisaient encore sentir lors de notre visite dans cette ville. Les suites de cet incendie furent particulièrement désastreuses pour les ouvriers. Le feu, tout en engloutissant la fortune du pauvre, anéantit les moyens de production, ce qui engendra une suspension de travail et par conséquent une ruine totale dont les habitants ne se seraient jamais relevés sans le secours du gouvernement qui leur accorda un prêt pour la reconstruction de leurs maisons. Naturellement le payement de cette dette était une impossibilité absolue pour la majorité de la population. Les intérêts s'accumulant et venant se joindre aux amendes infligées, transformèrent vite la dette de 100 r. en 140 r. Bon gré mal gré, il fallut se mettre à la merci des marchands et contracter des emprunts garantis par des travaux à effectuer. C'est ainsi que se resserra de plus en plus le collier de peine qui pèse déjà d'un poids si lourd sur l'existence du prolétaire-industriel. Pendant que se déroulait cette histoire pouvant entraîner des difficultés pour le trésor avec l'amortissement de la dette, on faisait des enquêtes sur la petite industrie, on gémissait sur son sort et on recherchait toutes les mesures à prendre pour la secourir, — on ne reculait même pas devant des projets utopiques (v. plus bas). Ici une mesure tout à fait simple et naturelle dans le centre le plus célèbre de la petite industrie se présentait d'elle même, et produisait une perte de tout au plus 50 mille roubles. D'un autre côté le gouvernement ne s'arrêtait devant aucun sacrifice, et dépensait des millions de roubles pour protéger l'industrie et la classe ouvrière, moyens infiniment plus incertains et difficiles que cette petite subvention, qui devait sauver la population de Pavlovo. Et ces faits sont malheureusement très fréquents au sein de notre bureaucratie, car en raison de son ignorance des besoins réels, c'est-à-dire locaux du peuple, tout l'intérêt qu'on lui porte s'évanouit dans l'atmosphère des questions générales et abstraites ou pâtit devant le jugement partial des gros intérêts personnels. Ces derniers, c'est-à-dire les gros fabricants et leurs hommes d'affaires, savent se faufiler partout, dans toutes les chancelleries, même dans la presse et les bureaux des journaux, et trouvent des avocats partout; tous ces chemins sont fermés à la misère et à la masse du peuple qui ne peut même pas bouger de sa place pour défendre sa cause.

Pour nous rendre bien compte de la vie de la classe ouvrière à Pavlovo, nous avons agi de même que dans tous nos voyages. Nous avons pénétré dans les maisons—ateliers de différentes catégories et degrés de fortune, et nous avons établi une espèce d'enquête sur chaque ménage en particulier. Nous donnerons ici une courte nomenclature des données et observations recueillies de cette manière.

Voilà par exemple dans une des maisons les plus pauvres de l'endroit un ouvrier malade travaillant avec sa femme. Ils fabriquent des serrures pour 6 r. par semaine; la matière première, le fer, leur revient à 3 r., ainsi ils ont jusqu'à 12 r. par mois de bénéfice net. Mais toute l'année ne rapporte pas la totalité de cette somme. Le marchand paie ces serrures 60 copeks la dizaine qu'il revend à 1 r. (ainsi il gagne plus de 66 % sur son capital, sans compter ses profits subsidiaires dont nous parlerons plus tard). Les 12 r. gagnés par l'artisan et sa femme suffisent à peine à leur nourriture qu'ils doivent acheter, n'ayant même pas de potager. Les vivres reviennent (selon les calculs des patrons qui engagent et nourrissent des ouvriers) à 1½ r. par semaine soit 6 r. par mois. Cependant la nourriture du plus malheureux des artisans comprend du thé deux fois par jour. Les habitants de Pavlovo se passent plus facilement de pain et de viande que de thé. Ce breuvage ne doit pas être considéré comme du superflu, mais plutôt comme une nécessité, car ses propriétés excitantes soutiennent l'activité nerveuse aux prises avec le dur labeur de la journée.

Dans une seconde maison plus aisée nous trouvâmes deux ouvriers loués. Les chambres habitées se trouvaient à l'étage supérieur. Il y avait entre autres une pièce assez vaste. L'atelier est situé au rez-de-chaussée. Cette séparation du logis et de l'atelier est un phénomène assez rare ici. Il dénote un degré plus élevé de bien-être et a une énorme importance au point de vue hygiénique. Cependant les habitants de cette maison ont aussi l'air triste et souffreteux propre à toute la population de Pavlovo. Le peuple n'est pas *«frais»* nous dit-on dans le pays. La poitrine, les yeux, sont particulièrement éprouvés par la fine poussière de charbon et de métal remplissant les rues et les demeures. En outre, les enfants qui commencent à travailler depuis l'âge de 12 et même de 10 ans sont toujours courbés sur leur ouvrage et ont le dos voûté.

Le maître d'une troisième maison que nous avons visitée est un homme ayant acquis un certain renom dans sa branche (confection des serrures) et se servant de deux ouvriers engagés pour l'aider dans son travail. Chaque ouvrier fait environ 40 serrures par semaine et reçoit du patron 2 r. par semaine et la nourriture. La position de ces ouvriers est certainement plus heureuse que celle des artisans de la 1-re maison, mais la qualité de la marchandise y est aussi supérieure.

En général, les ouvriers travaillant chez des patrons sont dans une meilleure situation que ceux qui produisent à leurs risques et périls. Ils ont une existence encore plus assurée quand ils parviennent dans les grandes usines et fabriques dont la production est mieux réglée et à l'abri des variations dans la demande de la marchandise. Aussi les petits-industriels aspirent tous-ils à un engagement dans ces établissements ou à des commandes faites par ces maisons, malheureusement ces dernières sont très peu nombreuses. Il n'y a que deux grandes fabriques, l'une à Pavlovo et l'autre à Worsma. La demande des bras ouvriers aux fabriques est très restreinte et l'habileté requise des ouvriers l'emporte de beaucoup sur celle des petits producteurs écoulant leur marchandise, sans distinction de qualité, aux accapareurs. Il arrive souvent que tel ou tel autre petit industriel réputé pour la supériorité de ses articles ne parvient pas à se faire engager dans une fabrique, ni même à en obtenir de l'ouvrage sur commande, tandis qu'il est toujours sûr de vendre au marché, n'importe quel prix, tous ses produits bons ou mauvais. Autant que nous avons pu le remarquer, les ouvriers ont des rapports infiniment plus pacifiques avec leurs patrons qu'avec les marchands accapareurs, ces derniers se laissant guider exclusivement par leur avidité du gain. Il existe comme un lien moral entre les chefs d'ateliers, même entre les gros industriels et leurs ouvriers. En général nos petits industriels seraient fort ébahis de l'optimisme et de l'idéalisme que déploie notre presse au sujet de la petite industrie. Il est vrai qu'ils ne sont pas en état d'apprécier les avantages moraux de leur occupation, comparativement au travail dans les fabriques; malgré leurs infections, les grands établissements industriels et la «vie de fabrique» possèdent une sorte d'attraction pour toute la population de la région de Moscou, de la jeune génération principalement, et sont comme entourés d'une auréole à leurs yeux.

Pavlowo nous offre toutes les formes, tous les échelons et les innombrables nuances de l'organisation industrielle, à commencer par la plus infime unité individuelle (fût-ce une famille ou même un seul particulier travaillant à ses dépens) jusqu'aux grands établissements pourvus de machines et de la vapeur et enrôlant des centaines d'ouvriers. Ces deux limites extrêmes renferment une variété infinie d'unités industrielles de toutes les formes et dimensions,—des petites principalement. On travaille chez soi et à ses risques et périls, avec plus ou moins d'ouvriers, on fait des commandes pour son compte et on prend des commandes à domicile; ou se réunit en associations («*artelles*») d'ouvriers. Ainsi plusieurs jeunes filles se réunissent pour le polissage des couteaux. Excepté ce dernier cas, la forme d'association ou de coopération n'est pas fréquente. Les ouvriers ne travaillent à domicile que pour certains fabricants, auxquels ils s'engagent. C'est ce qui explique le cachet particulier qui distingue les produits de certaines fabriques, fussent-ils même fabriqués en dehors de l'établissement.

Quelques artisans, travaillant à domicile ou pour leur propre compte, ont poussé leurs articles à une supériorité atteignant le faîte de l'art. Tel est par ex. l'artisan «*Chonine*» (à Worsma) dont nous avons fait la connaissance pendant notre voyage et qui a acquis une renommée par ses couteaux pliants exhibés à l'exposition de Moscou en 1882. Toutes les fabriques de Pavlovo et de Worsma se sont successivement élevées, après leur naissance comme petits ateliers. Il arrive quelquefois que les espèces d'ouvriers — solitaires (travaillant sans aucune aide), de vrais artistes ayant confectionné au prix de peines infinies et par amour de l'art quelque chef d'oeuvre (comme p. ex. une serrure à secret), ne trouvent pas d'acheteurs. L'écoulement de ce genre d'articles côtés très haut dans les capitales et à nos grands marchés, dépend ici du hasard et de la présence fortuite de quelque amateur de passage. Mais il se trouve aussi que malgré toute l'adresse personnelle, l'ingeniosité et le talent de l'ouvrier, ses produits ne se vendent pas parce qu'ils ne sont pas à la hauteur des progrès techniques et ne répondent pas aux exigences actuelles totalement inconnues à ces génies incultes. Tel fut le sort des instruments de chirurgie (dans la famille du fabricant Varypaief) qui, malgré toute leur perfection, ne pouvaient pas servir aux chirurgiens de notre temps.

Chaque maison ou atelier ne produit que des articles d'une certaine catégorie, genre ou espèce, (des serrures, couteaux etc.). Les ouvriers changent rarement de genre de travail. Cependant elle n'implique malheureusement pas la division du travail, c'est-à-dire la distribution entre diverses mains des différentes parties

d'un article et de différents procès de sa confection. Si la division
du travail existe à un certain degré dans les grands établissements,
elle est complètement étrangère aux petits artisans qui fabriquent
eux mêmes tout l'objet du commencement à la fin (les femmes et
enfants n'y prêtant que la dernière main). C'est là encore une
des circonstances embarrassant la concurrence de la petite industrie
avec les fabriques. Les grandes usines de Pavlovo et de Worsma
n'ayant pas encore donné de grand essor à la division du travail
qui diminue le coût de production, sont en attendant moins dan-
gereuses pour la petite industrie.

Nous mentionnerons encore quelques maisons et établissements
visités par nous. Aussi infimes que soient les faits communiqués
par nous, ils esquissent les traits de la physionomie générale de
cette localité. L'impression produite sur nous par tout l'ensemble
est on ne peut plus mélancolique, même au milieu des quelques
distractions et plaisirs dans lesquels ces malheureux cherchent un
adoucissement à leurs infortunes. La compassion qu'ils inspirent
augmente en raison de leur résignation. Il est surtout pénible de
voir les femmes et les enfants à cette besogne ingrate! Les enfants
travaillent ordinairement 12 heures par jour, mais quelquefois
jusqu'à 14 h. Les femmes tout autant, si ce n'est plus que les
hommes, et c'est au milieu de ce dur labeur que se passent les
meilleures années de leur jeunesse. Toutes ont un air maladif et
épuisé altérant toute beauté physique, quoique cette dernière ne
soit pas précisément un attribut de la population de Pavlowo;
cependant leur extérieur n'est pas laid et rien moins que repous-
sant.

Nous vîmes dans une forge une fillette (de 12 ans) passant
toute sa journée à ranimer le feu avec un grand soufflet de forge.
Le père, vieux soldat en retraite, était revenu au pays natal pour
se consacrer à son ancien métier (il avait aussi travaillé dans les
forges du régiment). La figure hâve de la petite dénote une extrême fatigue, et nonobstant, pendant son travail de 16 h. par jour
l'enfant chante sans discontinuer pour amuser son père et se dis-
traire.[121]). Le père est plein de tendresse pour sa fille, mais ayant

---

121) Le chant est le compagnon fidèle de l'ouvrier russe; on l'entend retentir

une famille à nourrir, il la fait travailler à son corps défendant ; «cela me fend le coeur, nous disait-il, de la tourmenter à cette corvée, mais que faire»!

Un autre artisan travaille chez lui avec ses cinq fils, qu'au premier aspect, on pourrait prendre pour ses frères aînés. Le peuple vieillit vite ici. Cette nombreuse assistance mâle de la famille favorise son aisance.

Nous avons été présent à deux mariages, célébrés dans la classe la plus pauvre. La présence d'étrangers, d'hôtes à la noce, procure un plaisir tout particuliers aux maîtres de la maison et on rivalise de zèle pour les fêter. Ces espèces de réjouissances sont d'ailleurs la seule distraction de la jeunesse. On y consacre ordinairement la nuit pour ne pas perdre les heures de travail. Ainsi la nuit où l'on danse, l'on se passe de sommeil. L'ouvrage une fois terminé, on fait un bout de toilette ou l'on garde les mêmes vêtements, l'on se rend à la soirée très tard (vers 10 — 11 heures) et l'on danse de tout coeur après un travail de 15 h. et puis on se remet à l'oeuvre dès l'aube. Les jeunes mariés mêmes ont fait comme les autres aux deux noces dont nous avons parlé. Le coeur se serre à la vue de cette gaieté dans la cabane délabrée et boîteuse. Pour payer le maigre festin, les parents du jeune marié avaient été obligés d'emprunter quelques roubles à l'acheteur de leurs articles. On s'amusait et on dansait aux sons des chansons. Mais à une autre noce nous avons entendu un orchestre composé d'une timbale accompagnée d'un violon; il y avait foule. Chacun a le droit d'assister à la fête. Mais malgré la mise en scène tout-à-fait misérable et l'inculture du public, on ne danse guère les danses russes nationales mais des danses européennes ou de ville, la contre-danse française de préférence. Les rapports entre les sexes sont empreints d'une excessive décence. Il est rare de voir des «paysans» de ce genre dans n'importe quel autre endroit de la Russie. Aucune trace de grossièreté de moeurs ne perce dans cette gaieté de bon aloi, très réservée et comme voilée par une ombre de tristesse et

dans toutes les maisons et ateliers. Les habitants affectionnent aussi le chant des oiseaux de canari qu'ils élèvent et vendent. Cette dernière occupation se retrouve comme une profession auxiliaire dans plusieurs branches de notre industrie domestique.

de deuil se communiquant à tout ce qui se trouve dans Pavlovo, même au sourire des femmes, qui est toujours mélancolique et n'éclate jamais en un rire franc et bruyant. Les jeunes filles sont, malgré leur sociabilité et leur sans gêne, remarquablement modestes et convenables dans leur tenue. On n'aperçoit guère de gens ivres à ces festins.

Nous tenons à noter encore un trait caractéristique de cette population essentiellement citadine tant par sa vie que par ses occupations. Les noces offrent une réunion du public le plus bigarré, de toutes les couches de la société locale à commencer par l'aristocratie tels que fabricants, marchands, fonctionnaires du gouvernement et les meilleurs artisans et en finissant par les simples ouvriers et manoeuvres. Les maîtres de la maison traitent tout leur monde avec une égalité parfaite, sans distinction de rang. Pourtant cette société présente les contrastes les plus frappants de fortune et de position et les sentiments qu'ils nourrissent les uns pour les autres ne sont rien moins qu'affectueux. L'histoire enseigne que l'esprit de l'égalité sociale prend naissance dans les villes et se forme sous l'influence de l'industrie et du commerce, bien que ces deux éléments engendrent les inégalités de fortune. Ce même fait se répète à Pavlovo, qui par sa position de centre industriel, situé sur le croisement des routes commerciales, devait favoriser la rencontre de toutes les classes sociales, la noblesse exceptée. Le seigneur-propriétaire absent était invisible et se dérobait aux regards, comme une hauteur inaccessible. Son absence affranchissant ses paysans de tout rapport personnel de sujétion au seigneur et les forçant à reconnaître seulement l'autorité de son comptoir, — personnalité abstraite, a contribué à developper dans la population l'esprit d'indépendance et d'égalité. Nous retrouvons d'ailleurs le même phénomène et avec cela les germes les plus solides de l'indépendance et de l'autonomie communale dans toutes les grandes propriétés seigneuriales, d'autrefois; passibles d'une redevance aux propriétaires, leurs populations étaient parfaitement libres pour tout le reste. Elles étaient soustraites à tout contact humiliant avec le pouvoir seigneurial, ainsi qu'à la tutelle bureaucratique et à ses vexations. Cette tutelle pesait sur les paysands des domaines de l'Etat.

Nous avons aussi visité les plus grandes usines de l'endroit, telles que celles de Vorotilof, Banine, Kaliakine et la fabrique de Varypaïef. Toutes ces maisons, celles de Banine et Kaliakine surtout, se sont acquis une réputation universelle par leur magnifique coutellerie, d'une exécution tout-à-fait irréprochable et dont on a pu admirer des échantillons aux expositions tant russes qu'universelles. La supériorité de ces articles a été attestée une fois de plus à l'Exposition de Moscou en 1882; on y a reconnu non-seulement les couteaux mais aussi les ciseaux de Banine comme des chefs-d'oeuvre de l'art. Tous les patrons de ces établissements sont en tout point dignes de respect tant pour les efforts qu'ils font pour surmonter les obstacles et les difficultés du métier et soutenir l'honneur de leurs maisons que pour leurs rapports humanitaires envers les ouvriers. Il faut remarquer que tous les fabricants susmentionnés se sont élevés à leur position actuelle de l'état de simples artisans et petits-industriels. Ils ont tous travaillé dans leur jeunesse comme le premier ouvrier venu (même Mr. Varypaïef — propriétaire de la plus grande fabrique de l'endroit après celle de Zavialof). Ils continuent encore à travailler jusqu'àprésent, en entrant dans les moindres détails de l'ouvrage, guidant les ouvriers, leur enseignant différents procédés et mettant souvent la main à l'oeuvre. Ils sont tous redevables de leur haute position non au capital ou à quelque prérogative de naissance, mais uniquement à leur adresse et leur activité personnelle[122]). Il est vrai que leurs pères et aïeux ont travaillé à la même besogne, mais il a fallu beaucoup de persévérance individuelle et des efforts continus pour élever le métier à la hauteur moderne et pour former leurs capitaux. Aussi ils savent apprécier et respecter le travail des autres, et malgré toute la gloire conquise même au-delà de la Russie, — ils sont excessivement modestes dans leur rapports avec le public comme dans leur genre de vie. Cette modestie et cette simplicité de train de vie sont des vertus très rares parmi nos gros fabricants enrichis, dont la majorité se distingue par le type de parvenus, stupidement fiers de

122) Nous tenons à exprimer à tous les fabricants susmentionnés notre reconnaissance particulière pour l'accueil et le concours par eux prêté à nos investigations.

leur puissance par le temps qui court. Cette modestie intimement liée au sentiment de la dignité personnelle se manifeste d'une manière éclatante dans le fait que tous les individus en question tiennent à *rester dans la condition officielle de paysans de Pavlovo et ne veulent pas s'inscrire dans la classe des marchands,* comme le font les riches trafiquants de Pavlovo, qui n'ayant pas d'ateliers à eux, s'occupent exclusivement de la vente des produits des autres [123]. La différence de caractère des trafiquants et des chefs d'ateliers dans le même lieu est bien remarquable; elle tient probablement à ce que les premiers doivent tout à leur capital, dont ils s'enorgueillissent, les derniers tout à leur travail, dont ils comprennent la valeur.

Nous tenons à indiquer encore un trait particulier de l'excessive modestie des fabricants de Pavlovo. Malgré l'importance historique de cette industrie dans notre économie nationale, les fabricants de Pavlovo ne se sont jamais mêlés aux bruyantes agitations et démonstrations de leurs confrères dans d'autres contrées de la Russie pour demandes au gouvernement des subsides et des prohibitions de douane. Cependant leur production jouit d'un tarif bien inférieur comparativement à celui de nos autres branches industrielles. Elle a même sérieusement pâti des élévations des droits de douane sur ses matières premières (le fer et l'acier).

Habitués de longue date à tout devoir particulièrement à leur travail et aux efforts personnels, les fabricants du pays ne demandent depuis longtemps qu'une seule protection, la sécurité de leur propriété, de leur peine contre la fraude pénétrant par mille chemins détournés et détruisant tout leur travail. Et cependant ces désirs légitimes ne sont pas encore satisfaits. L'un des plus terribles fléaux de l'industrie locale est *la contrefaçon des marques.* C'est un mal qui réduit à néant les peines du travailleur et soulève à juste titre les plaintes véhémentes des fabricants et des artisans. Nous avons eu lieu de nous persuader que ce mal se dissimule dans des raffinements d'une rouerie et d'une arrogance ex-

---

123) Sur les 18 gros fabricants de Pavlovo il n'y en a qu'un seul qui soit inscrit dans la guilde des marchands, tous les autres sont classés comme paysans.

traordinaires. Chaque atelier ou établissement ayant acquis une certaine importance est sous le coup d'une contrefaçon de sa marque. Cette supercherie est singulièrement facilitée aux personnes portant le même nom, ce qui est très fréquent à Pavlovo et à Vorsma. Nous croyons cependant que cette agglomération de noms pareils dans le même pays est plutôt l'effet de la préméditation que du hasard. Quant aux autres signes distinctifs (tels que médailles obtenues aux expositions, armes de l'empire etc.), on les simule par différentes figures qu'il est impossible de discerner, vu leurs dimensions microscopiques. (Ainsi on représente l'aigle impériale par n'importe quel oiseau analogue). Les fabricants de Pavlovo en font retomber toute la faute sur les marchands accapareurs qui ont implanté ce mal parmi les ouvriers, leur fournissant leurs produits et devant subir toutes leurs conditions. N'ayant pas d'ateliers leur appartenant en propre, ces gens inventent des raisons sociales et des marques, ou imitent simplement celles qui ont le plus de réputation. Cette question a une immense importance surtout dans le cas présent, car ce genre d'articles (les couteaux par ex.) défie la compétence du public le plus éclairé. Les personnes les plus expertes même ne sont pas en état de reconnaître à première vue la qualité d'un objet. Il faut faire des expériences techniques ou encore l'on s'en rend compte à la suite d'un usage continu. Il y a très peu de personnes assez entendues dans la matière pour pouvoir, à première vue, apprécier ces produits à leur juste valeur. D'ailleurs les fabricants les plus connus produisent des articles de diverses sortes (les couteaux par ex.) qu'ils distinguent en y apposant consciencieusement des marques variées (pour la plupart ignorées de notre public [124]).

Toutes les soi-disant grandes usines de Pavlovo ne sont réellement grandes que comparativement à l'importance des autres unités industrielles revêtant un caractère de domesticité. Les deux ou trois grandes fabriques portant officiellement ce titre et les autres

124) Nous ignorions nous-même complètement avant notre visite à Pavlovo et à Vorsma que les articles portant par ex. la marque célèbre des Zavialof sont très souvent le produit d'établissements de second ordre, mais existant sous la même raison sociale.

10*

raisons sociales plus ou moins connues dans le commerce (au nombre de 18) emploient en permanence de 50 à **70** ouvriers (outre ceux qui travaillent sur commande à domicile). Les autres ateliers réduits aux proportions les plus exiguës ne tiennent que de 5 à 10 ouvriers[125]), s'occupent exclusivement d'ouvrages manuels, et rentrent plutôt dans la petite industrie que dans la grande. On est tout supris à l'idée que des objets jouissant d'une notoriété européenne puissent sortir d'aussi modestes ateliers que ceux nommés plus haut. D'ailleurs leur agrandissement ne dépend pas toujours du patron, car l'ouvrage étant avant tout manuel, implique une adresse personnelle et le patron ne peut pas à son gré augmenter le nombre des ouvriers habiles. Puis une augmentation de la production nécessiterait forcément un surcroît de surveillance dont les meilleurs ouvriers ne peuvent se passer chez nous.

L'importance de tous ces établissements de premier ordre ne gît pas seulement dans leur activité de production, mais aussi dans l'influence qu'ils ont sur toute l'industrie locale. Les usines en gros servent de pépinières à des procédés perfectionnés de facture. Leurs articles, quoique destinés à de tout autres marchés et à un public plus civilisé, peuvent cependant, sous certains rapports, servir de modèles aux petits artisans et former de leurs ouvriers des hommes assez habiles pour se mettre plus tard à la tête d'ateliers. Cette influence bienfaisante se fait surtout sentir dans la vie des ouvriers travaillant à domicile sur commande et sous la direction des chefs d'usines. Les grands ateliers présentent encore ici cet avantage que leurs ouvriers ne sont pas arrachés à leur famille et rentrent tous les soirs chez eux. Les liens étroits qui attachent la grande industrie à la petite comme c'est le cas à Pavlovo, doivent être considérés comme un phénomène particulièrement heureux. Les deux formes passent par une succession de chaînons imperceptibles et finissent par se fondre l'une dans l'autre. La bienfaisante influence des gros fabricants sur le bien-être de la classe ouvrière paralyse en partie les désastreux

---

125) Quoique le nombre des ouvriers et le chiffre des transactions soient plus élevés que ceux qui se trouvent mentionnés dans l'indicateur des usines et fabriques fait par Mr. Orlof. St. Pétersbourg, 1881, p. 378—379.

effets des menées des spéculateurs accapareurs. Et il ne reste plus qu'à souhaiter la plus grande extension possible de ces grandes maisons.

La fabrique de Varypaïef, — la seule qui mérite vraiment ce titre et qui emploie la vapeur, — constitue le point culminant de l'industrie métallique de tout le pays. Elle a presque supplanté, sous ce rapport, la fabrique des Zavialof à Vorsma. Autrefois la supériorité était acquise aux couteaux de Zavialof, maintenant ceux de Varypaïf les égalent et même les surpassent. Cette branche parvient ici au comble de l'art; les qualités des articles des Mr. Varypaïef ont été reconnues et attestées à toutes les expositions russes et universelles. Notre petite industrie, qui a servi à la création de cet établissement de première classe peut à juste titre en être fière. La petite industrie y a pris part tant par l'origine du propriétaire que par le savoir faire des ouvriers. Cet établissement a été décrit en détail dans bon nombre de journaux, revues et livres[126]). Il suffit que nous y ajoutions quelques observations personnelles. Il est aussi difficile de juger de sa production sur ses ateliers (beaucoup d'ouvrage se faisant à domicile sur commande), mais il est impossible de ne pas rendre justice aux mérites de son respectable patron, «Mr. *Varypaïef*». La fondation de l'entreprise remonte à 1813 (au père du possesseur actuel), mais toute sa prospérité actuelle est l'oeuvre du fils. Au commencement, l'usine ne confectionnait que des serrures remplacées plus tard par les couteaux, constituant la spécialité de cette fabrique (de même les ciseaux à partir de 1848; les couteaux de 1857). Mr. Varypaïef[127]) a appris la serrurerie sans le moindre secours de l'enseignement technique, uniquement après avoir passé toute sa jeunesse au marteau et à l'enclume. Il s'est formé en travaillant comme simple ouvrier et il ne cesse de guider ses ouvriers par son exemple. Tout récemment encore, en 1870, il a travaillé lui même aux objets destinés à l'Exposition de

---

126) Voir l'oeuvre de Mr. Labzine citée plus haut (p. 65) et de Smirnof (p. 38) et le compte rendu de l'Exposition de Moscou 1882 (T. III travaux de la commission des experts, classe 42 p. 76).

127) Il hérita d'un petit atelier à l'âge de 12 ans, à la mort de son père survenue en 1833.

Pétersbourg, et il ne considère pas comme au dessous de sa dignité de s'occuper personnellement du commerce dans sa boutique de Nijni-Novgorod (dans la Grande Maison). Ce trait de caractère peut servir de modèle à nos commerçants qui, parvenus à une certaine position, se laissent aller au désœuvrement et à la mollesse. Mr. Varypaïef doit sa position actuelle uniquement à son énergie et à son esprit d'initiative. Outre les services rendus à l'industrie, Mr. Varypaïef est encore remarquable par son activité publique, mais nous en reparlerons plus tard.

La production de la fabrique de Mr. Varypaïef se résume spécialement dans la coutellerie sous ses aspects les plus divers. La première place, quant à la quantité numérique, appartient aux couteaux de table. On en fabrique plus de 3000 douzaines par an), la seconde-aux ciseaux (plus de 2000 douzaines). En tout on manipule jusqu'à 50 pouds d'acier par semaine. Nos plus remarquables orfèvres de Moscou et de Pétersbourg, Mr. Sazikof par exemple, utilisent les lames des couteaux Varypaïef pour l'argenterie de table. Le fini du travail et le polissage des couteaux ont été poussés par lui à un degré de perfection qui a transporté d'admiration les experts anglais et français des expositions universelles [128]). Tous les articles de Mr. Varypaïef (entre autres les parties accessoires du couteau, le manche etc.) se distinguent par un certain cachet artistique faisant dans ces derniers temps un objet de sollicitude spéciale de la part du patron. On y discerne une grande originalité de dessin dans le style russe [129]). Ce côté de l'affaire est d'une importance capitale dans l'industrie russe ayant fait si peu de progrès sous ce rapport.

Nous croyons devoir citer ici une autre organisation de Pavlovo et de ses environs appelée aussi à jouer un rôle prépondérant dans l'industrie domestique. Nous voulons parler des «ateliers de polissage» — pourvus de tous les mécanismes nécessaires pour affiler ou aiguiser les couteaux. Ces établissements avaient été

---

128) Selon les conclusions des experts de l'Exposition de Moscou 1882 (V. T. III compte-rendu de l'Exposition.) Ce qui est surtout remarquable c'est que le polissage est fait uniquement par les femmes, à domicile.

129) Tels sont les articles ayant attiré l'attention à l'Exposition de Moscou, 1882.

installés primitivement avec l'eau comme force motrice, mais en 1865 on eut recours à la vapeur qui, comme le dit le professeur Mr. Labzine, fit par là son *intrusion première dans l'industrie domestique* de Pavlovo. Ces établissements appartiennent aux paysans de la localité et sont mis à l'usage du public. Chaque petit-industriel désirant en profiter paie un prix de location par semaine ou par jour. Cette organisation a fait faire un grand pas à l'industrie locale. Le fait est que l'aiguisage constitue l'un des procédés essentiels de la coutellerie et cependant les appareils mécaniques nécessaires à cette opération n'existent que dans les grandes fabriques et sont par conséquent inaccessibles aux petits-industriels. Ainsi, l'installation des ces ateliers mécaniques à l'usage de tout le monde, constitue un progrès important. Ces ateliers d'un bon rapport pour leurs organisateurs ont donné jusqu'à présent des résultats beaucoup plus pratiques que les associations d'ouvriers ou artelles formées à cet effet.

Il y a à Pavlovo encore une branche industrielle se développant simultanément avec l'industrie métallique dominante et revêtant aussi un caractère domestique, c'est la fonte de clochettes en métal, répandue aussi dans le pays voisin. A Pavlovo même on trouve jusqu'à 8 établissement s'occupant de cette fabrication et engageant à cet effet des ouvriers. Nous avons visité le plus grand d'entre eux, appartenant à Mr. Ryjenkof. Autant que nous avons pu en juger, les procédés sont on ne peut plus primitifs, aussi ces articles sont-ils à peu connus sur nos grands marchés; cependant la maison Ryjenkof produit à elle seule jusqu'à 25000 clochettes par an (les grandes se vendent à 1 r. 30 cop. et les petites à 50 ou 60 copecs la dizaine). Le patron, un jeune homme (des paysans de Pavlovo) peu versé dans la partie technique de cette affaire qui lui est échue par héritage (comme c'est toujours le cas dans l'industrie domestique) est animé du plus vif désir des perfectionnements. Il a quelques notions de dessin et il espère pouvoir appliquer son art à son métier.

Cette question du dessin joue un très grand rôle dans la petite industrie, et le manque d'habileté artistique dans cette partie se fait vivement sentir. Elle est surtout importante dans la fabrication des serrures limitée uniquement à la petite industrie et totalement ignorée par les grandes usines. L'ignorance complète du dessin fait énormément de tort à la serrurerie, ce qui est d'autant plus regrettable que c'est la seule branche industrielle pouvant rivaliser avec la force mécanique des grandes fabriques, car elle possède une certaine supériorité en fabricant par le travail manuel, pour chaque serrure, une clef à part.

Nous ne jugeons pas utile de dépeindre les autres productions et établissements de Pavlovo: telles que fabriques de câbles et de cordes (les plus anciennes), de coffres, d'allumettes, de chandelles, savonneries, une tannerie, une briqueterie etc. etc., n'ayant rien de remarquable ou de localement typique.

Il ne nous reste plus qu'à dire quelques mots de l'administration et de la vie publique à Pavlovo. Cette dernière est non-seulement au plus haut point intéressante et caractéristique en elle-même, mais elle se trouve aussi en corrélation étroite avec les conditions économiques de ses habitants.

Pavlovo a, de longue date, servi de théâtre à une lutte acharnée entre les éléments hétérogènes de la société, lutte qui dégénéra en guerre ouverte en 1861 après la publication *des règlements pour l'abolition du servage».* Cette guerre, tout en passant par des alternatives de calme (comme actuellement) ou d'excès, dure jusqu'à présent en raison de l'incompatibilité des intérêts des parties adverses. Les instances administratives et judiciaires, locales et centrales, tous les pouvoirs publics et occultes ont été saisis des querelles et des accusations mutuelles des belligérants. Leurs chefs et chargés d'affaires s'armèrent de toutes les anciennes ressources de la lutte sociale (telles que poursuites judiciaires, délation politique, diffamation etc.) et des plus récentes (comme la publicité. le journalisme et le barreau nouvellement fondé). Ils frappèrent à toutes les portes, se faufilèrent jusqu'aux bureaux des journalistes et des plus grandes autorités des capitales et employèrent tous les moyens imaginables pour disposer en faveur de leur parti les influences personnelles, l'opinion publique et la presse. A certains moments tous les journaux des villes étaient remplis des détails de cette guerre civile [130]). Nous n'indiquerons

---

130) Les moments les plus orageux de la lutte remontent aux premières an-

que l'essence même de cette discorde civile conservant jusqu'à l'heure actuelle toute son importance pratique par rapport à la vie économique de Pavlovo.

Quoique cette guerre ait éclaté et atteint ses limites extrêmes après l'émancipation des paysans, toujours est-il que cet événement doit être considéré comme un bienfait ayant jeté les premiers germes du bien-être civil à Pavlovo. Le pouvoir personnel du propriétaire y était aussi peu sensible que dans tous les domaines des comtes Schérémetief. Il ne pesait guère sur les paysans et c'est ce qui explique l'extension de l'industrie même à l'époque du servage. Les redevances des paysans (obrok) très modérées ici ne varient guère, les propriétaires se faisant scrupule de les augmenter en proportion de l'enrichissement de la population (fait très fréquent chez d'autres seigneurs). Ces redevances en argent se prélevaient d'ailleurs par âme, et du riche comme du pauvre. Cette répartition était une injustice du reste facilement supportée par les plus pauvres, vu la modération de la rente, et contribuait à l'accumalation entre les mains des riches de grands capitaux industriels. La population jouissait en outre d'une indépendance absolue.

Mais cette indépendance de l'administration rurale vis-à-vis du seigneur ne tarda pas à engendrer un mal infiniment plus désastreux que toutes les chicanes bureaucratiques, savoir — l'exploitation tyrannique de la classe ouvrière par les marchands spéculateurs. Ces derniers se placèrent (comme baillis et à différents titres), à la tête du comptoir *seigneurial* et s'arrogèrent des droits omnipotents sur la population. Le recours au seigneur qui était loin était impossible, les quelques dizaines d'hommes (ou plutôt quelques individus avec leurs partisans dévoués) formèrent un parti serré qui disposait du sort de toute la population: ils la gouvernaient au nom du seigneur et trafiquaient sur son travail, en lui achetant ses produits. Ils se dressèrent comme une bar-

---

nées 70 et ensuite ils se sont renouvelés dans les premières années 80. On en trouve une description aussi véridique que détaillée dans une série d'articles insérés dans la Gazette de Moscou en 1872 sous le titre «Bourg de Pavlovo» et signés des initiales M. E. Ces articles conservent jusqu'à présent un grand intérêt d'actualité et sont probablement dus à la plume de Mr. Melnikof (Petchorsky).

rière infranchissable entre la population et le seigneur toujours
absent et inaccessible. Ils dispensèrent ce dernier de tout souci
de gouverneur et, donnant libre carrière à leur expérience diplo-
matique et commerciale, réduisirent toute une population en une
masse muette et inerte pliant sous le joug de leur pouvoir dis-
crétionnaire et de la misère.

Mais ce qu'il y a de plus intéressant, c'est que ces gens loin
de se laisser intimider par l'acte du 19 Février 1861 (émancipation des paysans) en profitèrent pour redoubler leur tyrannie,
la plus affreuse d'entre toutes, celle de la réunion dans les mêmes
mains de la puissance du capital et du pouvoir public, de l'exploitation économique et politique. Avec une rare sagacité acquise
par un maniement prolongé des affaires commerciales, ils se pro-
mirent de continuer, sous l'égide de la nouvelle législation, l'ancienne tyrannie. Et le premier temps tout leur réussit à souhait!
Ils se firent élire par leurs concitoyens à toutes les fonctions administratives dans la nouvelle administration rurale. Cette nouvelle noblesse financière se présenta en défenseur des droits du
peuple opprimé et s'étant munie des pleins pouvoirs de la commune de Pavlovo elle entra au sujet des opérations du rachat des
terres en lutte ouverte avec le seigneur. Le peuple ignorant, ne
comprenant rien aux nouvelles lois, se livra corps et âme à la domination des ces plénipotentiaires s'appuyant sur toutes les lumières du barreau et de la juridiction nouvelle. D'un autre côté
cette lutte avec le seigneur pour les intérêts et les droits du
peuple entoura ces madrés spéculateurs d'une auréole qui parvint
à éblouir non-seulement le monde illettré et obscur, mais en parti
aussi la presse. Ils se présentaient en héros défenseurs des droits
du peuple, en martyrs de la liberté. Cependant toute la bien-
veillance et la condescendance du seigneur d'un côté, la soumission et la docilité du peuple de l'autre, ne parvenaient pas à atténuer cette désastreuse discorde, constamment rallumée par les
manoeuvres et les exorbitantes exigences des exploiteurs. Leur
médiation ne faisait qu'envenimer la querelle par rapport au rachat également urgent pour les deux parties. Il serait superflu
de détailler ici les alternatives de cette lutte également funeste
aux deux parties mais très avantageuse pour les médiateurs-spé-

culateurs. Cette histoire a perdu tout intérêt d'actualité, mais les suites s'en font malheureusement sentir jusqu'à l'heure qu'il est, comme nous le verrons plus loin.

La principale source de revenus des propriétaires de Pavlovo (et maintenant de la commune) était représentée non par les terres arables, peu fertiles, et louées à bas prix aux paysans des environs, mais par les taxes payées par les boutiques, le bazar, les cabarets et tous les locaux situés sous les maisons et autres bâtisses des habitants de la commune. Dans tous ces bourgs-villes la terre n'a de valeur que comme *emplacement* des domiciles des établissements industriels et du commerce. Les conditions du rachat au seigneur par les membres de la commune de la terre qui sert à tous ces emplacements constituaient le fond du procès.

On pourra se faire une idée de l'impudence des intermédiaires qui menaient le procès en apprenant que bien plus tard, quand la querelle aboutit à une entente à l'amiable entre le seigneur et la commune, ils eurent l'audace de réclamer de la commune 10 mille roubles de dommages-intérêts pour la résiliation du contrat passé avec eux, et pour l'accord établi en dehors de leur intervention! Ce dernier procès a duré jusqu'à ces derniers temps et s'est terminé par l'acquittement de la commune. Les soi-disant défenseurs des droits du peuple tenaient à traîner aussi longtemps que possible et à envenimer la querelle entre le seigneur et ses anciens sujets. Cette tutelle dont ils se sont emparés était on ne peut plus favorable à leur commerce, à l'achat à vil prix de la marchandise. Ils touchaient en outre des émoluments que la commune leur payait pour la conduite de l'affaire. On prélevait même à cet effet un impôt sur les habitants. Enfin ces habiles spéculateurs profitèrent du tumulte de la dispute pour arranger avec le seigneur leurs propres affaires et conçurent l'idée de s'emparer à *titre gratuit* non-seulement de toutes les terres comprises sous leurs maisons, mais aussi de la principale source des revenus de Pavlovo—des boutiques qui étaient louées par eux.

S'étant emparés du pouvoir administratif, les spéculateurs de Pavlovo ne s'en dessaisirent pas de sitôt et continuèrent à l'exercer selon les principes d'avant l'émancipation des serfs. Les nouvelles lois, qui constituaient les assemblées de la commune et les

décisions de toutes les affaires communales par la majorité des
membres, restaient à l'état de lettre morte; tout le pouvoir étant
concentré entre les mains de ces accapareurs. Leur despotisme
se sentait appuyé par les quelques alliés bienveillants qu'ils par-
vinrent à recruter dans le milieu bureaucratique de l'endroit.

Cet état de choses ne pouvait pas toujours durer. La puissance des Grandes Lois de 1861 devait enfin se manifester.
L'élection de Mr. Varypaïef au poste de syndic du bailliage de
Pavlovo en 1871, amena effectivement un revirement dont les
spéculateurs ne peuvent pas encore revenir à l'heure qu'il est.
Aussi tâchèrent-ils de réagir de toute façon contre le nouvel ordre
de choses établi en vertu de la loi et contre ses hardis initiateurs. Ils leur firent pendant ces dix dernières années une guerre
acharnée, avec des alternatives de succès et de défaites et rempli-
rent les journaux de leurs plaintes et de leurs récriminations.
Cette haine mortelle vouée par les souverains déchus au nouvel
ordre de choses et surtout à son organisateur ayant mis fin à leurs
visées cupides et illégales, n'a rien que de fort naturel. Mais malheureusement il y eut des journaux et des bureaux administratifs
qui envisagèrent autrement cette question. C'est ce qui explique le
succès de mainte calomnie et de mainte intrigue mise en jeu par
les exploiteurs renversés dont plus d'un parvint à son but.

Toute la force de la révolution que nous venons de décrire
et surtout de l'homme qui s'était mis à sa tête, résidait principalement dans la personnalité même de Mr. Varypaïef, qui par sa
fortune, appartenait à la classe aisée et indépendante, et par son
éducation rentrait dans la catégorie des personnes les plus ins-
truites et les plus expertes en matière d'affaires publiques. Il
parvint à grouper autour de lui des gens éclairés et bien intentionnés, pour la plupart les chefs d'ateliers plus disposés à protéger les intérêts de la classe pauvre (comme nous l'avons dit),
que les marchands. Tous ensemble ils formèrent «le parti du
peuple» comme on l'appelle à Pavlovo. Ce parti se proposa de
maintenir les règles strictes de la nouvelle loi et d'en faire béni-
ficier la classe ouvrière ignorante et asservie par les marchands-
spéculateurs qui dirigeaient jusque là toute l'administration communale. Le nouveau parti prit à tâche de consolider le régime

administratif et l'autonomie communale instituée par les lois du 19 Février 1861. Il commença donc par établir les formes légales des assemblées communales du «volost» en y faisant participer tous les ayants-droit — les propriétaires des maisons; il est tout naturel que la vraie majorité de la commune établie de cette manière et dirigée par des gens intègres se prononçât contre les usurpateurs et renversât leur pouvoir arbitraire. Bientôt les représentants de ce nouveau parti, qui, à proprement parler, n'est pas un parti, mais une entente naturelle entre personnes défendant l'ordre légal et visant au même but d'utilité publique, — les représentants de ce parti, disons-nous, entamèrent des négociations directes avec le seigneur par rapport au rachat des terres. On finit bien vite par tomber d'accord. Les marchands-intermédiaires éloignés, ces habiles brasseurs d'affaires, ne pouvaient se réconcilier avec les pertes que devait leur infliger la réconciliation avec le seigneur et ne voulaient à aucun prix renoncer à leurs bénéfices personnels dans le rachat. Le seigneur, enfin éclairé sur la situation, embrassa naturellement les intérêts du peuple, et opposa une vive résistance à cette côterie. Ici se révèle d'une manière éclatante le caractère historique de l'aristocratie foncière qui, par tous ses instincts moraux et ses traditions, se sent attirée vers les besoins du bas peuple. Ce trait forme une distinction tranchée entre l'aristocratie de vieille roche et celle de nos jours, industrielle et financière, ne s'intéressant à la misère de l'ouvrier qu'en tant qu'elle peut nuire à ses propres intérêts matériels. L'emplacement des boutiques et le marché auquel les marchands prétendaient avoir droit, ont été donnés à titre gratuit par le seigneur à la commune. Les «martyrs d'hier [131]) de la liberté et des droits du peuple», ainsi qu'ils s'intitulaient dans les journaux et dans leurs déclamations déclarèrent une guerre acharnée à la commune de Pavlovo, et lui disputèrent le droit de cette propriété communale dont ils tâchèrent de s'emparer par tous les procédés imaginables. Mais fort heureusement toutes leurs menées furent vaines. Ces gens s'étaient arrogé des droits imaginaires sur tous ces biens dont ils n'avaient que l'usufruit, concédé par le comp-

---

131) C'est le nom qu'ils se donnaient dans les articles de journaux.

toir du propriétaire. Cette propriété par son essence même doit
rester communale et publique pour faire contre — poids à la
puissance commerciale de ces spéculateurs. Il en découle encore
un autre avantage, c'est que les loyers des boutiques et du marché, joints aux autres revenus communaux, servent à payer les
impôts et à couvrir les dépenses diverses des institutions locales
(hôpitaux, écoles etc.) particulièrement bienfaisants à la classe
pauvre.

Mais ce qui redoubla surtout l'acharnement de ces ci-devant
potentats de Pavlovo, ce fut le nouvel ordre introduit dans l'administration communale. Ainsi, l'ancienne répartition des impôts
et des charges publiques par *«âme»* fut dorénavant proportionnée
aux dimensions et à la valeur des immeubles et à la fortune de
chaque membre de la commune. De cette façon les contributions
publiques pesèrent plus lourdement sur les riches que sur les
pauvres, ce qui ne contribua pas peu à adoucir le sort de ces derniers. Enfin tous les établissements publics (écoles, hôpital, caisse
d'épargne etc.) inutiles aux riches subirent de notables améliorations. L'aristocratie financière dont la principale source d'enrichissement gît dans la misère et dans l'ignorance du peuple, s'efforce jusqu'à présent de réagir contre tout ce revirement des
choses. Aussi exhalent-ils leur fureur en imprécations contre le
«parti du peuple» et surtout contre ses chefs. La discorde intestine de Pavlovo parcourut dans ses nombreuses péripéties toutes
les innombrables instances administratives et hiérarchiques, parvint même jusqu'au sénat, sans pouvoir se calmer; l'ordre nouveau étant tout-à-fait légal, aucun pouvoir ne peut l'atteindre.
Cette guerre civile aboutit à une scission de la population de
Pavlovo en deux partis nettement tranchés — le parti bourgeois
et le parti du peuple qui luttent jusqu'à ces derniers jours.

D'ailleurs nous voyons se dérouler ici en petit l'éternelle histoire qui se répète dans le monde entier. C'est pour cela que
l'histoire moderne de ce bourg nous a paru particulièrement intéressante. En même temps nous y voyons un exemple vivant
des effets de l'autonomie communale comparée au régime bureaucratique. On entend chez nous beaucoup de récriminations contre
le self-governement local, contre l'administration représentative

des provinces (du zemstvo), des municipalités et des communes rurales. Mais la différence capitale qui existe entre ce régime et le régime bureaucratique se manifeste dans ce que la nouvelle organisation admet et réalise (à moins d'une corruption totale de la population) un progrès, lent peut être, mais sûr. Il y a possibilité de lutte contre les abus, déprédations et le pouvoir arbitraire des fonctionnaires. L'ancienne administration bureaucratique — au contraire, exclut toute possibilité d'une évolution progressive et régulière; les quelques améliorations qui surgissent de temps à autre sont dues au hasard et dépendent de quelques individus avec lesquels elles disparaissent, sans même laisser de traces. Le présent exemple peut aussi être recommandé aux détracteurs du régime nouveau dans le camp opposé, qui voudrait voir plus de liberté dans le nouveau régime de la représentation locale, et le croient impuissant contre les agressions des pouvoirs arbitraires. Cependant les gens bien intentionnés sont parvenus, à Pavlovo malgré tous les éléments hostiles, à extraire du sol légal de ces mêmes institutions des avantages précieux pour le bien public et permettant d'anéantir les anciennes calamités. Il est vrai que c'est une oeuvre qui demande une grande activité personnelle, de l'énergie et des sacrifices, mais il n'y a pas de bonnes institutions qui puissent se passer de ces vertus ou qui les créent par elles-mêmes; elles ne font que contribuer à leur essor ultérieur.

La discorde civile de Pavlovo que nous venons de retracer n'est pas seulement curieuse par ses détails caractéristiques, mais aussi par sa portée historique. Elle détermine la vie publique moderne de cette remarquable localité et doit avoir une grande influence sur ses destinées futures. On y voit se refléter la fermentation des éléments constitutifs de toute la société moderne, ayant une importance universelle, et les traits typiques propres à chacun de ces éléments. Nous y voyons comme dans un tableau vivant le mouvement de ces éléments sociaux: l'aristocratie foncière historique, reléguée maintenant au second plan et disparaissant presque de la scène dans des localités semblables à Pavlovo, une nouvelle création de date récente — l'aristocratie financière ou industrielle surgit à sa place. Elle est armée de tout le matériel perfectionné de notre temps pour son enrichissement et ses spéculations: de la vapeur, de l'électricité, des procès judiciaires, des avocats, de la presse, de tout enfin, sauf l'instruction; les suites de cette activité progressive de la nouvelle couche sociale, quoique immenses pour les progrès de l'industrie, sont souvent monstrueuses dans les excès de la passion du lucre: un agiotage effréné, une exploitation de la classe ouvrière sans pitié. Cette passion n'est tempérée par aucune éducation et culture intellectuelle que notre tiers état épanoui à la vie connait à peine. Nous trouvons enfin dans ce conflit la masse noire du peuple, les simples ouvriers qui, à peine affranchis de la tutelle seigneuriale, forment une espèce de prolétariat industriel et retombent sous le joug plus cruel des marchands spéculateurs. Heureusement pour Pavlovo toute cette fermentation des éléments sociaux de la vie moderne et leur antagonisme sont sensiblement atténués par la présence d'un contingent de gens honnêtes, appartenant à la classe supérieure, toujours prêts à secourir le pauvre populaire et mettant leurs intérêts et leur futur bienêtre dans une union intime avec elle. C'est là-desuss surtout que reposent toutes les espérances de la future prospérité de cette population. C'est à cela principalement (en partie aussi au naturel doux des habitants) que doit être attribué le fait que ce prolétariat industriel supporte patiemment toutes ses épreuves et ne se transforme pas en un prolétariat remuant et irrité rompant avec toutes les traditions patriarcales du passé et déclarant la guerre au «capital» et au «patron». Les indices de ces effervescences populaires se remarquent déjà chez nous dans certaines localités, comme à Ivanovo par exemple.

Il est évident que l'existence ultérieure de Pavlovo comme «village» officiel devient tout-à-fait anormale. Quels que soient les mérites de son administration actuelle, cette place doit être constituée enfin comme une municipalité. Enfin il est à craindre que l'élévation de Pavlovo au rang de ville ne lui fasse rien gagner sous le rapport du bon ordre et de la sécurité publique. Ici nous tenons à faire une remarque se rapportant à Pavlovo et à toute cette espèce de villages-villes. Il est de haute nécessité d'adopter pour ces places un type nouveau d'organisation municipale qui n'entrave en rien leur croissance naturelle. Cela paraît tout-à-fait naturel et pourtant les habitants de Pavlovo hésitent encore à vouloir acquérir les droits municipaux. Ils réfléchissent sur beaucoup d'inconvénients qui se rattachent chez nous au titre de ville. Outre l'aggravation des charges (les dépenses pour l'administration, la police etc.), ils craignent que la division des habitants en *classes* (d'après la quotité de contributions payées), exigée par nos lois municipales, ne donne la prépondérance aux capitalistes et aux marchands. Dans notre organisation communale des villages tous les membres de la commune (chefs de famille ou de maison) jouissent d'une égalité absolue de voix aux élections et à toutes les affaires. Encore un embarras de la constitution municipale: diverses usines et différentes fabriques remplissant l'enceinte de Pavlovo peuvent se trouver comprises parmi les établissements défendus dans nos villes (les forges etc.).

De Pavlovo nous entreprîmes une excursion dans un autre centre industriel de la contrée, particulièrement à Vorsma [132]) situé à 12 verstes au Nord-Ouest et formant comme une colonie de Pavlovo. Ce village appartenait jadis aux princes Tcherkassky et plus tard aux comtes Schérémétief. Son origine, quoique plus récente que celle de Pavlovo, est cependant inconnue, mais il est avéré qu'il existait déjà au commencement du XVII° siècle et que l'industrie métallurgique de Pavlovo y a été transplantée de Pavlovo. Vorsma occupe par rapport à Pavlovo la position subalterne d'un faubourg (dans le sens ancien du mot en Russie, c'est-à-dire de ville dépendante du chef-lieu). Pavlovo sert non-seulement de débouché aux produits des petits-industriels de Vorsma, mais aussi de marché d'approvisionnement de la matière première. La route qui relie Vorsma avec l'Oka et par conséquent avec le Volga et les centres commerciaux, traverse Pavlovo. Il faut noter cependant que Vorsma se trouve sur la route postale de Nijni à Mourom à la distance de 58 verstes de Nijni et au milieu du

132) Voir sur Vorsma — *Labzine* — Exploration etc. etc. p. 94; *Smirnof* — Pavlovo et Vorsma; le diction. géogr. et statis. «Vorsma». Nos études ont été secondées par M-me Zavialof et M-rs Schmakof et Bouslaïef.

mouvement de transport des marchandises qui s'effectue en partie sur ce parcours. Malgré toute l'importance industrielle de sa population, Vorsma cède le pas à Pavlovo qui la domine par sa situation sur l'Oka autant que par ses capitaux et son commerce. Vorsma conserve, en dépit de ses 3000 habitants, l'aspect et le caractère d'un vrai village.

Nonobstant la modeste position de cette localité, sa population est infiniment plus heureuse que celle de Pavlovo, bien que toutes les deux se livrent à la même industrie (à l'exception de quelques habitants de Vorsma qui s'occupent d'agriculture, occupation totalement bannie de Pavlovo). L'air même est plus pur à Vorsma, on y respire plus librement. Ses habitants ont aussi meilleure mine. Les quelques rues du village sont larges, il n'y a ni entassement de la population, ni encombrement de bâtisses. Vorsma produit spécialement les couteaux pliants, les canifs, les haches et autres articles métalliques en fer et acier. La confection des haches et des couteaux n'exige pas comme les articles de Pavlovo (serrures et cadenas) la proximité immédiate des forges, aussi sont-elles (quoique au nombre de 100) relégués au-delà du village et n'empestent-elles pas l'air.

Mais, ce qui est particulièrement heureux pour Vorsma, c'est que son atmosphère sociale n'est pas infestée par les marchands-accapareurs. Grâce à cette circonstance, la guerre sociale y est inconnue et le dénouement de tous les litiges et partages de terre avec le propriétaire a été on ne peut plus heureux et pacifique, malgré l'esprit éveillé et la vivacité des habitants de Vorsma [133]). Toute la terre est devenue propriété communale et est affermée par lots aux habitants par la commune. A Vorsma il n'y a qu'un seul marchand, et encore est-il complètement dépourvu des instincts rapaces des spéculateurs de Pavlovo. Les petits-industriels de Vorsma sont obligés de vendre leurs produits aux marchands de Pavlovo, mais il a été établi comme coutume qu'ils ne travailleraient que sur commande; aussi leur sort est-il plus assuré que celui des ouvriers de Pavlovo.

---

133) Cette vivacité n'empêche pas que la population ne soit profondément pénétrée de l'esprit de légalité.

Nous communiquerons ici quelques-unes de nos observations personnelles sur Vorsma.

Ce qui nous intéressait ici particulièrement, c'était la fabrication des haches — un des plus importants produits de l'endroit. Nous visitâmes donc à cet effet l'usine d'un des plus gros fabricants de Vorsma — Mr. Schmakof. Cette maison existe depuis plus de 60 ans et débite annuellement jusqu'à 15 mille haches, sans compter les autres articles. Mr. Schmakof confectionne non-seulement des haches dans son établissement, mais il fait aussi de nombreuses commandes à des ouvriers à domicile et, une fois l'ouvrage livré, y met la dernière main chez lui. L'ouvrage des forgerons de Vorsma est vraiment merveilleux et il est impossible ne ne pas l'admirer. Et il faut voir avec quel plaisir ils montrent leur habileté et leur art dont ils sont à juste titre très fiers! Ce sentiment de satisfaction personnel ne se trouve que dans l'ouvrage manuel et fait complètement défaut à la production mécanique, dans les grandes fabriques. Les ouvriers y travaillent machinalement comme des automates et n'ont qu'une seule idée humaine, c'est d'entendre retentir la cloche annonçant la fin du travail. Le premier forgeron gagne 4 roubles par semaine, mais un ouvrier ordinaire n'en gagne que 3 et se nourrit à ses frais. Les forgerons travaillant à domicile reçoivent moins.

Ensuite nous visitâmes une autre grande maison de Vorsma connue sous la raison sociale de J. A. Zavialof. La coutellerie qu'on y fabrique est réputée pour ses grandes qualités et a obtenu une récompense à l'exposition de Moscou, mais il ne faut pas confondre cette maison avec la célèbre fabrique des Zavialof.

Cette dernière est une des gloires de Vorsma et même de toute l'immense contrée qu'embrasse la production métallurgique des deux gouvernements. C'est le plus grand établissement qui existe; cependant la production n'y dépasse pas 200,000 roubles par an en raison de différentes circonstances telles que: le développement insuffisant de la partie mécanique et la limitation de la fabrication à certaines espèces de qualité supérieure. Mais cette maison fondée en 1827 est la plus ancienne de la contrée et a valu à l'industrie de Pavlovo une grande renommée en Europe et en Asie. Son fondateur J. G. Zavialof avait commencé

11*

par travailler en petit comme simple ouvrier[134]. Ses enfants, possesseurs actuels de la fabrique, se sont fait un devoir de continuer
à perfectionner cette usine. L'amabilité et l'hospitalité des patrons
et des gérants de l'établissement nous ont facilité notre étude et
nous ont permis de nous initier à tous les détails du métier. La
description de cet établissement a été faite dans beaucoup d'ouvrages. Nous nous bornerons donc à quelques observations personnelles ayant trait à des questions générales.

La fabrique Zavialof travaille la coutellerie dans tous ses
genres, mais sa spécialité la plus importante lui ayant acquis une
réputation universelle est représentée par les canifs qui sont de
vrais chefs-d'oeuvre. L'établissement occupe jusqu'à 230 ouvriers permanents, demeurant à la fabrique, et près de 800 travaillant chez eux dans les villages (même dans le district de
Mourom). Le nombre des enfants est fort heureusement très restreint. Il n'y en a que 20 âgés de 12 ans et plus travaillant à
l'usine même avec les adultes et comme eux 12 heures par jour.
Le salaire à la pièce est payé à l'artelle ou à l'association d'ouvriers chargée de le répartir entre ses membres comme elle l'entend. Comme matière première on emploie le fer de l'Oural et
principalement l'acier anglais; Zavialof, Varypaief et les meilleurs
fabricants le trouvant infiniment supérieur au nôtre. C'est une
circonstance triste pour notre industrie. On a bien essayé de se
servir du meilleur acier russe (de Sormovo, Demidof etc.), mais
les tentatives n'ont pas été couronnées de succès. Une autre
matière telle que écaille, nacre, ivoire, bois d'ébène[135] etc., tout
aussi indispensable et servant à fabriquer les manches de couteaux
et autres instruments vient aussi de l'étranger. Il faut noter à ce
propos que l'élévation de notre tarif douanier n'a rien fait gagner
aux industriels locaux, le renchérissement de la matière brute
étrangère provoqué par cette mesure ayant été supérieur au
renchérissement des articles manufacturés, dont le prix n'avait

---

134) Maintenant, la descendance mâle des Zavialof s'étant éteinte, la fabrique
appartient aux filles non mariées de Zavialof et son sort est incertain.

135) Ce qui est étonnant, c'est que certaines classes de la société préfèrent
jusqu'à présent les manches de couteaux en ivoire ou toute autre substance plus
chère aux manches en melchior ou métal imitant l'argent.

pu être élevé en proportion. Ainsi l'acier avait monté de $5\frac{1}{2}$ r. à $7\frac{1}{2}$ le poud, et les articles tout faits se vendaient avec une augmentation de 10% et de 12%.

Le meilleur moyen de baisser le prix de ces articles et de faciliter par là leur écoulement à l'étranger (en Asie), serait d'utiliser nos matières premières, mais le tarif douanier n'y est pour rien. Du bon marché de ces articles de qualité moyenne surtout, auxquels la concurrence étrangère est particulièrement nuisible, dépend le bien-être de la classe la plus pauvre qui doit payer cher ses ustensiles de ménage et ses instruments de travail, ou s'en passer. Ce bon marché ne peut être atteint que par le remplacement du travail manuel par celui des machines. Il est vrai que certains objets de l'industrie domestique se vendent à Pavlovo à des prix dérisoires, mais leur qualité est proportionnée à leur valeur. Ainsi même à la fabrique Zavialof, mue par la vapeur et ayant de beaucoup devancé les ateliers des industriels, il nous est arrivé d'entendre des récriminations contre le développement insuffisant de la force mécanique. Nous sommes de tout un siècle en arrière sur les étrangers et il se passera du temps avant que nous puissions les rattraper, et à peine avons-nous le temps d'imiter quelqu'une de leurs inventions qu'ils en ont déjà imaginé une autre, nous disaient les directeurs de la fabrique Zavialof[136]. Mais ce n'est pas l'imitation qui nous permettra jamais de rattraper les progrès de l'étranger; il faut avoir pour cela l'esprit d'invention et d'initiative qui ne s'acquiert que par l'étude et la science. Et ce n'est pas avec un travail abrutissant de 12 h. par jour que les enfants pourraient aller à l'école étudier et devenir plus tard des contre-maîtres et techniciens, comme il en faut dans nos fabriques pour qu'elles marchent de pair avec l'étranger! Et ce n'est pas les privilèges de douane qui éclaireront nos fabricants et nos capitalistes. Bien au contraire.

Les phases et évolutions de cette industrie métallurgique (produisant actuellement ici pour 2 millions de roubles de mar-

---

136) Les gérants de la fabrique sont gens on ne peut plus consciencieux et, loin de se contenter et de se vanter des résultats obtenus, ils sont toujours prêts à y trouver des côtés faibles. Des guides de ce genre sont particulièrement précieux pour le voyageur.

chandises par an [137]) provoquent une masse de questions d'une
portée générale et au-delà des limites de ce pays qui embrasse
cependant 80 villages des gouv. de Vladimir et de Nijni-Novgorod. D'un côté la plus grande partie des articles de cette industrie
sont appelés à satisfaire les besoins les plus urgents de la classe
la plus pauvre de notre peuple; ils influent directement sur la
productivité du travail (les outils et les instruments) le bien-être
(les ustensiles de ménage) et la culture de cette population. La
demande de ces articles les plus simples tels que haches, bêches
enclumes, marteaux etc., est bien loin d'être satisfaite dans la
grande masse de notre peuple. Le moindre progrès dans la confection de ces instruments de travail journalier augmente le rendement du labeur et la prospérité de millions d'hommes. Autre
question: le caractère dominant de cette industrie ici a beaucoup
de points de contact avec toute la petite industrie domestique de
la Russie et offre des données pour l'étude de ce sujet qui est
maintenant en vogue chez nous.

Il faut reconnaître que malgré les hautes qualités de certains
de ses articles, toute l'industrie de Pavlovo [138]) dans son ensemble
est très «arriérée» et ne répond nullement aux exigences de la
technique moderne. Cette dernière n'est cependant pas étrangère
à nos grands établissements métallurgiques situés dans d'autres
localités. Mais à Pavlovo elle fait complètement défaut même aux
meilleures fabriques. Tel est le fait constaté et confirmé par les
observations compétentes du professeur Labzine [139]).

Cette situation technique est ici, moins que partout ailleurs,
une question de théorie, intéressant exclusivement les techniciens.
Ici c'est une question d'une importance capitale et pratique. La
stagnation de l'industrie de Pavlovo a des conséquences désastreuses pour les intérêts essentiels du travail et de l'existence
même des millions de producteurs et de consommateurs de la

---

137) Selon les calculs approximatifs de Mr. Labzine ayant parcouru toute la
localité.

138) Nous entendons par le mot «Pavlovo» toute l'immense contrée qui l'en-
vironne et dont nous avons précisé les limites plus haut.

139) Voir, outre ses descriptions détaillées sur chaque branche d'industrie en
particulier, sa «conclusion» (p. 148) à laquelle nous avons recours dans nos appréciations ultérieures.

classe la plus pauvre. Elle s'accuse surtout dans les articles de qualité inférieure, indispensables à la partie de la population la plus indigente et confectionnés par les petits industriels. La défectuosité dont nous parlons consiste principalement en ce que les procédés manuels, dominants à Pavlovo, sont depuis longtemps remplacés en Europe par des machines et cela non-seulement dans la fabrication des articles eux-mêmes mais même de leurs accessoires (comme manches de couteaux, poignée etc.). Le travail à la machine, adopté ici seulement dans deux grandes maisons, améliore les produits inférieurs et ordinaires et en réduit le prix. C'est là d'ailleurs une conséquence inéluctable de l'application de la force mécanique, qui permet d'observer une stricte division du travail et facilite la production en gros (impossible dans les opérations des petits ateliers). Ainsi l'usage des machines parviendrait à élever la qualité des objets les plus ordinaires et défectueux et à réduire le prix des articles supérieurs, mais chers. D'ailleurs l'application de la force mécanique ou la grande industrie est, selon l'opinion des gens experts en la matière [140]), le seul dénouement naturel et possible dans la situation anormale de l'industrie de Pavlovo. Ce dénouement est inévitable et n'a été entravé jusqu'ici que par quelques mesures artificielles (v. plus bas). «Mais», nous objectera-t-on, «la grande industrie et la force mécanique vont ruiner des milliers de petits industriels, vivant au jour le jour du travail de leurs mains?» Nous y répondrons par une autre question: «Est-ce que le sort des millions d'ouvriers, pas moins misérables, travaillant avec de mauvaises bêches, haches et autres instruments, n'ayant ni couteau pour se couper un morceau de pain (il arrive souvent de voir dans nos villages pauvres une barre de fer remplaçant le couteau, qui leur est trop cher), ni une bonne serrure pour enfermer leurs épargnes gagnées à la sueur de leur front, est ce que le sort de ces malheureux est moins intéressant?

Mais cette évolution technique dans l'industrie de Pavlovo n'est pas aussi terrible qu'elle en a l'air et qu'on veut le faire accroire aux industriels. D'un côté l'existence actuelle de ces

---

140) Voir Labzine «Exploration etc. etc.»

gens est si pénible qu'elle réclame un changement et ce changement ne peut être obtenu que par une meilleure organisation de
la production. Nous devons en convenir, malgré toutes les sympathies que nous inspire au point de vue moral la petite industrie
et le travail au sein de la famille.

L'extrême misère de cette population a été dépeinte par
nous plus haut. Les petits industriels ruraux dans les environs ont un sort plus assuré, surtout quand ils s'occupent en sus
de leur métier, de l'agriculture. Mais encore les habitants de
Pavlovo n'ont pas grand chose à leur envier. Les plus funestes
conséquences de tout ce travail se manifestent particulièrement
dans l'épuisement total des femmes et des enfants (qui travaillent
dans leur famille depuis l'âge de 8 ans); donc le même phénomène
qu'on cite comme un des plus grands maux de la grande industrie
se retrouve ici. Il y a là de quoi faire désespérer nos idéalistes
partisans de la petite industrie, d'autant plus que des expériences
entreprises sur leurs recettes et ayant en vue la prospérité des
petits industriels, ont abouti à un échec complet (v. plus bas).
Les artisans exerçant leur métier à domicile et obligés de vendre
leurs produits aux spéculateurs, gagnent moins que les ouvriers
des fabriques et ont à peine de $1\frac{1}{2}$ r. à 2 r. par semaine et par
personne (avec leurs propres frais d'entretien: nourriture, logement, habillement). Mais ce qu'il y a de plus triste c'est *d'incertitude* de leur sort et leur dépendance personnelle du capital
et de la spéculation — deux fléaux contre lesquels on se récrie si
fort en parlant de la grande industrie moderne; ces fléaux sévis-
sent ici dans l'industrie domestique avec une intensité inconnue
aux ouvriers de nos grands établissements. Il y a infiniment,
comme nous l'avons vu, plus de solidarité et d'union entre le patron et l'ouvrier qu'entre le petit artisan et le spéculateur. Le
travail à l'usine est plus suivi, plus stable, malgré les oscillations
du commerce et du marché. Enfin à Pavlovo on a trouvé moyen
de réunir le travail de fabrique à la vie de famille de l'ouvrier, ce
qui est un avantage inappréciable.

Les petits industriels de cette région attribuent l'insuffisance
de leur gain, d'abord aux manoeuvres frauduleuses des marchands-
acheteurs rabaissant le mérite de la marchandise pour l'avoir à

meilleur compte et puis à une extension excessive de la production augmentant chaque jour l'offre et entraînant de même une réduction du prix. Il est indubitable que les cours bizarres du commerce de Pavlovo et la rapacité excessive de ses marchands sont une des causes de la misère de cette population; mais c'est une cause secondaire, ayant une origine plus éloignée et plus profonde (nous en reparlerons plus tard). Quant à l'accroissement extrême de la production, nous constatons que, dans le cas présent, l'offre ne dépasse pas la demande-représentée par les besoins réels des millions d'individus se servant d'objets métalliques. Au contraire, elle ne peut même pas faire face à toutes les exigences et il se passera bien du temps avant que cette industrie parvienne au degré de développement voulu pour faire face à toute la demande de ces articles. D'ailleurs la production de Pavlovo a eu beau s'accroître dans ces vingt dernières années, sa marchandise a trouvé quand même des acquéreurs! Cependant les prix des articles de l'avlovo accusent indépendamment des menées des spéculateurs, une visible tendance à la baisse. Ici la cupidité des exploiteurs n'y est pour rien, ce mouvement étant motivé par l'emploi de la force mécanique au perfectionnement de l'ouvrage avec la diminution du coût de production. A ce propos nous revenons à ce qui a été dit précédemment. C'est que le tarif protectionniste douanier ne parvient pas à nous soustraire entièrement à l'influence des progrès de la technique universelle et au bon marché de ses produits, même dans le cas où la marchandise étrangère ne peut pas directement parvenir à nos marchés vu les droits de douane [141]).

Dans les espèces moyennes, les articles anglais et allemands du même prix que ceux de Pavlovo l'emportent sur ces derniers pour la qualité. Et, si les qualités sont les mêmes, les articles étrangers sont à meilleur marché. Telle est la situation de nos jours. Cette situation est toujours inquiétante pour notre petite industrie, quelles que soient les recrudescences des rigueurs de

141) L'importation chez nous de la coutellerie étrangère était si insignifiante que dans le laps de temps écoulé entre les années 1870 et 1880 elle s'éleva à peine à 7% sur la seule production annuelle de Pavlovo. Depuis lors l'élévation du tarif a encore réduit l'importation.

la douane [142]). Laissons de côté la contrebande qui augmente cependant en proportion de l'élévation du tarif douanier. Mais la concurrence étrangère agit infailliblement, comme une *menace indirecte*, vu que les progrès universels et incessants des arts techniques (de même que de voies de communication) et la production toujours croissante de la fabrication en gros, entraînent une réduction des prix, qui *«devance»* toutes les mesures protectionnistes. Ce progrès dans le bon marché du coût de production donne gain de cause à l'Occident sur toutes nos industries arriérées et artificiellement soutenues par les barrières de la douane et lui permettra de résister à toute espèce de tarifs, à moins que ce ne soit une interdiction d'entrée absolue. L'élévation des prix sur les articles de Pavlovo, après la dernière guerre, n'était due qu'à la surexcitation générale de notre industrie à ce moment-là (v. Tome I, ch. III) et a abouti plus tard au niveau, existant avant la guerre. Les bénéfices qui ont été recueillis pendant la fièvre industrielle occasionnée par les émissions du papier-monnaie ont été surpassés par les pertes subies plus tard par les ouvriers sur l'enchérissement de toutes les dépenses (avec la baisse de la valeur du papier-monnaie).

Mais la population de Pavlovo peut-elle mettre tout son espoir dans une élévation continuelle des droits de douane qui soit assez efficace pour paralyser l'influence des progrès de la technique européenne? Ne doit-elle pas craindre un revirement dans les esprits, qui sont enclins à présent à un ultra-protectionnisme. Un jour peut venir où les besoins et les intérêts de leurs nombreux consommateurs, des millions de notre population rurale qui manque d'instruments perfectionnés pour son travail quotidien, se feront sentir avec une intensité inconnue jusqu'ici? Enfin l'élévation du tarif douanier sur leurs produits ne serait-elle pas infailliblement suivie (comme cela est arrivé depuis) d'une imposition aussi forte sur les matières premières, sur leur propre matériel de production; les producteurs de ces derniers ayant aussi droit à la

---

142) Nos produits des espèces supérieures peuvent rivaliser avec ceux de l'étranger, comme qualité, et il est fort douteux que le tarif douanier puisse leur servir à quelque chose, à moins que ce ne soit au maintien du travail manuel dans certains procédés de confection.

protection de l'Etat? Ne serait-il pas plus sûr de compter sur les conditions naturelles de l'affaire et sur les efforts personnels? Ne faudrait-il pas imprimer à l'activité commune une direction qui lui permette de concilier ses intérêts avec ceux du pays, plutôt que de se fier à des conditions fortuites, priviligiées, contraires aux progrès réels de l'industrie? De grands établissements, organisés conformément à toutes les exigences de la technique moderne, auraient pu contribuer au développement de l'industrie de Pavlovo et à la prospérité de leurs propriétaires, ainsi que de toute la population ouvrière. La mise de fonds serait compensée au centuple par l'écoulement en grande masse de la marchandise de moyenne qualité, le travail mécanique en réduisant le prix. La demande de cette espèce d'articles se serait considérablement accrue en raison des besoins urgents de notre classe pauvre. En outre, la production trouverait un sûr débouché en Asie. Quant aux petits industriels, le travail à la fabrique leur offrirait de plus grandes garanties, et leur salaire monterait en conséquence de l'extension de la grande industrie. La réduction du coût de production et l'augmentation du débit permettraient à nos fabricants d'élever les salaires des ouvriers sans se porter préjudice à eux-mêmes.

Tôt ou tard cette industrie doit avoir ce dénouement, lorsqu'il se trouvera parmi les industriels-capitalistes locaux de la jeune génération des gens entreprenants et instruits. Dans toute entreprise de ce genre c'est le premier pas qui coûte. Le sol de Pavlovo est particulièrement propice à cette sorte d'entreprises. Il est le berceau d'une série de générations d'ouvriers, travaillant tous de père en fils au même métier et par conséquent plus aptes à s'assimiler les nouveaux procédés dans les grands établissements. Enfin, la proximité de la foire de Nijni-Novgorod et du Volga doivent favoriser l'installation de grandes usines. Il faut espérer que nous verrons bientôt apparaître des hommes énergiques et hardis qui, à l'instar des Zavialof et des Varypaief dans le temps passé, produiront cette évolution industrielle si ardemment désirée. Il se peut aussi qu'elle s'accomplisse sous la pression de circonstances encore plus difficiles que celles d'aujourd'hui. Les innovations et progrès économiques sont pour la plupart le résultat d'une nécessité urgente. Les conditions actuelles du tarif de douane permettant de continuer les opérations sur leurs anciennes bases, il ne faut pas en vouloir à nos capitalistes de ce qu'ils ne sentent pas l'urgence d'un changement qui leur paraît fondé sur des calculs théoriques et ne rapportant pas d'avantage immédiat.

Mais cette évolution industrielle, à supposer même qu'elle soit proche — ne pourra pas s'étendre à toute la population ouvrière de Pavlovo, et il restera encore beaucoup de bras disponibles pour la petite industrie. D'ailleurs, les besoins de la cause n'exigent pas du tout l'absorption de tout l'élément ouvrier. Il est à désirer, au contraire, que la petite-industrie suive son cours naturel, seulement sous des auspices plus favorables. D'abord le travail à domicile peut rester auxiliaire de celui des fabriques (pour diverses opérations de dernière main). Il peut de même fournir une masse d'articles de fantaisie ou d'un art particulier, nécessitant le travail manuel. Divers objets (comme ceux de serrurerie) confectionnés «à la pièce» demandent un grand savoir-faire personnel, du goût et du génie d'invention.

Sous ce dernier rapport les meilleurs artisans de Pavlovo ont encore beaucoup à faire, et tous leurs efforts doivent tendre à acquérir une instruction générale et spéciale qui leur permette de perfectionner leur art. L'instruction élémentaire est paralysée chez nous, non par le manque d'établissements d'instruction, mais plutôt par la misère des parents, forcés de faire travailler l'enfant au lieu de l'envoyer à l'école. Les classes de dessin sont sous ce rapport d'un secours efficace, et offrent le plus sûr moyen de développer le goût et l'esprit d'invention. Ces écoles doivent être considérées comme un complément absolument nécessaire de l'école primaire et le premier élément de l'instruction professionnelle. Pour ce qui est de cette dernière les idées sont encore très confuses sur ce point, et les résultats obtenus moins que satisfaisants. L'instruction professionnelle s'obtient d'une manière plus sûre par les voies pratiques, par l'influence personnelle de commerçants instruits et consciencieux, tels que fut Mr. Canaplé à Pavlovo. Il serait fort à désirer qu'il eût des imitateurs. Les fabricants expérimentés et honnêtes font, par leur commandes mêmes, faire un cours pratique aux petits industriels. Ils leur donnent des idées et indiquent des procédés inconnus dans la routine du travail manuel. On a tort de prétendre que les métiers domestiques répugnent à tout courant étranger à leur cercle d'occupations. Dernièrement encore les habitants de Pavlovo ont emprunté aux habitants de Lisskovo de nouveaux modèles de serrures. Les commerçants actuels de Pavlovo exercent sur l'industrie locale une influence démoralisatrice et dégradante. Ils rabattent le prix de la marchandise sans souci de sa valeur intrinsèque et encouragent par là une production forcée visant à la quantité au détriment de la qualité. Ils se livrent surtout à des filouteries sans nombre, telles que la falsification des marques et autres, entraînant la décadence de cette industrie.

Nous voici arrivés à cette terrible question des marchands *accapareurs*, question d'une importance majeure. C'est d'ailleurs une question qui ne perdra pas sa portée, même lors de l'installation de grandes usines qui n'absorberont pas tous les bras ouvriers; il en restera une masse travaillant à domicile à des articles de la meilleure et de la pire espèce. Par la force de l'habitude des milliers d'industriels resteront à cette production et supporteront longtemps la concurrence de la grande industrie.

Les petits-artisans ne peuvent pas quitter leur foyer pour le commerce auquel ils n'entendent rien. Ils sont obligés de vendre leur marchandise sur place, et nécessitent la présence d'intermédiaires —— spéculateurs ouvrant à leurs produits un débouché sur les marchés éloignés, leur fournissant la matière première et leur faisant des avances.

Supposons même qu'il y ait d'autres raisons ayant contribué au déplorable état de l'industrie et des ouvriers de Pavlovo, toujours est-il que la plus grande part doit en être attribuée à l'irrégularité qui règne dans le commerce et aux exactions et à la mauvaise foi des marchands. On entend de tous les côtés des récriminations à ce sujet, mais ce qui se passe à Pavlovo dépasse la limite des abus les plus extraordinaires et défie toute description.

Seul l'aspect extérieur de ce chaos commercial donne déjà une idée de son désordre intérieur. Tous les lundis (jour de marché) entre 4 et 7 h. du matin se déroule devant les boutiques des acheteurs un drame poignant, qui personnifie devant vous avec un acharnement à nul autre pareil la terrible «lutte pour l'existence». Les hommes ont l'air de bêtes féroces s'entre dévorant pour la proie. On en vient souvent aux voies de fait et aux rixes. Des milliers d'ouvriers mourant de faim, n'ayant pas un morceau de pain ni pour le lendemain, ni même pour le jour présent, se hâtent d'arriver les premiers devant la boutique ou le comptoir du marchand pour le moment du marché. Des centaines de bras se tendent à la fois vers ce comptoir en exhibant les échantillons (serrures, canifs etc.) du travail de la semaine. Chacun attend l'arrêt fatal qui fixe le prix et rejette ou accepte la marchandise. Dans ce dernier cas le modèle reste entre les mains de l'acheteur et l'ouvrier est tenu de fournir toute la marchandise le jour même ou le Mardi matin si l'ouvrage n'est pas achevé (dans ce cas toute la famille de l'ouvrier jeûne le Lundi). Le marchand fixe ordinairement le prix d'achat et il est rare qu'il en démorde, car le malheureux artisan est entre ses griffes et s'il court chez un autre marchand il tombe de Charybde en Scylla. Aussi n'y songe-t-il pas et remercie-t-il la Providence de s'être trouvé le premier près du comptoir et d'avoir pu écouler sa marchandise avant que le marchand ait terminé le marché. La bousculade dégénère souvent en rixe violente. Ceux qui n'ont pas eu la chance de se défaire de leurs produits ayant en perspective toute une semaine de jeûne forcé, se précipitent vers une catégorie de spéculateurs encore plus inexorables — les usuriers prêtant à des intérêts monstrueux sur l'objet engagé. Le seul spectateur impassible de ce drame sanglant est l'acheteur lui-même. Il n'a garde de se commettre avec cette foule affamée, il s'abrite, les bras croisés, derrière une meute de gaillards ses commis, placés sur le devant du comptoir. Il est parfaitement tranquille: les malheureux et leurs familles auront beau se lamenter — le droit sera au plus fort et la marchandise sera à lui au prix qu'il voudra!

Mais après cela commence un autre drame — celui du paiement — drame moins tumultueux que le premier, mais tout aussi lugubre. Ainsi, après avoir rabattu les prix jusqu'au minimum, on paie le tiers de la somme en nature, avec les provisions de matière première, le fer, l'acier etc. et des vivres. Ces derniers sont quelquefois gâtés et malsains malgré le prix élevé auquel ils sont côtés. Quant au reste de la somme payé en numéraire on en escompte «toujours» sous le terme de prix du «change» dans la proportion d'un copek ou d'un copek et demi par rouble. Cette monstrueuse coutume est devenue obligatoire à Pavlovo et y a conquis force de loi. Le prélèvement de cet inique impôt paie le «change» c'est-à-dire le paiement de la somme non en papier (assignats), mais en petite monnaie (selon ce que chacun doit recevoir). Mais cela n'empêche pas les spéculateurs d'acquitter toute la somme en papier-monnaie qu'il remet à un seul ouvrier chargé de le répartir entre ses camarades. Ainsi les ouvriers sont obligés de s'adresser encore à des changeurs de profession et de payer une seconde fois le change. Ce pillage flagrant a, paraît-il (autant du moins qu'on nous l'a expliqué) pour origine une ancienne imposition sur le prix de vente devant soi-disant indemniser les marchands des frais du voyage et du transport de la marchandise aux autres marchés et foires. Les malheureux ouvriers sont obligés de tout souffrir, la plupart d'entre eux ayant pris d'avance des vivres chez le marchand et n'ayant aucun moyen de s'acquitter envers cette bande de brigands — tout récemment encore administrateurs plénipotentiaires de la place! Le moindre incident, une maladie par exemple, plonge l'artisan et toute sa famille dans une position désespérée d'où il ne pourra jamais sortir.

Les causes de cette servitude sont évidentes: d'un côté manque total de capital (la plupart des ouvriers n'ayant même pas assez d'épargnes pour subsister 8 jours sans travail), d'un autre côté impossibilité de trouver un autre débouché à leur marchandise ou de gagner quelque chose au moyen d'un autre métier (ce qui est surtout le cas pour les ouvriers de Pavlovo ignorant l'agriculture). Enfin il faut y ajouter le défaut de concurrence entre les marchands. Ces derniers sont au nombre de 50. Mais il n'y en a qu'une vingtaine au plus d'omnipotents, faisant loi sur la place, mais tous forment sur la base d'une entente réciproque une coterie indissoluble, toute puissante et toujours prête à opprimer les petits industriels. En vertu de la force d'inertie, inhérente à un ordre de choses établi, ils suivent tous, comme des brebis de Panurge, les mouvements du troupeau. Leur propre intérêt commercial aurait dû cependant suggérer l'idée d'une

initiative personnelle qui, tout en suscitant une concurrence favorable aux producteurs, aurait régularisé le commerce. Malheureusement ce milieu ne compte guère de très gros capitalistes,
pouvant opérer sur une grande échelle, à l'aide de capitaux disponibles, et établir des prix normaux. Sous ce rapport il serait
fort à désirer de voir paraître sur le marché de Pavlovo des capitalistes venant de nos autres centres commerciaux. Ce serait le
seul moyen d'affranchir les petits-artisans de leur dur esclavage.
Les énormes bénéfices que les marchands locaux retirent de ce
commerce montent en moins d'une année à 100 et plus (comparativement à leur prix de vente) sur le capital de roulement. Il
nous semble que ce profit aurait dû attirer ici des commerçants
sérieux et probes qui, tout en renonçant à un gain aussi élevé
auraient trouvé moyen de réaliser des bénéfices considérables et
honnêtes tout en élevant le prix d'achat et en réduisant celui de
vente aux marchés (ce qui augmenterait leur débit). Ces opérations peuvent rapporter à la longue de grands revenus nets sur
la masse des opérations. Cela n'aurait pas manqué de provoquer
une concurrence qui forcerait les spéculateurs de Pavlovo de modifier leur usages commerciaux et leurs procédés illicites. Un
seul gros capitaliste venu ici du dehors suffirait à ce but. Puis
on verrait peut-être surgir dans ce même milieu, parmi les représentants de la nouvelle génération, des hommes plus instruits et
plus humains que leurs pères et se faisant un devoir de continuer
ce commerce dans des conditions plus honorables pour eux et plus
favorables pour l'ouvrier.

Le moyen précité nous semble être le plus sûr pour animer
notre petite-industrie dans ses nombreuses ramifications. La voie
commerciale conduisant à ce progrès est aplanie de nos jours par
beaucoup de circonstances propices qui n'existaient pas jadis. Ainsi
le développement des voies de communications a rapproché les
foyers de production des principaux marchés ou points de débouché, et la presse a jeté une nouvelle lumière sur toute notre industrie domestique. Les centres de la petite industrie autrefois
tout à fait inconnus et inaccessibles aux commerçants des grandes
villes s'approvisionnant auprès des intermédiaires locaux ont
maintenant été explorés; les commerçants en gros pourraient s'y

adresser directement. Ici comme dans tout progrès économique, il faut se fier surtout au cours naturel et pratique des choses se déroulant sous la pression des intérêts et besoins personnels. On peut nous objecter que le perfectionnement désiré n'est qu'une autre phase de la même forme de *«l'industrie d'entreprise et capitalistique»* et qu'il s'agit de *«créer»* de nouvelles formes pour l'industrie et une nouvelle base d'économie nationale, d'opérer une transformation sociale! Mais c'est à Pavlovo même que vient d'échouer avec grand fracas l'une des tentatives les plus considérables de ce genre pour combler de bienfaits la petite industrie.

Cette expérience de rénovation sociale présente un des plus curieux spécimens dans l'histoire *«de nos utopies sociales et économiques»* mises à l'oeuvre. Ses effets ont laissé jusqu'ici à Pavlovo des traces aussi désastreuses que l'incendie de 1872. Le but de cette entreprise humanitaire paraissait très simple: il s'agissait d'affranchir l'ouvrier du monopole du capital par l'organisation d'associations — *coopératives des ouvriers ou artelles*; il y a une douzaine d'années, par ordre d'un des départements de St. Pétersbourg on envoya à Pavlovo un jeune technicien ayant donné de grandes espérances par ses brillantes études dans une école technique. Il avait à peine achevé son cours. Il fut largement pourvu d'argent de l'Etat (toute l'expérience coûta 30 mille roubles) et se mit avec ardeur à organiser une association de petits-artisans. La production commune se faisait donc aux frais de l'Etat. C'était, comme on le voit, un essai franchement à la Louis Blanc et de ses ateliers nationaux. Ensuite on installa d'abord à la foire de Nijni-Novgorod et puis à Moscou un magasin pour la vente des produits de cette association. L'affaire marcha tant bien que mal aussi longtemps que dura l'argent de l'Etat (toute cette malheureuse histoire ne dura qu'une année), mais un beau jour le commerce fut brusquement arrêté par une épouvantable banqueroute. L'argent disparut sans laisser de traces; nous aimons à croire cependant qu'il n'y eut pas la moindre malversation. Mais le plus tragique de l'affaire est que les ouvriers, innocentes victimes de cette expérimentation technique et sociale, tombèrent tout-à-coup sous le coup d'une réclamation de l'avance faite par le trésor, ce qui donna le dernier coup à leur misère.

Ils n'avaient cependant pas réclamé cette institution bienfaisante!
Bien au contraire, on mit tout en jeu pour les y faire participer, pro-
messes fallacieuses, persuasions, ordres même, rien ne fut épargné
pour les enrôler dans cette société, fondée sur les plus nouveaux
principes coopératifs, résumant soi-disant le dernier mot de la
science (?). Les gens sensés et pratiques mais simples, dépourvus
de ces «grandes idées sociales» sur la régénération du travail, sai-
sirent tout de suite l'ineptie de cette affaire confiée au surplus à
des mains inhabiles et incompétentes dans le commerce. Des personnes plus versées voudraient-elles s'occuper de ces expériences
utopiques? Mais quand les gens sensés et pratiques voulurent
mettre les ouvriers sur leurs gardes, on leur fit valoir «les ordres
du gouvernement» en les menaçant de toutes sortes de disgrâces
en cas de résistance! Ce qui terrifiait surtout le bas peuple de
Pavlovo, c'était le persifflage de ces savants organisateurs leur
démontrant clairement leur ignorance et leur fermant la bouche
par leurs brochures distribuées au nom de la science et prouvant
«selon tous les termes de la science» la bêtise du peuple et la
validité de l'entreprise.... Les pauvres ouvriers de Pavlovo sont
pour longtemps dégoûtés des principes progressifs de la coopération importés de si haut.

Toute cette étrange histoire, quoique arrivée tout récemment,
a revêtu un caractère légendaire par suite de son dénouement
réellement tragique, de la brusque arrestation de l'un des principaux organisateurs de cette association, accusé de projets ré-
volutionnaires [143]), ce qui mit fin à tout, mais pas à la dette des
malheureuses victimes de cette expérience sociale. Toutes les
narrations de cette histoire sont très vagues et confuses et les racontars locaux ne font que les embrouiller. D'ailleurs tout cela
nous intéresse peu et nous ne nous occupons de cette tentative
avortée qu'en tant qu'elle se rapporte à l'industrie et aux questions économiques d'un intérêt général. Quelle que soit l'incom-
pétence commerciale des organisateurs de l'association, la source
du mal se trouve dans le principe même, dans l'absence de tout

---

143) L'arrestation, dit-on, avait été le résultat d'un malentendu, aussi le héros
fut bientôt relâché et depuis on n'entend plus parler de lui.

intérêt personnel et dans le caractère artificiel et factice de cette entreprise.

Nous ne croyons pas que la seule forme industrielle impliquant le progrès soit absolument l'entreprise individuelle d'un capitaliste travaillant avec des ouvriers gagés. Non, nous admettons la possibilité de toute autre forme de l'organisation industrielle, basée même sur la coopération. Les intérêts du travailleur y trouveraient même une satisfaction plus ample, mais malgré l'utilité de ces formes, nous ne croyons premièrement pas à la nécessité qu'elles absorbent toutes les entreprises individuelles. Ensuite nous croyons que ces organisations nouvelles doivent surgir, sur le sol même de l'industrie, dans toutes ses conditions vivantes et pratiques. Il ne faut rien *imposer*, même avec les meilleures intentions, et forcer le cours naturel par des inventions fantasques. Le principe de l'association et de la coopération existe chez nous depuis des temps immémoriaux dans nos artelles, et son développement n'exige pas du tout l'application des formes étrangères de «l'association» et de la «coopération», puisées dans des «brochures» d'une valeur fort douteuse. Enfin nous voulons bien admettre que la vie économique n'est pas régie exclusivement par les intérêts matériels et égoïstes des particuliers, mais nous ne pouvons pas comprendre que cette vie puisse être saine lorsque ces intérêts ne se trouvent pas en harmonie avec d'autres mobiles humains et qu'ils sont lésés. Nous ne croyons pas à la solidité et à la vitalité des organisations industrielles établies *«en dehors»* et en violation des intérêts individuels de leurs membres et nous nous défions de la solidité du progrès économique non déterminé avant tout par les besoins pratiques de l'industrie elle-même[144] découlant de *l'initiative et de l'activité personnelle des industriels.* La triste expérience faite à Pavlovo nous enseigne la prudence avec laquelle nous devons procéder dans le domaine de la petite industrie, qui préoccupe maintenant tant d'esprits chez nous. Les meilleures intentions n'ont pas toujours les meilleurs

---

144) Comme par ex. le perfectionnement des produits résultant de la demande du public et non par suite des indications des techniciens souvent incompatibles avec les exigences du marché.

12*

effets, et il faut prendre garde d'imposer des plans d'organisation contraires aux besoins naturels de la vie.

Ainsi nous voyons que tous les vices et tous les travers de l'industrie domestique ne peuvent être guéris que par un seul remède et nommément par une réaction de ses forces naturelles pouvant imprimer une direction normale à toute l'affaire. Il n'y a pas de panacée qui puisse corriger les travers de n'importe quelle industrie et la régénérer. En dehors des moyens précités propres à relever le niveau de la production industrielle il s'en trouve quelques autres menant au même but. L'une des principales raisons de la dépendance dans laquelle les ouvriers se trouvent vis-à-vis des spéculateurs, gît principalement dans le manque d'un crédit normal qui permettrait à l'artisan de s'approvisionner de vivres et de matières premières et d'attendre ensuite le moment propice à la vente de ses produits. Il faudrait qu'un crédit raisonnablement organisé le mît à même de supporter les éventualités malheureuses de la production, telles que suspension du travail et autres. Les deux sociétés de prêts et d'épargnes instituées à Pavlovo ont été d'un plus grand secours pour les riches que pour les pauvres. Le crédit devrait être régularisé de façon à affranchir les pauvres du pouvoir des marchands, en leur avançant de l'argent sur le gage de leurs produits. Il faudrait encore installer des sociétés de commissionnaires qui pussent servir d'intermédiaires entre les petits producteurs et les grands marchés et foires. Ces commissionnaires ont déjà fait leur apparition dans certains endroits de la Russie et ont fait leurs preuves à l'Exposition de Moscou en 1882. On aurait encore dû fonder, à l'instar des ateliers de polissage de Pavlovo, d'autres ateliers mettant la force mécanique à l'usage de chacun. Enfin on pourrait aussi admettre et seconder des entreprises communes d'associations ou artelles ayant à leur usage des ateliers communs pour la production et la vente en gros. Mais pour tout cela nous ne nous fions qu'à l'activité privée, à l'initiative individuelle, au libre jeu des intérêts personnels, associés ou non.

Il va de soi qu'il faut commencer par abolir et extirper toutes les exactions et abus tels que: le paiement en nature au lieu de numéraire, le débit de vivres gâtés, la contrefaçon des marques etc. etc. Sous ce rapport il est impossible de s'en remettre au cours naturel des choses et il faut procéder avec toute la rigueur de la loi. Ici c'est le domaine de l'Etat par excellence. Il s'agit de la sécurité de l'individu et de la propriété.

Toutes les mesures et moyens énumérés plus haut, tendant à l'amélioration du bien-être des classes ouvrières de Pavlovo, ne peuvent devenir efficaces que dans le cas où ils auront le concours des hommes les plus distingués de la société de Pavlovo et des organes de sa commune. Ni l'initiative industrielle et individuelle, ni les dispositions gouvernementales ne peuvent produire l'effet voulu sans le concours de l'activité générale. Nous avons vu déjà quelle bienfaisante influence a eu l'organisation de l'Administration communale basée sur la réforme du 19 Février 1861. Mais tôt ou tard ce centre industriel et ce centre d'une population tout-à-fait urbaine doit être doté d'une organisation municipale et devenir ville de par la loi. Sans cela son self-governement ne peut atteindre un développement complet, satisfaisant à tous ses besoins civils et administratifs.

Cette question se trouve liée à celle de l'établissement d'une bonne police, sans laquelle il est impossible d'écarter nombre de vices dans la situation actuelle de Pavlovo tels que: abus et illégalités dans le commerce. Pour surveiller la légalité du commerce et des professions en général, l'administration rurale n'est pas à la hauteur de sa tâche.

Comme exemple d'anomalies, en ce qui concerne l'existence actuelle de Pavlovo à l'état de village, nous citerons son Tribunal de bailliage. Ce Tribunal, composé de juges élus et privés de toute instruction doit examiner des questions juridiques très compliquées du domaine des lois commerciales et professionnelles, soulevées par l'occupation des habitants de Pavlovo, lesquelles n'ont rien de commun avec les relations des paysans, en faveur desquels furent créés ces Tribunaux de bailliage. Une pareille anomalie trouve sa place aussi dans toute l'organisation communale et financière qui permet aux habitants riches (marchands) d'être inscrits sur les registres de diverses villes, et non pas sur ceux de Pavlovo même, circonstance qui leur permet de se soustraire aux charges du bon ordre de la cité.

Il est alors de toute nécessité — comme nous en avons du reste émis déjà l'idée à plusieurs reprises — que l'organisation urbaine de Pavlovo, comme de toutes les bourgades semblables, soit adaptée à ses particularités et à ses conditions historiques, mais qu'elle ne soit pas modelée sur les règlements de nos villes.

Le développement ultérieur de la municipalité à Pavlovo; sur les bases de l'organisation urbaine, doit contribuer non-seulement au progrès de l'école — laquelle formant ici la question principale ne peut rester dans les conditions d'une école rurale, — elle doit contribuer à l'amélioration du bien-être des populations ouvrières et pauvres.

Encore une mesure avec l'organisation municipale de Pavlovo pourrait être très utile: elle consisterait dans son élargissement, dans le déplacement de sa population sur les terres communales les plus voisines et dans le partage des enclos plus vastes. La densité de la population et l'étroitesse des logements une fois disparues, la place aurait gagné non-seulement sous le rapport sanitaire, qui est maintenant d'un effet meurtrier, mais cette mesure aurait pu contribuer au relèvement des ménages pauvres qui auraient alors à leur disposition des cours plus vastes ainsi que des potagers (v. plus haut).

De Pavlovo et de sa contrée nous nous sommes dirigé en amont de l'Oka, vers une autre localité industrielle du gouvernement de Nijni, vers «*Viksa*». Sur toute cette étendue l'Oka coule dans le gouvernement de Vladimir (districts de Mourom et Melenky) sur la terre ancienne de Mourom, dont nous fîmes mention à mainte reprise. Avec cette terre et avec le courant de l'Oka, formant, spécialement ici, depuis nombre de siècles, la voie commerciale la plus importante du Sud-Ouest au lointain Nord-Est — voie très fréquentée même jusqu'à présent — se trouvent liés beaucoup de souvenirs historiques, sur les destinées passées de la Russie, sur ses aborigènes finnois et sur les habitants slaves primitifs.

Mourom elle-même atteste les uns et les autres; d'après son origine finnoise, elle appartient aux plus anciennes villes de la Russie (y compris Novgorod et Rostov). Elle était connue déjà au dixième siècle par le commerce qu'elle soutenait avec la Bulgarie et l'Orient lointain! Mourom soutient jusqu'à présent, par son commerce et son industrie, la renommée de son existence dix fois séculaire.

Le port de Mourom est un des plus animés sur l'Oka, il se trouve lié par une voie ferrée avec le chemin de fer de Moscou-Nijni (partant de la ville de Kovrof) et par ce dernier avec tout le réseau de nos chemins de fer. Cette nouvelle ligne, conjointement avec celle de Schouja-Ivanovo-Kineschema — formant quasi son prolongement, vers le Nord de ce même chemin de fer de Moscou-Nijni, coupe, du Sud au Nord, tout le gouvernement de Vladimir dans sa partie la plus industrielle et passe par les localités les plus peuplées de toute la région de Moscou.

Contre toute attente, ce chemin de fer donne très peu de revenus. D'après toutes les probabilités, on doit voir là-dedans la même raison que nous avons remarquée chez nous souvent dans le peu d'activité de semblables chemins de fer locaux.

Le mouvement de chargements locaux si grand qu'il soit, particulièrement si ces lignes aboutissent aux voies d'eaux fermées chez nous pendant plus de six mois — ne suffit pas pour alimenter un chemin de fer.

Par conséquent toute semblable ligne locale, pour pouvoir transporter ses chargements, sans relâche, durant tout l'année, doit faire partie d'un réseau général. Pour la même raison, le monde commercial de la localité — d'après les fréquents ouï dire durant notre voyage — demandait avec instance le prolongement du chemin de fer de Mourom, au Sud, par Kasimof à Ryazsk ou par Alatyr et Ardatof à Simbirsk etc.

Défalcation faite de tout ce que nous venons de dire plus haut, la difficulté extraordinaire de navigation sur l'Oka ajoute un empêchement de plus au développement de la circulation sur la ligne de Mourom.

Au nombre de souvenirs historiques profonds sur cette voie d'Oka, allant sur l'étendue des fameuses forêts de Mourom [145] impitoyablement décimées dans ces derniers temps — nous ne pas-

---

145) Cet espace s'étendait de beaucoup au-delà des frontières du district de Mourom.

serons pas sous silence le village de «Karatcharovo» près de Mourom
(plus au Sud) sur le côté gauche de l'Oka; la tradition nationale
attribue au nom de cette campagne (3000 habitants) le lieu de
naissance du héros (Ilij Mourometz) appartenant aux plus anciennes
et aux plus universelles légendes russes!

Mais la grandeur des souvenirs historiques et tout l'éclat de
la vie industrielle moderne, parlant au voyageur, sur tout ce parcours, s'éclipsent devant les arrêts continuels qu'éprouvent les
bateaux à vapeur, dans les bas fonds de l'Oka; ces arrêts lui rappellent amèrement l'état de négligence dans lequel cette voie
historique est tombée. Cette voie aurait pu être utile même au
commerce moderne en attendant qu'il soit possible (probablement
pas de sitôt) aux chemins de fer, de sillonner tous nos espaces et
les favoriser autant sous le rapport des communications que le
fait l'Oka qui arrose huit gouvernements.

Après avoir remonté, par bateau à vapeur, jusqu'au port
«Dostchatoj» (gouvernement de Vladimir, district de Melenskoy,
près du village du même nom, situé sur le côté gauche de l'Oka
à peu près à 20 verstes de Mourom), nous nous sommes dirigé,
par voie de terre (8 verstes à l'Ouest), vers le village «Vyksa»
(sur le fleuve Vyksa tombant dans l'Oka du côté droit, dans le
district d'Ardatof — du gouvernement de Nijni-Novgorod — qui
prend ici sa source.

Le village de Vyksa est le centre et la célèbre résidence des
anciens propriétaires des usines de fonte de fer situées dans trois
gouvernements y confinant: gouvernement de Nijni-Novgorod
(district Ardatov), dans le gouvernement de Vladimir (district
Melenky) et dans le gouvernement de Tambof (district Elatof).

Tout ce groupe d'usines et l'espace qu'elles occupent (embrassant 33 villages) est connu sous le nom collectif de «Vyksa»
autrefois très renommé. La grande partie de ces usines se trouve
dans le district d'Ardatov et, conjointement avec d'autres usines
de ce genre (le minerai de fer s'y trouvant en abondance) compose, comme nous le disions plus haut, en commun avec la terre
fertile et l'agriculture, le trait caractéristique de ce district. C'est
une heureuse condition (l'union des travaux de fabrique et de
l'agriculture) pour le bien-être de ses habitants.

La production de la fonte de fer dans la région la plus industrielle et la plus centrale de la Russie du milieu a différents débouchés et differentes voies de communication, qui avec l'abondance de matières combustibles (dans les forêts de Mourom), quoique avec le gisement de minerai de fer d'une qualité très inférieure comparativement aux autres contrées lointaines de la Russie, forme une heureuse situation pour l'industrie de fer, même en comparaison avec l'Oural et le Don. Cette production n'a pas manqué de capter, de longue date, l'attention de nos industriels les plus remarquables desquels, malheureusement, n'ont pas trouvé de dignes successeurs parmi leur descendance de ce siècle. Ces derniers sont parfois incapables de profiter des plus grands avantages que leur procure la nature, ce dont nous voyons le meilleur exemple à Vyksa. C'est une localité très curieuse, non-seulement par rapport à l'industrie, mais aussi par rapport à l'histoire de notre société et de notre culture au XIX° siècle. Les établissements de Vyksa occupaient autrefois une place importante dans notre industrie, par la production la plus étendue et la plus perfectionnée de son temps, de divers produits en fer et en fonte de fer; mais ils se trouvent depuis longtemps déjà en pleine décadence. A notre passage (12 et 13 Septembre 1879) nous les avons même trouvés dans une situation lamentable et en présence des circonstances les plus bizarres!

Ces usines composent une partie des biens immenses et des établissements de la famille Batascheff situés dans beaucoup de gouvernements (la plus ancienne fonderie de fonte de fer près du village de Vyksa fut fondée par Batascheff en l'année 1767). L'aïeul de la famille Batascheff était un simple artisan de Toula et appartenait au nombre de ces collaborateurs de Pierre-le-Grand qu'il a fait sortir de rien pour les appeler à l'activité et à la richesse et qui ont signalé son règne, au même degré que ses hommes d'état et ses compagnons d'armes. De la famille Batascheff les établissements de Vyksa ont passé par héritage à la famille Schepeleff; c'est dans cette famille que cette localité s'est particulièrement illustrée au commencement du XIX° siècle, mais sa gloire à cette époque fut loin d'être industrielle.

Après Pavlovo, où le souvenir amer du servage s'est conservé le moins et avec la vie delaquelle se trouvent liées les traditions les plus élevées de la noblesse, les souvenirs de Vyksa nous présentaient exactement la page la plus opposée de l'histoire de notre noblesse et du servage.

A Pavlovo on trouve les traces des meilleures traditions aristocratiques (conservées dans l'ancienne famille des comtes Scheremetief), tandis que Vyksa fut exploitée par des gens arrivés brusquement à la fortune, gens dont l'ancêtre fut réellement grand, mais dont les successeurs n'ont pas hérité les talents. La vue de ruines splendides de l'ancienne gloire conservées jusqu'à présent dans la résidence des anciens propriétaires de Vyksa vous laissent une impression profonde; ces ruines nous ne saurions les appeler autrement que, le monument le plus éloquent de la vie oisive de l'ancienne noblesse russe et du gaspillage du travail humain et des trésors de la nature.

L'histoire héroïque de ce monument, contée déjà dans plusieurs oeuvres littéraires, ne peut pas trouver sa place ici, mais nous en faisons mention parce qu'elle se trouve intimement liée à l'histoire moderne de l'industrie de Vyksa.

En nous résumant nous dirons que les propriétaires de Vyksa, durant plusieurs générations, a peu-près jusqu'aux années quarante de ce siècle, ne poursuivaient dans la vie d'autre but que leur plaisir. Néanmoins il faut être juste à leur égard; ils n'ont pas été moins soucieux vis-à-vis des autres et ils ont pensé autant à amuser la société, qu'à s'amuser eux-mêmes. Vyksa est devenue le centre de la vie joyeuse et frivole du grand monde qui y affluait non-seulement des pays voisins, mais des contrées lointaines de notre patrie. Il arrivait des convives de partout et ils profitaient de la large hospitalité des maîtres pour s'adonner aux jouissances les plus variées, à commencer par les plus vulgaires, jusqu'aux plus raffinées. Bien souvent arrivait ici le «tout Moscou» pour voir ce qu'on ne voyait pas même chez lui! La renommée des fêtes et des festins de Vyksa s'est répandue dans toute la Russie et presque dans toutes les capitales de l'Europe; les étrangers y faisaient apparition aussi. Pour briller de l'éclat de leurs toilettes, au milieu de cette vie luxueuse, les dames étaient obligées de commander leurs toilettes à Paris.

Tout ce que nous venons de dire pourrait présenter seulement une question personnelle touchant les propriétaires de Vyksa et ses hôtes, si cette «civilisation» quasi européenne ne trouvait pas son aliment dans le servage, — l'esclavage du pauvre paysan contribuant non-seulement par son travail, mais de toute sa nature, de son corps et de son âme, à cette débauche seigneuriale!

Ceci n'est plus une affaire du bon plaisir personnel, mais c'est une question sociale et historique à laquelle chacun de nous a le droit de s'intéresser! Il faut se souvenir qu'au commencement de ce siècle on donnait ici en toute perfection des ballets et opéras italiens, qui de ce temps là, n'existaient pas même à Moscou, et que toutes les personnes qui y prenaient part, ainsi que les musiciens, étaient des serfs qui, dès leur naissance, étaient élevés dans l'exercice des beaux-arts pour rendre la vie douce et agréable à leurs maîtres. De cette manière on a vu s'établir ici une vraie école théâtrale, où furent élevés filles et garçons designés par leur beauté et par leurs talents et choisis dans la population nombreuse des paysans serfs de trois gouvernements (maintenant s'élevant à 9000 âmes) et nommément dans 33 villages appartenant au seigneur de Vyksa. Toute cette petite cour composée de plusieurs centaines de personnes et prédestinée à embellir l'existence du propriétaire était habillée par des tailleurs et modistes de la capitale!

Du gigantesque travail humain offert en holocauste à cette existence donnent une petite idée les étangs extraordinaires entourant la résidence de Vyksa, et qui frappent par leurs dimensions et leurs beautés; ces étangs couvrant de leurs eaux une étendue de nombreuses verstes, sont si grands, qu'il est impossible, à leur vue, de croire qu'elles ne soient pas naturelles! L'impression de ces lacs creusés par la corvée était nécessaire à embellir le paysage sous les fenêtres du seigneur et non à l'activité des usines auxquelles ils sont partiellement voués maintenant; la vue de ces eaux vous transporte involontairement par la pensée, de cette culture quasi civilisée et européenne, vers les pyramides construites par les milliers de bras esclaves en Afrique. Tous ces traits mêmes de l'existence seigneuriale basée sur le servage florissaient aussi bien dans d'autres parages de la Russie et méritent par conséquent une attention à part. La fin du XVIII-e et le commencement du XIX° siècle (disons mieux toute sa première moitié) composent la période la plus triste et la plus difficile de l'histoire de notre servage.

La majorité de la noblesse notable et moyenne qui a superficiellement goûté de la civilisation européenne particulièrement du côté des agréments de la vie — le plus souvent sensuels — cette noblesse, a été ainsi entrainée par les dépenses démesurées de sa vie à prendre les moyens d'y subvenir, en argent et en nature, à la population qui lui était assujettie. Moins que jamais cette noblesse était capable d'agrandir ses revenus par son économie rurale et par l'emploi plus productif du travail gratuit!

Ainsi ici l'industrie métallurgique fondée par les ancêtres dans le but d'utilité publique et qui serait capable avec la continuité de leur efforts d'agrandir de beaucoup les moyens de consommation, était restée negligée [146]) et fut reléguée au dernier plan pour faire place aux soins que vouaient les propriétaires à l'embellissement de leur résidence et au faste de leur vie! Tout cet ordre économique basé sur le servage dont nous avons fait la description plus haut, n'a pas eu de résultats productifs, soit dans le pays soit dans la population; à jamais sont perdus les immenses efforts du travail humain! On parle d'un seul résultat d'une de ces activités seigneuriales consistant en ce fait que les élèves de l'école théâtrale de Vyksa ont joué plus tard sur beaucoup de scènes de province et furent la pépinière de l'art dramatique en Russie, ce dont sont fiers les témoins survivants de la gloire de leurs maîtres en défendant leur mémoire [147])! Comme une des nombreuses preuves de la douceur de coeur de notre peuple nous faisons remarquer que nous n'avons pas trouvé dans les traditions de la population

---

146) La même chose est arrivée à Oural, exception faite des biens des familles Strogonof et Lazarof conservés dans un ordre parfait (v. notre ouvrage sur l'industrie des mines d'Oural).

147) Nous avons vu à Vyksa un survivant de cette époque âgé de 90 ans, forcé malgré son service fidèle à ses maîtres de se nourrir aux derniers jours de sa vie du produit de son travail (au service d'un Directeur d'une Compagnie étrangère affermant les établissements, v. plus bas). Il reste jusqu'à présent invariablement fidèle à la mémoire de ses anciens maîtres et ne répond à aucune question concernant leur vie que par la phrase: «tout s'est vu déjà».

de Vyksa la moindre amertume en ce qui concerne son existence de servage; loin delà, quand il surgit une conversation y
relative, les survivants de ce temps vous disent avec contentement: «du moins seigneurs et paysans ont joyeusement vecu ici».

Mais pour les seigneurs mêmes (leur descendance mâle s'est
éteinte depuis bien longtemps) la jouissance fabuleuse du servage n'a porté aucun fruit bienfaisant! Rassasiés des joies de la
vie, ils dégénéraient de père en fils et se rendaient moins aptes
à n'importe quelle occupation sérieuse.

Pour mener une joyeuse vie, ni la corvée illimitée, sous toutes
les formes possibles, ni les abondants secours du crédit de l'Etat
(tels que: prêts des anciennes banques de l'Etat) ne suffisaient plus.

Les successeurs (dans la branche féminine) propriétaires de
Vyksa étaient définitivement ruinés et leurs biens, pour cause de
dettes à l'Etat, furent mis sous tutelle. L'histoire des recouvre-
ments de ces dettes pour lesquels on a en vain essayé toutes les
mesures possibles se prolonge jusqu'à présent même! Il nous a
été donné de constater les conséquences d'une des plus graves de
ces mesures. On pourrait difficilement trouver l'exemple d'une
plus grande anarchie en fait d'économie, que celui qui se présentait à nos yeux à Vyksa! Le spectacle était d'autant plus impres-
sionnable qu'il se déroulait sur les ruines d'une vieille résidence
seigneuriale: l'exploitation moderne de ce même paysan russe et
de la bonhomie de notre caractère national par l'industrie cosmopolite et civilisée de l'Europe présentait un contraste merveilleux
avec les souvenirs de la vie joyeuse qu'on menait ici, autrefois, à
la charge de ce même paysan! Lequel de ses deux sorts lui était
le plus lourd, — c'est une question difficile à resoudre!

Les restes des constructions de Vyksa, échappés à la ruine,
parlent vivement de sa splendeur et de son existence anciennes
et ne manquent pas même jusqu'à présent d'une certaine beauté!
La place, d'après ses dimensions, ses bâtiments, ses cours et toutes
ses dépendances ressemble aux résidences impériales d'été dans
les environs de nos deux capitales. Le bâtiment principal est un
vrai palais contenant vastes salles, galeries de vieux tableaux et
autres produits artistiques; reste aussi conservé un bâtiment à
part destiné pour le théâtre. A la maison principale confine un

immense jardin-parc témoin muet des aventures romanesques de toutes les beautés célèbres de l'époque, avec des allées grandioses, arbres séculaires et des perspectives artificiellement et mystérieusement amenagées pour servir aux illuminations et à divers coups d'oeil et illusions d'optique du haut des fenêtres du palais. D'après les récits des habitants de Vyksa les ombres des premiers habitants de cette splendide résidence rôdent la nuit dans ce jardin! Plus loin, autour de cette place, se trouvent les eaux mentionnées plus haut.

Au milieu de ces splendeurs, s'est établi dans le palais en maître absolu de la place un anglais, directeur de la société anonyme, à la disposition de laquelle se trouvent tous les établissements de Vyksa, avec toutes les terres et même avec toute sa population. L'Etat, dès 1865, accorda le bail de tous les établissements de Vyksa à cette société, d'après ses principaux capitalistes notoirement anglaise, mais comptant des actionnaires dans le monde entier et cosmopolite d'après son caractère essentiel (semblable à toutes les associations financières internationales de ce genre). Par ce moyen on espérait recouvrir la dette de l'Etat par une rente annuelle payée au gouvernement par la société, et procurer du travail et des salaires à la population ouvrière dont elles étaient privées depuis la suspension des usines avec la faillite des propriétaires, enfin, venir en aide au progrès de l'industrie métallurgique en Russie par les procédés de technique étrangère et perfectionnée.

La pratique nous a montré des résultats presque diamétralement opposés aux buts de cette mesure financière: tous les procédés modernes, adaptés à ces anciens établissements industriels de la Russie, — très rationnels du reste au point de vue d'une société cosmopolite, — tendaient à enlever à Vyksa, d'une manière rapace, toutes ses richesses naturelles (telles que: minerais et restes de forêts), s'étendant autrefois sur 120,000 dessiatines; la créance de l'Etat ne fut pas payée; au contraire, la société a su se faire consentir par l'Etat de nouveaux prêts et se faire concéder par le gouvernement de grandes commandes. La population ouvrière des paysans eut du travail dans les usines, mais les salaires étaient

très médiocres [148])! Par l'insuffisance et la stérilité du terrain
l'existence de la population est en général très misérable; après
l'abolissement du servage, elle se trouve plutôt empirée qu'améliorée (d'après les renseignements de la direction de la compagnie
même). Enfin, les connaissances techniques et les lumières nouvelles qui devaient éclairer le monde industriel russe, se bornai-
par l'envoi à Vyksa, sous le titre bruyant de directeurs et d'in-
génieurs, de simples artisans qui par leur éducation et leur instruction ne différaient pas beaucoup du commun de nos contre-maîtres
d'usine [149]). Du reste le système de l'exploitation rapace de la
société n'avait pas besoin d'autres techniciens. La direction de
la compagnie se louait devant nous que, les meilleurs ouvriers
(machinistes, serruriers, tourneurs etc.) occupés dans tous les établissements russes, ainsi qu'aux chemins de fer, étaient sortis des
ateliers de Vyksa; en admettant que ce fait soit vrai, il faudrait
plutôt l'attribuer à la période florissante de ces établissements
qu'à l'influence de la société étrangère.

La compagnie du reste a tellement bien dirigé ses propres
affaires — qu'elle était à même, après quelques années, de rembourser à ses actionnaires, tout le capital de cotisation [150]) et leur
payait annuellement des dividendes très gras, dont ils faisaient
parade en célébrant (d'après ce qu'ils nous ont conté eux-mêmes
pendant notre séjour à l'étranger) les avantages des entreprises
industrielles en Russie. Rassasiée à Vyksa et ayant dirigé ses capitaux vers d'autres entreprises, la compagnie est devenue indif-
férente à l'égard de cette affaire et en tirait profit à la fin des an-

---

148) D'après les avis qui nous furent communiqués par le directeur de la
société, les hommes gagnaient — la nourriture étant à leur propre charge — de
30 copecs (probablement la grande majorité) jusqu'à 1 rouble 25 copecs par jour
(maximum pour la catégorie des ouvriers de premier ordre). Les travaux, à commencer par le transport des matériaux jusqu'à la confection de produits en fer,
sont très variés. Nous profitons de cette occasion pour remercier de tout notre
cœur les directeurs de la société qui, personnellement, furent très aimables à notre
égard en nous prodiguant bon accueil et renseignements.

149) Nous avons trouvé à Vyksa un specimen caractéristique d'un semblable
Directeur (voyez plus bas).

150) D'après toute vraisemblance on a pris sur ce capital une somme très
minime pour l'exploitation de l'établissement (peut-être même rien du tout) vu que
les redevances des paysans perçues par société lui accordait dès le premier jour
le capital nécessaire à l'exploitation.

nées 70, seulement à l'effet d'y envoyer, — pour y être entretenus pendant trois années, en qualité de directeur, l'un après l'autre, divers protégés des membres influents de la société et de la direction générale à Londres. A cette catégorie appartenaient des individus qu'on ne pouvait plus utiliser à la métropole et auxquels il fallait, pour une raison quelconque, fournir une sinécure (comme en fournit le gouvernement de la Grande Bretagne à ses fonctionnaires ruinés et inutiles en les envoyant aux Indes). Chaque directeur semblable, venu en Russie pour trois années seulement, était libre de ne pas s'occuper de sa réputation dans une contrée si éloignée de son pays!

L'avantage extraordinaire de toute cette affaire consistait non-seulement dans une exploitation rapace et sans contrôle, mais dans une clause particulière du contrat de bail, — clause qui donne l'idée la plus triste de l'état de choses créé par ce contrat. En même temps que les établissements et toute la fortune, furent donnés en bail à la société: les redevances (obrok) des paysans, payées au seigneur (plus tard rachetées par l'Etat) et tous les droits seigneuriaux liés à ces redevances, sur une population de 9000 âmes dans 33 villages situés dans trois gouvernements. Il est difficile de s'imaginer que cela puisse être vrai et cependant c'est la réalité! La direction d'une société anonyme siégeant à Londres, disposait de la destinée d'une population d'à peu près dix mille hommes dans le coeur même de la Russie, dirigeant par des hommes qu'il lui convenait d'envoyer dans nos déserts. Mais nous ne nous occuperons de cette question — que dans ses rapports à notre sujet. Dans le paiement des redevances s'accumulaient des arriérés (150,000 roubles pendant notre visite) et l'administration de la société, se plaignant de la police, du chef de leur non recouvrement, et voyant là dedans la violation de ses droits, découlant du contrat de bail, se croyait en droit d'accumuler elle-même des arriérés dans ses paiements de bail à l'Etat.

Cette circonstance (arriérée dans les redevances des paysans) donnait à la société une base juridique pour toutes les irrégularités dans l'exécution de ses engagements, ce qui du reste entrait bien dans ses comptes, mais ce qui fut le sujet d'une guerre acharnée, entre le directeur de la société et la police. La chaleur du combat nous a trouvé sur place; les représentants de la police présents à Vyksa et privés par le directeur anglais, pour leur inaction (dans la perception des redevances), des logements qu'ils occupaient dans l'aile de la maison seigneuriale, se justifiaient en soutenant que la compagnie devait retenir les arriérés sur les salaires des ouvriers. L'Anglais ripostait, avec beaucoup de raison, qu'en ce cas-là, les hommes refuseraient de travailler et seraient privés de leur pain quotidien! Les paysans étaient les seuls hommes en Russie qui ne s'attiraient pas le blâme de l'Anglais; ils méritent, d'après ses assertions, un compte régulier, et effectivement les ouvriers nous racontaient que le comptoir leur payait strictement leurs salaires. Mais, d'un autre côté, sur quelles autres ressources des paysans la police aurait-elle dû mettre la main pour faire rentrer les redevances?

Il est nécessaire d'ajouter à tout cela que, les représentants de la Société anonyme, nonobstant tous leurs bénéfices et immunités, demandaient constamment, au gouvernement — se basant du reste sur le proverbe disant «l'appétit vient en mangeant» — de nouvelles prérogatives, se lamentant contre les conditions défavorables indépendantes de leur volonté, particulièrement contre la protection insuffisante du tarif douanier sur les métaux!

A la confusion économique au milieu de laquelle la production des usines tombait avec chaque année, s'était jointe l'anarchie administrative parvenue à Vyksa, sous nos yeux, jusqu'à son comble. Trois camps ennemis se mettaient en lutte; chacun d'eux avec force offenses, accusait les deux autres, non-seulement de la situation précaire de Vyksa, mais tâchait de désorganiser autant qu'il était en son pouvoir leur action! Outre les représentants de la compagnie étrangère et de la police, on trouvait encore ici, vivotant à peine, le comptoir seigneurial des propriétaires de Vyksa. Ses agents et les vieux valets soupiraient après l'ancienne splendeur de Vyksa et de ses maître (devant un magnifique portrait du dernier mohican des seigneurs du domaine de Vyksa ombrageant le comptoir); ils étaient là pour ramasser au profit de leurs seigneurs appauvris (les quelques descendants des anciens propriétaires en ligne féminine) des miettes rares (un petit revenu stipulé en leur faveur dans le contrat de bail) qui tombaient encore plus rarement du festin de la compagnie étrangère. Ils se lassaient d'attendre la faillite de la compagnie et la résiliation du bail conclu par l'Etat pour le recouvrement de leurs dettes. Chacun des trois camps tâchait de gâter les dispositions des deux autres et on peut se faire une idée de ce qu'était dans ces conditions l'ordre administratif à Vyksa.

Moins mécontent que les autres, quoique dans une extrême irritation contre la Russie, était le directeur anglais; il était en tous cas étranger aux troubles intimes et à l'agitation qui déchiraient les deux autres camps ennemis et qui s'étaient temporairement unis contre lui. Après avoir fait son temps de service, il se préparait au départ vers les rivages heureux de son Angleterre et attendait d'heure en heure l'arrivée de son successeur envoyé déjà, de la grande métropole, dans la colonie de Vyksa, pour y trouver sa pâture durant un nouveau terme de trois années. A l'abri de tout tumulte, enfermé d'une manière inaccessible dans son château seigneurial dont il défendait littéralement l'entrée à la police et aux agents du comptoir seigneurial, il regardait avec contentement et une certaine fierté son activité passée et parlait avec le plus grand dédain de tous les autres administrateurs dans son domaine, surtout de la police et des fonctionnaires de l'Etat.

Il parlait avec dédain, de la fainéantise de l'administration, de la corruption et du désœuvrement de la noblesse russe! D'après ses dires, ses patrons et lui ont introduit quelque ordre dans ce désert. C'est lui qui a mis un certain frein à l'arbitraire de la police; il a nourri toute la population affamée d'un pays célèbre; il a fait sortir de sa fange le vieux palais seigneurial; il y a mis en ordre et conservé les trésors de l'art laissés dans l'abandon par une main ignorante; enfin lui seul a donné asile en le prenant à son service, à un vieillard de 90 ans, fidèle serviteur des anciens seigneurs de Vyksa (voyez plus haut) qui l'avaient abandonné à sa misère! Il est parvenu à tout cela, s'il faut l'en croire, après n'avoir appris de la langue russe que les injures grossières qui, sont, dit-il, de toute nécessité pour encourager l'ouvrier russe au travail. A son départ définitif de la Russie il ne connaissait littéralement pas un seul vocable de la langue russe, si ce n'est ces injures, et il était convaincu que ses amis étaient dans le vrai en lui affirment que, pour vivre et agir en Russie, il suffisait de ne connaître de l'idiome national que les termes orduriers! «Les ouvriers russes sont si intelligents qu'ils devinaient ses ordres à un seul de ses gestes».

Heureusement tout ce spectacle presque incroyable dont, il n'y pas longtemps, nous étions témoin oculaire sur les rives historiques de Vyksa, appartient maintenant au passé; le bail des établissements de Vyksa est passé, paraît-il, depuis 1881, de la société anonyme à Mr. Strouve, un de nos plus remarquables ingénieurs-fabricants. On peut espérer de ses soins la régénération de cette localité industrielle [151]). A Vyksa nous avons dit adieu au gouvernement de Nijni-Novgorod et nous avons continué notre route (du 14 au 17 septembre) en amont de l'Oka jusqu'à Kasimof et de là jusqu'à Riazan d'où nous nous sommes rendu en chemin de fer à Moscou.

Nous quittâmes le gouvernement de Nijni-Novgorod pour continuer notre voyage sur l'Oka jusqu'à la ville de Kassimof et ensuite jusqu'à Riazan, d'où nous arrivâmes par chemin de fer à Moscou. La visite de Kassimof et d'autres localités du gouvernement de Riazan sur ce parcours, entrera ultérieurement dans la description de ce gouvernement. A propos du voyage sur l'Oka même, nous serions forcé de revenir sur la mauvaise organisation hydrotechnique de cette rivière, observation que nous avons touchée à maintes reprises. Du port de la ville d'Elatma (gouvernement de Tambof) nous avons quitté le bateau à vapenr qui se traînait à grand peine sur un banc de sable, et nous avons préféré continuer notre voyage jusqu'à Kassimof par voie de terre en coupant les frontières des gouvernements de Tambof et de Riazane au Sud-Est du repli de l'Oka.

---

151) Aux sources de renseignements indiquées plus haut concernant l'industrie domestique du gouvernement de Nijni-Novgorod, il faut ajouter les travaux nouveaux de: *Jasykof*, «L'industrie de menuiserie» dans les districts de Imenovsk et de Nijni-Novgorod. *Karpof*, «Industrie des forgerons» dans la partie Nord-Ouest de l'arrondissement d'Arzamas (travaux de la commission pour l'exploration de l'industrie domestique, IV-e livraison, 1880).

13*

V.

Gouvernement du Jaroslavl [152].

Aperçu général du gouvernement de Jaroslavl. — Ses particularités comparativement aux contrées avoisinantes. — La vie historique de la terre de Rostof-Souzdal en général et du gouvernement de Jaroslavl en particulier. — Antiquité de la culture Slavo-Russe dans ce pays. — Ses propriétés topographiques. — Importance de la colonisation de Novgorod. — Lutte des anciennes villes avec les villes nouvelles. — Phénomènes historiques ultérieurs. — Les sectes religieuses. — Culture ntellectuelle et arts. — Monastères. — Traits géographiques et économiques de ce gouvernement. — La ville de Jaroslavl. — Vélikoé Ssélo et le rayon de l'industrie linière. — Gavrilof Jam. — Bourmakino et son industrie domestique. — Rostof. — Le jardinage de Rostof. — Pays des métiers hors du domicile. — Les districts de Danilof, Liubime et Bouijsk.

Après l'excursion sur l'Oka que nous venons de décrire, nous avons visité en 1879 les gouvernements de Jaroslavl, de Kostroma et de Vladimir. Nous avons fait ensuite dans les mêmes gouvernements, dans le courant des dernières années, quelques excursi-

---

152) Les sources littéraires pour étudier le gouvernement de Jaroslavl sont, grâce au comité gouvernemental de statistique, très abondantes. Nous signalerons ici les plus importantes de ces sources, particulièrement celles qui ont rapport au gouvernement tout entier et auxquelles nous avons eu recours. *Tokmatschef*, Indicateur des sources de l'histoire et de la statistique du gouvernement de Jaroslavl. 1883. *Zabéline*, Développement de l'empire Moscovite (Messager historique, 1881)‹ *Ilowaysky*, L'histoire de Russie, T. II, 1880. *Artemief*, Notions générales sur le gouvernement de Jaroslavl (dans la statistique des endroits habités), 1864. *Karsakof*, La principauté de Rostof, 1872. *Ragozine*, Le Volga. *Titof*, Les antiquités de Rostof, 1883. *Meyschene*, Description des fabriques du gouvernement de Jaroslavl, 1857. *Stukenberg*, Description statistique du gouvernement de Jaroslavl, 1858. Les

ons dont les récits seront tous réunis dans ce chapitre. Ces trois gouvernements, conjointement avec le gouvernement de Moscou, furent le centre historique de toute la région industrielle de Moscou; à ces gouvernements appartiennent jusqu'à présent tous les sommets du developpement industriel de cette région et ses localités les plus animées. Le territoire de ces trois gouvernements ainsi que la partie Nord-Est de celui de Moscou, — particulièrement sa partie entre le fleuve du Volga et les rivières de l'Oka, de la Kliazma et de la Moskova, fut le noyau de la célèbre terre de Rostof-Souzdal qui a créé le type grand russien, prépondérant dans notre nation et fut la base de l'Empire Moscovite en reconstituant l'état russe à la suite de son morcellement. Cette terre, la portion particulièrement comprise dans les limites susmentionnées, entre ses quatre rivières historiques: le Volga, l'Oka, la Kliazma et la Moskova (c'est-à-dire les parties méridionales des gouvernements de Jaroslavl et de Kostroma jusqu'au Volga, tout le gouvernement de Vladimir et la partie Nord-Est du gouvernement de Moscou) forme jusqu'à présent avec sa population et sa vie industrielle, un tout homogène. Dans notre esquisse générale de la région de Moscou (Tome I, chapitre I) nous avons accordé une attention particulière à la caractéristique de cette terre, (entre autres page 61 et suivantes) et, il est inutile d'y revenir ici. En parlant maintenant de pays séparés (gouvernements) entrant dans la composition de cette région, nous indiquerons seulement les traits particuliers de chacun d'eux.

En dépit de l'homogénéité physique et morale de cette terre de Rostof-Souzdal et de sa population, on y trouve une grande diversité, qui lui donne une sorte de prépondérance de richesse sur les autres pays de notre État. Ce même caractère distingue, comme nous l'avons dit, toute la région de Moscou. Cette diversité également importante par rapport à toute l'économie nationale ainsi

---

travaux du comité de statistique du gouvernement de Jaroslavl. Almanach du gouvernement de Jaroslavl. L'industrie domestique dans le gouvernement de Jaroslavl (dans l'Annuaire du Bureau central de statistique). Travaux de la commission instituée pour l'enquête sur les chemins de fer, 1879. *Haxthausen*, Etudes etc. *Vogel*, Le servage dans le gouvernement de Jaroslavl, 1875. *Pr. Metschersky*, Esquisses de la vie sociale en Russie, 1868. Les travaux de la commission pour l'enquête sur l'industrie domestique.

que par rapport à la variété des occupations des habitants et de leurs productions, cette diversité, disons-nous, peut se rencontrer non-seulement parmi les grandes divisions de la terre de Rostof-Souzdal et des gouvernements entrant dans sa composition, mais, aussi parmi ses plus petites localités et ses districts. Ainsi, par exemple, relativement à l'indice le plus palpable et le plus caractéristique de tout type national, à la langue,—les gouvernements de Jaroslavl, de Kostroma et de Vladimir [153]) se distinguent par un idiome commun, connu sous le nom de: «langage de Souzdal» qui est reconnu pour être le plus pur, le plus normal représentant de la langue grande russienne, merveilleusement correcte même dans le langage du bas peuple. Cette régularité et cette pureté de langage sont les mêmes dans toutes les classes de la société, elles contribuent à faciliter leurs relations mutuelles, ainsi qu'au développement intellectuel de la masse du peuple et forment une condition favorable aux progrès de l'industrie et du commerce. Mais ce langage commun à tous ces gouvernements a des nuances particulières dans diverses localités, de sorte que les connaisseurs savent discerner le langage de Jaroslavl de celui de Kostroma, de Vladimir, Mourom et autres [154]). Une pareille diversité peut se trouver également dans toutes les relations de la nature et de la vie nationale du pays de Rostof-Souzdal, nonobstant une étonnante homogénéité dans le moral et le physique de toutes ses populations. Le premier gouvernement de ce groupe que nous avons visité est celui de Jaroslavl. La principale particularité historique de presque tout le territoire de ce gouvernement (à l'exception de sa partie nord-est, les districts de Danilof, Liubime et Pochehonye, peuplés beaucoup plus tard) consiste dans ce fait qu'il fut le plus anciennement colonisé par les Slaves sur la terre de Rostof-Souzdal et on peut-même dire dans toute la région de Moscou en opposition complète avec tout ce que nous avons dit précédemment au sujet du gouvernement de Nijni-Novgorod. Ici sur le sous-sol finnois (de la

---

153) Quoique le langage dans le gouvernement de Moscou soit le même, il est loin d'être aussi expressif, aussi typique et correct dans la population des campagnes que dans les trois gouvernements susmentionnés, particulièrement les gouvernements de Jaroslavl et de Vladimir.

154) Voyez Sacharov: Narrations du peuple russe. T. I. Sibérie, 1841.

peuplade de Merya) dont la profondeur remonte aux temps les plus primitifs des habitants de la partie nord-est de l'Europe, se sont formées les plus anciennes colonies Slavo-Russes et les centres les plus anciens de l'histoire russe dans la région de Moscou. Le centre le plus ancien de ces colonies fut Rostof, la Grande (Rostof Veliky) qui donna son nom à toute la contrée surnommée beaucoup plus tard terre de Souzdal, (à peine à partir du commencement du XII° siècle). C'est ici la première racine de cette branche grande russienne du peuple russe qui s'est multipliée avec les siècles et, a rétabli l'Etat russe et son unité. Rostof fut fondée par les Finnois (Merya) de temps immémorial dans le centre de plus important de cette peuplade finnoise appelée Merya qui, conformément à ses coutumes, s'est établie ici dans les profondeurs des forêts épaisses. Il s'est conservé à Rostof, aussi loin que remontent les souvenirs historiques, un «quartier du nom de Schoud» (Tchoude, Finnois, Merya—tous ces divers noms désignent les finnois des nos anciens documents historiques); on y rencontre quelques vestiges de la culture finnoise, bien que notre histoire ne connaisse autrement la ville que comme ville tout-à-fait slave ou russe. Rostof est non-seulement la ville russe la plus ancienne de toute la région de Moscou, mais de toutes les villes russes existantes jusqu'à ce jour sur toute l'étendue de la Russie, elle ne cède le pas en fait d'antiquité slavo-russe qu'à Kief, Novgorod et peut-être à Smolensk. Son nom complètement slave prouve la russification complète de cette localité à l'époque des premiers pas de notre histoire politique; elle était entourée de peuplades finnoises, assises sur les bords du lac Nero, qui portait primitivement le nom finnois de Kaovo [155]; on l'appelle aujourd'hui lac de Rostof. Déjà au neuvième siècle à la première installation des princes Varèguo-Russes, Rostof portait ce nom et était donc bien auparavant une ville russe. Les chroniques du XII° siècle nomment la grande Rostof la plus ancienne ville de cette contrée. Son origine, comme celle de Kief et de Novgorod, se perd dans la nuit des temps antéhistoriques : de sa fondation comme ville slavo-russe, sur les ruines de la ville finnoise il n'existe aucune tradition, aucun récit, comme c'est le cas pour

---

155) Titof. L'antiquité de Rostov. I-e Emission. Rostof, 1883.

les autres villes anciennes de cette contrée, par ex. pour Souzdal elle-même, la plus ancienne de toutes, (fondée, d'après une tradition du reste non confirmée, pendant l'installation des premiers princes Varéguo-russes) une autre ville dans la même région géographique et industrielle (entre le Volga et l'Oka) quoique en dehors des limites primitives de la terre de Rostof-Souzdal,—Mourom,—n'est pas peut-être moins ancienne que Rostof, sinon comme ville, du moins comme centre de population [156], mais sa russification ou l'apparition à sa place d'une ville russe, date de beaucoup plus tard que celle de Rostof.—Malgré toute l'ancienneté des deux villes de Souzdal et de Mourom, on saisit, dans leur dénomination une racine finnoise: d'où, pour nous, un élément de plus en faveur de la grande ancienneté de Rostof comme colonie slave. Sur l'étendue du gouvernement de Jaroslavl se trouvent aussi d'autres villes et centres de population connus dans l'histoire ancienne, quoique plus modernes que Rostof; telles sont: Jaroslavl dont la fondation remonte, sans le moindre doute, à Jaroslavl le grand au XI° siècle, Ouglicz dont les commencements datent du X° siècle, Rybinsk (connue à partir du XII° siècle), Mologa et autres places historiques disparues depuis longtemps, comme par exemple Cholopygorod (la ville des serfs) la colonie des fuyards de Novgorod sur la rivière de la Mologa (et qui est actuellement un village). En tout cas il n'est pas douteux que la culture et la colonisation slavo-russes sur l'étendue du gouvernement de Jaroslavl et leur centre principal Rostof, propageant leur influence au loin de tous côtés, dans la direction du courant des rivières (primitivement et particulièrement au nord-ouest sur le Volga, la Mologa et la Scheksna et ensuite au Sud-est dans les bassins de la Kljazma et de l'Oka) furent des plus anciennes sur la terre de Rostof-Souzdal ou dans toute la partie centrale du nord-est de la Russie et dans les limites de la Principauté et de l'Etat Moscovite.

La cause principale de cette ancienneté des colonies slavo-russes dans le gouvernement de Jaroslavl fut probablement une autre particularité importante de son territoire, savoir; sa posi-

---

156) D'après l'opinion des historiens, la branche finnoise de Mourom ne vivait pas dans les villes et toutes les villes sur leur territoire sont de provenance russe.

tion *topographique* qui a influé sur tout son développement ultérieur tant historique qu'économique jusqu'à nos jours. Toute
l'étendue du gouvernement de Jaroslavl se concentre près du
repli nord du Volga, atteignant ici (près du confluent de la Mologa) son point le plus septentrional, et près de deux affluents du
Volga, la Mologa et la Scheksna, les plus importants dans le bassin supérieur du cours de ce fleuve. Ces deux rivières et particulièrement la Scheksna (avec les eaux des lacs Beloozero, Onéga
et Ladoga) servirent de voies les plus commodes et les plus anciennes aux habitants de Novgorod pour atteindre le Volga. Leur
circulation sur des voies plus courtes comme celle de la Tverza
et du Volga supérieur, ainsi que la colonisation dans les limites
du gouvernement de Tver ont eu lieu beaucoup plus tard. Outre
la grande abondance des eaux sur les voies de la Mologa, la
Scheksna, outre la direction générale de la colonisation de Novgorod vers le Nord-Est (et d'autres circonstances qui ont retardé
la colonisation de Novgorod, dans le bassin plus proche du
Volga supérieur), vers les bassins de la Viatka et de la Dvina
septentrionale; ces voies fluviales étaient les plus courtes
pour atteindre le bas Volga et les marchés de l'Orient et de
l'Asie. A cette époque, cette contrée (le territoire du gouvernement de Jaroslavl) fut la plus centrale dans tout le bassin accessible du Volga pour le commerce de Novgorod sur les marchés
du Nord et de l'Est; elle avait pour le commerce la même signification qu'a eu plus tard le confluent de l'Oka et Nijni-Novgorod.
Cette contrée était assez rapprochée de ce dernier point, mais
suffisamment éloignée cependant pour sa sécurité, du côté de la
Bulgarie et de la belligneuse peuplade Mordva au-delà de l'Oka.
Elle était encore défendue par la profondeur de ses forêts dont le
gouvernement de Jaroslavl était couvert à cette époque, et qui
n'ont pas tout-à-fait disparu jusqu'à ce jour. Il est très naturel
que, dans l'intérieur de ce repli nord du Volga, sur les rivages
du lac Néro uni au fleuve par la rivière du Kotorost, se soit
formée la plus ancienne colonie de Novgorod dans la partie Nord-
Est de la Russie. La situation de cette localité était on ne peut
plus avantageuse pour une vie paisible adonnée au commerce et
à l'industrie, dans le centre même de voies fluviales qui con-

stituaient à cette époque les seules voies de communication.
Outre la voie la plus directe au Volga par le Kotorost, elle
était encore au centre de toutes les eaux : tout près du lac
«Kleszszino» uni également au Volga (par la Nerla) et également
peuplée de toute antiquité par les Slaves de Novgorod (ultérieurement fondée ici par le Prince Joury Dolgorouki, la ville de
Pereiaslavl), et à proximité de l'autre la Nerla qui tombe dans la
Kliazma, affluent de l'Oka; sur cette rivière de la Nerla fut établi
l'ancien centre de la population finnoise Souzdal, puis plus tard
la ville russe «Souzdal» devenue après Rostof la capitale de tout
ce pays. Par la Kliazma et l'Oka, Rostof a pu communiquer sur
de très grandes étendues avec tous les centres méridionaux et
sud-ouest de la Russie. Comme d'autres anciennes villes de la
Russie et comme d'autres centres de l'industrie et du commerce
dans les bassins du Volga, Rostof s'éleva non sur le cours même
de ce fleuve mais à proximité et à côté, pour être garantie du
brigandage par lequel fut célèbre durant plusieurs siècles notre
grande voie d'eau. Telle est également toute la position topographique de la terre entière de Rostof-Souzdal; bien qu' appartenant
au bassin du Volga et redevable au Volga de son importance
historique et de son développement économique, elle est située
pour la majeure partie de son territoire, non pas sur le cours du
Volga, et ses centres les plus florissants et les plus importants
sont à une certaine distance des rivages peu hospitaliers du fleuve.
Outre les voies de communication du pays de Rostof avec le nord-
ouest et le sud-ouest, la Scheksna se rapprochant du lac de Ku-
benskaya (à son affluent Porozoviza) et avec lui vers tout le système
de la Dvina septentrionale, ouvrait à ce pays, la voie non-seulement
vers les contrées lointaines de la Dvina, mais aussi à l'extrême
nord et à la mer Blanche. Les affluents du bassin de la Dvina
coulent même aux extrémités du gouvernement actuel de Jaroslavl.
Cette situation topographique au centre non-seulement du bassin
du Volga, mais aussi au centre de divers systèmes d'eaux et des
voies de la Russie vers les mers et les marchés étrangers, fut un
facteur puissant durant plusieurs siècles dans la vie de la population
du gouvernement de Jaroslavl, quand les eaux étaient les seules
voies pour le commerce et l'échange des idées; cette situation

quoique diminuée (v. plus bas) dans les temps modernes, reste jusqu'à présent une condition essentielle de l'activité de cette population.

Par les deux particularités primitives précitées du territoire occupé par le gouvernement de Jaroslavl, s'est définie son importance particulière dans notre histoire à la période (de Vladimir) quand l'Etat Russe fut localisé sur la terre de Rostof-Souzdal. Ces particularités ont servi de point de départ à toutes les destinées ultérieures de ce pays. L'antiquité de la culture slavo-russe dans ce gouvernement, comparativement à toutes les autres localités de la terre de Rostof-Souzdal, conjointement avec la culture finnoise antéhistorique sur cet espace forme avant tout, par elle-même, une condition importante du développement intellectuel et du degré de civilisation très élevé de cette population. L'ancienneté relative de la culture est avant tout, indépendamment de toute autre cause, la raison fondamentale du niveau de la civilisation de tout pays. Les progrès rapides de toutes les nouvelles colonies dépendent tout d'abord de la vieille culture que les colonisateurs apportent avec eux. Ensuite la colonisation primitive de Novgorod explique diverses particularités historiques dans la vie ultérieure de ce pays et dans le caractère de sa population. Les liens de Rostof avec Novgorod étaient très étroits et furent de longue durée après l'union directe de la colonie avec sa métropole; les deux villes étaient soumises au pouvoir des mêmes princes de Souzdal et de Vladimir, quoique ce pouvoir ait été à peine reconnu à Novgorod. Le Bieloozero, l'anneau primitif entre Novgorod et Rostof, entrait non-seulement dans la composition de la région de Rostof sous la domination de nos premiers princes, mais appartenait ultérieurement au domaine de la principauté de Rostof quand elle s'est déclarée indépendante. Dans le ferment primitif de Novgorod, on peut voir la racine de l'esprit commercial par lequel se distingue particulièrement, et depuis bien des siècles, la population du pays de Rostof ainsi que tout le gouvernement actuel de Jaroslavl. Du reste on peut trouver à une époque bien antérieure dans le sous-sol finnois, un commencement d'un fort mouvement commercial, ayant ses centres dans ce pays; dans ces temps bien reculés il servait d'intermédiaire sur d'immenses espaces entre l'Europe et l'Asie, entre les pays lointains de l'Est et de l'Ouest. Les nouvelles découvertes archéologiques attestent les traces incontestables de cette activité commerciale; par exemple, on a trouvé dans des fouilles faites dans le gouvernement de Jaroslavl des monnaies des Empereurs romains (I^e siècle après Jesus Christ) et de la dynastie des Abassides (VIIIe siècle) et autres: A cette occasion nous remarquerons qu'ici, comme dans toute la Russie, on trouve plus de restes de la culture antéhistorique finnoise et des périodes de pierre, de fer, et de bronze, que de l'histoire postérieure, et même relativement récente sur cette même terre. Toutes les constructions généralement en bois, et les accessoires du ménage de la Russie ancienne et du moyen âge tombaient rapidement en ruine et les peu nombreux bâtiments en pierre furent dévastés par les incendies et par les barbares asiatiques. Par exemple dans l'ancien Rostof comme d'ailleurs partout, les ruines des églises, des monastères et des fortifications ne remontent guère qu'au XVIIe siècle et même à sa seconde moitié. Indépendamment de l'esprit commercial qui anime jusqu'à présent la plus grande partie de la population du gouvernement de Jaroslavl, il est permis de voir dans son extraordinaire mobilité industrielle (les métiers hors du domicile) et dans son esprit d'entreprise le ferment primitif de Novgorod. Mais la conséquence la plus grave et la plus authentique de la colonisation novgorodienne à Rostof consistait dans son organisation municipale et dans tout son régime gouvernemental soumis au pouvoir presque souverain des assemblées populaires (Vetsche). Le principe de ces assemblées populaires, appartenant à l'ancienne constitution des communes slaves, s'est communiqué de Rostof aux autres villes et localités de la terre de Rostof-Souzdal, il y trouva un développement qui fut soutenu par l'instabilité des princes sur cette terre, dans toute la période de Kief. Mais à Rostof cette autonomie communale s'est très solidement établie, premièrement à cause de sa primitive et directe provenance du régime républicain de Novgorod et, en second lieu, par les liens étroits et le commerce que Rostof entretint pendant plusieurs siècles avec son ancienne métropole. Outre la colonisation libre particulièrement novgorodienne, colonisation industrielle et commerciale, le nord-ouest de la Russie fut de même colonisé par les princes qui appelaient les colons de tous côtés et fondaient des villes nouvelles. Cette dernière population directement organisée et dirigée par les princes et leurs lieutenants, devait se distinguer par son esprit des colonies libres; c'est ainsi que s'explique la faiblesse des assemblées populaires et de l'autonomie communale de ces nouvelles villes princières, de leur grande condescendance devant le pouvoir des princes, comparativement avec Rostof et le pays dominé par cette ville. De tout ceci a surgi le phénomène le plus important qui remplisse l'histoire intérieure de la terre de Rostof-Souzdal pendant deux siècles de sa vie politique, du milieu du XII-ème siècle jusqu'au milieu du XIVe, et qui a eu de grandes conséquences dans le régime ultérieur de l'Etat russe reconstitué ici. Ce phénomène, c'est la lutte des villes anciennes, soumises au régime des assemblées populaires ou communales et presque souveraines avec les villes nouvelles fondées par les princes et qui dépendaient au commencement (comme une espèce de faubourgs) des premières. Cette lutte avait lieu, non-seulement pour les libertés et l'autonomie communales des anciennes villes contre le pouvoir absolu des princes qui se trouvait, plus à l'aise dans les villes nouvelles, mais aussi pour la suprématie, pour la prépondérance des anciennes villes sur les territoires (Volost ou arrondissements) qui étaient soumis à leur pouvoir et leur administration. Enfin, il s'ensuivit la grande lutte pour l'autonomie des anciens centres et de leurs territoires contre les aspirations unitaires et l'absolutisme des princes de Souzdal et de Moscou. Cette lutte qui se prolongea de Joury-Dolgorouky (de Souzdal) jusqu'à Ivan Kalita (de Moscou) et dans laquelle le grand Rostof joue le premier rôle, cette lutte s'est rallumée plus tard sous une autre forme dans les guerres de Moscou avec les principautés indépendantes de la Russie pour le trône grand-princier ou pour la prépondérance du pouvoir grand-princier (transporté de Vladimir à Moscou), dans les guerres de Moscou avec les principautés de Tver, de Nijni-Novgorod, de Riazan, etc. Cette lutte a toujours pour résultat le triomphe de villes plus nouvelles sur les plus anciennes, le triomphe de Souzdal sur Rostof, de Vladimir sur Rostof et Souzdal, et finit par le triomphe de la ville la plus jeune, de Moscou, sur toutes les villes et leurs principautés qui combattaient pour leur indépendance politique.

Par cette voie de luttes sanglantes pendant des siècles, depuis le Prince André Bogoloubski jusqu'au Tzar Jean IV le terrible inclusivement[157]), s'est élaboré le pouvoir autocratique des Tzars Moscovites. Il est évident que les nouvelles villes et les nouvelles résidences redevables particulièrement aux princes de leur prospérité, et la nouvelle milice des serviteurs (Droujina) princiers recrutée de tous les côtés à l'appel des princes parmi des gens de rien qui se dévouaient à leur personne et dont ils élevaient la situation, présentaient plus facilités pour le pouvoir personnel des princes que les villes anciennes avec leurs assemblées insubordonnées, avec leur anciennes familles aristocratiques foncières et municipales (boyards), avec les restes des seigneurs-guerriers de l'ancien entourage des princes également insubordonnés qui vivaient du profit des discordes et des entreprises guerrières des princes et qui, selon l'espoir du gain, passaient d'une principauté à l'autre. Un autre fait historique qui a été la cause majeure de ce triomphe du pouvoir monarchique est moins évident — d'après les documents historiques directs, — quoiqu'on n'en puisse douter: c'est le développement de l'absolutisme des princes, dont les premières bases ont été posées à Vladimir et qui parvenu à une puissance inouïe à Moscou, satisfaisait les besoins les plus urgents de la masse populaire, du «peuple noir» (selon l'expression de nos chroniqueurs), des classes pauvres et ouvrières, quelque rudes que fussent les coups de cette nouvelle puissance essuyés par cette masse même. Il n'en pouvait être autrement: pour atteindre un but égoïste et purement personnel, il n'aurait pu croître incessamment pendant plusieurs siècles, durant une lignée de princes forts ou faibles, doués de talents ou incapables, un pouvoir qui n'aurait pas satisfait aux premiers besoins du pays et du peuple[158]).

---

157) Dans toute notre esquisse nous nous sommes guidé sur les sources mentionnées dans la note du commencement de ce chapitre.

158) Pour nous il est indubitable que les oppressions intéressées du bas peuple et de la population pauvre de la part de l'aristocratie furent la cause principale de la chute des assemblées populaires et du régime republicain de Novgorod

Sur le sol de la terre de Rostof-Souzdal commença à s'organiser ce pouvoir autocratique; cette terre l'a nourri dans la personne des princes qui comprirent les besoins nouveaux et progressifs de l'histoire; elle-même a soutenu ce pouvoir lorsqu'il se
trouvait dans la possession de mains faibles et inconscientes de
leur mission. La population slavo-russe de la terre de Rostof-
Souzdal, d'après l'opinion des historiens, se distinguait depuis
longtemps de celle de la Russie méridionale par son caractère
citadin ou bourgeois, industriel et commerçant; la direction dominante de la vie de ce pays réclamait particulièrement la sécurité et la paix, la trève des guerres intestines des Princes ainsi
que des troubles provenant des assemblées populaires; en un mot
cette population demandait avant tout un pouvoir fort et stable.
Dans cet esprit étaient élevés ici les princes eux-mêmes; ils
étaient obligés ainsi que leur entourage d'abandonner les pen-
chants belliqueux du midi. Leur nouvelle suite, leurs compagnons
d'armes et leurs conseillers, boyards et gentilhommes (dvoriane,
hommes de cour) n'ont plus les inclinations guerrières et vaga-
bondes de l'ancienne milice (droujina) dont les représentants,
lorsqu'ils veulent s'adonner ici à leur licence et leur indépendance
traditionnelles sont traités de rebelles à l'autorité du prince. Dans
le pays de Rostof-Souzdal il se forme une nouvelle noblesse assise
sur ses terres (plus tard la classe du dvorianstvo), solidaire des
intérêts de la paix, de l'économie rurale et de la masse des paysans. Cette meilleure noblesse qui a particulièrement mûri à
Moscou servit de point d'appui aux monarques moscovites contre
les discordes des Princes séparatistes et contre la rébellion des
boyards infidèles. Peu de temps après, l'invasion mongole qui fit
irruption en Russie, éclatant sur la terre de Rostof-Souzdal, au
plus fort de la guerre intestine de ses princes (Constantin de Rostof
avec son frère Joury de Souzdal), a prouvé d'une manière encore
plus évidente la ruine de la nation, provoquée par le pouvoir
multiple des princes entre lesquels était partagé le territoire
russe, et par tous les éléments centrifuges qui ont mis en lambeaux

sous les coups de Moscou, et que la garde des intérêts du peuple par le pouvoir
des princes et plus tard des Tzars fut la cause principale du triomphe de Moscou
dans sa lutte avec Novgorod (comparer l'histoire russe de Ilovaïski, T. II, ch. VIII).

la Russie de Kief (de la période de Kief). C'est particulièrement
sur le territoire du gouvernement de Jaroslavl (dans le district
de Mologa) où régnait le grand Rostof avec sa fière assemblée
communale (Vetsche) et son antique aristocratie, au bord du Siti
(affluent de la Mologa), qu'a eu lieu (en 1238) la première défaite
de la Russie morcelée et des princes russes par les mongols. C'est
de cette défaite que date l'oppression mongole, et c'est alors également que commence le revirement le plus décisif vers le pouvoir unitaire et autocratique des princes.

Il est difficile de s'orienter dans ce chaos du moyen-âge au
milieu duquel s'est reconstruit, sur la terre de Rostof-Souzdal,
premièrement à Vladimir et enfin à Moscou, le nouvel édifice de
l'état russe. Il est difficile de trouver la suite et la raison dans
la marche de tous les évènements, bien que les résultats définitifs
de ce travail historique et son idée générale, qui se réalisait par
les efforts conscients et inconscients des personnages historiques,
soient actuellement parfaitement éclairées. Chaque évènement
séparé se trouve encombré comme dans tous les procès historiques, d'une prodigieuse quantité de contradictions réelles ou
seulement imaginées par les narrateurs contemporains; chaque
fait se trouve embrouillé de mouvements tellement variables et
tortueux en avant et en arrière, qu'il est impossible de saisir
l'idée historique générale dans chaque évènement séparé.

Les données historiques par trop insuffisantes laissent encore
beaucoup de choses dans l'obscurité. Cette fermentation de tous
les éléments sociaux au moyen-âge chez nous comme ailleurs en
Europe d'où est sortie une nouvelle structure de la société, cette
lutte de principes anciens et modernes dans l'organisation de
l'état, se trouvent compliquées extraordinairement chez nous par un
élément particulier qui nous est venu du dehors, en deçà des limites du monde historique européen, et s'est introduit dans le
coeur de la vie intérieure du peuple russe, — par l'invasion mongole. Toute cette fermentation des éléments sociaux a atteint son
point culminant au commencement du XIIe siècle et du XIIIe s.,
dans la période de Vladimir (de la prépondérance de la principauté
de Vladimir et de la concentration de l'état russe dans cette principauté). La même marche de l'histoire, commencée à Souzdal et

à Vladimir, est déjà plus précise et p'us claire à Moscou, comme centre définitif de l'état.

L'épisode le plus caractéristique et prééminent dans cette lutte des anciens et des nouveaux principes de la vie publique, dans ces guerre entre les villes anciennes et nouvelles, fut la guerre acharnée et de longue durée que se firent Vladimir et Rostof, depuis le dernier quart du XII° siècle (après la mort d'André Bogoloubsky). Cette guerre jette une grande lumière sur le caractère de toute cette lutte qui fut conduite dans la ville nouvelle (Vladimir) par l'autocratie princière, contre le pouvoir la «volonté» (selon l'expression des chroniqueurs) populaire de l'assemblée communale de la ville ancienne (Rostof), c'est-à-dire, contre tous les éléments séparatistes et centrifuges de l'ancienne Russie. Ce combat de deux cités, dont l'une du vieux et l'autre du nouveau type, met en lumière les éléments sociaux qui combattaient de l'un et de l'autre côté. Ce combat personnifie en lui toute cette histoire intérieure de notre moyen-âge amenant au bout de trois siècles (de Vsévolod III de Vladimir jusqu'à Jean III et Jean IV), le triomphe du pouvoir monarchique autocratique et unitaire à Moscou.

Ici, sur un espace très restreint (entre Rostof et Vladimir) sur l'étendue de deux districts actuels de Vladimir et de Rostof, entre le lac Néro et la Kliazma, même sur une étendue plus petite du théâtre de la guerre, de 30 verstes environ, entre la Kliazma et son affluent la Nerla, entre les villes de Vladimir et de Souzdal se décidait, dans le courant d'un demi siècle (depuis la mort d'André Bogoloubsky jusqu'à Constantin Vsévolodovitch Rostovsky 1218), le sort de l'état russe, le sort de son nouveau pouvoir souverain, qui depuis a porté les limites du territoire de l'état russe, de ce petit recoin jusqu'aux Océans dans les deux parties du monde.

Autour de Vladimir et sous son drapeau se groupèrent les éléments nouveaux, les éléments centripètes, toutes les villes nouvelles de la terre de Rostof-Souzdal, et derrière elles, toute la masse de la population «noire» ou pauvre; par contre, tous les éléments centrifuges de l'ancienne Russie, les anciennes villes fières de leurs antiques libertés civiques, s'allient avec Rostof. Au premier plan, Rostof se trouve en alliance avec Novgorod qui combat constamment dans le courant des siècles, pour son autonomie républicaine, contre le pouvoir nouveau des souverains russes de Vladimir et de Moscou Au secours des citoyens de Rostof arrivent divers princes russes, loin des limites de la terre de Rostof-Souzdal, princes imbus d'inclinations à la guerre et aux discordes intestines, rassemblant autour d'eux leurs milices avec toutes les traditions de l'ancienne Russie.

Notons la harangue historique, rapportée par le chroniqueur de ce temps avec la quelle les hautains citoyens de Rostof ont commence cette guerre (après la mort d'André Bogoloubsky — premier prince aspirant à l'unité du pouvoir et de l'état entre les mains de sa famille) contre les «petites gens» comme ils surnommé les habitants de Vladimir se traduit ainsi: «ce sont nos serviteurs, nos maçons, nos laboureurs, nos paysans (c'est-à-dire des gens de rien, sans droits ni libertés civiques) nous mettrons pour les gouverner un magistrat élu par notre assemblée communale». Ce n'est pas le peuple qui parlait de cette voix arrogante, mais les gens riches les boyards, les aristocrates et oligarques de Rostof, célébrés d'après les narrations des chroniqueurs, comme les plus bruyants, les plus puissants des hommes, accontumés à l'instar de leur prototype, Novgorod, à commander aux assemblées populaires ainsi qu'aux princes et à leur imposer leur volonté.

Pour les aspirations du pouvoir princier à Vladimir et pour ses «petites gens» se déclarait toute l'immense masse de la population «noire» et pauvre, qui désirait avec ardeur l'unité de la terre russe et avec elle l'ordre et la paix. Il n'est pas superflu de remarquer que les notions qui se sont formées plus tard sur le pouvoir autocrate des souverains de Vladimir et de Moscou, sur leurs aspirations despotiques contre les libertés des assemblées populaires, contre la participation des représentants du peuple à la vie publique, sont des notions sont très relatives et demandent à être rectifiées. Dans toutes les villes princières comme par exemple à Vladimir existaient, de même que dans les anciennes villes, des assemblées populaires ou communales. A l'élévation au trône du Prince André Bogoloubsky lui-même, prit part l'assemblée nationale de Vladimir au sein de laquelle il a prêté serment au peuple. Le prince de Vladimir le plus puissant, le plus absolu, fut Vsévolod III (surnommé le grand nid, à cause de sa nombreuse famille). Il tenait entre ses mains le pouvoir souverain non-seulement dans tout le pays de Rostof-Souzdal, mais dans beaucoup d'autres contrées avoisinantes. Ce Prince convoqua à Vladimir la première assemblée nationale des représentants du peuple (zemsky sobor), composée des délégués des assemblées locales, des députés des villes et des diverses classes de la population soumise à son pouvoir. Cette nouvelle forme de la participation du peuple aux affaires de l'état, — devenu plus tard un usage, presque une loi, dans l'état Moscovite, est significative au plus haut degré. D'un côté cette nouvelle institution, qui a duré jusqu'à Pierre le Grand, quoiqu'elle n'ait jamais été consacrée par une loi positive, certifie du principe de l'unification du territoire russe qui se prononça contre son morcellement en centres locaux et en assemblées communales et autonomes, disposant autocratiquement de toutes les populations dans les villes et les villages assujettis à ces centres. D'un autre côté dans ces centres locaux et dans leurs étroites assemblées communales, les gens riches, puissants et de haute naissance s'emparaient tyranniquement du pouvoir; la voix de la population rurale de tout le pays ne comptait pour rien; cette voix ne se fit entendre qu'aux assemblées nationales (sobor) de Vladimir et de Moscou. Dans les assemblées communales des villes, comme cela a eu toujours lieu à Novgorod, la populace n'apparaissait que pour servir d'instrument aveugle et violent à l'oligarchie aristocratique et à ses partis qui dominaient et déchiraient ces cités.

Dans tout ce mouvement du pouvoir princier vers l'autocratie, commencé à Vladimir, accompli à Moscou, et qui s'est affirmé de la manière la plus caractéristique dans la lutte des «petites gens» de Wladimir contre les citoyens de Rostof, on ne saurait ne pas voir le mouvement de la grande masse «noire» et ouvrière du peuple, qui s'unissait et se relevait sous la direction des princes, contre les éléments oligarchiques et séparatistes de l'Ancienne Russie vivant sur le compte de la nation et de son éparpillement [159]). Telle était la «force unie» (d'après l'expression de ce

159) Cette manière de voir a été exposée par *M. Belyaef* («Histoire de l'Etat

14*

temps) sur laquelle s'appuyaient les princes de Wladimir et plus tard ceux de Moscou qui entreprirent l'unification de l'ancienne Russie. Notre centralisation et les souverains qui l'ont créée étaient au fond parfaitement identiques à ceux de l'Europe occidentale, bien que les formes et les péripéties de cette évolution historique aient été fort différentes à l'Occident et à l'Orient de l'Europe. Plus s'élevaient les éléments séparatistes, plus s'accroissait le pouvoir autocratique des princes qui combattaient pour l'unité de la nation et le bien-être des masses; d'autres conditions historiques (particulièrement le joug des Mongols) ont aidé à la formation de ce pouvoir absolu des princes.

Les petites gens de Wladimir ont remporté la victoire sur les grands seigneurs de Rostof, mais la lutte a duré longtemps et le succès n'a pas été complet. Wladimir ou ses princes n'ont pas réussi à cumuler autour d'eux autant de puissance que l'ont su faire les princes de Moscou.

Le dernier et le plus sanglant épisode de toute cette longue lutte fut le célèbre conflit (1207—1218) du Prince de Rostof Constantin Vsévolodowitsch avec son père le Prince de Wladimir, Vsévolod III, et ensuite avec son frère Jouri, toujours à cause du même sujet, — le droit de Prééminence de Rostof sur Wladimir. Le conflit a profondément ébranlé la terre de Rostof-Souzdal et s'est étendu bien au-delà de ses limites, sur d'autres contrées russes. Cette guerre s'est terminée par la séparation absolue de la principauté de Rostof, qui forma un Etat apanage, complétement indépendant et autonome. Constantin Vsévolodovitsch a même réussi à s'emparer, pour quelques années, avant sa mort, du trône Grand-Princier de Wladimir et à obtenir pour le Grand Rostof la victoire la plus complète, quoique ce dût être la dernière et que la durée dût en être fort courte. Le prince fut le plus remarquable des héros de l'histoire de Rostof combattant pour l'indépendance de cette principauté et ses réclamations contre les nouveaux principes politiques surgis à Wladimir. Il était le vrai représentant de tout l'ancien régime de la Russie avec ses assemblées populaires (Wetche) et ses franchises locales

de Moscou»); v. aussi les ouvrages cités plus haut de M. M. Ilovaysky, Zabeline et Karsakof.

et municipales. Conformément aux anciennes coutumes il partaga son vaste Etat en apanages entre ses fils (les principautés de Rostof, Ouglitsch, Jaroslavl, Bielozersk. Alors commence le partage infini de ces principautés apanagées entre les descendants de ces princes. Le morcellement du territoire de Rostof a été plus excessif que dans aucun autre pays russe; on ne trouve nulle part d'aussi minimes principautés. Non seulement chaque ville, mais beaucoup de grands villages devinrent des capitales d'Etats indépendants et des résidences princières. Dans la période de l'Etat de Moscou c'est là que se trouvait le plus grand nombre des familles d'anciens Princes apanagés et de leurs descendants devenus de simples propriétaires fonciers, sujets des souverains de Moscou. Les derniers ont également fait don de nombreux domaines, situés dans cette contrée, à leurs parents et à leurs boyards. De là datent les grandes propriétés aristocratiques y existant encore de nos jours.

Après ces dernières pages les plus éclatantes de son histoire et son Prince le plus brillant Constantin Vsévolodovitsch, ce pays perd de plus en plus toute portée politique et disparaît de notre scène historique dont l'action nouvelle lui devient étrangère. Dans les anciennes limites mêmes de la Principauté de Rostof s'élève au-dessus d'elle sa ville vassale Jaroslavl et la Principauté de Jaroslavl grâce à sa situation plus favorable sur le Volga et les nouvelles voies commerciales. Il est à noter que sur tout ce territoire c'est la Principauté qui a été la première à se soumettre aux Princes de Moscou (en 1330) et à leur pouvoir absolu. L'orgueilleuse cité de Rostof a été la première à recevoir un lieutenant du Gr. Prince de Moscou, Jean Kalita. «Hélas, Hélas, écrit le chroniqueur de Rostof, quel malheur pour nos princes et notre ville, ils perdent tout, la fortune, l'honneur et la gloire, et tombent au pouvoir de Moscou».

Mais les anciens principes d'indépendance, de liberté et de rébellion contre le nouveau pouvoir s'étouffèrent immédiatement et fermentèrent encore longtemps dans le pays où les premières lueurs de la civilisation apparaissent dans tout le Nord-Est de la Russie depuis les temps les plus reculés de notre histoire. Le prince de Jaroslavl, Vassili aux yeux terribles,

(1321—1344), s'obstinait à réclamer ses droits de prééminence sur le souverain puissant de Moscou, le Gr. Prince Jean Kalita, et sur toute la descendance de Joury Dolgorouky (à cause de son origine du fils aîné de Wladimir Monomaque Gr. Prince de Kief; le Prince Vassili ne voulut pas reconnaître la souveraineté de Moscou sur le pays de Rostof-Souzdal et ne s'est soumis qu'au fils de Jean Kalita, Siméon le Fier. Les Princes de Jaroslavl et autres Princes apanagés de ce pays ne reconnurent d'une manière absolue et définitive la souveraineté des monarques de Moscou qu'à partir du règne de Jean III le Grand; plus tard ils se donnaient encore le titre de Princes apanagés, bien que ce titre eût perdu toute signification réelle. C'est encore à ce pays qu'appartenait le célèbre Prince André Kourbski, le sujet rebelle et ennemi mortel du Tzar Jean IV le Terrible; il se glorifiait de descendre des Princes de Jaroslavl et d'être supérieur à son souverain par son origine de la branche aînée de la dynastie de Rurik; la figure grandiose de ce personnage historique revendiquant ses antiques droits de servir quel souverain il lui semblerait bon fut la dernière ombre des guerres intestines de notre moyen-âge et des traditions de l'ancienne Russie.

Lorsque Moscou triomphe définitivement du séparatisme de la période des apanages et de la rébellion des grands boyards, la longue liste généalogique des Princes de Jaroslavl, — de ces princes qui conçurent la fière idée d'écraser avec leurs assemblées municipales ou communales (Wetsché) et leurs boyards les premiers germes du pouvoir absolu nés à Wladimir, — cette liste se remplit d'une série de descendants qui se font moines et s'ensevelissent dans les cloîtres, d'après les usages religieux de Rostof. Ils n'avaient plus rien à faire sur cette terre qu'à se vouer aux oeuvres de piété! Mais comme comble de la couleur tragique dont se revêt toute l'histoire de ce pays, où se heurtent les uns contre les autres tous les éléments rivaux de notre moyen-âge, — c'est encore ici, dans la ville d'Ouglitsch, que périt le dernier descendant de la dynastie de Rurik, le malheureux fils de Jean le Terrible, le Tzarévitsch Dmitri qui y avait été élevé, cette ville lui ayant été donnée en domaine par son père. A sa mort commence la nouvelle période de l'histoire russe, la période des grands troubles de notre patrie.

Tous les traits de la vie historique du gouvernement de Jaroslavl, bien que très sommairement esquissés, prouvent la richesse et la variété du contenu de cette vie. Le territoire a servi de théâtre à tous les mouvements et à tous les évènements les plus essentiels de notre histoire jusqu'à la période de Pétersbourg (depuis le transfert de la capitale dans cette ville). Tout cela ne pouvait manquer d'exercer une action puissante sur l'intelligence et l'éducation des habitants de ce territoire. Cette action fut d'autant plus forte que ce territoire était le plus restreint et le plus peuplé en comparaison de toutes les autres parties de l'ancienne Russie. Jamais, ni avant, ni après la période de Wladimir, la scène où se concentrait notre histoire et se décidaient ses questions les plus capitales ne fut aussi peu étendue que pendant cette période. Ici les acteurs du drame historique, ainsi que toutes les populations, ne menaient une vie historique nullement locale, comme les autres pays de la Russie, mais tout à fait universelle; ici se résolvait non-seulement l'histoire de toute la Russie, mais celle de toute l'Europe (la lutte avec les Mongols). C'est ainsi que les petites rivières de ce pays, le Kotorost, affluent du Volga, et la Kljasma affluent de l'Oka, entraient de même dans le grand réseau des communications de la Russie et de l'Europe. Plus le théâtre de l'histoire est restreint, plus est puissante son influence civilisatrice sur la société (la Grèce). C'est par cette considération que nous nous expliquons bien des faits de la vie ultérieure de cette province.

Le morcellement même de la Principauté de Rostof en Etats indépendants, si funeste pour sa puissance politique fut, comme la période des apanages pour toute la Russie, très favorable à la culture de ses populations. C'est grâce à cette période si malheureuse au point de vue politique que les forces de la civilisation purent mieux se rendre maîtresses de nos immenses espaces. Avec le mombre de ces principautés apanagées s'accroissait le nombre des centres de l'instruction et du commerce que leurs princes cherchaient de toute manière à peupler, à enrichir et à embellir. Un élément particulièrement civilisateur fut cette nombreuse classe des anciens princes et des boyards, plus tard simplés grands propriétaires fonciers avec leurs traditions de noblesse et d'honneur. Plus tard, avec l'éloignement de la scène politique, le pays s'adonne de plus en plus aux oeuvres de la vie intellectuelle ainsi que le fit toute la région de Moscou.

La puissance intellectuelle de Rostof, qui fut avec Nowgorod et Kief un des premiers centres de notre civilisation, ne fit que s'accroître. Représentant opiniâtre des principes politiques de l'ancien régime qui décidèrent sa déchéance, Rostof se met pourtant à la tête des progrès intellectuels, civils et industriels. Tel était le caractère de ses princes et du plus remarquable d'entre eux, Constantin Vsévoldovitsch, qui consacra sa vie à combattre contre le régime nouveau de Vladimir. Imbu des traditions belliqueuses de ses ancêtres de Kief, il se pénètre des besoins de la vie nouvelle qui naît autour de lui «Que le Dieu de la paix soit avec vous «dit-il à ses enfants, à son lit de mort, comme s'il était inspiré par l'inconsistance de l'ancienne vie des guerres et des discordes. Il parle à ses enfants des oeuvres de piété, de charité et de l'instruction littéraire comme des premiers devoirs d'un prince. Dans ce testament politique du héros principal de Rostof, il n'y pas une parole consacrée à la guerre et à l'armée [160]).

Le prince qui clôt l'ancienne période des guerres est le premier promoteur de la nouvelle vie paisible qui commença dans le pays de Rostof-Souzdal. L'histoire ne procède jamais par lignes droites et les éléments les plus contradictoires s'y rencontrent partout.

Le pays de Rostof fut un des premiers de la Russie à embrasser le Christianisme; plus tard il devient un des premiers foyers de l'instruction ecclésiastique, de la seule instruction que nous ayons eue pendant des siècles. Sur tous les grands espaces de Nord-Est ce fut pendant longtemps le seul centre de civilisation. D'après les traditions, la prédication de l'Evangile fut commencée ici par St. Vladimir lui-même. D'après des témoignages historiques authentiques, le siège épiscopal de Rostof fut établi vers la moitié du XIe siècle; les premiers évêques étaient des Grecs (Théodore et Ilarion) comme partout en Russie. Ils

---

160) *V. Karsakof*, la Principauté de Rostof p. 154.

se sont enfuis après les persécutions de la part des païens. Plus tard le siège épiscopal de Rostof s'est illustré par des prélats qui ont marqué dans l'histoire de notre Eglise. Dans le dernier quart du XI° siècle se sont rendus célèbres par leur héroisme et leurs martyres dans la lutte avec les païens les évêques canonisés par notre Eglise, Léon, Issaïc et Abraham le fondateur des monastères et le propagateur de la vie monastique dons le Nord-Est. Ce dernier brisa de ses propres mains l'idole de Vélès (Voloss?) qui était encore debout dans un quartier de Rostof alors que cette ville était déjà siège épiscopal. Sur l'emplacement qu'occupait cette idole sur les rivages du lac Nero S. Abraham fonda le premier couvent de Rostof, qui existe encore de nos jours.

L'activité de ces trois prélats, dont les noms brillent dans l'histoire non seulement de ce pays, mais de notre église et de notre civilisation, nous est particulièrement intéressante parce qu'elle s'est butée à une opiniâtreté extraordinaire des païens et de leurs mages. Ces croyances païennes, que professaient ici les slavo-russes, sont indubitablement d'origine finnoise. Plus tard, durant des siècles, les mages se sont insurgés à plusieurs reprises contre les Princes et les prêtres dans le pays de Rostof. La puissance de cette foi païenne qui soulevait les masses populaires est loin d'avoir exclusivement un intérêt purement historique. Les restes de ces croyances sont si vivaces, qu'ils se sont conservés jusqu'à nos jours parmi la population du gouvernement de Jaroslavl. On leur attribue l'extrême développement des sectes religieuses dans cette province. On suppose que divers dogmes et rites par lesquels se distinguent ici ces sectes quasi-chrétiennes sont une transformation ayant un millier d'années et plus d'existence.

Il n'est pas moins intéressant de voir côte à côte avec l'esprit particulièrement industriel et commercial de la population de Jaroslavl et son esprit avant tout pratique, cette inclination aux spéculations abstraites et même à l'ascétisme qui a poussé cette même population à la vie monastique. Faut-il chercher la cause de ce phénomène dans l'extrême richesse de la nature intellectuelle de cette population qui se manifeste comme toujours par la diversité des inclinations? Faut-il attribuer ce mouvement religieux qui dure jusqu'à présent à la forte impulsion qui lui fut donnée jadis par les grandes luttes du christianisme et du paganisme? Faut-il en chercher la cause ailleurs? Nous l'ignorons. En tout cas, cette fermentation de la pensée religieuse parmi la population de Jaroslavl qui dure encore de nos jours, tout au milieu de son activité industrielle et commerciale, occupe une grande place dans les conditions mêmes tout à fait pratiques de son existence.

Comme première conséquence de ce mouvement religieux, il faut mentionner l'activité théologique du clergé de Rostof qui a persévéré pendant des siècles dans la voie tracée par ses premiers prélats et martyrs. Dans la lutte de Rostof avec Vladimir le clergé a eu une grande part; il s'efforçait de conserver à Rostof la primauté dans le rang des chaires épiscopales, ce qui, à cette époque, avait une grande importance politique. Les évêques de Rostof voulaient même obtenir l'indépendance de leur diocèse vis-à-vis de Kief qui primait toutes les villes russes. Au XII° siècle s'alluma la grande discorde religieuse entre l'illustre évêque de Rostof, Léon, et Kief. La décision de cette controverse théologique fut donnée à Constantinople, comme dernière instance ecclésiastique; tous les représentants les plus érudits de notre clergé de ce temps prirent part à cette controverse et se partagèrent en deux camps. Léon fut proclamé hérétique. C'est alors que surgit la secte de Léon contre laquelle combattirent pendant longtemps les prélats de Rostof.

Ensuite, pendant la réforme éclesiastique du Patriarche Nikone, beaucoup des principaux promoteurs du schisme, étaient au nombre des natifs ou des habitants du gouvernement de Jaroslavl. A cette époque, beaucoup de nos sectes se sont répandues dans le gouvernement, particulièrement dans les parties du nord moins peuplées, désertes et couvertes de forêts. Une de nos sectes nouvelles surnommée «les hommes errants» («stranniki»), dont un des articles de foi est de n'avoir pas de domicile, secte très obscure et la moins connue, possède ses principaux refuges dans cette province (dans la ville de Jaroslavl même et dans les villages voisins). La doctrine la plus connue de cette secte prescrit le change continuel de logis; les habitudes de ce genre de vie peuvent avoir surgi au milieu des métiers hors du domicile, si répandus dans plusieurs localités du gouvernement de Jaroslavl. Le développement extraordinaire de l'esprit de sectes a ranimé de l'autre côté l'activité du clergé orthodoxe illustrée au XVIII° siècle par un des champions les plus zélés de l'orthodoxie St. Dmitri, métropolite célèbre de Rostof. Nous mentionnerons encore quelques phénomènes liés à l'activité de l'église qui florissait à Rostof et qui éclaire certains côtés de la vie actuelle de ce gouvernement. Ce qui, avant tont, mérite l'attention, ce sont les soins voués par le clergé à l'école. Déjà au commencement du XIII° siècle, le prince le plus remarquable de Rostof, Constantin Vsevolodovitch, établit une bibliothèque de manuscrits et plusieurs écoles à Rostof, à Vladimir et à Jaroslavl; elles avaient toutes le caractère ecclésiastique.

C'est dans ces temps reculés qu'il faut chercher le commencement de l'instruction scolaire qui distingue les populations du gouvernement de Jaroslavl de nos jours. Déjà, dans la première moitié du XIII° siècle, commencent les chroniques de Rostof qui étaient tenues pas les moines auprès du siège épiscopal et qui forment une source importante pour l'histoire russe. C'est ici, que prennent aussi naissance l'architecture, la peinture et les arts attachés au culte, dont se glorifiait plus tard toute cette région et qui ont passé de Rostof à Wladimir et Moscou. Le même Constantin Vsévolodovitch a rebâti à Rostof après l'incendie, la Cathédrale de l'Assomption construite dans cette ville par Vladimir Monomaque (de Kief). Cette cathédrale a servi de modèle à l'architecture d'église dite du style de Souzdal [161]), dont les monuments font école jusqu'à présent. Une grande multiplicité de monastères commencée dans le gouvernement de Jaroslavl du temps des premiers prédicateurs chrétiens, qui continuait jusqu'au XV° siècle inclusivement, a contribué au développement de la vie intellectuelle et de l'instruction dont les centres principaux se trouvaient dans les couvents.

La multiplicité des monastères dans le gouvernement de Jaroslavl a eu encore une autre influence plus directe sur son

---

161) Voyez l'Histoire de la Russie d'Ilowaïski, II partie page 268.

économie nationale. Les monastères présentaient chez nous un des moyens de colonisation dans les pays déserts. La particularité de cette colonisation en comparaison d'autres immigrations, consistait en ceci qu'elle attirait des habitants non pas d'une seule localité, mais de tous les endroits peuplés de la Russie, même les plus éloignés, ainsi que des gens de diverses classes. Les colonies postérieures des sectateurs dans le gouvernement de Jaroslavl portaient le même caractère. Cette circonstance provient aussi de cette diversité d'éléments ethnographiques dont se composait, primitivement, sur l'étendue du Gouvernement de Jaroslavl, le type grand-russien. Plus tard les monastères disposant de vastes terrains et de différents établissements industriels devenaient, dans la population voisine, la pépinière d'activité industrielle et des métiers. Les couvents abattaient et éclaircissaient les forêts et fondaient des domaines agricoles [162]). Le nombre de monastères, même aujourd'hui, est très grand dans le gouvernement de Jaroslavl (8 dans les villes et 12 dans les districts) il a diminué seulement dans le courant de ce siècle. En 1763, avant la réforme des couvents, le gouvernement de Jaroslavl en comptait 73; jusqu'au XVIIIᵉ siècle, leur nombre y est presque le plus considérable, comparativement à tous les autres gouvernements de la région de Moscou (exception faite de Moscou et du gouvernement de Moscou où du reste ils se multiplièrent beaucoup plus tard).

Toutes les conditions de la vie historique du gouvernement de Jaroslavl, mentionnées plus haut, contribuèrent avantageusement à ses progrès intellectuels et économiques, mais ces progrès furent considérablement et pour longtemps paralysés, comme partout en Russie, par l'invasion mongole. La terre de Rostof-Sousdal en a souffert particulièrement. Les villes du gouvernement de Jaroslavl qui étaient en plein développement (dans la première moitié du XIIᵉ siècle) comme centres des arts et du commerce, ont été plusieurs fois saccagées pendant deux siècles et réduites en ruines. Une des conséquences particulières de cette période fut la colonisation tartare qui a déversé dans la popula-

---

162) Merja par Mr. *Korsakof* page 221 et autres.

tion du gouvernement de Jaroslavl encore un nouvel élément ethnologique. Ces colonies se composaient, en partie, de Tartares restés dans le pays après les invasions, en partie des princes tartares qui s'y étaient établis et qui avaient été dotés de terres par le gouvernement de Moscou. Maintenant il n'y a plus de traces de ces colons tartares qui, pour la plupart, se sont fondus entièrement avec la population russe et dont le reste a émigré. Les derniers princes «Mourzi» tartares (qui étaient établis dans de la ville Romanof «Romanovskie») et qui, ne voulurent pas embrasser le chriatianisme furent transplantés du gouvernement de Jaroslavl à Kostroma, en 1760, sous le règne de l'Impératrice Elisabeth Petrovna.

Après les dévastations tartares, cette province n'a pas joui longtemps de la paix; pendant les troubles du commencement du XVII° siècle, elle fut exposée aux invasions des armées polonaises qui durèrent plusieurs années. Les Polonais campèrent dans diverses localités du gouvernement de Jaroslavl et dévastèrent ses principales villes. (Jaroslavl, Rostof, Ouglitsch, Romanof). C'est seulement avec l'avènement au trône de la maison des Romanof qu'un calme complet s'établit dans l'ancienne terre de Rostof et les riches dons de sa nature et de l'esprit de sa population s'épanouirent à leur aise. Les souffrances endurées par ce pays, aux époques les plus tristes de l'histoire de la Russie, et qui ont arrêté le développement de sa richesse, ne restèrent pas infructueuses sous le rapport historique et moral. Ces souffrances ont soudé plus encore tous les éléments sociaux et hétérogènes de ce pays et ont placé sa population dans le courant même de notre vie historique,—courant qui a pris sa source à Moscou. Pendant la période mongole, en dépit de la faiblesse de leurs princes dégénérés, les habitants de Jaroslavl et de Rostof, se souvenant de leur ancienne vie autonome, ont essayé plusieurs fois, par des soulèvements soudains, de secouer le joug tartare. Dans le grand mouvement national qui a délivré la Russie de l'invasion polonaise, à l'époque de l'interrègne, et qui a restauré le pouvoir monarchique à Moscou, le gouvernement de Jaroslavl a joué un des premiers rôles; les évènements principaux de l'évolution si remarquable de notre histoire, ont eu lieu

sur son territoire. Jaroslavl était le point de ralliement des milices accourues de toutes les contrées de la Russie, pour établir
l'ordre dans l'État moscovite. C'est de là que le prince Pojarsky,
chef de toutes milices se mettait en communication, durant une
demi année, avec toutes les villes de la Russie. La députation
élue par les représentants du peuple pour appeler au trône Michel
Fedorovitch Romanof s'est rassemblée a Jaroslavl, et c'est là
que le premier Tzar de la nouvelle dynastie a passé les premières
journées de son règne (du 12 mars au 15 avril 1613) avant son
entrée à Moscou.

Cette esquisse rapide de la vie historique du gouvernement
de Jaroslavl n'a été faite par nous que pour mettre en lumière
sa situation actuelle et le caractère de sa population. Outre l'ancienneté de la culture tout d'abord finnoise, ensuite slavo-russe,
tous les faits historiques que nous avons vus n'ont pas pu, comme
nons l'avons dit, ne pas produire une forte action civilisatrice
sur la population de cette province. Entre autres indices de sa
vie civilisée très avancée — en comparaison de toutes les autres
contrées de la Russie — à l'exception des deux capitales (mais
non pas à l'exception des gouvernements de St. Pétersbourg et
de Moscou), indices qu'il n'est pas permis de croire accidentels, —
nons mentionnerons que Jaroslavl fut le berceau du théâtre
russe. De même le premier journal russe privé fut fondé en
1786 par Mr. Sankovski, sons le titre «l'Ermite de Poche-
chonec» [163]). Ce n'est pas seulement la classe supérieure de la
société qui se distinguait ici toujours et qui se distingue de nos
jours encore par son instruction; la masse de la population des
villages, comparativement à tous les autres gouvernements même
grand russiens et voisins, est la plus éclairée de la Russie.
Le gouvernement de Jaroslavl (d'après les données de 1878, qui
n'ont pas dû se modifier considérablement, donne chez nous la
plus grande proportion de gens lettrés (plus de 61%) [164]) parmi

---

163) Ce Journal très remarquable pour son temps a été rédité de nos jours
à Jaroslavl par les soins de Mr. Trefowk V. l'article du «Messager du gouvernement», 1882, № 224.
164) Au nombre des gouvernements les plus lettrés le gouv. de St. Pétersbourg donne 57%, Moscou 51%, Vladimir 40%, Tver 37%, Kalouga 34 et
Toula 31%.

les enrôlés appelés à faire leur service militaire. Par son développement intellectuel, son aptitude innée à toute sorte d'occupations et de métiers, ainsi que par la finesse de son éducation, la courtoisie, les bonnes manières qui distinguent particulièrement la population de cette province dans ses relations avec les étrangers et le public, elle surpasse tous les pays de la Russie; les gouvernements de Vladimir et de Moscou seuls peuvent lui être comparés. La population de Vladimir ressemble beaucoup par son type à la grande masse industrielle et commerciale de la population de Jaroslavl, et cependant elle lui cède par rapport à la douceur et la délicatesse des moeurs. La masse de la population du gouvernement de Moscou est de beaucoup inférieure à celle des gouvernements de Jaroslavl et de Vladimir, autant par rapport à la solidité intellectuelle et corporelle que par l'assiduité au travail.

Tout le monde connaît la culture extraordinaire, le poli, l'habileté, la rouerie des plus simples gens du peuple du gouvernement de Jaroslavl; on les trouve comme petits commercants, comme commis et garçons de boutiques et encore comme hôteliers et serviteurs de restaurants disséminés dans toutes les parties de la Russie, et même à l'étranger. D'après nos observations personelles, cette population sous le rapport intellectuel, — sinon moral,—dépasse de beaucoup toutes les branches et ramifications de la race grande russienne, à la seule exception peut-être de la population de Vladimlr. C'est aussi le plus beau type grand russien; les femmes sont renommées pour leur beauté. Il y faut remarquer la délicatesse des traits qui s'explique par l'ancienneté de la culture.

Le Baron Haxsthausen dans son célèbre voyage de 1845—1846 qui n'a pas peu contribué à nous faire connaître notre patrie, a consacré beaucoup de temps au gouvernement de Jaroslavl; il dit que: «pour étudier l'Empire russe sous le rapport social, le Gouvernement de Jaroslavl mérite la plus grande attention de la part de l'observateur»[165]). Ces paroles sont vraies, quoique sous le même rapport, on puisse mettre sur le même pied le gouver-

---

165) *Haxthausen*, Etudes, etc., 1 v. ch. V, p. 146.

nement de Vladimir. Il manque cependant à ce dernier le Volga
qui forme un élément historique et économique de premier rang
dans la vie de la région de Moscou, ainsi que de toute la Russie.
Avec l'agrandissement moderne de notre territoire, avec les conditions nouvelles de l'économie nationale et avec les nouvelles
voies du commerce russe et universel, d'autres pays de la Russie
(p. e. le littoral de la mer Baltique et celui de la mer Noire) ont
gagné plus d'importance pour le présent et particulièrement pour
l'avenir de notre patrie et du monde civilisé. Ces pays se trouvent
maintenant plus près des centres du commerce universel et du
monde civilisé que ne l'est le gouvernement de Jaroslavl. Mais
ces deux provinces de Jaroslavl et de Vladimir restent le foyer
historique principal de tous les éléments physiques et moraux
qui entrèrent dans la composition du peuple grand-russien,
son esprit social et politique, qui domine sur toute l'étendue de
l'Empire russe, sur tous les éléments hétérogènes qui se sont
mêlés à la nation russe. Nulle part comme ici, le type slave grand-
russien absorbant toutes les différentes races et peuplades qui
occupaient ou traversaient cette terre à diverses époques, n'a prouvé
autant de puissance pour l'assimilation des peuples et des cultures.
Au milieu de l'homogénéité extraordinaire du type grand-russien de
toute cette population de Jaroslavl on aperçoit à peine une seule
différence de race, celle des «Sizkary» habitants des rives de la
Mologa; on reconnaît en eux un reste des Korels (finnois) parfaitement russifiés de nos jours. Avec cette unité et cette pureté du type
grand-russien, fournissant de riches matériaux pour étudier ce
type, la population de Jaroslavl représente d'une manière très
normale toutes les couches historiques de notre société, toutes
ses classes qui se sont formées pendant des siècles: la noblesse
foncière à tous ses degrés, depuis la grande propriété aristocratique
jusqu'à la petite; la classe commerciale trouvant ici depuis longtemps et jusqu'à présent encore un champ fertile pour son activité
de commerce d'industrie et de transport; une population de paysans très nombreuse, de toutes les anciennes catégories, — des
paysans de l'Etat (installés sur les terres de l'Etat) et des anciens
serfs dotés de terrains rachetés aux propriétaires; ces artisans de
ville de tous métiers, ces nombreux ouvriers de fabriques et

d'usines, couche sociale nouvelle sortie des rangs des paysans et des bourgeois; une masse de gens qui s'occupent des diverses professions hors du domicile et loin de leurs foyers; enfin le clergé régulier et le clergé dit séculier (les prêtres et les moines), nourris ici par les grandes et antiques traditions de l'église orthodoxe. Tous ces groupes sociaux depuis longtemps formés chez nous se distinguent en partie par des droits de naissance déterminés par la loi, en partie par des traits naturels,— par l'éducation, le genre de vie et les occupations; après l'abolition de presque tous les privilèges de classes, lors des grandes réformes du règne passé, ces dernières distinctions naturelles des couches sociales prédominent maintenant. Tous ces groupes ont un développement égal dans le gouvernement de Jaroslavl, et on ne peut nullement dire qu'un seul groupe prévale sur les autres, de sorte que, quoique cette province comme d'autres chez nous ait le caractère prédominant de la noblesse foncière, de la classe marchande, ou celle des paysans etc., tous se maintiennent en équilibre. Nous avons déjà dit qu'en ceci consiste une des particularités caractéristiques de toute notre région de Moscou, comparativement à d'autres parties de la Russie, mais par ce trait se distingue au plus haut degré le gouvernement de Jaroslavl.

La propriété foncière se présente sous des formes très harmonieuses par rapport à ses diverses catégories: 1,200,000 dessiatines se trouvent être la possession individuelle des propriétaires grands et petits; près de 1,500,000 dessiatines appartiennent aux communes des paysans (appartenant autrefois à l'État et aux propriétaires fonciers). Dans la première catégorie la noblesse possède 787,000 dessiatines, la classe marchande — 76,000 dessiatines; ces petits bourgeois des villes —5000; les paysans [166] — 278,000 dessiatines.

De même la nouvelle couche sociale qui fit dans ces dernier temps son apparition dans notre société, après l'abolition des privilèges de classe, — la couche des gens «déclassés» se trouve suffisamment

---

166) Ces renseignements se rapportent aux années 1877/8. (V. le recueil du Comité central de Statistique, année 1884); depuis ce temps la quantité de terres appartenant aux commerçants et aux paysans a indubitablement augmenté, et la quantité appartenant à la noblesse a diminué.

représentée dans le Gouvernement de Jaroslavl. Cet élément
nouveau parvenu à la fortune avec les progrès modernes de notre
industrie et de notre vie publique, — ce tiers état ou cette bourgeoisie que nous ne connaissions pas il y a un quart de siècle, —
les entrepreneurs et les agents de toutes nouvelles entreprises
commerciales (banques, chemins de fer, navigation à vapeur, affaires
de transports et de commissions, etc.), — cet élément trouva ici
des conditions très favorables à son développement. Le gouvernement de Jaroslavl dispose de beaucoup de ces conditions
telles que: le commerce et le transport sur le Volga, la multiplicité des grandes fabriques, les métiers hors du domicile qui ont
pris un grand développement depuis l'affranchissement des serfs.
Dans la suite, quand nous ferons la description de nos excursions,
nous verrons quelques traits caractéristiques de cette nouvelle
classe, très bigarrée, de notre société.

Dans le gouvernement de Jaroslavl se trouvent de même
représentées toutes les formes de la production industrielle:
l'agriculture, l'industrie manufacturière, la grande et la petite
industrie domestique, le commerce à tous ses degrés, les branches
variées de l'industrie de transports facilités ici par des conditions
topographiques particulièrement favorables. Mais l'économie
rurale concentrée autrefois dans les mains des grands propriétaires
se trouve maintenant en décadence, comme dans toutes nos
provinces du centre et du Nord après l'abolition du servage, et
à la suite de l'accroissement du nombre des fabriques [167]). Les
expériences d'une culture rationnelle entreprises par quelques
propriétaires dans la période du servage et par lesquelles se
distinguait dans le gouvernement de Jaroslavl Mr. Karnovitch, vers
les années 40 [168]), sont restées sans résultats. Tous ces essais de
culture rationnelle, malgré leurs procédés scientifiques, étaient
calculés sur le travail gratuit des serfs et n'avaient rien à faire
avec les conditions de l'agriculture moderne; en outre, par le côté

167) V. l'article de M. *Fogel*, traitant des causes de la décadence de l'économie
rurale dans le gouvernement de Jaroslavl (Recueil statistique de M. Gatzys-
skij, 1875).

168) V. la description des domaines de Mr. Karnovitch et de son économie
rurale dans l'ouvrage de M. Haxsthausen «Etudes etc.: IV, ch. IV. L'auteur
prédisait encore en 1847 l'inconsistance des entreprises de Mr. Karnovitch.

agronomique, ils présentaient l'imitation factice des cultures de l'Europe occidentale étrangères à notre sol et à notre climat. Les propriétés foncières commencèrent de notre temps à passer rapidement en la possession d'autres classes sociales, des marchands et des paysans. — La délégation provinciale (le zemstwo) de Jaroslavl a accordé aux paysans, à partir de l'année 1881, des prêts pour l'achat de terres; ils ont acquis de cette manière dans le courant de 3 années (1881—1883) jusqu'à 4500 dessiatines. L'agriculture des paysans (particulièrement la culture du lin) grandit en dimensions, (particulièrement dans quelques districts non manufacturiers), mais elle ne fait guère de progrès, quant à la qualité de la culture (exc. dans le district de Pochechone). Dans les derniers temps, à l'exception de l'état florissant du jardinage depuis longtemps établi dans quelques localités du gouvernement de Jaroslavl (dans les districts de Rostof et de Danilof) le seul progrès notable de l'économie rurale est la multiplicité des fromageries; ces progrès ont été propagés ici par Mr. Blanchow. Il faut rappeler avec éloge les efforts de la Société Agronomique de Jaroslavl pour contribuer par diverses mesures aux progrès de l'agriculture locale. Les améliorations agricoles dans quelques localités, avec des machines et outils perfectionnés, même parmi les paysans (particulièrement dans le district de Pochechone) permettent de prévoir un avenir plus durable que celui d'expériences d'amateur qui se pratiquaient autrefois sur le sol du servage. Enfin, outre le côté économique du gouvernement de Jaroslavl, il est également très intéressant au point de vue moral. Ici, comme nous l'avons vu, auprès des traditions les plus anciennes de l'église orthodoxe, existent depuis longtemps divers courants religieux, séparés de l'Eglise, intimement liés à la vie du peuple grand-russien. A cette esquisse du gouvernement de Jaroslavl, nous ajouterons quelques données géographiques et statistiques, nécessaires pour préciser son tableau général. Sous le rapport de l'étendue (30,114 verstes carrées) le gouv. de Jaroslavl appartient aux gouvernements les moins vastes de la Russie, quoique dépassant quelques Etats de l'Occident de grandeur moyenne, (tels que la Belgique, la Hollande, la Saxe, le Würtemberg). Le sol est en

15*

général peu fertile, «gris» (argileux et sablonneux)[169]) réclamant
pour l'agriculture l'engraissement de la terre; c'est la première
raison qui force la population, sur toute l'étendue du gouvernement,
à chercher des sources d'existence dans diverses industries et
métiers. Par sa situation topographique ainsi que par ses rapports
géographiques et physiques, par le climat et la végétation, cette
province forme dans sa partie septentrionale la transition de la région
centrale de Moscou avec celle du nord (vers les gouvernements
de Vologda et d'Archangel). Le gouvernement de Jaroslavl se
distingue par une abondance d'irrigation extraordinaire; on y
compte jusqu'à 34 affluents du Volga et dans ce nombre des
rivières aussi importantes que la Mologa et la Scheksna, ainsi
que 110 lacs. Les eaux, comme voies de transport, forment la
condition économique la plus essentielle de ce gouvernement; en
même temps elles desservent ici une branche très importante de
l'économie nationale, — la pêche. Nonobstant la forte destruction
des forêts dans le courant de ce siècle (pour les besoins de la
navigation, des fabriques, et de la culture agricole dite «pod-
ssetchnoe») on a compté dans le gouvernement de Jaroslavl vers
les années 70, à peu près un million de dessiatines de forêts[170]).
Les forêts qui se sont conservées le plus sont dans la partie nord
du gouvernement et au-delà du Volga, dans les districts de
Pochechonye, de Mologa, de Myschkine et de Danilof, ainsi que
dans le district d'Ouglisch sur la rive droite du Volga. Les autres
districts, et particulièrement les localités manufacturières, souffrent
de l'insuffisance du boisement. Des districts boisés on en exporte
encore à destination d'autres gouvernements. Avec la pénurie de
nos renseignements statistiques[171]) nous sommes ici, comme toujours, embarrassé de fournir encore d'autres données statistiques

169) V. *Krylof*, la description du Gouvernement de Jaroslavl sous le rapport
géologique. (Trai du Com. Stat. G. de J. 1872).
170) Voyez l'esquisse du gouvernement de Jaroslavl par M. Daschkewitsch
Czajkovski (Tr. du Comité de Statistique du gouvt. de Jaroslavl 1871).
171) Les nombreux travaux du Comité Statistique du gouvernement de Jaroslavl en fait d'exploration du gouvernement méritent une grande attention,
mais ils se rapportent presque exclusivement à ses conditions physico-géographiques.

exactes [172]). De cette manière il serait important avant tout, si on voulait juger des conditions du bien-être et de ses variations, de connaître le mouvement de la population pour des périodes prolongées, ainsi que tous les éléments de la statistique de la population dans diverses localités du gouvernement de Jaroslavl. Mais nous n'avons là-dessus que des données fragmentaires pour quelques années isolées, et complètement insuffisantes pour n'importe quelles conclusions générales. De plus, avec le développement puissant de l'industrie manufacturière, il serait nécessaire pour atteindre notre but, d'avoir des renseignements au moins sur le nombre des fabriques et des usines, et leur répartition dans les diverses localités. Même ces données élémentaires nous manquent, les chiffres rapportés dans diverses publications concordent si peu entre eux, qu'il y des différences de centaines d'établissement industriels. Sans pouvoir produire des chiffres, nous sommes en mesure d'affirmer, d'après tous nos renseignements et toutes nos observations personnelles, qu'après les gouvernements de Moscou et de Wladimir, le gouvernement de Jaroslavl (sauf quelques localités) est le plus industriel, de même que le plus riche en grandes fabriques. La production de tous ces établissements industriels est excessivement variée. Par la quantité des produits se signalent particulièrement les établissements suivants: tout d'abord les moulins à farine favorisés par le mouvement des blés sur le Volga, ensuite les fromageries et les beurreries, les tanneries, les fabriques de produits chimiques, les teintureries, scieries, distilleries etc. Relativement à la quantité et à la valeur de la production centralisées dans un nombre restreint de grandes fabriques, il faut citer: l'industrie du lin et celle du coton qui se trouvent à fort peu près au même niveau que la production des farines. L'industrie linière (le filage et le tissage, voyez plus bas dans la description de notre voyage) est historique dans le gouvernement de Jaroslavl. On en parle (ainsi que du jardinage)

---

172) Les renseignements statistiques les plus intéressants sous le rapport économique sur le gouvernement de Jaroslavl (ainsi que sa meilleure esquisse générale historico-statistique) sont renfermés dans un travail de feu *A. Artemief*, un de nos meilleurs statisticiens (en 1866). Mais les données y exposées sont actuellement arriérées.

dans les temps les plus reculés de l'histoire de ce pays, — il y a au moins mille ans. Bien avant les grandes fabriques modernes, le filage et le tissage du lin étaient répandus dans le pays comme industrie domestique des paysans. Cette industrie continue jusqu'à présent (v. plus bas). Diverses autres branches de la petite industrie domestique existent dans le gouvernement de Jaroslavl et occupent les bras de sa population rurale presque partout. Ses produits les plus répandus sont ceux de cuir, de peau de mouton, de feutre, de bois, de serrurerie et autres. Grâce aux recherches de Mr. *A. L. Timof* nous possédons des renseignements positifs et suffisamment complets sur l'industrie domestique du gouvernement de Jaroslavl [173]). Enfin, pour terminer cette esquisse des éléments économiques du gouvernement de Jaroslavl, il faut mentionner encore une fois l'un des éléments les plus importants — sinon le plus important, — de toute son activité industrielle, — l'abondance de toutes sortes de voies de communication par eau et par terre. Ces voies, comme nous l'avons vu, ont déterminé les destinées historiques de cette province, ainsi que les occupations prédominantes de sa population, — le commerce et l'industrie de transport et de commission. Ces voies nombreuses traversent depuis les temps les plus anciens le gouvernement de Jaroslavl dans toutes les directions, du midi au nord, de l'est à l'ouest. Elles relient ce gouvernement à toutes les parties de l'Empire, ainsi qu'à l'Europe occidentale. Quelques unes de ces voies ont le caractère de grandes voies de communication pour toute la Russie; la principale, le Volga, est d'une importance universelle pour toute l'Europe. Outre le Volga et ses affluents, la Scheksna et la Mologa, qui ont créé pour ce gouvernement le rôle de première station reliant le bassin du Volga à l'Europe occidentale et aux voies universelles, il y a encore quelques grandes routes de terre servant au commerce sur de grands espaces de la Russie. Le plus important de ces chemins est celui de Moscou à Archangel (par Rostof, Jaroslavl, Vologda et Vaga). Cette grande voie fut la première route postale

---

173) V. les Travaux du Comité de Statistique du gouvernement de Jaroslavl, 1875. On y trouve une carte complète de l'industrie domestique.

de la Russie et en même temps la première route entretenue par l'Etat; elle a été organisée comme telle par Pierre-le-Grand, mais elle servait de temps immémorial à la communication de l'intérieur de la Russie avec son seul port maritime. Jusqu'à la fondation de St. Pétersbourg, le grand Empereur était très préoccupé de cette route. Maintenant elle est couverte de rails de Moscou par Jaroslavl jusqu'à Vologda. En outre le gouvernement de Jaroslavl est traversé par une · grande route postale (de la frontière du Gouvernement de Kostroma par Jaroslavl, Rybinsk, à la Mologa) qui sert de communication à St. Pétersbourg avec les lointaines régions du nord-ouest de la Russie. Par l'angle nord-est du gouvernement (district de Pochehonye) passe encore une autre route de St. Pétersbourg (par Tchérepovetz et Vologda vers Archangel) unissant la capitale avec l'extrême nord. Outre toutes ces voies de premier rang, le gouvernement de Jaroslavl compte encore quantité de chemins vicinaux depuis longtemps frayés par le commerce et par lesquels on transporte marchandises et passagers, dans toutes les directions et dans les diverses localités de ce gouvernement. Cette abondance des chemins et des noeuds de leur croisement a créé une multitude de stations et d'entrepôts non seulement dans les villes, mais aussi dans les villages. Ces stations procurent toute sorte d'occupations à la population locale. La principale station de ce genre sur la voie la plus importante, la ville de Rybinsk, est considérée comme un des premiers points de transbordement et des premiers entrepôts de toute la Russie. Mais, dans ces derniers temps, certaines des conditions topographiques du gouvernement de Jaroslavl, qui ont contribué dans le courant des siècles au développement de ses voies de communication et de son commerce, se sont considérablement modifiées. Le mouvement sur la voie principale entre l'Orient et l'Occident (ou plutôt entre le nord-est et le sud-ouest), sur le Volga, grandit sans interruption; toutes les conditions nouvelles de l'économie nationale et du commerce n'ont eu d'autre influence que d'augmenter ce mouvement (V. le Ier tome de cet ouvrage). Mais l'importance de l'autre grande voie de communication du gouvernement de Jaroslavl, entre le midi et le nord, entre Moscou et Archangel, a sensiblement diminué; la décadence de cette voie commerciale n'a pu même être arrêtée par l'établissement d'une voie ferrée entre Moscou et Vologda. La cause principale de ce phéno-mène qui a commencé à porter atteinte au commerce de la ville de Jaroslavl et du gouvernement de Jaroslavl déjà à partir du siècle dernier et qui s'est particulièrement accentuée dans ces derniers temps, se trouve dans la décadence du port d'Archangel et de l'Océan glacial pour le commerce russe et universel. Ensuite, l'exclusion de toute la partie septentrionale de la Russie du réseau de chemins de fer dont fut surabondamment doté le reste de l'Empire contribua au même résultat. Enfin, la défectuosité du chemin de fer entre Jaroslavl et Vologda, à voie étroite, empêche de même le relèvement de cette grande voie, autrefois si animée. (V. plus bas notre excursion dans ces localités). En conséquence de la décadence historique de toute cette voie autrefois magistrale de la Russie (entre Moscou et Archangel), le mouvement des marchandises et des passagers sur le chemin de fer entre Moscou et Jaroslavl, malgré l'excellente administration de cette ligne, n'a pas répondu aux attentes qu'on en espérait lors de sa construction [174]). Le mouvement principal des marchandises se trouve concentré entre Moscou et le Volga (Jaroslavl), et le mouvement principal des passagers seulement entre Moscou et le célèbre couvent de St. Serge, dans le courant de l'été. Entre Moscou et Jaroslavl on n'expédie qu'un seul train de passagers par jour. Cette voie, jadis européenne, s'est presque transformée en voie locale pour trans-porter les passagers et les marchandises entre Moscou et Jaroslavl et en partie entre Vologda (dans la saison d'hiver entre St. Pé-tersbourg et Vologda). Après cet exposé des conditions économiques du gouvernement de Jaroslavl, s'impose la question suivante: quel est le niveau général du bien-être de sa population comme résultat de toutes ces conditions de son activité? Pour répondre à cette question nous n'avons pas, comme dans tous les cas pareils, de données statistiques exactes, nécessaires pour comparer cette province avec d'autres parties de la Russie. D'après nos ob-servations personnelles et approximatives, nous sommes sûr

---

174) V. les Travaux de la Commission pour l'enquête des chemins de fer en Russie. — Moscou 1880.

que ce niveau général du bien-être dans la masse de la population du gouvernement de Jaroslavl, est très élevé, — plus élevé même que dans nombre de nos localités industrielles de la même catégorie, par exemple, dans le gouvernement de Moscou. D'après nos impressions et observations dans nos multiples voyages à travers diverses contrées de la Russie, nous avons acquis la conviction que parmi beaucoup de pays de la Russie européenne qui nous sont connus, le bien-être matériel des populations, particulièrement rurales, auxquelles appartient la grande masse de notre peuple, est le plus élevé dans les gouvernements de Perm, (parmi la population travaillant aux mines et usines métallurgiques), de Vladimir et de Jaroslavl. De cette vue générale il faut excepter quelques points particulièrement pauvres aussi bien dans ces gouvernements que dans les quelques endroits exclusivement riches d'autres parties de la Russie. Les causes de ce niveau relativement élevé du gouvernement de Jaroslavl, il faut les chercher, nous semble-t-il, non-seulement dans l'abondance des professions et des salaires créés par les conditions locales du pays, ainsi que dans l'esprit d'entreprise de cette population, mais aussi dans cette circonstance que la masse de la population, malgré ses diverses occupations industrielles et métiers, n'abandonne pas l'agriculture et la terre. Une partie du gouvernement, particulièrement celle du nord, suffit à sa propre alimentation par ses propres céréales; les districts de Potchechonyé et de Mologa en exportent. Les localités industrielles et riveraines du Volga sont toujours amplement approvisionnées par le commerce. Mais il faut noter un trait particulier de ce bien-être propre à toute la région industrielle de Moscou et qui distingue particulièrement la population de Jaroslavl: on n'épargne guère les gros gains, on les dépense largement à toute espèce d'articles de luxe, en parures, en embellissements des maisons, et en plaisirs. Les besoins essentiels de la vie sont le moins bien pourvus. C'est pourquoi on ne remarque pas d'accumulation de la richesse et de progrès du bien-être comme on devrait s'y attendre en présence des conditions naturelles de cette province. D'après l'opinion générale, le côté moral de la vie de la population de Jaroslavl est de beaucoup au-dessous du côté matériel et intellectuel et présente même beaucoup de tristes particularités. A la corruption des moeurs, outre le caractère dominant de la vie agitée dans cette province, ont beaucoup contribué les divers métiers hors du domicile, les rives du Volga encombrées d'une foule de visiteurs de toutes les contrées et les grandes fabriques. Néanmoins, à l'exception des journaliers des rives du Volga, recrutés parmi les foules nomades, la population du gouvernement de Jaroslavl ne connaît pas les crimes grossiers et violents. L'esprit de cette population est étranger à ces crimes par son développement intellectuel, la douceur et la finesse de ses moeurs, et son caractère avant tout pratique et calculateur. Ce qu'il y a de plus vicieux dans la vie de cette population, peut-être «désigné par le vocable» «moeurs légères», souvent même dissolues. Ainsi, par exemple on dit, que le trait caractéristique du Jaroslavien c'est — la filouterie; mais l'inclination à la malhonnêtété dans les transactions ne va pas plus loin; un excès plus grand d'improbité serait peu avantageux à ces gens, à leur réputation bien acquise de gens les plus agréables en affaires. «Le phénomène le plus en relief» dans le gouverne-ment de Jaroslavl sous le rapport moral, c'est le nombre extra-ordinaire des enfants naturels (parmi les filles et les femmes mariées). Dans quelques localités ces naissances atteignent un chiffre inouï: au total, une fille sur quatre avait des enfants. Ces faits sont basés sur des renseignements exacts, recueillis vers les années 60; il n'y a pas de raison pour croire que les choses aient changé en mieux depuis ce temps. On attribue ce phénomène particulièrement aux métiers hors du domicile éloignant le sexe masculin des familles, au flux continu des voyageurs et à quel-ques sectes religieuses hostiles aux mariages légitimes. Relati-vement à la caractéristique de diverses populations du gouver-nement de Jaroslavl et de leurs moeurs, nous communiquerons encore nos observations personnelles, quand nous ferons la de-scription de nos excursions. Mais avant de faire cette description il faut indiquer les divers groupes de localités entre lesquels se partage cette province. Ces diverses parties sont déterminées par diverses conditions géographiques et historiques. Premièrement il faut distinguer toute la partie septentrionale du gouvernement, ou plus exactement la partie nord-ouest, au nord du Volga et à l'est de la Scheksna (à peu-près entre ces deux rivières), les districts de Pochechonyé, de Danilof et de Loubime; cette partie du gouvernement est *historiquement* la plus jeune ou du moins celle qui a été peuplée le plus tard (à part quelques localités du quelques district de Pochechonyé). Ici les occupations prédominantes sont l'agriculture et divers métiers hors domicile. La vie industrielle la plus animée et les localités les plus importantes appartiennent à la grande partie restante du gouvernement de Jaroslavl. Ici il faut distinguer premièrement *la zóne* riveraine du Volga; nous comprenons ici non seulement toutes les localités arrosées par le Volga, mais aussi les rives de ses affluents la Scheksna et la Mologa, les districts de Myschkine, Mologa et Rybinsk, ainsi que les localités proches du Volga dans les districts d'Ouglitch, Romanof-Borissoglebsk et Jaroslavl. Ces dernières localités ont le caractère transitoire entre la deuxième et la troisième zóne. Tout ce groupe de localités occupe la partie ouest du gouvernement et y pénètre sous forme de coin, en suivant le courant du Volga jusqu'à Jaroslavl, jusqu'à la frontière du gouvernement de Kostroma. Le centre de cette zóne est la ville de Rybinsk qui, comme noeud de communication et de commerce sur une étendue immense de la Russie, forme le point culminant du gouvernement de Jaroslavl. Dans la vie du peuple, dans cette partie du gouvernement de Jaroslavl, domine la navigation sur le Volga et sur les voies d'eau qui l'unissent à St. Pétersbourg; toutes les industries sont liées à ce mouvement. Les deux premières zónes, (l'une par ses divers métiers hors du domicile, l'autre par la navigation sur le Volga) gravitent vers St. Pétersbourg et appartiennent à son rayon d'activité économique. Enfin, la troisième zóne au sud du Volga, contiguë aux localités les plus industrielles de la région de Moscou (gouvernements de Moscou, Vladimir et Kostroma) les districts d'Ouglitch, de Jaroslavl et de Rostof — constitue le territoire le plus ancien de la terre de Rostof. Ici c'est l'industrie manufacturière qui prédomine; l'agriculture est très peu en honneur. Les centres principaux de cette zóne sont Jaroslavl et Rostof, ensuite vient Ouglitch. Toutes ces villes (particulièrement les deux premières) sont, après Rybinsk, les villes les plus importantes du gouvernement. Nous n'avons indiqué que les traits les plus distinctifs dans la vie économique des populations de ces trois zônes. Les mêmes occupations et industries se rencontrent dans toutes les parties du gouvernement de Jaroslavl. L'agriculture n'est étrangère à aucune de ses localités; les métiers hors domicile se retrouvent de même partout.

Dans nos excursions, nous avons fait connaissance avec toutes les parties du gouvernement de Jaroslavl, nous avons visité leurs localités les plus caractéristiques et tous leurs principaux centres[175]. Nous avons déjà fait précédemment la description du pays riverain du Volga et de son centre Rybinsk (V. T. I de cette ouvrage, chapitre II. «Le Volga de Tver à Nijni»). Nos excursions dans toutes les autres parties du gouvernement de Jaroslavl pendant ces dernières années ont commencé en Octobre 1879 par la ville de Jaroslavl, dans la zône manufacturière et industrielle; elles ont continué, en 1881, dans cette même zône, dans le rayon de la ville de Rostof; enfin nous avons achevé ces excursions en 1884 en visitant la partie septentrionale du gouvernement et le pays des métiers hors du domicile. Nous ferons ici la description de toutes ces excursions et des localités où elles ont eu lieu. Nous avons bien des fois, dans le courant du dernier quart de siècle, visité la ville de Jaroslavl; nos observations personnelles, concentrées toujours sur les mêmes questions de la vie économique, peuvent servir à comparer le mouvement de cette vie pendant toute cette période. Toute la gloire de cette ville appartient au temps passé, — en partie très éloigné et, en partie, à un temps assez récent. Jaroslavl est une des plus anciennes villes de la Russie, c'est-à-dire des plus anciennes dans notre histoire de la Russie comme Etat. Elle fut fondée (vers 1026—1036) par le Prince Jaroslaf Vladimirovitch (fils de St. Wladimir le Grand) lors de sa visite à la terre de Rostof. — D'après la tradition, le Prince Jaroslaf chassant à l'embouchure du Kotorost sur le Volga — tua une ourse et, séduit par les charmes de la situation, fit bâtir cette ville, comme place forte contre les invasions des peuplades finnoises.

---

175) A la seule exception, à notre grand regret, du district de Potchechonyé très intéressant sous beaucoup de rapports.

Cette ville reçut le nom de son fondateur. C'est pour cette raison que figure un ours dans les armoiries de Jaroslavl. Les destinées postérieures de cette ville ont été en partie indiquées plus haut. Au temps de la puissance de la principauté de Rostof, Jaroslavl était insignifiante; après la chute du grand Rostof, elle prend sa place pour servir de centre à tout le pays avoisinant. Plus tard, lors de la puissance du commerce étranger dans le port d'Archangel, Jaroslavl acquiert une grande importance commerciale et on y voit, à partir du XV° siècle, s'établir des comptoirs étrangers (anglais). La décadence du port d'Archangel a le plus sensiblement diminué l'activité commerciale de Jaroslavl. Dans la seconde moitié du dernier siècle et dans la première du XIX°, cette ville est à l'avant-garde de la vie intellectuelle et mondaine de l'intérieur de la Russie; elle a vu le premier théâtre russe (fondé par le marchand Volkof en 1748) et le premier journal privé (en 1786—1787). Les voyageurs étrangers, visitant la Russie dans la première moitié de ce siècle, se dirigeaient de préférence vers Jaroslavl et l'ont glorifiée dans des ouvrages que lisait toute l'Europe civilisée [176]). Plus sérieuse que cette renommée mondaine de Jaroslavl est son activité commerciale qu'elle a gardée jusqu'à nos jours, bien que son importance commerciale ne soit plus ce qu'elle était aux siècles derniers. Le rôle actuel de Jaroslavl encore bien puissant dans tout le commerce intérieur de la Russie (dans le bassin du Volga et de la Kama) n'appartient pas précisément à cette place même, mais plutôt à ses gros capitalistes et ses marchands; par leurs capitaux il prennent part à toutes les grandes transactions de notre commerce intérieur (particulièrement en blés et en fers) embrassant de vastes étendues de la Russie. Plusieurs négociants de Jaroslavl sont au premier rang

---

176) Ainsi, outre le Baron Haxtgausen, ont glorifié Jaroslavl, ses salons et son hospitalité dans leurs souvenirs de voyage en Russie, le Vicomte d'Arlencourt, le Marquis de Custine et sinous ne nous trompons, même Balzac. Ont contribué le plus à l'animation et à l'éclat de la vie mondaine de Jaroslavl dans la première moitié de ce siècle et sont restés dans les annales de cette ville les gouverneurs militaires de Jaroslavl le général K. M. Poltoratzky (qui y a dépensé toute sa fortune) et le général Bariatynski; particulièrement ont été renommées par leur esprit et leur instruction leurs épouses connues de toute la haute société de St. Pétersbourg.

des commerçants russes. Mais leurs opérations ne s'effectuent pas, à proprement parler, à Jaroslavl, mais dans d'autres centres commerciaux plus importants que Jaroslavl, et à la foire de Nijni leur part est très grande. Comme port, comme place de transaction et d'entrepôt et comme bourse, Jaroslavl est complètement insignifiant de nos jours, en comparaison d'autres places riveraines du Volga. D'après sa production industrielle, Jaroslavl avec ses nombreuses fabriques et usines (V. plus bas) a maintenant plus d'importance que sous le rapport commercial.

Nous basant sur nos observations personnelles dans le courant de ces vingt-cinq dernières années, nous pouvons dire comme résultat général, indubitable pour nous, que: Jaroslavl pour tout ce quart de siècle n'a pas fait de progrès et se trouve même en pleine stagnation, à l'exception de quelques unes de ses grandes fabriques; sous d'autres rapports on remarque même la décadence de cette ville (p. e. par rapport au commerce local en détail et à la vie publique, qui dépérissait de plus en plus sous nos yeux). La décadence de cette ville est surtout visible lorsqu'on la compare à d'autres points riverains du Volga, particulièrement à Rybinsk qui est maintenant le principal centre commercial du gouvernement de Jaroslavl et son premier représentant dans le commerce étranger. Jaroslavl appartient à ces anciens centres de la vie publique et du commerce qui sont éclipsés par les forces et les moyens perfectionnés de communications (la navigation à vapeur, les chemins de fer, les télégraphes) et sont engloutis par le mouvement dans les centres croissants de premier rang (V. ce que nous avons dit à ce sujet dans le Tome I). De cette manière le chemin de fer de Moscou-Jaroslavl a positivement réduit, sinon totalement détruit, la vie locale d'Jaroslavl, et a diminué dans les classes supérieures de sa population tout intérêt à cette vie. Avec cette ligne et avec la navigation à vapeur sur le Volga, Jaroslavl est devenu pour tout le public nombreux circulant sur ces voies, une station où l'on passe une heure, et même ce sont plutôt les gares, les bateaux à vapeur qui servent de station et non la ville elle-même qu'aucun des voyageurs n'a d'intérêt à visiter. Pour la société locale, le chemin de fer a grandement facilité les voyages à Moscou où elle trouve de quoi satisfaire à tous ses besoins intellectuels et esthétiques, à tous ses plaisirs et à *t*autes ses distractions; tous les objets tant soit peu recherchés, même toutes les marchandises de meilleure qualité sont achetés par le public de Jaroslavl à Moscou où il dépense tout son argent superflu. Les petits commerçants des villes de district et des campagnes dans tout le gouvernement ont acquis par le chemin de fer le moyen facile et peu coûteux de s'approvisionner à Moscou, au lieu de Jaroslavl; on fait ses commandes par le télégraphe. C'est la marche naturelle des choses sous l'influence des moyens perfectionnés de communication, qui centralisent excessivement le commerce et la vie. De cette façon le commerce local en gros et en détail dépérit à Jaroslavl. Il est très frappant de voir la moitié environ de la grande quantité des magasins y existant depuis longtemps vide et fermée. L'appauvrissement de la noblesse locale après l'émancipation a également contribué à un certain degré au déclin de la vie publique à Jaroslavl.

Les observations personnelles que nous venons d'exposer sont confirmées par les données statistiques existantes [155] quoique elles n'inspirent pas beaucoup de confiance. Ainsi le nombre d'habitants tourne à Jaroslavl, dans le courant de 25 années, autour du même chiffre de 30,000 âmes des deux sexes. Le nombre d'habitants n'a positivement pas augmenté, il se peut même qu'il ait diminué (si on n'admet pas d'erreurs dans les chiffres indiqués dans diverses éditions; en 1862 on notait 27,000, en 1863, 30,000, en 1865 29,000, en 1871 37,000, et en 1879, 24,000) [178]. Nous ajoutons plus de foi aux renseignements statistiques sur le nombre des bâtiments; il n'a pas augmenté pendant 24 ans; (on notait en 1862 — 2692 maisons, dans ce nombre 434 en pierre; en 1867 — 2544, en pierre 440, en 1871 — 2617, en pierre 441). Les revenus de la ville ont sensiblement augmenté et suivaient une marche toujours progressive (en 1863, 53,500 R., en 1867, 70,000 R., en 1871, 74,000 R., en 1882, 169,000 R.); mais l'accroissement des revenus de nos villes, provoqué dans les derniers temps par une forte augmentation des dépenses (des dé-

---

177) V. les ouvrages indiqués plus haut.
178) De pareilles incohérences se trouvent dans toutes nos données statistiques.

penses de l'administration avant tout) — ne nous prouve nullement les progrès de la richesse de nos villes. Le nombre des
fabriques et des établissements industriels a considérablement
augmenté dans le courant des 25 dernières années; on en compte
actuellement jusqu'a 265: de ce côté les progrès de la ville de
Jaroslavl sont le moins contestables. Enfin, l'augmentation continuelle des patentes de commerce délivrées à Jaroslavl ne prouve
pas le développement direct de son commerce local. Les marchands
de Jaroslavl se servent de ces patentes pour trafiquer sur d'autres
places de l'Empire.

En conséquence de l'ensemble de tous les indices de la vie
sociale, de l'activité et de la richesse de ses habitants, on peut
d'une manière générale mettre Jaroslavl, au rang de nos villes *moyennes*, c'est-à-dire de grandeur moyenne, catégorie à laquelle appartient
la grande majorité de nos villes. Cette ville fut toujours renommée pour
la beauté de sa situation qui est liée à l'histoire de sa fondation; de
même elle était vantée pour la beauté de ses édifices et de ses
constructions qui y furent élevés dans l'ancien temps par ses
princes et dans les temps modernes par quelques gouverneurs et
quelques maires de la ville [170]). La description de l'extérieur de
la ville n'entre pas dans notre programme. Notons seulement
que, pareillement à toutes nos villes, il n'est pas resté à Jaroslavl
de traces des anciens édifices (églises et couvents) élevés par ses
princes. Les ravages sans cesse renouvelés des Novgorodiens, des
Tartares et des Polonais, et ensuite les incendies qui sont si fréquents chez nous, ont tout détruit. Tous les bâtiments qui existent
sont tout à fait modernes. Aux dévastations anciennes, après lesquelles sont à peine restées quelques constructions du XVIIe
siècle, se sont jointes les restaurations absurdes du commencement du XIXe siècle, qui détruisaient à leur manière l'architecture et la peinture anciennes. Jaroslavl reste cependant une de
nos villes les mieux bâties et les mieux situées; mais chaque fois
que nous y revenions dans le courant de ces 25 dernières années,
nous remarquions un silence de plus en plus grand dans ses rues, et

---

179) On garde entre autres le souvenir — en fait de bâtisses, du gouverneur
A. M. Bezobrazof, au commencement de ce siècle. Dans les temps plus récents, le
maire actuel Mr. J. A. Wachramiejef a montré le plus de zèle sous ce rapport.

finalement nous avons été singulièrement frappé de ce silence à notre dernier passage en 1884. Toute notre attention était consacrée, à Jaroslavl, aux établissements industriels dont nous avons visité les plus importants. Les établissements les plus remarquables sont: 1) «la grande manufacture de Jaroslavl (appartenant autrefois à Korzinkïne et maintenant à une compagnie par actions — fabrique de filés et de tissus de coton), 2) le moulin à vapeur pour grains de Vachramichine (autrefois Krochoniatkïne) 3) une usine pour cloches de Olovianitchnikof». Il faut encore mettre au nombre des établissements de Jaroslavl jouissant d'une grande renommée la fabrique de Norskoe pour la filature du lin et du coton, (appartenant à une société) près de Jaroslavl (près du bourg de Norskoe, sur le Volga, à 12 verstes en amont de Jaroslavl). Ensuite, méritent d'être notés les nombreux établissements produisant la céruse, le tabac, les cuirs, les chandelles (de suif et de cire), la poterie, etc. Mais parmi tous ces derniers établissements il n'en est pas un seul qui se distingue par la perfection de ses produits ou de ses procédés techniques. Nous donnerons une attention particulière seulement aux établissements que nous avons visités personnellement, savoir la grande manufacture de Jaroslavl, la fabrique de Norskoe et les usines pour la fabrication de la céruse [180]).

Les deux grandes fabriques susmentionnées comptent parmi les établissements les plus importants en Russie dans leurs branches. Pour nous, ces fabriques présentaient un intérêt d'autant plus grand que nous les visitâmes en 1861, et que nous pouvions aujourd'hui les comparer à vingt ans de distance et faire des observations sur le développement de notre industrie pendant cette période. La grande manufacture de Jaroslavl est du nombre des phénomènes indusriels excessivement rares chez nous. Elle existe sans interruption depuis 163 ans, quoique avec des changements

---

180) Nous sommes bien redevable pour la coopération à nos travaux à Jaroslavl et dans le gouvernement de Jaroslavl en général à Mrs. *N. A. Bezak* (à cette époque gouverneur de Jaroslavl) à Mr. *Kapoustine* (directeur du lycée Demidof) à l'inspecteur du conseil médical Mr. *Schajtanof*, à Mr. *W. W. Kaatchef*, maréchal de noblesse, et à Mr. *Skoulsky*, président de la délégation provinciale (zemstwo) du gouvernement.

profonds dans sa production. Elle fut fondée en 1722 pour le
tissage des toiles à la main par Zatrapeznikof, marchand de Jaroslavl, un des premiers propagateurs de cette industrie en Russie.
Il produisait annuellement pour environ un million de roubles de
diverses étoffes de lin qui, à cette époque, furent exportées en grandes
quantités à l'étranger. Avec l'apparition de l'industrie du coton
au commencement de ce siècle, cette fabrique a subi le sort
commun à l'industrie linière qui fut écrasée même sur son sol
historique, dans le gouvernement de Jaroslavl, par les cotonnades.
La manufacture de Jaroslavl a déjà depuis longtemps entrepris
la production de filés et de tissus de coton. Elle a progressé incessamment pendant les vingt-cinq dernières années. Sa production
annuelle monte à plus de 5 millions de roubles; 3500 ouvriers y
trouvent toujours du travail, mais ce nombre augmente aux
époques de l'animation des affaires. La manufacture de Norskoe a
été fondée il y a 35 ans pour la filature et le tissage du lin, au
temps où l'industrie du lin renaissait chez nous avec l'apparition
des nouveaux appareils mécaniques. Les toiles de la manufacture
de Norskoe se distinguaient par les qualités de leurs produits qui
sont les premiers de la Russie. Mais dans les dernières années
(après 1870) au milieu de nouvelles fluctuations de notre industrie linière [181]) dont nous parlerons encore dans la suite, elle
a suspendu le tissage du lin, ne le trouvant pas assez avantageux,
et l'a remplacé par la production du filé de coton. Elle a conservé
seulement la filature du lin que toutes nos fabriques de lin trouvent
beaucoup plus profitable que le tissage, vu la grande demande du
fil de lin de la part des paysans pour leur tissage domestique.
La production annuelle de la manufacture de Norskoe monte à
$1\frac{1}{2}$ million de roubles; ou y trouve près de 3000 ouvriers. Ces
deux établissements manufacturiers représentent parfaitement
«la grande industrie» de notre temps; aussi bien sous le rapport
des vastes dimensions de leur production, des moteurs et des appareils mécaniques, qu'à cause de la grande masse d'ouvriers
agglomérées ici et logés dans les bâtiments appelés chez nous

---

181) V. le compte rendu de l'exposition de 1882. Les rapports des experts
(T. III) et notre esquisse sur le développement de l'industrie linière (dans l'appendice).

«casernes». Ces populations ouvrières sont d'un type nouveau surgies chez nous et croissant avec rapidité pendant les vingt-cinq dernières années à l'instar de l'Europe occidentale. Par le nombre d'habitants ces nouvelles cités ouvrières dépassent de beaucoup la majorité de nos villes. Nous avons constaté en 1879 à ces deux fabriques, comparativement à ce que nous y avons vu en 1861, un accroissement extraordinaire de la production et des ateliers, ainsi qu'un perfectionnement dans les constructions et les procédés et appareils techniques. Nous les avons visités en 1879 à l'époque de la grande animation des affaires après la guerre (V. le I T. de cet ouvrage). La grande manufacture de Jaroslavl, augmentait, ainsi que le voulait la compagnie, toutes ses constructions ainsi que le nombre des broches et des métiers à tisser. Le principal directeur de cet établissement ainsi que bon nombre de gérants instruits et prévoyants, qui étaient à la tête de divers établissements industriels nous disaient que cette surexcitation de la production n'étant pas raisonnable et naturelle provoquerait une réaction, la réduction des débouchés et de la production (ce qui est réellement arrivé depuis). En ce qui concerne les conditions de la vie des ouvriers aux deux fabriques, particulièrement à la grande manufacture de Jaroslavl, nous avons trouvé une grande amélioration pour les vingt années écoulées. Bien qu'il y ait des progrès ultérieurs et bien urgents à souhaiter et qu'il faille les espérer sous l'influence des lois nouvelles sur le travail des femmes et des enfants, néanmoins nous avons eu dans ces deux établissements la certitude de combien se trouve améliorée la situation de nos ouvriers dans cette période. Tout le côté matériel de leur vie dans les vastes casernes était de beaucoup meilleur, comparativement aux logements sales et infects qui nous ont frappé en 1861. Les hommes y étaient enfermés comme des animaux. Par exemple, nous avons trouvé maintenant des lits convenables au lieu de l'entassement des gens pêle-mêle sur le plancher. Les meilleurs tisseurs à la gr. manufacture de Jaroslavl sont du gouvernement de Vladimir. Les Jaroslaviens n'aiment pas à travailler dans les fabriques. Ils préfèrent des occupations plus indépendantes. Le salaire du tisseur (lors de notre visite) était de 14 roubles par mois et celui du fileur s'élevait jusqu'à 16 roubles par mois. Les

meilleurs tisseurs travaillent ici sur trois métiers; ils travaillent
ordinairement chez nous seulement sur deux (en Angleterre on
travaille ordinairement sur quatre métiers, aussi gagne-t-on là
bas, avec le salaire dont les dimensions sont plus grandes, incom-
parablement plus que chez nous). Tous les salaires ont en général
considérablement augmenté en Russie dans le courant de vingt
années; par exemple: les rubanières gagnaient en 1866 — 24 cop.,
les cardeuses 30 cop. par jour, et en 1879 les premières 30 et
les dernières 40 copecs par jour. Comme dans toutes nos fabriques, la direction de la fabrique a une boutique qui vend à ses
ouvriers diverses provisions et objets de première nécessité. Il
est à la connaissance de tout le monde que ces boutiques de
fabrique sont chez nous, en majeure partie, une source d'exploitation et d'abus de la part des fabricants envers leurs ouvriers.
Néanmoins dans quelques cas particuliers, quand ces magasins
sont établis par les fabriques, non pas dans le but d'en tirer des
profits, mais à l'effet de fournir aux ouvriers des provisions
meilleures et à meilleur marché, achetées par les comptoirs des
fabriques en gros et de première main, et quand les ouvriers ne
sont pas forcés d'y acheter leur provisions, en ces cas-là ces
magasins rendent réellement de grands et utiles services aux
ouvriers. C'est sur une pareille base qu'est établi le magasin
appartenant à la manufacture de Jaroslavl. Mais, même dans ces
cas, il résulte un tort pour les ouvriers et la chose est irrégulière
en principe; les ouvriers se laissent entraîner par un crédit qu'on
leur ouvre, augmentent sans nécessité leurs dépenses et tombent
sous la dépendance des comptoirs de fabriques. Quant aux
patrons non consciencieux ils se servent de ces magasins où on
débite des boissons fortes, pour exploiter de toute manière
l'ignorance et les vices des ouvriers. Ces magasins n'ont leur
raison d'être que dans les localités désertes, où les ouvriers ne
peuvent autrement se procurer les provisions dont ils ont besoin.
Les ouvriers de Norskoe sont, pour la plupart, des gouvernements
d'Archangel, de Vologda et de Vladimir, des localités où le filage
domestique du lin et le tissage manuel se sont introduits de
longue date. Tous les salaires des ouvriers ont beaucoup augmenté
dans ces vingt dernières années; ils ont presque doublé. Cela

s'explique par la fabrication mécanique du lin qui s'accroissait
à cette époque et augmentait la demande du travail. Nous avons
bien trouvé aussi dans cette fabrique une amélioration dans la
situation des ouvriers, surtout en comparaison de ce que nous
y avions vu en 1861; mais il y a encore loin jusqu'à la fabrique
de Jaroslavl. Il existe ici, dans les rapports des ouvriers avec
l'administration de la fabrique, des phénomènes bien tristes.
Outre la boutique, il s'y trouve une auberge qui vend des boissons;
c'est là que les ouvriers dépensent leurs salaires. Quoiqu'elle ne
soit pas entretenue directement par le comptoir de la fabrique,
elle s'y trouve cependant liée d'une certaine façon; l'administration
se défend du reste, de toute relation avec elle. On a cependant
établi ici pour les enfants des ouvriers une très bonne école, qui
revient assez cher à la société de la fabrique. Les enfants passent
trois années à l'école jusqu'à l'âge de douze ans; ils entrent alors
à la fabrique. Cette école est la seule annexe qui produise, à la fabrique de Norskoe, une impression agréable, si toutefois elle n'est
pas établie pour la vue, pour les visiteurs, ce que nous avons
souvent observé dans nos fabriques et usines. Il est à remarquer
que dans beaucoup de nos établissements industriels, en dépit des
institutions les plus luxueuses de ce genre, telles que: les écoles,
les hôpitaux, les asiles etc. dont ils se vantent, — la situation des
ouvriers est souvent abominable, et ils endurent toute espèce
d'injustices de la part des patrons. Dans la fabrique de Norskoe
nous avons remarqué une irritation réciproque entre les ouvriers
et l'administration poussée au plus haut degré; et cela dure depuis
de longues années. Il y existe depuis 20 ans des collisions conti-
nuelles des ouvriers avec le comptoir et des plaintes contre lui à
l'administration publique, qui est sans cesse forcée de décider les
litiges et de calmer la population ouvrière avec le secours de la
police. C'est pour cela même que la plus grande partie des ouvriers de la fabrique de Norskoe changent tous les ans, — c. à .d.,
que les uns s'en vont, d'autres viennent les remplacer; nous con-
sidérons cette circonstance comme un des indices les plus probants
de la mauvaise situation des ouvriers dans les fabriques. Rien de
semblable ne s'est vu dans la grande fabrique de Jaroslavl, où les
ouvriers se trouvent très contents de leurs patrons et n'ont jamais

porté contre eux la moindre plainte; et pourtant les deux fabriques se trouvent tout près l'une de l'autre, leur administration a le même caractère, et les émeutes auraient bien pu facilement passer d'un établissement à l'autre. Les deux établissements appartiennent également à des sociétés dont les membres ont leur résidence ailleurs, et sont gouvernés par des directeurs *anglais* (à la fabrique de Jaroslavl il y a en dehors de cela des Anglais qui remplissent diverses fonctions techniques). C'est M. Shawcross qui occupe depuis de longues années le poste de premier directeur à la fabrique de Jaroslavl et qui a su, par son activité, gagner l'estime générale. Grâce à son caractère personnel et à son excellente manière de traiter les ouvriers, la fabrique brille par son ordre. C'est par ces défauts personnels de l'administration qu'il faut aussi expliquer la marche irrégulière de la fabrique de Norskoe qui vient d'abandonner tout récemment sa production principale — le tissage du lin. Nous remarquons sans cesse le même phénomène dans le monde industriel. Au même endroit, dans les mêmes conditions, des établissements du même genre, se trouvent, rien que par suite de la différence du caractère personnel des administrateurs, dans une situation complètement différente. Les mauvaises administrations rejettent ordinairement la faute de leurs revers sur les circonstances défavorables de l'industrie, sur les vices des ouvriers, l'imperfection des lois, etc.! Mais elles oublient que *la personnalité* de l'administrateur, — soit du patron, soit du directeur — est la force capitale de toute industrie, surtout lorsqu'il s'agit du bon ordre dans les relations avec les ouvriers et de leur bien-être. L'effet le plus efficace de chaque loi qui aura pour objet le renforcement de la surveillance des fabriques et des mesures pénales contre les abus des patrons à l'égard des ouvriers, consistera à forcer les propriétaires des fabriques et des usines de faire un choix plus sévère des personnes auxquelles ils confient leur administration. Voici un phénomène bien triste qui attire depuis déjà longtemps l'attention du gouvernement: nous voulons parler des usines qui préparent à Jaroslavl la céruse. C'est à l'état primitif dans lequel se trouve la préparation de ce produit, qu'est dû l'état pernicieux de la santé des ouvriers, parce que les émanations du plomb occasionnent des

maladies mortelles. Cela est confirmé par les nombreuses maladies
que l'on rencontre chez les ouvriers de ces usines; sur 400 il y
en a 60 environ qui entrent annuellement à l'hôpital de Jaroslavl.
A la suite des mesures sanitaires qui ont été indiquées par le
collège de médecine de la ville et qui ont affaibli l'effet du poison,
la quantité de ces maladies a un peu diminué dans ces temps
derniers. Dans les usines dont les patrons suivent ces indications
et qui s'intéressent au sort de leurs ouvriers (ainsi que nous l'avons
remarqué à l'établissement de M. Olovianichnikof qui possède
encore une grande usine de cloches et qui se distingue par ses
soins envers ses ouvriers), l'effet malsain de ce poison est beaucoup
plus faible que dans les autres usines. Mais la plupart des patrons,
faute d'instruction et par incurie, ne suivent pas ces indications.
D'ailleurs, les instructions médicales même qui ont été données
à Jaroslavl ne servent que de palliatif bien faible contre le mal
qui ne peut être éloigné que par une réorganisation complète,
par le remplacement du travail manuel par le travail mécanique.
Nous venons de citer là seulement l'un des cas innombrables
d'empoisonnement de nos ouvriers, provenant des procédés grossiers et arriérés de nos fabriques, ainsi que des conditions malsaines
de la vie des ouvriers. Il faudrait de nouvelles lois, répondant aux
progrès des sciences techniques, et une surveillance sévère de la
part du gouvernement pour les exécuter, pour forcer la majeure
partie des propriétaires à abandonner leur routine et à introduire
dans leurs établissements des améliorations hygiéniques. De
Jaroslavl nous fîmes une excursion (à la fin d'octobre 1879) *au
rayon de l'industrie du lin,* dans le district de Jaroslavl et celui
de Nérechta du gouvernement de Kostroma, par Vélikoé-Sélo et
Nérechta, jusqu'à Kostroma. Cette excursion fut une des plus
intéressantes, en même temps qu'une des plus difficiles de notre
voyage. De Jaroslavl nous fîmes d'abord plusieurs verstes par
l'ancienne chaussée de Moscou-Jaroslavl et nous tournâmes (près
du village de Kormilitza) sur le chemin vicinal vers Vélikoé-Sélo,
d'où nous continuâmes notre route jusqu'à Nérechta ou plutôt des
sentiers de campagne à travers champs et à travers bois; ayant
marqué auparavant sur la carte la direction nécessaire à nos observations, nous suivîmes les chemins vicinaux, en allant de village

en village. De Nérechta jusqu'à Kostroma nous prîmes la grand'
route qui, en dépit de son nom, est presque aussi naturelle que
tous ces sentiers que nous avons traversés. A la suite d'un
changement de température subit, comme cela arrive si souvent
en Russie, nous commençâmes notre voyage en voiture (sur des
roues) et nous le terminâmes en traîneau, en plein hiver, au
milieu des neiges profondes. Pendant plusieurs jours nous éprou-
vâmes toutes les angoisses que donnent les routes russes; après
tout, elles n'en étaient que plus favorables pour nous, en nous
permettant, à l'occasion de chaque difficulté et de chaque retard,
de recueillir les notions et les observations qui nous étaient si
nécessaires. Il est impossible de croire que de semblables routes
puissent exister dans une région aussi animée et aussi commerciale
que celle-ci et que le nouvement continuel des gens et des marchandises, — mouvement pressé et calculé, où quelques heures de
retard peuvent causer une perte immense, — n'ait pas amené la
moindre amélioration de ces routes. D'ailleurs nous rencontrons
sans cesse ce phénomène en Russie, il s'explique d'une part par
le manque de capitaux, de l'autre — par la négligence des habitants
ainsi que par les profits des entreprises industrielles que les marchands en tirent, même avec des voies de communication aussi
primitives. Ainsi par ex., d'après le calcul des gens compétents
de l'endroit, si la route de Jaroslavl jusqu'à Vélikoé-Sélo, par
laquelle on transporte une immense quantité de marchandises était
une chaussée, le transport d'un poud reviendrait à 5 cop., au lieu
des 12 que l'on paye actuellement. Nous ne pouvons non plus
passer sous silence à ce propos, qu'il existe, jusqu'à nos jours,
bon nombre de nos grands mais ignorants commerçants, tout-
puissants dans leurs localités et qui sont imbus de cette grossière
idée que les routes les plus mauvaises sont plus avantageuses que
les meilleures, parce que ces dernières rendent le commerce plus
accessible au gros capital comme au petit, et que par cela même
elles augmentent la concurrence. Vélikoé-Sélo [182], situé à 4

182) Voy. les notions sur cette ville, dans les ouvrages suivants: *Issaef*, La
fabrication de la toile dans le gouv. de Jaroslavl (Travaux de la commission pour
l'enquête sur l'industrie domestique. Livr. VI, 1880); *A. A. Titof*, le district de
Jaroslavl, Moscou, 1884, p. 8; *Haxthausen*, Etudes, etc. IV, p. 94; *Pr. J. P. Mech-
tersky*, Esquisse de la vie sociale actuelle en Russie, ch. XXI.

verstes de la rivière de Kotorosle, sur sa rive gauche (à 30 v. de
Jaroslavl, 5000 habitants) est un des plus illustres villages industriels de la Russie; son ancienneté semble égaler celle de
l'industrie du lin qui remonte dans la région environnante à un
temps immémorial. Ce bourg sert de centre à cette région, de
même que Pavlovo, dont nous avons fait la description plus haut,
sert de centre au rayon des forges dans le district de Garbatof.
Durant plusieurs siècles, la fabrication de «la toile de Jaroslavl»,
connue sous ce nom, s'est développée ici, parmi la population des
campagnes, sous une forme domestique; en dehors de cela, il y
a surgi, tout dernièrement, la grande industrie du lin ou la fabrication mécanique. La région de Vélikoe-Sélo présente, pour
l'étude de notre industrie domestique dans ses rapports avec la grande
industrie, des matériaux aussi abondants que celle de Pavlovo;
quoique les conditions techniques de l'industrie du lin et des forges,
ainsi que leurs conditions sociales soient très diverses et que l'avenir
du travail pour les deux régions soit complétement différent.
L'industrie domestique des toiles dans la région de Vélikoé-Sélo
a été très bien explorée par le prof. *Issaef* (dans son ouvrage
susmentionné); son oeuvre doit être regardée comme l'une des
meilleures monographies de ce genre. Nous profiterons de quelques unes de ses données pour traiter ce sujet très sommairement; c'est la grande industrie des fabriques qui a particulièrement attiré ici notre attention [183]. L'industrie du lin, condensée
autour de Vélikoe-Sélo, est répandue dans tout le district de Jaroslavl, en partie aussi dans celui de Rostof, et plus loin, dans
les districts de Nérechta et de Kostroma. Sur toute cette étendue,
Vélikoe-Sélo est d'une grande importance, car c'est dans ce bourg,
sur ses marchés (ou bazars) (2 fois la semaine), que s'opèrent tous
les trafics qui ont pour objet cette industrie. Jadis, quand la route
de Moscou-Archangel était en pleine prospérité, il venait ici des
acheteurs de lin et de toiles des gouv. de Vologda et d'Archangel
pour les exporter à l'étranger. A Vélikoé-Sélo et dans les localités
avoisinantes, on trouve toutes les opérations qui se rattachent à

---

183) Nous devons savoir gré à *A. A. Lakalof*, ainsi qu'au directeur de sa fabrique, *M. Kouvchinnikof*, pour l'hospitalité qu'ils nous offerte pendant notre séjour
dans cette localité et pour le concours qu'ils nous ont prêté dans nos explorations.

l'industrie du lin: la vente et l'achat du lin qui se produit dans les gouv. dé Jaroslavl, de Kostroma et de Vladimir; le tillage du lin, le filage, la préparation des chaînes pour le tissage (les établissements d'ourdissage), la tisseranderie, le blanchissage et l'apprêtage des toiles. Au commencement dé notre siècle l'industrie du lin de cette région a dû traverser plusieurs phases. L'organisation du travail propre à chaque période déterminait le caractère des occupations et de la vie des ouvriers de nos jours mêmes; ce développement ne s'est pas arrêté et il aura encore bien des évolutions à subir. Avant le commencement de notre siècle, toutes les opérations qui se rattachaient à la fabrication du lin, depuis sa culture jusqu'à l'apprêt définitif des étoffes, se trouvaient concentrées dans la chaumière du paysan et notamment entre les mains des femmes. Plus tard, lorsque les métiers primitifs furent remplacés par des métiers perfectionnés (volants) qui réclamaient plus de force de la part des tisserands, le tissage passa dans les mains des hommes. La seule occupation des marchands et des capitalistes, était d'acheter les toiles toutes faites; nombre de tisseuses se rendaient elles-mêmes à Jaroslavl et à Rostof pour y vendre leurs marchandises. Plus tard les comptoirs établis à Vélikoé-Sélo par les marchands, les paysans riches de l'endroit, prennent toute la production sous leur surveillance directe: ils distribuent aux paysans le fil pour le tissage et le dirigent; cela n'empêche pas que le tissage reste exclusivement enfermé dans les chaumières. Les comptoirs, auxquels on donne le nom de fabriques, organisent leurs propres ateliers d'ourdissage, de blanchissage et d'apprêtage pour améliorer la qualité des toiles. On voit aussi fonder des établissements du même genre indépendamment des bureaux de marchands. La plus grande métamorphose se fit à l'époque de l'introduction du fil à la machine, celui de l'étranger d'abord et le fil russe ensuite, dans les années 50. Après l'organisation du filage du lin mécanique vint la diminution rapide et enfin la disparition du filage à la main. Toutes les occupations de la population des campagnes ne consistent donc maintenant qu'à tisser le fil fabriqué à la machine; ce fil leur est habituellement livré par les marchands qui leur commandent les tissus. Enfin, la dernière phase du développement de l'industrie du lin à Vélikoé-Sélo est commencée à peine: c'est la grande fabrication mécanique qui produit non-seulement le fil, mais les tissus. Toutes les opérations de l'industrie du lin, divisées à l'époque précédente, après leur réunion primitive, dans la chaumière du paysan, se réunissent de nouveau dans ces grands établissements modernes. Cette dernière phase de la fabrication des tissus de lin avait commencé dans d'autres contrées de la Russie (gouv. de Vologda, Norskoe, Nérechta, Kostroma) beaucoup plus tôt; mais dans le rayon de Vélikoe-Sélo cette évolution ne se fit sentir qu'avec l'établissement, près du bourg même, de la grande fabrique mécanique de *M. Lakalof*. Toutefois, cette crise marche encore bien lentement, et le tissage à la main n'en continue pas moins. Dernièrement encore il devenait même plus considérable qu'à la fin des années 70. Quoique, à l'avenir, l'absorption de toute l'industrie domestique du lin par la grande fabrication mécanique soit inévitable, on peut cependant expliquer la continuation du tissage à la main des villageois sur une grande échelle par la faiblesse de la grande industrie mécanique qui est loin de satisfaire à la demande intérieure. La fabrication du fil à la machine a même considérablement augmenté le tissage domestique. En somme, il s'est accru dans le courant des cinquante dernières années; les vieillards de l'endroit assurent que, dans les années 30, il ne dépassait pas le $\frac{1}{50}$ de la production actuelle. Nous n'avons décrit le développement historique de cette industrie qu'à fort grands traits et sans entrer dans le moindre détail. Nous citerons ici seulement l'installation, dans la première moitié de notre siècle, du tissage domestique de toiles fines à la place des anciennes toiles grossières; ce progrès est venu de l'influence des grandes fabriques de toiles à la main: 1) celle de Zatrapeznikof à Jaroslavl, dont nous avons parlé plus haut et 2) particulièrement de celle qui fut fondée en 1835 par les propriétaires de Vélikoé-Sélo (M. M. Jakovlef). Ce dernier établissement qui, avec le travail des serfs, ne vécut que sept ans, fut fondé pour le perfectionnement technique du tissage à la main, ainsi que pour donner aux paysans la facilité de payer leurs redevances aux propriétaires.

On voit donc, d'après la marche de l'industrie du lin, que nous venons d'esquisser qu'elle abandonnait de plus en plus les formes de la petite industrie domestique et revêtait celles d'une grande industrie dominée par le capital, le calcul commercial et le savoir technique. Quoique la dernière phase de cette marche, — le complacement du tissage à la main par celui à la vapeur, — soit loin d'être accomplie, toutefois, la majorité des tisserands villageois travaille non à son propre compte, mais sur la commande des bureaux de marchands de Vélikoé-Ssélo, qui leur distribuent le fil et qui apprêtent définitivement la toile pour la vente. Cette situation de l'industrie dans les campagnes la prive déjà de son ancien caractère exclusivement domestique.

Ce travail occupe, dans plusieurs dizaines de villages aux environs de Vélikoé-Sélo, près de 10,000 personnes, sans compter les habitants du bourg même; le produit annuel des toiles domestiques monte, dans toute cette localité, à 6 millions de roubles. A Vélikoé-Sélo même se trouvent 300 métiers, manuels auxquels travaillent principalement les femmes, tandis que la population masculine exerce différentes professions qui se rattachent plus ou moins à l'industrie du lin. Ce bourg ressemble à tous les autres du même genre que nous avons décrits plus haut; il a depuis longtemps abandonné l'agriculture et l'économie rurale, et mène une vie tout-à-fait urbaine. Sur 5000 habitants, il n'y a pas plus de 15 famille adonnées à l'agriculture. Presque toute la terre communale de Vélikoé-Sélo, qui a été répartie à sa population en 1861[184]) ($^{3}/_{4}$ d'arpent par âme), se donne par la commune de Vélikoé-Sélo à ferme aux paysans des alentours. La population des villages avoisinants, continue, en majeure partie, à s'occuper d'agriculture, en dehors du tissage qui lui sert de travail supplémentaire pour les mois d'hiver.

Vélikoé-Sélo sert de centre pour toute cette région du lin par son commerce, ses marchés de lin, ses capitalistes, ou leurs comptoirs, qui commandent et achètent les toiles dans les villages pour les revendre ensuite sur les marchés éloignés; de même ce bourg sert de centre principal à cette industrie par ses établissements de macquage, d'ourdissage et de blanchissage. Les marchés ou foires de lin à Vélikoé-Sélo, qui ont lieu 2 fois la semaine, ont

185) Toutes ces données ont été prises dans l'ouvrage du Prof. *Issaef.*

une grande importance non-seulement pour la localité la plus proche, mais encore pour les gouv. de Jaroslavl, de Kostroma et de Vladimir. De semblables marchés se trouvent encore sur d'autres points de ces gouvernements (comme par ex. à Nerechta dans le gouv. de Kostroma) où dans ces derniers temps, la fabrication du fil à la vapeur a pris un très grand essor [186]).

Les procédés commerciaux sur ces marchés sont assez originaux. Les paysans y apportent leur lin pour le vendre. Les petits intermédiaires de ce trafic (généralement des paysans), nommés «majaks», qui parcourent tous les marchés de cette région, se hâtent d'acheter le lin en détail pour le revendre en gros à un prix beaucoup plus élevé aux grands marchands de lin et aux fabricants; ceux-ci comme ceux-là ont de même leurs propres commis-voyageurs pour acheter la marchandise sur tous les marchés des trois gouvernements. Le plus grand soin de ces derniers est d'acheter le lin des premières mains, en évitant les petits intermédiaires, auxquels ils n'ont secours que dans les cas extrêmes. Conjointement avec le commis des fabriques on voit agir sur le même marché les petits commerçants (majaks), engagés et payés par les fabricants. Ce dernier procédé se pratique, d'un côté parce que personne ne s'y entend mieux dans la qualité du lin, que ces petits commerçants, de l'autre — pour servir au fabricant de moyen de contrôle sur son commis. Mais les paysans vendeurs du lin, ne sont plus aussi naïfs, qu'autrefois; ils savent aussi spéculer. Ils attendent le moment propice pour la vente, en observant la situation du marché et les fluctuations des prix. Ils gardent quelquefois leur lin pendant toute une année, et ne le vendent plus d'un seul coup, en automne, à n'importe quel prix, comme cela se faisait auparavant.

Ce fut Mr. Lakalof, le plus remarquable industriel de la région de Vélikoé-Sélo, qui introduisit ici la fabrication linière mécanique. En 1872, du vivant encore de son père, il fonda à Gavrilof-Yam (un village), à 6 verstes de Vélikoé-Sélo, une fabrique qui maintenant se trouve au premier rang parmi les établissements

---

186) Nous avons mieux fait connaissance de ces marchés de lin à Nérechta, et nous en reparlerons encore dans la description de notre visite à cette ville.

russes de tissage et de filage du lin. Mr. Lakalof est, à bien des titres dans notre monde industriel, une personne fort digne estime. Né simple paysan serf il s'instruisit par ses propres moyens, et monta sur le sol de la petite industrie domestique jusqu'au degré de fabricant et de commerçant de premier ordre. D'abord il possédait, avec son père, un comptoir qui distribuait le fil et commandait les toiles aux villageois tisserands. Au lieu d'cheter le fil chez les fabricants, il trouva plus avantageux de fonder sa propre fabrique pour filer le lin. Il installa donc un grand établissement par le filage a la vapeur et y ajouta ensuite le tissage. Peu à peu il développa, avec sagesse et en se réglant sur les circonstances pratiques, son établissement et l'amena à sa perfection actuelle. Il a maintenant complètement abandonné la petite industrie. Connaissant à fond les conditions de l'industrie linière en Russie, il en étudia la partie technique à l'étranger, principalement en Irlande. Il fut obligé de surmonter d'énormes obstacles pour s'initier aux mystères techniques des meilleures fabriques étrangères, que l'on cache si soigneusement aux concurrents. Il a organisé lui-même sa fabrique et la conduit sans le moindre secours de techniciens et d'ouvriers étrangers comme cela se fait ordinairement chez nous dans ces cas là.

Mr. Lakalof peut servir d'excellent exemple à nos fabricants, surtout dans l'industrie de lin; nombre d'entre eux n'ont essayé que des échecs dans les mêmes entreprises, parce qu'ils croyaient pouvoir les conduire sans connaissances techniques et sans aucune peine de leur propre part, avec le seul secours de leurs capitaux et de techniciens loués. Il leur arrivait même de loger très loin de leurs établissements et souvent même de ne jamais les voir. Ces entrepreneurs cherchent toujours la cause de leurs déboires dans différentes circonstances étrangères, indépendantes de leur volonté ils se plaignent des conditions défavorables à leur industrie en Russie, généralement de la protection insuffisante du gouvernement!

Chez Mr. Lakalof nous devons, encore une fois, nous étonner des grandes capacités industrielles de notre peuple, surtout sur le sol béni de Rostof-Souzdal. Ayant passé toute sa jeunesse dans le servage, cet homme a fait de lui-même son éducation.

Tout en restant essentiellement russe, pour ainsi dire enfant de notre nature, il est en même temps tout-à-fait européen par sa manière de voir les affaires, par sa soif de progrès continuel et de rapprochement des meilleurs modèles étrangers enfin, par sa manière de vivre, par ses rapports avec les gens à son service et par le sentiment de sa dignité et de son indépendance morale et sociale. Jusqu'à présent encore à l'âge de près de soixante ans, il continue d'aller à l'étranger pour «étudier» (selon son expression), disant que nous avons encore à bien des choses à apprendre en Occident. Comme trait essentiellement caractéristique de son individualité, on peut citer sa persistance à rester officiellement inscrit dans la classe des paysans qu'il ne veut changer pour aucune autre condition sociale. La sollicitude de Mr. Lakalof envers la classe ouvrière et ses efforts généreux pour élever son bien-être méritent la plus grande estime. Faisant à cet égard tout ce qui dépend de lui, il dit que nous devons désirer que nos ouvriers soient plus exigeants dans leurs besoins et y contribuer; il est bien triste dit-il, de voir comme chez nous ils se contentent de peu comparativement aux ouvriers de l'Europe Occidentale. Sous ce rapport une belle place dans notre monde industriel appartient assurément à Mr. Lakalof; il se distingue parmi les parvenus de la finance qui deviennent d'autant plus indifférents et envers les classes inférieures, d'où ils sont sortis, qu'ils s'enrichissent plus vite.

Nous n'avons pas à faire une description technique de la fabrique de Mr. Lakalof. Nous n'en donnerons que quelques renseignements d'un intérêt général, concernant particulièrement la situation des ouvriers. A l'époque où nous l'avons visitée, cette fabrique se trouvait encore à la période de son développement et de nouvelles constructions. Il y avait en tout 1200 ouvriers; plus tard, ce nombre s'accrut jusqu'à 2000. On transformait en fil et en toiles 70 milles pouds de lin par an, et l'on avait l'intention de pousser ce nombre jusqu'à 100 mille. La particularité technique exceptionnelle de cette fabrication qui est très importante pour la santé des ouvriers, c'est la sécheresse parfaite dans la section du filage. Nous n'avons rien vu de pareil dans les autres établissements de ce genre en Russie. Mais en dépit de tous les efforts du patron pour améliorer la ventilation, il sort toujours du lin beaucoup de poussière, surtout dans la section de macquage; cette poussière est excessivement pernicieuse pour la santé des ouvriers, car elle occasionne des maladies des yeux et des organes respiratoires, voire même des catarrhes d'estomac. En outre, la température élevée de la section du filage produit des rheumatismes. Sous ce rapport, les conditions du travail, dans la chaumière, sont beaucoup plus saines, que celles des fabriques.

Plus de la moitié des ouvriers se compose de femmes. Il n'y a que 60 enfants de l'âge de 12 à 14 ans; les adultes de 14 à 18 ans forment le tiers de tous les travailleurs du sexe mâle. Les fileurs apprennent leur métier en deux ans, en commençant à l'âge de 15 ans. Les ouvriers sont en majeure partie des gouvernement de Jaroslavl et de Vladimir. Les fileurs et les fileuses ont des appointements fixes (à l'exception des filassières et des dévideuses qui sont payées à la pièce). Tous les tisserands sont payés à la pièce; ils gagnent jusqu'à 25, et même 30 roubles par mois.

Une boutique pour la vente des provisions aux ouvriers est entretenue par la fabrique; mais elle n'est organisée que pour leur commodité, vu que Gavrilovo Jam n'est pas une localité commerçante. On ajoute 2% aux prix de l'achat des provisions pour dédommager le patron de ses risques. Mais à la boutique on n'ouvre point de crédit; on ne donne les provisions que sur le compte des salaires échus. On avance parfois aux ouvriers sûrs, des comptes sur leurs salaires, souvent jusqu'à 150 roubles. L'ivrognerie des ouvriers est sévèrement réprimée par des amendes, et les ouvrieurs que ne se corrigent pas, sont renvoyés de la fabrique. Il n'existe de contrat par écrit avec les ouvriers; leurs livrets, ne comportant pas la signature des deux parties, n'ont pas la valeur d'un contrat et ne servent qu'à inscrire les payéments faits. Il est admis comme règle, que l'ouvrier peut toujours quitter la fabrique, en prévenant un mois d'avance; la fabrique, en cas de quelque négligence grave de sa part, peut le renvoyer le jour même.

On a organisé près de la fabrique un magnifique hôpital; il est si bien installé et muni d'un tel confort, que les malades des classes supérieures heureux d'y être admis. Lorsqu'il y a des lits vacants, on reçoit gratis les malades étrangers de l'endroit.

Les soins les plus remarquables de Mr. Lakalof sont ceux qui ont trait aux logements des ouvriers. Autrefois ils vivaient tout ensemble, les deux sexes mêlés, dans les maisons des paysans des environs. Les résultats hygiéniques et moraux d'une pareille cohabitation ne peuvent être que très tristes. Au lieu des grandes casernes, dans lesquelles on entasse d'ordinaire les ouvriers dans nos grandes fabriques, Mr. Lakalof bâtit de petites maisons au milieu d'une forêt à moitié abattice et à proximité de la fabrique; ces maisons sont occupées par 4 à 8 familles qui peuvent s'y loger, tout en ayant un seul local pour la cuisine, tout-à-fait indépendamment l'une de l'autre. Ces maisonnettes, situées au milieu d'un air pur et entourées de verdure, sont construites d'après un plan bien médité, répondant à toutes les exigences sanitaires modernes, ainsi qu'aux conditions de la vie de notre peuple. Toutes ces bâtisses coûtent très cher à Mr. Lakalof, et il ne peut les construire que peu à peu; il espère avec le temps pouvoir y loger tous les ouvriers de sa fabrique. Bien que ce ne soit pas le dernier mot de l'organisation de la vie et du bien-être des ouvriers, c'est déjà un grand pas en avant, non-seulement en comparaison de la vie de la majeure partie de notre classe ouvrière, mais même comparativement aux casernes les mieux organisées.

Les soins de M. Lakalof pour les ouvriers vont encore plus loin. A Pâques, en sus de leurs salaires, il fait distribuer aux bons ouvriers des récompenses dont la valeur est prélevée sur le bénéfice net réalisé pendant l'année. Il s'occupe même de l'idée moderne de donner aux ouvriers une certaine part sur les bénéfices, et veut en faire une règle. Il a déjà commencé à attribuer une part des bénéfices nets aux chefs de son établissement, et a l'intention de développer ce système à l'égard de tous ceux qui travaillent chez lui. Nous ne pouvons nous empêcher de souhaiter à M. Lakalof une heureuse réussite dans ses bonnes oeuvres et nous le recommandons à notre monde industriel comme exemple à suivre. L'impression que nous avons emportée de son établissement a été l'une des plus agréables de notre voyage.

Pour ce qui est de l'industrie domestique de Vélikoe-Sélo, elle est intimement liée à une question qui intéresse vivement notre monde administratif et littéraire. Il s'agit de l'avenir des milliers d'ouvriers s'occupant du tissage à la main, qui se trouvent menacés par la concurrence de la même production mécanique, d'une façon aussi terrible qu'ils le furent autrefois par le filage à la vapeur. Le Prof. Issaef traite ce sujet dans son ouvrage susmentionné, d'une manière très détaillée, en s'appuyant sur des données précises recueillies par lui. En dépit de toutes ses sympathies pour l'industrie domestique dont les conditions favorables au bien-être du peuple lui paraissent très importantes, il examine ce sujet avec l'impartialité d'un savant sérieux et ne se laisse pas entraîner pas des utopies, comme le font ceux qui croient pouvoir maintenir la petite production domestique en dépit de la nature des choses. Il ne doute pas que le tissage à la main ne touche à sa fin; ce n'est plus qu'une question de temps qui s'est prolongée quelque peu chez nous, la marche de notre fabrication mécanique n'étant pas encore bien assurée. Les toiles moyennes, préparées dans les fabriques, se vendent déjà à meilleur marché que celles qui sont faites à la main, et ces dernières sont tout-à-fait inférieures aux premières en qualité et en apprêt. Seules, les toiles toutes fines préparées à la main et que nos fabriques ne parviennent pas encore à faire, ont un grand débit; mais il est certainement hors de doute que nos fabriques seront bientôt en état d'en fabriquer à l'instar de l'étranger. Dans la lutte du filage et du tissage à la main avec la grande production mécanique, il est absolument impossible que les premières subsistent; il n'en est pas de même pour les autres branches de l'industrie domestique (comme par ex. la serrurerie) produisant des objets qui demandent une adresse manuelle et un goût exceptionnels [187]).

D'un autre côté, à cause de la production des grandes fabriques, la classe ouvrière ne trouve plus le moindre avantage dans l'industrie domestique. Les salaires, que les travailleurs,

---

187) Voy. notre aperçu général de l'exposition de Moscou en 1882 (ch. XI), ainsi que la description de Pavlovo.

surtout les tisserands, reçoivent dans les fabriques, sont beaucoup plus élevés dans les grands établissements que dans les ateliers des paysans [188]). La dépendance économique et morale des tisserands, travaillant dans leurs propres maisons du capital c'est-à-dire des capitalistes-acheteurs, pour lesquels ils travaillent actuellement, est au moins égale à la dépendance des ouvriers vis-à-vis des patrons; elle est même beaucoup plus pénible que celle que font subir les patrons aussi éclairés et aussi bien intentionnés, que l'est par ex. M Lakalof.

Il nous reste encore à examiner les conditions hygiéniques et morales de la vie des ouvriers travaillant dans les fabriques; D'après des données précises [189]), elles sont reconnues incontestablement comme bien meilleures dans les villages et les chaumières que dans les grands établissements industriels. Il faut cependant noter que ces conditions là ne sont pas meilleures dans les villages des environs de Vélikoe-Sélo, où les tisserands sont occupés, la moitié de l'année, à labourer la terre et mènent une vie de famille toute patriarcale; mais dans le bourg de Vélikoe-Sélo les ouvriers sont exposés comme dans toutes les villes, à toute espèce d'infections physiques et morales. Il est vrai cependant que la moralité des ouvriers dans les grandes fabriques, — même dans un établissement aussi bien organisé que celui de M. Lakalof, — particulièrement les rapports des deux sexes, se trouvent dans un état tout-à-fait déplorable.

Toutefois, si le triste sort de l'industrie domestique du lin est inévitable, il nous reste à espérer une amélioration prochaine des conditions, tant hygiéniques que morales, des ouvriers travaillant dans les grandes fabriques. Les exigences de la loi, et notamment des efforts aussi charitables que ceux de M. Lakalof, des perfectionnements techniques enfin, pourront améliorer sensiblement le travail et la vie des ouvriers du côté sanitaire; le travail de la fabrique peut être placé sous ce rapport bien au-dessus de celui de la chaumière. Quant au côté moral, il faut espérer que le système de loger les ouvriers par familles, comme nous l'avons

---

188) Cela se trouve confirmé par les calculs précis de M. Issaef, ainsi que par nos propres recherches.
189) Telles sont les notions des médecins de Vélikoe-Sélo.

vu à Gavrilovo-Jam, sera, avec le temps, adopté partout ailleurs. Nous ferons cependant remarquer qu'en parlant de l'influence pernicieuse des fabriques sur les moeurs de notre peuple, il serait puéril d'exagérer les vertus dites idylliques des moeurs dans nos villages: c'est là oeuvre de pure imagination, du moins pour ce qui concerne la région industrielle de Moscou.

En allant de Gavrilo-Jam à Nérechta, par le district de Jaroslavl, nous nous arrêtâmes dans le bourg de *Bourmakino*, connu par son commerce et son industrie [190]). Les habitants de ce bourg et des 42 villages environnants (jusqu'à 2000 personnes sur un espace de 5 verstes) qui forment le canton (Wolost) de Bourmakino, sont adonnés, depuis longtemps, à l'industrie de la forgerie et de la serrurerie; elle est répandue dans tout le district de Jaroslavl, mais se trouve développée ici d'une façon toute particulière. La branche spéciale de cette production consiste à fabriquer divers attributs de harnais de cheval et de harnachement pour la cavalerie: des brides, des mors, éperons, etc. Ces objets là se font ici en perfection; ils se vendent dans les capitales, et notre cavalerie en est munie. Cette fabrication occupe dans notre industrie domestique une place marquante, et mérite une attention d'autant plus grande que, jusqu'à présent et longtemps encore probablement, elle ne se trouve menacée chez nous par aucune fabrication mécanique du même genre.

Presque toute la population mâle du canton de *Bourmakino* est occupée à ce travail: une moitié s'occupe de forgerie ou maréchalerie, l'autre de serrurerie. La plupart des paysans travaillent chez eux, à la maison; il y en a bien qui louent des ouvriers parmi les autres paysans, mais généralement tous ces ateliers sont petits. Ils ont un nombre d'ouvriers restreint (pas plus de 3), et toute l'industrie porte un caractère domestique et manuel. A Bourmakino même, on compte près de 500 forges. Tous les

---

190) Bourmakino et l'industrie de forgerie et de serrurerie hors domicile de cette localité sont explorés et décrits en détail par le Prof. Issaef (voy. «l'Industrie et la serrurerie dans le district de Jaroslavl» dans les travaux de la commission de l'industrie domestique. Livr. VI, St. Pét. 1880), et nous ne nous bornerons qu'à des notions succinctes et à nos observations personnelles. Nous devons ces notions, recueillies dans nos explorations à Bourmakino, au concours du doyen *Dvornikof*.

produits qui sont remarquables par le fini de leur fabrication y reçoivent la dernière main et le public les trouve tels quels dans les magasins.

Le côté le plus important de cette industrie est son influence bienfaisante sur le bien-être du peuple. L'agriculture ne suffisant pas à leur subsistance, les paysans réunissent ordinairement les deux occupations ensemble, et conservent leur vie rustique. Leurs mœurs, bien que la localité soit souvent fréquentée par les étrangers, sont reconnues par tout le monde comme excellentes. Nous-même nous y avons remarqué un train de vie patriarcal, ce qui est bien rare dans les villages industriels. Ainsi par ex. on y trouve quantité de grandes familles non partagées et gouvernées par l'aîné de leurs membres, parfois même par une femme (mère ou grand'mère). Le niveau général de leur bien-être est assez élevé. Une certaine abondance même se fait sentir dans les chaumières des habitants. Après l'abolition du servage, la situation des paysans de cet endroit s'est améliorée d'une façon notable [191]). Tout ceci est dû à une heureuse circonstance, malheureusement trop rare: la réunion de l'agriculture avec la production industrielle. Cette dernière n'exerce aucune influence pernicieuse sur la santé des ouvriers, et leur procure des gains assez considérables; en outre, elle continue de se développer et ne perd point ses débouchés. Généralement, quand ils ne sont pas occupés aux champs, les forgerons et les serruriers gagnent à ce métier de 50 à 60 cop. par jour (les premiers gagnent plus que les seconds). Grâce à la simplicité de la vie qu'ils mènent, ils font sur l'argent gagné des épargnes qu'ils emploient à améliorer et à élargir leur culture agricole.

Cette production industrielle, loin de s'arrêter dans son développement, s'est perfectionnée durant notre siècle. Sa partie technique reçut une forte impulsion, lorsque, dans les années 30, le seigneur propriétaire de Bourmakino y fonda une fabrique de couteaux, qui ne subsista pas longtemps, mais qui servit à répandre parmi la population des procédés perfectionnés qui fu-

---

191) Toutes nos observations personnelles tombent d'accord avec les remarques de M. Issaef, et cela confirme leur authenticité.

rent introduits par des contre-maîtres et des techniciens appelés à la fabrique de divers lieux. Ce cas là n'est pas rare chez nous; les anciens seigneurs des paysans serfs, ainsi que les fabriques ont souvent contribué à l'implantation de diverses branches de l'industrie domestique. Nous devons mentionner encore l'invention technique d'un paysan de Bourmakino qui a beaucoup facilité et rendu la fabrication des serrures moins chère, et qui forme une partitularité de l'endroit. C'est le moulin-à-vent pour polir les objets de serrurerie. Avec la propagation des connaissances techniques parmi nos petits artisans villageois, de semblables inventions et perfectionnements, que l'on rencontre chez nous souvent, pourront prendre un essor plus régulier.

Les conditions locales ne sont pas encore toutes suffisamment favorables aux progrès de l'industrie de Bourmakino, ainsi qu'au bien-être de sa population; elles pourront cependant, à l'avenir, changer pour le mieux, et l'on pourra alors s'attendre à une marche progressive plus sensible, cette production étant à l'abri de la concurrence de la part de la grande industrie.

Les ouvriers de Bourmakino, comme du reste tous nos artisans de ce genre, sont à la merci des marchands-acheteurs qui servent d'intermédiaires entre cette industrie et les grands marchés et magasins des deux capitales. Ces acheteurs prennent, comme toujours, d'énormes intérêts (cent pour cent au minimum) pour cette entremise, et les produits de Bourmakino reviennent au public consommateur le double du prix auquel ils sont vendus par les producteurs sur place. Comme nous l'avons déjà dit plus d'une fois, nous ne pouvons ne pas espérer, que nos marchands en gros sur les grands marchés et dans les deux capitales, se décideront enfin à leur propre avantage à s'adresser directement aux producteurs, en évitant de la sorte ces intermédiaires de l'endroit, qui exploitent la labeur du peuple. Ce qui nous étonna le plus, ce fut d'apprendre que même le gouvernement faisait ses commandes à Bourmakino, par l'intermédiaire de ces acheteurs; c'est ce qui se passa précissément pendant la dernière guerre, lorsque la localité de Bourmakino prépara une immense quantité d'objets pour la cavalerie. N'aurait-il pas été plus simple et plus avantageux pour l'Etat de faire ses commandes par ses agents directs; ne pourrait-on pas à cet effet réunir les artisans en associations avec caution solidaire et responsabilité réciproque?

A l'époque où nous avons visité cette région, un conflit entre la commune du bourg et l'ancienne propriétaire de Bourmakino (le bourg avait alors déjà racheté ses terres) préoccupait la population; le dénoûment de ce conflit est d'une grande importance pour le bien-être de ce remarquable bourg. Les boutiques et la place du marché (le bazar) ainsi que cela se voit dans beaucoup de nos domaines seigneuriaux du même genre, sont restées, après le rachat du terrain, dans la possession de la propriétaire. L'activité commerciale de ce bourg et ses foires (bazars) hebdomadaires qui attirent les acheteurs et les vendeurs de lin de toute cette région et même des localités éloignées, donnent à ladite propriétaire un revenu considérable: beaucoup des boutiques, 2 restaurants et un cabaret s'y trouvent établis sur la place du marché, (ces 3 derniers établissements rapportent 2000 rbls. par an). Le prix annuel de location d'une boutique est de 25 à 100 rbls. En dehors de tout cela, la propriétaire preçoit, on ne sait à quel titre, une taxe sur le pesage du lin que l'on apporte au marché, et cela lui rapporte quelquefois jusqu'à 200 rbls. par jour. C'est ainsi que le revenu annuel de la propriétaire de Bourmakino, tiré de ces divers riens, s'élève à 10,000 rbls., et cela sans la moindre dépense de sa part, même pour les frais de police et de sécurite publique. Ce droit de propriété d'une personne devenue actuellement tout-à-fait étrangère à la commune, n'ayant avec elle aucun intérêt commun et ne regardant cette place que comme une source d'un revenu qu'elle cherche à augmenter de toute manière, — ce droit de propriété sur le bien principal du bourg de Bourmakino (le marché et les boutiques) nuit beaucoup à la prospérité de Bourmakino. La coexistence de deux administrations, celle de la propriétaire et celle de la commune ou des paysans, guidées par des intérêts complètement hétérogènes et même opposés, fait naître entre ces deux administrations une lutte très fâcheuse ne pouvant que nuire au bon ordre général et au développement régulier de l'autonomie communale. En dehors de cela, l'administration de la propriétaire ne brille pas, parait-il, par son ordre; les intendants changent sans cesse. Cet état de choses se rencontre chez nous dans beaucoup de pareils villages industriels et commerciaux qui appartenaient autrefois à des seigneurs et où ces derniers ont conservé des parcelles de leur ancienne propriété.

Nous signalerons encore quelques traits, de la situation de Bourmakino, qui sont intéressants parce qu'ils se retrouvent dans nombre de villages de ce type de la région industrielle de Moscou. Le niveau du bien-être de la population de Bourmakino pourrait s'élever encore plus, si elle n'était pas accablée d'impôts pesant sur les habitants et sur leur terre et ne répondant pas au revenu produit par cette dernière. Elle se trouve être possédée en commun et se partage périodiquement, tous les 6 ans. Les paysans sont fort embarrassés de leurs terrains qui ne leur procurent pas d'avantage suffisant comparativement à leurs métiers industriels. La commune, pour payer les contributions dont sont grevés les terrains (les impôts et les redevances des rachats), est obligée de contraindre tous les paysans adultes de prendre des lots de terre et les payer (chaque lot — 8 rbls. pour $3\frac{1}{2}$ dessiatines.) Il revient à chacun 2 lots. Chaque paysan adulte et marié devait, lors de notre séjour à Bourmakino, payer en tout, y compris les impôts du gouvernement et ceux de la commune, 26 rbls. par an. Il va de soi que ce chiffre est énorme. Cela prouve que la diminution des redevances des rachats qui ont eu lieu depuis lors, et la suppression de la capitation qui la suivit, constituent dans ce cas-là, comme dans bien d'autres assez fréquents en Russie, une mesure urgente et de toute justice.

La route que nous suivîmes ensuite, dans cette excursion, se prolongea par le gouvernement de Kostroma, et entrera dans la description de ce dernier (T. III, de cet ouvrage.)

C'est en 1881 et 1884 [192]), que nous visitâmes, dans la même région industrielle du gouv. de Jaroslavl, une localité impor-

---

192) Nous devons témoigner ici notre reconnaissance particulièrement à Mr. *Titof* qui nous a prêté son concours dans nos excursions et nos recherches en Russie, ainsi qu'au maire ou bailli du canton d'Ongoditche, *Kostrof* (voy. plus bas).

tante, — Rostof et son district, le centre historique de toute la terre de Rostof-Sousdal

Nous avons déjà parlé plus haut, dans l'esquisse générale du gouvernement de Jaroslavl, de l'importance historique de Rostof et de la contrée avoisinante. Du côté économique de ce district, nous avons prêté une attention toute particulière à son jardinage qui occupe la première place dans sa production industrielle [103]).

L'époque de la grandeur de la ville de Rostof est déjà bien loin de nous; cependant depuis ce temps jusqu'à nos jours, durant tant de siècles, cette ville ne s'est jamais fait oublier du peuple russe. Jusqu'à présent encore ses anciennes reliques et les sépulcres des champions vénérés du christianisme en Russie qui reposent dans ses monastères et ses églises, et dont le nombre se prolonge, par celui de St.-Démétrius, Métropolite de Rostof, jusqu'au XVIII° s., attirent des masses de pèlerins de toutes les parties de la Russie. Rostof est pour le peuple russe un endroit saint comme Kief et Moscou. C'est par ce côté, que jusqu'à présent il rappelle au peuple russe son brillant passé qui joue un si grand rôle dans l'histoire russe.

A la suite de tous les désastres dont les premières pages de notre histoire sont remplies, les antiquités de Rostof, les restes de ses monastères et de ses églises qui jadis servaient chez nous de modèles d'architecture conservés et explorés jusqu'ici, ne remontent pas au-delà de la seconde moitié du XVII° siècle. On doit se réjouir en voyant que, dans ces derniers temps, la conservation de ces ruines soit devenue l'objet des soins de nos ar-

---

103) Outre la description du district de Rostof faite d'après notre programme par *M. Titof* que nous avons publié en supplément au texte russe de ce présent ouvrage, V. pour les nations sur Rostof et son district: *Semenof*, Dictionnaire Géogr.-Statist. de l'Empire de Russie, T. IV; *I. A. Titof*, Rostof-Véliky (Aperçu historique), Moscou 1884; *Par le même*, Rostof-Véliky, Guide, M. 1883; *Par le même*, notions sur l'élevage des bestiaux dans le district de Rostof, Jaroslavl, 1880; *Par le même*, nations sur la petite industrie du district de Rostof, Moscou 1879; *Par le même*, le livre de recensement de l'ancien Rostof, Moscou 1880; *Par le même*, matériaux pour l'histoire de la foire de Rostof, Jaroslavl 1881; *Par le même*, Rostof comme il était autrefois, — Rostof 1883; *Comte Tolstoï*, Anciens objets saints de Rostof-Véliky; Ouvrages du Comité Statist. du gouv. de Jaroslavl, 1868, Livr. V; *Kaovo*, de Rostof à Péréiaslavl, Moscou, 1884.

chéologues. Il faut savoir gré à ce sujet particulièrement à la Société Archéologique Impériale de Moscou, à *M. Titof*, citoyen renommé de cette ville, infatigable explorateur de ses antiquités [194]), à plusieurs capitalistes, natifs de Rostof, qui offrent d'une façon toute patriotique leur argent pour la restauration des anciens édifices [195]).

C'est de cette façon qu'a été restauré au Kremlin de Rostof un bel édifice du XVIII° siècle, nommé *le Palais Blanc*; ce fut autrefois un bâtiment dans le genre du Palais Granovity au Kremlin de Moscou. Il y a, dans ce bâtiment, un musée d'antiquités historiques qui a été inauguré l'année dernière [196]).

Dans ces derniers siècles, Rostof se faisait remarquer particulièrement au point de vue économique par sa foire (dans le courant des premières semaines du grand carême) et par le jardinage dans ses environs. La foire de Rostof qui comptait encore dernièrement parmi les grandes foires de la Russie, est maintenant complétement tombée, et n'a une certaine importance que pour le commerce du pays environnant. Moscou se trouvant dans le voisinage et ayant des communications de chemins de fer avec tous points de la Russie, la décadence de cette foire s'explique tout naturellement; elle s'est produite définitivement après la construction du chemin de fer de Moscou-Jaroslavl.

Rostof est, jusqu'à présent, une des plus grandes villes de district de la Russie (indépendament de sa situation pittoresque auprès du lac historique de Néro). Beaucoup de ses habitants font un grand commerce sur d'immenses espaces de la Russie et dans les capitales; son principal commerce spécial est celui des produits d'horticulture, que l'on exporte même à l'étranger. Un fort grand nombre d'autres habitants de Rostof et de son district sont adonnés à différentes professions dans les capitales, ainsi que sur tous les points de la Russie, et demeurent continuellement hors de leur ville natale. Les Rostoviens, non pas de la

---

194) Voy. les ouvrages susmentionnés de *M. Titof*.

195) Entre autres, *I. A. Roulef*, marchand de Rostof, fait de grandes offrandes, qui ont beaucoup contribué à l'embellissement des temples et des monastères du gouv. de Jaroslavl et même d'autres localités.

196) Voy. «Le registre de l'assemblée solennelle à l'occasion de l'inauguration du Palais Blanc à Rostof-Véliky, Jaroslavl, 1883.

ville même de Rostof, mais de son district, sont particulièrement connus comme jardiniers (voy. plus bas); beaucoup de Rostoviens servent comme domestiques dans les restaurants de Moscou et d'autres villes. Partout, dans tous les pays de la Russie, on peut rencontrer les Rostoviens comme petits marchands; nous en avons vu dans les régions lointaines de la Finlande. Ils présentent bien le type caratéristique de Jaroslaviens, que nous avons peint plus haut.

La population qui reste à Rostof exerce divers métiers dont seule *la peinture d'émail* a une grande importance; elle travaille aussi dans les usines et fabriques de l'endroit. Ces dernières sont cependant presque nulles, à l'exception d'un seul grand établissement, *la fabrique de filage et de tissage mécanique de lin*, qui vient d'être fondée tout dernièrement.

Les images en émail, que l'on fait à Rostof, sont bien connues et très répandues dans toute la Russie; tous les monastères russes, et même ceux de l'étranger, en sont pourvus. Au sujet de la peinture en émail de Rostof [197]) nous rapporterons les notions suivantes. que nous avons reçues de *A. A. Titof*, à propos de l'exposition de Moscou de 1881, où se trouvait une collection très remarquable de ces images.

A l'exposition industrielle de Moscou, dit M. Titof dans une vitrine spéciale se trouvaient des échantillons de produits en émail, dont plusieurs habitants de Rostof s'occupent depuis longtemps. Il y en avait depuis $\frac{1}{2}$ cop. jusqu'à 40 roubles la pièce. Quelques uns d'entre eux, tout en étant faits par de simples artisans non instruits, se trouvèrent être d'un travail tout à fait artistique et se composaient de copies de peintres célèbres, tels que Raphaël, Murillo et autres. Il y avait en tout près de 100 objets exposés. Cette production rapporte aux habitants de Rostof près de 40 milles roubles par an.

L'art de la peinture sur émail pénétra, à en croire la tradition, à Rostof dans le courant du siécle dernier et y prit plus tard des racines tellement profondes que, même jusqu'à nos jours,

---

197) Voy. outre cela *A. A. Titof*, La production des images peintes sur émail dans la ville de Rostof.

Rostof seul fournit cet article à toute la Russie. Grâce à l'activité de plusieurs peintres sur émail, ce métier se perfectionna peu à peu, et, au commencement de notre siècle, atteignit l'apogée de sa perfection; nous devons faire observer à ce propos, que l'état florissant de la peinture sur émail était dû particulièrement à un monastère de Rostof, celui de Spasso-Jakovlef-Dimitrief, qui était administré à cette époque par l'archimandrite Innocent, peintre et protecteur de ce genre de travail. Après lui, la peinture sur émail commença à tomber: le protecteur une fois mort, les anciens ouvriers décédés l'un après l'autre, le secret de la composition des couleurs, qui donnait tant de pureté aux détails et d'élégance au coloris, disparut.

La fabrication des images peintes sur émail peut être divisée en trois opérations: 1) la préparation des planchettes — 2) le peinturage, et 3) l'enchâssement des images dans des garnitures métalliques. Pas un atelier, même le plus grand, n'embrasse toute la production entière; les planchettes sont ordinairement préparées par des ouvriers spéciaux, et les peintres les achètent toutes prêtes. Les images une fois faites, on les passe aux enchâsseurs. Les artisans ordinaires travaillent chez eux, tout seuls, ou bien avec un ou deux ouvriers à gages. Ils travaillent pour les gros industriels, leur vendent leurs produits à un prix convenu d'avance, et se trouvent complètement à leur merci, de sorte que tous les peintres sur émail de Rostof peuvent être divisés en deux catégories: les petits artisans, travaillent chez eux, et les grands industriels. Les premiers travaillant dans les maisons mêmes qu'ils habitent; les seconds ont des ateliers spéciaux. Le nombre de ces derniers est d'ailleurs fort limité, la majorité des peintres travaillent dans des logis habités, leur production n'étant nullement contraire à la santé des ouvriers.

Le côté inverse de l'image enchâssée n'est pas toujours le même: ou bien c'est une simple planchette, et dans ce cas on y fait une inscription relative à l'image, ou bien on met derrière l'image une plaque fine en cuivre jaune et l'on y frappe l'image de la Ste. Vierge ou d'un saint quelconque.

Quand au style de la peinture d'émail, on pourrait l'appeler italo-grec; c'est un mélange d'italien et de grec. Nous nous croyous obligé d'attirer à ce propos l'attention sur la partie technique de l'ancienne peinture. Les images des anciens peintres étaient faites de la même manière qui est en usage dans la peinture en miniature, c. à. d. par le pointillage, ce qui embellissait beaucoup le tableau et le rendait typique. A présent, cette méthode de peinture est complétement abandonnée ; les prix des produits étant excessivement tombés.

Pour montrer à quel point le travail des peintres sur émail est peu avantageux, nous citerons les données suivantes: les petites images, de la grandeur d'une pièce de monnaie de 10 et de 20 cop., ne se vendent pas plus cher de 20—30 cop. pour cent pièces; celles d'un demi-verchok — 2 rbls. 50 cop. le cent; celles d'un verchok — 5 rbls. le cent, etc. Les images de dimension plus grande se font ordinairement sur commande. Le peintre peut fabriquer au moins 500—800 images de petite dimension par jour; autrement dit, il gagne 60 cop. environ, sur lesquels il doit dépenser 10 cop. pour le charbon et près de 2 cop. pour les couleurs, de sorte qu'il ne lui reste pas plus de 48 cop. de bénéfice net journalier. Sa persistance à une fabrication, si peu lucrative, ne peut s'expliquer que par l'habitude de plusieurs générations au même métier. Voilà donc l'état dans lequel se trouve actuellement à Rostof la fabrication des images peintes sur émail; il est difficile de supposer qu'elle puisse tomber davantage, la nouvelle génération cherchant, en dehors de cette production, des occupations plus avantageuses, et la demande de ces produits ne s'accroissant nullement.

Nous ne dirons que quelques mots sur la fabrique de filage et de tissage de lin, qui a été mentionnée plus haut et que nous avons visitée à Rostof. Elle fut installée sur une grande échelle, en 1881, deux ans avant notre visite. Tout ce que nous y avons trouvé formait un grand contraste avec la fabrique du même genre de M. Lakalof. Au point de vue hygiénique, cet établissement nous apparut sous un aspect déplorable : nous n'y avons trouvé aucune ventilation, mais nous avons remarqué des flaques d'eau par terre dans la section de filage, et de la saleté partout. Et cet établissement engloutie un gros capital. Les chefs se plaignaient que les affaires marchaient mal: cela ne nous a nullement étonné après tout le desordre que nous y avons remarqué. Tout cela s'explique par l'absence continuelle du propriétaire de la fabrique, qui demeure à Pétersbourg; il a probablement cru qu'il suffisait de jeter son capital et de faire mener ses affaires par des techniciens à gages sans s'y connaître soi-même, pour que l'entreprise donnât un profit.

On nous a dit, dans cette fabrique, que la production mécanique du lin ne pouvait marcher bon train en Russie, la protection douanière étant insuffisante, et les ouvriers mauvais (cependant beaucoup de ces derniers étaient de Vélikoe-Sélo), etc. Cet établissement industriel nous a servi de modèle caractéristique de cette espèce d'entreprises non réussies, dont nous avons parlé plus d'une fois et dont les propriétaires attribuent leur échecs aux conditions peu avantageuses qui les entourent en Russie.

J'ai prêté la plus grande attention à la célèbre région avoisinant Rostof, et s'adonnant au jardinage [198]).

En visitant cette région, j'ai pu me dire que j'avais enfin trouvé un coin de la terre pouvant répondre avec fierté à l'ancienne question: «quel est l'endroit, en Russie, où l'on peut vivre heureux. [199]).

J'ai trouvé ce coin de véritable bonheur en Russie dans le monde des jardiniers de Rostof.

Ce monde est digne d'attention par son originalité historique et nationale. Le jardinage florissait ici aux plus anciennes époques de notre histoire. Mais cette contrée nous intéresse surtout parce qu'elle prouve que la véritable *instruction* intellectuelle du peuple et ses progrès peuvent marcher de front avec son bien-être matériel, et de plus, que ces progrès intellectuels de la population paysanne sont possibles sur son sol naturel, sans aucun mélange des divers attributs moraux décultants de la «culture» superficielle de nos jours qui envahit de tous les côtés la vie de notre paysan et finit par la dénaturaliser et l'infecter. Cette région horticole de Rostof est une des plus intéressantes, au point de vue économique, car elle prouve combien la terre peut servir

---

198) Voy. à ce sujet l'article de *A. Titof*, Ougoditschy.
199) Vers bien connus de *M. Nekrassof.*

de source féconde au bien-être des paysans, même lorsque les possessions foncières sont très minimes et la terre peu fertile, rien que par l'énergie du travail et le savoir que l'on y applique.

Nous ne nous arrêterons ici que sur des faits d'une importance générale pour notre vie contemporaine. La région du jardinage de Rostof mérite une étude spéciale pour faire comprendre les problèmes multiples de l'économie rurale de nos jours. Quoique cette région se soit formée sur l'ancien sol légendaire des Finnois ou des Tchoudes, ce n'est cependant pas à une force miraculeuse qu'est dû le bien-être extraordinaire de ce pays, une force qui ne pourrait pas agir dans les localités avoisinantes, mieux pourvues de terrains et cependant vivant dans la misère.

Les jardiniers de Rostof sont parfaitement connus; ils sont dispersés dans toute la Russie, particulièrement dans le Nord, jusqu'aux régions les plus éloignées (même en Finlande). Les uns entrent en service, les autres ont leurs propres jardins potagers (notamment près de Pétersbourg). Ils jouissent partout d'une bonne réputation, et sont de plus en plus recherchés; il y a quelques années encore, on pouvait louer un Rostovien, par an ou pour les mois de printemps, d'été et d'automme [200]) à raison de 70 rbls., à présent le salaire minimum est de 120—140 rbls. Il y a des jardiniers qui reçoivent chez les seigneurs riches des appointements considérables (jusqu'à 500 rbls., et même davantage). Pour le jardinage qu'ils ont porté, d'après les conditions de notre climat, à son plus haut point de sa perfection, ils ne peuvent être remplacés par aucun jardinier instruit, pas même par les Allemands ayant passé par une école, et qui eux-mêmes ont souvent recours aux Rostoviens. En outre, ils sont connus pour leur bonne foi, leur assiduité au travail et leur sobriété, surtout ceux qui sont recommandés par la commune ou le bailli de leur village. Ce dernier fait indique, à lui seul, le trait caractéristique de la vie de ces villages: leur puissant esprit communal, leur rigoureux contrôle réciproque et la solidarité des membres de la commune.

---

200) Les jardiniers se prennent à l'année, mais il ont toujours le droit d'aller chez eux pendant les mois d'hiver (de Novembre jusqu'à Mars).

Tout cela ne peut qu'exciter la curiosité pour ce monde, dans lequel, pendant bien des générations, ces braves gens ont reçu leur éducation et qu'ils ont rendu célèbre à plusieurs milliers de verstes. — Il est donc bien intéressant de voir comment ils vivent chez eux.

Nous avons visité le centre principal de ce monde, situé près de la ville de Rostof, autour du lac historique de Néro au N. de Rostof (en finnois Kavoja — nom depuis longtemps oublié), réuni au Volga et à Jaroslavl par la rivière de Kotorost. On peut considérer comme centres de ce pays deux grands villages: celui d'Ougoditchy (sur la rive Est du lac) et celui de Porétchié (sur celle de Sud). Sur tout le rivage du lac, à une certaine distance de l'eau, (à cause du débordement qui a lieu au printemps) qui est occupé par des prairies submergées d'eau et en partie de jardins potagers, s'étend toute une rangée de villages, adonnés exclusivement au jardinage. Je n'ai eu le temps de prendre connaissance que du premier des deux bourgs susmentionnés; il m'a été désigné comme un type auquel toute cette région ressemble plus ou moins, par la vie que l'on y mène ainsi que par les occupations qui y prédominent. Il ne faut cependant pas perdre de vue, que ce type, sous le rapport moral et par son bon ordre civïl, peut servir de modèle; tous les autres villages n'ont qu'une ressemblance avec le village d'Ougoditchy qui jouit de la meilleure réputation, bien que le village Porétchié le surpasse par sa richesse et par son industrie plus raffinée. Il existe déjà dans ce dernier bourg une usine pour préparer les légumes (par ex. pour apprêter en dernier lieu le café fait avec de la chicorée, de l'huile de menthe etc.). Il y a trois établissement du même genre dans le voisinage qui appartiennent aux paysans passés maintenant dans la classe des marchands.

Le bourg d'Ougouditchy est d'ancienne origine et plein de traditions historiques se rapportant à la profession du jardinage. La dernière de ses deux belles églises a été bénie par le célèbre Métropolite de Rostof, St. Démétrius, au XVIII° s.; l'érection de la seconde est d'une époque inconnue. Pour nous, c'est l'histoire moderne de ce bourg et de tout le canton (wolost) d'Ougoditchy, qui est la plus intéressante. Ce qu'il y a de plus remar-

quable c'est son autonomie communale qui s'est développée d'une
façon extraordinaire, comme nous allons le voir; il faut explorer
avec soin des endroits de ce genre, comme il y en a, du reste,
peu en Russie, pour se persuader jusqu'à quel ordre remarquable cette autonomie communale peut parvenir chez nous. Hormis
le bon ordre de l'administration, de la police, et surtout des finances (voy. plus bas), cette autonomie se distingue encore par
une sévère discipline intérieure, par la surveillance morale des
autorités communales, auxquelles toute la population, particulièrement la jeunesse, obéit sans contrainte d'une manière extraordinaire. Comme excellent représentant de ce gouvernement
communal, nous pouvons nommer le bailli actuel du Wolost, Andr.
Mich. *Kostrof.* Ce n'est pas la première période triennalle qu'il
occupe son poste électif, mais il reste toujours simple jardinier —
paysan, comme tous ses concitoyens; cela ne l'empêche pas de
conduire, outre la culture de son jardin-potager, un assez grand
commerce de légumes dans différentes localités éloignées, comme
par. ex. à Pétersbourg, en Finlande et dans les provinces Balti-
ques. Il y a encore plusieurs, et même beaucoup d'autres jardiniers devenus riches qui font le même commerce. M. Kostrof est
un modèle de paysan russe instruit, dévoué à son industrie et à
l'administration de sa commune. Il est toujours préoccupé du
progrès dans sa partie. Il songe à présent à l'introduction à Ougoditchy de la préparation de conserves de légumes qui, d'après
lui, doit servir au développement du jardinage de Rostof (vu l'importation croissante des conserves de l'étranger). Son activité industrielle ne l'empêche nullement de veiller sans relâche à l'administration de sa commune et de la gouverner avec sévérité, sans
avoir recours à tous les anciens procédés si répugnants des bu-
reaucrates et des seigneurs, et que l'on trouve cependant chez
plusieurs doyens modernes et amis du progrès.

L'administration communale est assez compliquée ici à cause
de la surveillance morale que ses chefs exercent sur les membres
de la commune et dont nous avons parlé plus haut. Le tiers, à
peu près, (1000 habitants sur 3000) de la population, vit constamment hors du bourg. On peut quitter sa commune à volonté;
ceux qui s'en vont et qui ne jouissent pas de leur terrain sont

libérés de toute espèce d'impôts et de taxes publiques, provin-
ciales et communales. Cette dernière circonstance mérite une
attention toute particulière et s'explique par la valeur extraordinaire de la terre dans cette région; elle est facilement allouée
aux personnes restantes qui payent toutes les taxes dont elle est
grevée. Quelques villages ont eu l'idée de prélever une taxe sur
les passe-ports de ceux qui partaient, (à l'exemple des taxes que
l'on perçoit dans diverses localités de Moscou), mais l'assemblée
communale du Wolost ou canton, (division administrative qui comprend plusieurs villages) ne permit pas cette imposition illégale
et vexatoire. Malgré la liberté absolue réservée aux habitants
d'Ougoditchy de partir et de se déplacer, la commune surveille
avec soin ceux qui vivent dehors, même ceux qui se sont installés
avec leurs familles dans leurs propriétés foncières et leurs jar-
dins-potagers loin de Rostof. La population de cet endroit étant partout dispersée, cette surveillance n'offre pas beaucoup de difficulté.
Voici un fait caractéristique bien intéressant. Un jardinier d'Ougoditchy eut l'idée de s'établir définitivement à Helsingfors (en
Finlande) et de «se faire naturaliser citoyen Finlandais»; cela
parut très «suspect» à l'administration communale; elle refusa
d'abord de lui donner son passe-port, puis examina le fait, le
trouva plausible et lui envoya enfin son permis de séjour.

Les citoyens d'Ougoditchy, à l'exemple des anciens Romains
(civis Romanus sum) ou bien des Anglais et des Suisses modernes,
croient sérieusement que la sujétion d'Ougoditchy ne cesse jamais pour eux, quel que soit l'endroit qu'ils ont choisi comme
domicile, même lorsqu'ils se naturalisent dans un autre pays.
Leur attachement pour le sol natal est si grand, que n'importe
où ils vont, non-seulement ceux qui demeurent éloignés en service (ceux-là reviennent toujours pour les mois d'hiver), ou ceux
qui font un commerce quelconque (comme par ex. ceux qui ont
leurs boutiques dans différentes villes), mais même ceux qui ont
acheté en divers endroits du terrain pour (le jardinage) reviennent toujours dans leurs villages. Parmi ces derniers il y en a
qui, après avoir longtemps vécu dans des contrées éloignées et
s'y étant enrichis, vendent leurs terrains et reviennent sur leurs
vieux jours au clocher — ou à Rostof, pour mourir dans leurs

pays natal. Ceux qui ne reviennent pas pendant plusieurs années
de suite sont regardés comme «perdus»; ceux qui ont manqué
un hiver sont déjà suspectés et surveillés. Dans tout le Wolost
ou canton d'Ougoditchy, on ne compte pas plus de 5 familles
qui l'aient complètement abandonné. La plupart de ceux qui partent font cultiver leur terrains par les membres de la famille
qui restent, principalement par leurs femmes, ou les donnent en
fermage pour un certain temps; il y en a quelques uns qui
vendent leurs lots, ce qui ne les empêche pas, n'importe où ils
se trouvent, d'être inscrits comme membres de leur commune.
Cet amour du pays natal se trouve étroitement lié à un extrême
attachement pour le métier héréditaire: ici tout le monde est
jardinier ou, ce qui est la même chose, marchand de légumes.
«Ce serait *une honte* de travailler dans une fabrique» et cependant non loin de là il y en a beaucoup.

Ce grand attachement à la terre et au métier des aïeux explique la possibilité de cette sévère surveillance mutuelle des
membres de la commune, la force de «l'opinion publique dans la
commune» d'Ougouditchy et sa discipline morale, qui se passe
de toute police et qui contribue aux excellentes moeurs des habitants. Or, tout cela s'explique par l'autonomie communale, qui
s'est organisée ici depuis longtemps de soi-même, et a progressé
d'une manière historique et libre des invasions et des réglemen-
tations bureaucratiques. Pendant notre dernière visite dans ce
pays, (en 1884) on s'est plaint que les anciennes bonnes moeurs
et la discipline communale d'Ougoditchy se relâchassent peu à
peu sous l'influence délétère de la vie moderne et du courant
venant des capitales et des grandes villes. La nouvelle génération s'efforce de s'émanciper de la surveillance des autorités
communales. Nous n'avons pu nous assurer, jusqu'à quel point
ces plaintes étaient exagérées (ainsi que nous le supposons).

Il est curieux de savoir quelle est l'origine de tout l'ordre
de choses dont nous venons de parler. L'autonomie du canton
d'Ougoditchy est de beaucoup antérieure à l'émancipation des
paysans et aux Institutions du 19 Février 1861. La commune
possède son indépendance administrative (son selfgovernment)
depuis longtemps, de même que cela se pratiquait dans tous les an-

18*

ciens domaines ruraux, non astreints à la corvée, mais payant une redevance (obrok) fixe d'argent à leur seigneurs. Déjà en 1809 cette population de serfs s'est rachetée de son seigneur en s'obligeant à payer une rente perpetuelle à lui et à ses héritiers; depuis lors cette population entrait dans la classe des paysans «libres». Cette classe là jouissait même en comparaison des Institutions rurales de 1861, de la plus grande indépendance ou autonomie administrative et économique. A laquelle des deux causes le canton d'Ougoditchy doit-il le bon ordre, — est-ce à la longue durée de sa liberté qui peut d'elle même enseigner aux hommes la sagesse dans le gouvernement de leurs affaires, ou bien le bon ordre s'explique-t-il par les particularités de l'organisation communale qui diffère quelque peu des institutions rurales éditées le 19 Février 1861? Nous ne saurions résoudre cette question.

Nous attirerons l'attention seulement sur une particularité du système de la propriété foncière et de son usufruit existant ici. Ce système s'est introduit en 1809, et il existe de fait en différentes autres localités en dépit des Règlements de 19 Février 1861.

Depuis que les paysans d'Ougoditchy ont acquis leur liberté (en 1809), la terre est devenue dans chaque village *la propriété de la commune* (ou mir); elle a été partagée entre les familles par lots, (*tiaglos*) comme cela était de fait pendant le servage jusqu'en 1809. Chaque lot est formé de plusieurs morceaux de terrain, (jusqu'à 10) selon les qualités de leur fertilité et de leur emplacement; ces diverses catégories de terrain étant situées dans différents endroits, ces lots restent en jouissance héréditaire des familles, et ne sont plus repartagés depuis 1809; un nouveau partage, d'après ce que l'on m'a dit, est impossible à Ougoditchy, parce que tous les avantages du sol (c'est-à-dire des jardins potagers dont toute la terre est occupée) consistent dans son engraissement continuel que les possesseurs doivent faire tous les ans; or ces derniers ne le font pas tous de la même manière. Quelques possesseurs ont réclamé un nouveau partage, ainsi que le rachat de lots en pleine propriété (conformément au Règlement du rachat de 1861), mais la majorité de l'assemblée communale s'est opposée à ces innovations. Il n'y a que les prairies qui soient partagées tous les ans. Mais, tout en conservant le principe suprême de la propriété commune à l'inaliénabilité, chaque lot de terre peut être donné par son possesseur en fermage (pour un certain temps ou pour toujours), et même vendu. Par le terme *«vente»* du terrain on entend ici la vente du *droit de jouissance illimitée et sans terme*. Aujourd'hui il est défendu (depuis, probablement, que la terre est devenue plus chère) de vendre de cette façon la terre aux personnes *qui ne sont pas membres de la commune*.

Tout ce système [201]) que nous osons regarder comme un des meilleurs et des plus purs types de la propriété foncière communale en Russie et de sa jouissance, et qui existe chez nous dans d'autres contrées, s'est formé et ne subsiste rien que par le droit coutumier.

Par suite de l'exiguité du terrain qui se fait sentir de plus en plus (il revient actuellement moins d'un hectare à chaque famille) et de la quantité d'engrais qui lui est nécessaire, la terre renchérit ici excessivement. On a pris tout ce qui a été possible, pour les jardins, de sorte que dans le voisinage il n'y a plus de terre propre à cette culture [202]). Ainsi, 20 ans auparavant, on pouvait acheter (dans le sens que nous avons expliqué plus haut) ici un lot de terre pour 50 rbls., aujourd'hui on le paye 200 rbls. Le prix [203]) du terrain est plus élevé que dans nos meilleures régions de terre noire, même les plus rapprochées des chemins de fer. Ce prix prouve combien les jardiniers de Rostof savent tirer de profit d'une terre tout-à-fait ordinaire. Nous devons faire observer qu'avec ce système de *propriété communale*, le profit de l'enchérissement du terrain ne revient qu'à ceux qui y ont engagé leur travail et leur capital; l'argent recouvré par la vente ou la transmission appartenant au dernier possesseur. La terre est entièrement couverte ici de jardins potagers et offre un exemple de la culture la plus intense en Russie, de celle que l'on nomme «culture de pelle». Quand on voit devant soi tous

---

201) Nous n'exposons ici que l'essence de ce système, en évitant tout détail.

202) Les personnes qui connaissent le pays nous ont dit que depuis 40 ans la production des légumes avait augmenté ici de 100 fois environ.

203) Ce prix d'ailleurs, n'est pas celui d'achat du terrain.

ces champs remplis de jardins potagers, on peut se croire en
Belgique au milieu d'une économie jardinière des plus perfec-
tionnées. On ne cultive guère ici ni blé ni autres céréales; on tire
le blé, l'avoine et autres produits agricoles grossiers, des localités voisines en échange des légumes, ou bien on les achète.
Nous croyons que l'on a résolu ici le problème fondamental de
l'économie rurale dans toute notre région du Nord: de produire les denrées qui ont la plus grande valeur sur les marchés,
au lieu de continuer, en cultivant le blé, une concurrence avec les
régions de la terre noire, devenue impossible depuis les chemins de fer.

Le produit principal de cette contrée jardinière de Rostof
est la chicorée (pour le café) dont la culture a commencé il y a
à peine 30 ans; ensuite viennent les petits pois secs que l'on exporte même à l'étranger; puis l'oignon que l'on cultive ici en
grandes masses, la pomme de terre, les concombres, etc. Tous
ces produits y ont atteint la plus haute perfection.

Comme nous l'avons déjà dit, le jardinage, quoique exigeant
un travail de tous les instants, procure à la population un bien-
être matériel remarquable, — remarquable, non pas par son
luxe, mais surtout par son égalité et son équilibre. Les plus pauvres ne se trouvent pas dans la misère. Presque tous les paysans
ont tous les jours du thé et de la viande à leurs repas. Le prix
très élevé de la main d'oeuvre peut servir comme preuve des
plus convaincantes de ce bien-être: on paye aux faucheurs $1\frac{1}{2}$
rouble par jour, aux bêcheurs 2 rbls. au printemps.

Il va sans dire que ce bien-être ne depend pas uniquement
des bénéfices du jardinage, qui ont été produits par une assiduité
extraordinaire au travail, (ce sont surtout les femmes qui sont
laborieuses ici et qui sont les premières ouvrières dans les potagers); or, cette assiduité au travail s'est développée en commun avec
les bonnes moeurs de l'endroit. Nous avons trouvé dans la maison des plus pauvres villageois-jardiniers un ordre et une propreté que l'on ne trouve pas dans nombre de villages industriels
beaucoup plus riches.

Ces «bonnes moeurs» se sont affermies ici sous l'influence de
tout le train de vie de cette population et de son autonomie

communale. Ainsi par ex., les autorités du village poursuivent sévèrement l'ivrognerie; l'administration communale d'Ougoditchy n'admet pas plus d'un cabaret où dans la semaine les paysans ne restent jamais longtemps, comme cela arrive chez nous partout ailleurs.

N'oublions pas d'ajouter que, tout en ayant de bonnes moeurs, le peuple de l'endroit jouit d'un niveau intellectuel très élevé. A Ougoditchy, depuis 30 ans, il existe une école élémentaire parfaitement bien organisée, établie dans un magnifique local, richement munie de matériel scolaire, et ayant deux maîtres (hormis le prêtre). Tous les enfants des deux sexes, sans exception s'y rendent, de sorte qu'aujourd'hui toute la population à l'exception de quelques vieillards, sait lire et écrire, et s'adonne constamment à la lecture. Cette école est entretenue aux frais de la commune avec un concours insignifiant de la part du district (zemstwo); elle est dirigée soigneusement par les autorités communales. Ces dernières s'abonnent aux journaux, qui se lisent en commun dans les réunions publiques. Le peuple s'intéresse même aux nouvelles politiques.

Mentionnons les finances communales, qui sont remarquables par le bon ordre de leur gestion. Au moyen de divers revenus que reçoit la commune (du fermage de la pêche, de la rente payée par le propriétaire du cabaret, des prairies), une quantité de dépenses communales se trouvent couvertes; entre autres, on paye sur le budget communal la rente perpétuelle due aux héritiers de l'ancien seigneur pour le rachat du servage, on parvient même à payer par les revenus communaux une certaine partie des impôts de l'Etat et de la province. En outre, pour couvrir toutes les redevances sans exception, chaque lot de terre est grevé de 5 R. par an (ce qui fait $2\frac{1}{3}$ rbls. par chaque personne adulte, ce qui fait une charge très minime en comparaison d'autres localités) [204]. C'est ainsi que la commune a pu accumuler un capital de 40 milles roubles qui sont placés dans des banques. Comme trait remarquable de la sagacité de l'économie commu-

---

204) Tous les impôts, sans exception, sont perçus d'après la quantité de terre *que l'on possède ou dont on jouit.*

nale, nous citerons le système de jouissance des pêches du lac Néro qui appartient à la commune d'Ougoditchy: tous ses membres (et seulement eux) ont le droit de pêcher dans le lac pour leur compte personnel; les jardiniers s'occupent de la pêche en hiver; quant aux pêches dans les rivières qui se jettent dans le lac et qui contiennent les meilleurs poissons, elles sont affermées et donnent un revenu à la commune.

Nous sommes obligé de nous borner ici à une description très restreinte de cette localité florissante qui a su, d'une façon étonnante, si bien résoudre dans sa vie les problèmes les plus difficiles de la propriété foncière, ainsi que de l'économie rurale. Le côté le plus remarquable de la vie de ces braves villageois est que leur grand développement industrieux et intellectuel, même la lecture des journaux politiques, n'ont nullement dérangé l'harmonie historique de leur caractère tout à fait paysan, ce qui est fort rare chez nous, principalement dans les régions industrielles. Toute leur vie intérieure garde son type rustique et simple, malgré leur profession et leur commerce fort étendu qui éloignent le tiers des habitants à des milliers de verstes de leurs foyers, dans les capitales, dans les centres les plus agités et souvent même à l'étranger.

Avec cela, peut-être même à cause de cela, tout ce bien-être ne s'arrête pas, mais continue *progressivement* (dans la meilleure acception de ce terme). Ainsi par ex. les jardiniers d'Ougoditchy sont très préoccupés de la question des conserves, dont la solution pourra les mettre en sûreté contre l'importation des légumes de l'étranger, de la chicorée d'Allemagne entre autres, qui ne fait qu'augmenter et qui nuit beaucoup à leur principale marchandise [205]). Ils sont aussi en train de débattre la question de la construction d'un bateau à vapeur sur le lac de Néro, qui leur sert d'unique communication avec la ville de Rostof — le marché principal pour l'écoulement de leurs produits.

En dehors de tout cela, malgré toute sa perfection, l'écono-

---

205) Il est assez intéressant de savoir qu'ils ne parviennent pas à faire baisser e tarif des chemins de fer pour leur chicorée. Le transport de la chicorée d'Allemagne jusqu'à Pétersbourg revient à 10 cop. le poud, celui de Rostof à 35 cop,

mie rurale de Rostof demande, (à l'avenir,) encore beaucoup
d'améliorations, parce que les conditions du commerce et de la
partie technique changent sans cesse. On peut espérer que toutes
ces améliorations (comme par ex. l'arrosage artificiel des jardins
potagers, la culture de nouveaux légumes plus chers et plus rares, le développement du jardinage de serres etc.) seront faites
avec le progrès de l'instruction de cette population, si seulement
ces progrès marchent à l'avenir du même train salutaire que
jusqu'ici.

Notre dernier voyage dans le gouvernement de Jaroslavl au
mois d'Octobre 1884, fut dirigé vers son troisième rayon (voy.
plus haut), celui des professions hors du domicile. Cette contrée
caractéristique et intéressante s'étend dans le gouvernement de
Kostroma.

Les particularités économiques et sociales de cette contrée
ont une grande importance pour la vie économique de toute la
région industrielle de Moscou, et même pour toute la Russie.
Nous avons toujours choisi pour nos excursions les localités typiques qui mettent le plus en relief les divers éléments de la vie
de la région que nous étudions, et même de l'économie nationale
de toute la Russie.

Ladite contrée se trouve située dans le bassin du Volga, sur
sa rive gauche, au Nord-Est du gouver. de Jaroslavl, dans les
districts de Danilof et de Lubimof, ainsi qu'au Nord Ouest du
gouv. de Kostroma, dans le district de Bouï; enfin cette contrée est située dans l'une des parties Nord, sur les limites septentrionales de la région de Moscou et sur les limites méridionales de la région des lacs et de celle des forêts. C'est la
région de l'industrie ou des profession appelées chez nous «hors
du domicile.» Cette industrie est répandue bien au-delà de cette
contrée, dans tout le gouvernement de Jaroslavl de même que
dans la partie Nord-Est du gouv. de Kostroma; mais dans
les localités que nous décrivons, cette industrie domine, plus
qu'ailleurs, toutes les autres occupations de la population et
en forme le genre de vie typique. Dans nombre de villages les
professions hors du domicile forment l'occupation tout-à-fait ex-
clusive, de sorte que la plus grande partie de l'année, quelquefois

même continuellement, sauf pendant de courts intervalles, il ne reste à la maison que les femmes, les vieillards et les enfants.

Ces professions sont liées à l'agriculture très étendue ici. Le sol (argileux, avec des oasis d'une terre plus riche appelée grise, surtout dans le district de Danilof) est assez fertile, mais à la condition d'être bien engraissé et cultivé. Jusqu'à l'abolition du servage, la culture des seigneurs propriétaires et généralement l'élément de la noblesse dominait ici dans l'agriculture, ainsi que dans la vie locale. Dès lors, le terrain des propriétaires fut abandonné et les paysans, ainsi que des gens d'autres classes, l'accaparèrent rapidement. Il y a peu de fabriques; elles n'existent que près du Volga (dans le district de Danilovo). A une certaine distance de ce fleuve on n'en trouve plus. Ainsi le bruit de la vie des fabriques et des centres industriels s'apaisait de plus en plus sur tout le parcours de notre voyage, depuis Jaroslavl à mesure que nous avancions vers le Nord à travers les districts de Danilovo, ensuite de Lubime et de Bouï. Il y a bien, dans cette contrée, quelques métiers de l'industrie domestique, mais ils sont peu répandus. Sur tous les confins de la région industrielle de Moscou débordant dans ses centres de fabriques et d'usines, nous rencontrons des zônes où cette activité des fabriques est la marque la plus caractéristique de cette région.

L'agriculture jointe aux professions hors du domicile donne un coloris exceptionnel à toute cette contrée dont nous parlons, — le coloris d'une vie rustique paisible et calme; mais cette teinte est considérablement mêlée d'éléments plus avancés et plus bruyants de la vie des villes, et même des capitales, qui font des invasions dans ce pays. A la marche ordinaire de la vie rustique les professions hors du domicile ajoutent un trait tout-à-fait singulier qui distingue la contrée. De temps à autre, un courant de cet élément étranger se précipite dans les villages abandonnés, par torrents d'hommes retournant au logis du pays où ils ont travaillé pendant l'année. Ces gens-là venant généralement de Pétersbourg où ils sont occupés de diverses professions, sont très éveillés. Toute cette contrée, malgré le voisinage de Moscou, gravite d'ancien temps, par son industrie et son commerce, vers Pétersbourg, vers le Nord-Ouest (dans la direction du Volga), ainsi qu'au Nord et au Nord-Est (voy. plus bas). Ce même élément de la vie bruyante des capitales, subsiste toujours dans l'âme de toute la population locale; il se conserve dans les souvenirs des vieux et infirmes invalides de ces professions qui les ayant abandonnées, s'adonnent à l'agriculture; il leur sert de sujet de conversation avec les femmes et les enfants, qui se préparent aux mêmes professions.

En outre, l'animation et la culture intellectuelle de cette population sont entretenues par le mouvement continuel de la route commerciale qui passe depuis longtemps par cette contrée, en allant de Moscou et des centres de sa région au Nord, vers Archangel (cette route est aujourd'hui couverte de rails jusqu'à Vologda); on peut en dire autant des ramifications de cette route qui s'en vont au Nord-Est (par Lubime et Bouï) dans le gouv. de Kostroma, et au Nord-Ouest (par Pochéhonié) vers le gouv. de Novgorod.

Les traits que nous venons de signaler, sont suffisants pour caractériser préalablement ce pays; nous le ferons mieux connaître plus tard. Nous indiquerons encore ici sa place dans notre histoire. Ce pays se distingue tout à fait de l'antique terre de Rostof-Sousdal qui se trouve tout près de l'antique gouvernement; c'est la partie la plus jeune du gouvernement de Jaroslavl et même de Kostroma. Pendant bien longtemps, durant plusieurs siècles, le mouvement colonial, commercial, et politique de la terre de Rostof-Sousdal se répandait de tous les côtés, mais particulièrement vers le Sud, entre le Volga et l'Oka, et ne dépassait par le Volga. Cette contrée avec toutes ses villes ne paraît sur la scène historique qu'à l'époque de la grandeur de Moscou, au XVI° siècle. Dans tout le voisinage, il n'y a qu'une seule ville ancienne Galitch (gouv. de Kostroma), et encore sa renommée historique ne remonte pas au-delà de la période de Vladimir (XIII° siècle). L'ancienneté historique comparative de chaque pays et de sa population a une grande importance, non-seulement sous le rapport scientifique et historique, mais encore du côté pratique, pour expliquer beaucoup de phénomènes de la réalité contemporaine. La durée plus ou moins grande de la vie historique, indépendamment de tous ses autres facteurs, est par elle-

même une des conditions les plus essentielles de la civilisation
du pays. Cependant, malgré la jeunesse historique comparative
de ladite contrée, sa population, surgie sur le même sol finnois,
est purement grande-russienne et porte tous les traits saill-
lants de cette race qui s'est formée dans la terre Rostof-Sousdal. C'est le peuple de cette terre qui a colonisé ce pays et c'est
par là que s'explique tout d'abord son développement intellectuel, sa culture, son pur langage grand-russien, enfin toutes les
qualités qui distinguent la population des anciens centres des
gouvernements de Jaroslavl et de Vladimir.

Notre excursion commença à Jaroslavl, par le chemin de fer
de Jaroslavl-Vologda. Les rivages riants et bruyants du Volga formaient un violent contraste avec le calme extrême de ce chemin.
Dès que nous le suivîmes après notre passage du Volga, près de
Jaroslavl, il nous sembla, lorsque nous nous trouvâmes à la gare
de ce chemin de fer, avoir pénétré dans un autre monde désert,
très éloigné des régions du Volga et de Moscou, et de leurs
centres. C'est la première impression que produit, d'abord le
passage du Volga sur un sale bateau à vapeur, regorgeant de
monde (ou bien sur un radeau primitif); ensuite la modeste gare
(appelée «Volga»), presque misérable en comparaison de la belle
vue de Jaroslavl, de l'autre côté du fleuve, de ses coupoles, des
quais couverts de bâtiments splendides et des eaux du Volga
resplendissants des derniers reflets du soleil d'automne.

Cette gare fait aussi contraste avec la belle et grande station
de la ligne de Moscou-Jaroslavl qui se trouve de l'autre côté du
fleuve.

Dans la foule qui s'assemble à la gare pour prendre le train
de Vologda, on ne voit que la basse classe, des paysans et des
ouvriers, et quelques uns de ces individus de la nouvelle classe
surgie chez nous, de cette couche inférieure du «tiers état» moderne qui se multiplie rapidement; ces individus forment une espèce de gens transitoire, entre les voyageurs de la III° classe et
ceux de la II°. Ils se placent ordinairement en troisièmes. Il
n'existe pas ici, à ce qu'il paraît, de passagers de la I° classe, et
ces wagons n'existent que parce qu'ils sont obligatoires de par
la loi. Même en II° classe il n'y avait qu'un seul voyageur. Dans

tous nos voyages subséquents sur cette ligne nous n'avons jamais rencontré dans cette classe plus de 2 ou 3 passagers; c'é-
taient des fonctionnaires de l'Etat qui se rendaient du gouvernement de Vologda dans les deux capitales, ou qui retournaient
chez eux.

C'est exactement la même impression qu'emporta M. Haxthausen en 1846, en quittant Jaroslavl pour aller à Vologda par
la même route, qui alors n'avait pas encore de rails[206]). Ce n'est
pas seulement une impression; c'est la réalité même, peinte d'une
façon précise. Depuis le voyage de Haxthausen, durant 30 ans
environ, cette route, malgré sa transformation en voie ferrée
n'est pas plus animée, et peut-être même, est-elle maintenant
encore plus calme.

Et cependant il fut un temps, où ce chemin était, depuis la
fondation d'Archangel vers la fin du XVI° siècle, une des plus
grandes routes de la Russie, l'unique voie de l'Etat Moscovite
vers son unique mer et, de là vers les mers étrangères et les
océans. De Vologda se détachait une autre route importante qui
conduisait au Nord-Est de la Russie et en Sibérie. Toute cette
ligne de communication se ranima bien davantage encore dans la
suite, sous Pierre le Grand, qui concentra sur elle une attention
particulière et en fit la première route postale de la Russie. Mais
c'est aussi sous ce même Souverain, et surtout depuis la fondation
de St. Pétersbourg, que commença la décadence de cette voie,
décadence qui n'a fait qu'augmenter progressivement jusqu'à nos
jours; ce fait fut la conséquence naturelle de tout le mouvement
de l'Empire, de son commerce et de son industrie vers l'Occident
dans la direction que leur avait donnée le Grand Réformateur[206]).

Ce mouvement rejeta bien loin Archangel, tout l'extrême
Nord et toute la grande région Nord-Est de la Russie d'Europe,
et les mit tout à fait en dehors des principaux centres de notre
vie économique. La construction de chemins de fer dans toutes
les autres parties de la Russie fut le dernier coup de grâce pour
cette voie. Après cela, d'immenses espaces de notre Nord-Est
(de même que la Sibérie) s'éloignèrent des centres de l'Empire

---

206) *A. Haxthausen.* Etudes, etc. IV, p. 183.

et de son commerce à de telles distances que cela ne s'etait pas encore vu dans notre histoire. Il est certain que la nécessité politique et économique de construire des chemins de fer dans nos autres régions était bien plus urgente; mais ces régions furent dotées de quelques lignes superflues, se faisant déjà concurrence et s'affaiblissant mutuellement, tandis que tout le Nord-Est est tout-à-fait privé de voies ferrées, et avec elles de conditions modernes indispensables à son commerce. Tels furent, entre autres, les tristes résultats de l'absence de tout plan d'ensemble dans la construction de notre réseau de chemins de fer, et de là l'époque néfaste des concessions, dirigées par les intérêts locaux, et particulièrement personnels!

Cependant, la voie dont nous parlons garde jusqu'à présent son importance, étant unique dans son genre; elle est nécessaire pour satisfaire les besoins, non-seulement de l'extrême Nord, mais aussi ceux des autres régions de la Russie et de tout l'Empire. La construction de la ligne ferrée de Jaroslavl-Vologda a bien quelque peu facilité le mouvement sur cette voie, mais d'une façon trop insuffisante, d'abord parce qu'elle est étroite (avec une seule paire de rails) ensuite parce qu'elle n'est pas jointe par un pont sur le Volga à la ligne de Moscou-Jaroslavl et s'arrête à Vologda. Sa jonction avec le système d'eaux de la Dvina du Nord par la rivière Souhona, à Vologda, ne sert pas beaucoup aux communications du Nord, comme il en est de tous les chemins de fer qui aboutissent à ces rivières à cause de leur congélation en hiver ainsi que par suite de leurs défauts hydrotechniques. Enfin l'idée de ces chemins de fer à voie étroite et à bon marché fut une des plus malencontreuses idées du temps passé. A cause de tous ses défauts capitaux, la ligne de Jaroslavl-Vologda n'est pas destinée, même dans l'avenir, en dépit des nécessités les plus essentielles de notre géographie et de notre histoire, à devenir une partie de la ligne magistrale qui devra, tôt ou tard, relier la Russie à son extrême Nord; ou bien elle devra être refaite de fond en comble, ce qui veut dire qu'il faudra construire un nouveau chemin de fer à sa place.

«C'est un misérable chemin de fer que le nôtre», nous disaient tristement tous les employés, à commencer par les conducteurs;

et en vérité, plus on regarde de près, plus on y réfléchit, et plus on est convaincu de la vérité de ces paroles, indépendamment des impressions pénibles qu'on emporte en voyageant sur cette voie. Elle ne peut continuer d'exister que grâce aux revenus du chemin de fer de Moscou-Jaroslavl qui appartient à la même société. D'après les conditions de cette voie que nous avons citées plus haut, elle ne sert que pour le transport des cargaisons et des marchandises entre le Volga et l'extrême Nord; elle est presque nulle pour remplir sa principale mission historique — qui est de relier le Nord et le Nord-Est avec Moscou et avec les régions intérieures et occidentales, ainsi qu'avec les frontières occidentales où l'on aurait pu amener du Nord pour l'exportation une grande quantité de produits, nos ports du Nord et l'Océan Glacial étant tout à fait inaptes à servir à ce but. Le plus grand obstacle à ce mouvement si naturel des marchandises entre le Nord et l'Occident sur cette voie se trouve dans le double transbordement sur le Volga, à Jaroslavl (entre la ligne de Moscou et celle de Vologda), ce transbordement étant occasionné par l'absence du pont sur le Wolga et par l'étroitesse du chemin de fer de Vologda. On a peu songé chez nous aux frais du transbordement qui équivalent souvent aux frais de transport que maintenant, après la concurrence écrasante des blés de l'Amérique, nous avons dû sentir tout le poids de cette question. A quel point la circulation des marchandises entre le Nord, Moscou, l'Occident et le Midi est importante — nous pouvons le conclure par ce fait,— que malgré l'obstacle susmentionné et les frais il y a cependant quelques marchandises qui se transportent quand même par la ligne de Jaroslavl-Vologda dans cette direction [207]).

La principale activité commerciale de cette ligne consiste à fournir le blé du bas Volga à Archangel et au Nord, puis de transporter le bois du Nord au Volga. Toute la circulation de ces cargaisons dépend de la navigation sur la Duna du Nord, ainsi que sur celle du Volga; donc elle ne peut s'animer qu'en été, et surtout au printemps. C'est alors que les marchandises (particulièrement le blé) s'accumulent ici à un tel point qu'il man-

---

207) Voy. dans «La Russie pittoresque», t. 1, p. I. La région de l'extrême Nord de la Russie d'Europe» par *P. Séménof.*

que de wagons pour le transport, ce qui gêne excessivement le commerce; cela tient encore au caractère de cette voie ferrée qui empêche d'y passer les wagons libres sur d'autres lignes. Nous n'avons pas mal de ces chemins de fer complètement isolés du réseau général. L'expérience aurait dû, ce nous semble, prouver la parfaite inconsistance de ces chemins: *quelque* courte que soit la longueur de chaque nouvelle ligne, elle doit absolument, si ce n'est à présent, du moins à l'avenir, entrer comme un chaînon dans le réseau général de l'Empire, et dans le système des communications du monde.

Au calme extraordinaire qui régnait sur ce chemin, au peu de public que l'on voyait aux stations, à la lenteur du mouvement (19 verstes par heure) — répondait aussi la monotonie de la nature et du paysage sur toute l'étendue de la ligne: un sol uni, couvert de grandes forêts intactes, mais encore jeunes (dans le district de Danilof). Toutefois, malgré la monotonie de tout ces voyages à l'intérieur de notre patrie, nous y éprouvons toujours une grande jouissance, car, plus on s'éloigne des villes pour s'engager dans les profondeurs de nos districts et de nos campagnes, mieux on voit devant soi la véritable vie russe qui est dans les capitales, et même dans les chefs-lieux des gouvernements dissimulée par les décors officiels, par les rapports sociaux artificiels et bureaucratiques; il est impossible de discerner sous ce voile factice la vie réelle du peuple avec ses intérêts, ses pensées et ses sentiments naturels. Ce n'est seulement que dans les villes chefs-lieux de district et autres petites villes que cette vie ressort à l'extérieur du cadre gouvernemental; elle prédomine enfin complètement dans les campagnes. En outre, après tous les tracas superficiels, nuls au fond, mais ennuyeux et bruyants de notre existence officielle dans les grandes villes — on trouve un repos et une tranquillité d'âme dans le calme paisible de cette vie de district, bien qu'elle soit parfois fort peu attrayante et qu'elle nous suscite souvent de tristes réflexions sous d'autres rapports, par sa somnolence et par sa stagnation.

Après l'esquisse générale de cette contrée que nous avons faite plus haut, disons quelques mots sur le district de Danilof, que nous avons traversé jusqu'à l'endroit de notre première halte, la ville de Danilof.

Comme une exception au sol ordinairement argileux du gouv. de Jaroslavl, on trouve dans le district de Danilof[207]) des terrains fertiles, presque de la terre noire (tchernozème), qui ont contribué au développement du jardinage. Dans tout le gouv. de Jaroslavl c'est le district qui a le plus de terres cultivées; c'est pour cela aussi que, contrairement au reste du gouvernement qui manque généralement de blé pour sa consommation, il y en a ici suffisamment, ou presque suffisamment. La culture du lin a beaucoup augmenté ici dans ces derniers temps. La population de ce district étant très dense (36 pers. par $\frac{1}{3}$ verte carrée), la plus dense du gouvernement après le district de Jaroslavl, nombre de paysans s'en vont pour exercer au dehors leurs divers métiers, ce qui contribue aussi à la suffisance du blé. Une grande moitié du terrain (plus de 66%) est encore couverte de forêts. Toutes ces conditions, de même que le voisinage du Volga et l'importance de la route commerciale dont nous avons parlé, sont très favorables au bien-être du peuple; cela se fait remarquer dans l'aisance, les constructions solides des maisons et le bien-être général des villages. Parmi les diverses professions hors du domicile il faut citer surtout les ouvriers paveurs, les mouleurs, les maçons, les plâtriers. L'industrie des fabriques, un peu plus grande ici que dans toutes les autres parties de cette contrée, est cependant insignifiante; il n'y a point de grands établissements. Les usines les plus remarquables sont celles de mélasse, qui servent aux paysans de débit pour leurs pommes de terre. Mentionnons encore un trait essentiellement caractéristique de la vie du peuple ici. Tout le gouvernement de Jaroslavl, d'après les données statistiques[209]), se distingue par le nombre extraordinaire d'enfants illégitimes. Et cependant, le district de Danilof, malgré le

---

207) Voy. les notions sur la ligne de Jaroslavl-Vologda et sur son mouvement. commercial dans les publications de la commission de chemins de fer du Comte Baranof: «Les Travaux» de cette commission, t. II. p. I. sec. 3. St. Pétersb. 1879.

209) Pour le district de Danilof, voy. la Liste des endroits peuplés (gouv. de Jaroslavl, notions générales); les Travaux de la commission des chemins de fer. v. II. p. I. — Le Calendrier du gouv. de Jaroslavl; le Dictionnaire Géogr.-Statist. v. II.

développement des métiers hors du domicile compte, sous ce rapport parmi les districts moyens, ce qui résulte probablement, du grand nombre de paysans qui restent chez eux et s'occupent d'agriculture. Dans le district voisin de Lubime qui mène le même genre de vie, le nombre des naissances illégitimes est beaucoup plus grand, probablement à cause d'un plus grand nombre d'hommes travaillant loin de leurs foyers.

Danilof[210] est une ville de district des plus insignifiantes. Le chemin de fer lui a bien donné une certaine animation, mais trop insuffisante. Ce n'est qu'en 1777 que ce village a pris le nom de ville; comme village ou bourgade il était déjà connu vers la fin du XVI⁰ siècle. Au commencement du XVII⁰ siècle, Danilof se fait connaître comme un des centres du mouvement de la population voisine, notamment «des gens noirs» (paysans), contre le faux Czar Demétrius, le «brigand de Touchino» et contre les Polonais. Ce fait prouve l'énergie de l'esprit national qui, de longue date, anime cette population. Il y a à Danilof 4000 habitants environ; nombre d'entre eux s'occupent d'agriculture et du tissage manuel de la toile. Parmi les fabriques et les établissements industriels il n'y a que ceux qui font les samovars qui soient quelque peu connus. Mais, malgré toute l'insignifiance de Danilof, il s'y trouve, à cause du caractère commercial général du gouv. de Jaroslavl, une grande quantité de boutiques et de magasins; on peut y voir toute espèce de marchandises, et les plus alertes commis («garçons») ces gens si typiques de Jaroslavl, qui ne diffèrent en rien de leurs compatriotes dans les magasins de Pétersbourg et de Moscou.

Danilof appartient à cette catégorie de nos villes qui ne le sont que de nom; plus loin, à Lubime et à Bouï, nous verrons des exemplaires plus excessifs de ce même type de nos villes officielles, qui sont en réalité des villages. Danilof, comme toutes nos villes de ce genre sert, avant tout, de lieu de résidence aux fonctionnaires du district; ensuite il remplit les fonctions de centre de la population des alentours par ses marchés (bazars)

---

210) Voy. la liste des endroits peuplés (gouv. de Jaroslavl: notions générales, p. XLV et XLVI).

qui ont lieu chaque semaine et où les habitants du district se
pourvoient de produits manufacturiers et de toutes choses non
produites dans le pays; en même temps la population vend sur
ces marchés ses propres produits, pour la plupart les articles fabriqués par l'industrie domestique. Les jours de bazar (comme
celui que nous avons vu) la ville s'anime et devient même tumultueuse, après le calme plat qui y règne pendant le reste de la
semaine. Ces jours de bazar, les sales restaurants et les cabarets
se remplissent de la foule villageoise qui s'initie ici à la civilisation des villes par divers «amusements» grossiers importés des
capitales et des grandes villes. Depuis que ces résidences seigneuriales ont été abandonées par leurs propriétaires et que la vie
de la noblesse foncière s'est éteinte dans les contrées pareilles à
celle que nous décrivons, les villes de district sont devenues ici
les uniques centres de la «civilisation». Mais les courants intellectuels qui en sortent sont encore plus troubles. «Le développement intellectuel» (comme cela se dit chez nous) qui se propage
de ces villes parmi la population des campagnes ne contribue pas
beaucoup à ses progrès intellectuels et ne fait que détruire leurs
croyances primitives et historiques, ne les remplaçant par rien
excepté les négociations grossières, les doutes et les railleries
cyniques dont sont pleines toutes les gaies causeries, et ces
rencontres des paysans et des bourgeois civilisés dans les cabarets. A de rares exceptions, la classe la plus intelligente dans ces
villes retirées se trouve représentée par des fonctionnaires de
l'Etat, par des gens qui ont désespéré de faire leur carrière ailleurs.

La civilisation universelle, qui pénètre des capitales dans nos
districts en passant par ces petites villes, agit aujourd'hui surtout
par les spectacles que des acteurs ambulants de la dernière espèce organisent de concert avec les amateurs de l'endroit. On
donne, pour la plupart du temps, des opérettes; les pires imitateurs d'Offenbach sont ici les initiateurs des jouissances esthétiques et de la haute culture parmi les habitants du district, particulièrement parmi le beau sexe de la bourgeoisie, sinon encore
parmi les paysannes. D'ailleurs, dans les contrées que nous décrivons, les instruments les plus actifs de la civilisation universelle

19*

des capitales, surtout parmi les paysans, sont les industriels et les paysans travaillant hors du domicile.

A Danilof, nous prîmes le chemin de fer de Vologda jusqu'à la station de *Pretchistoé*; nous entrâmes dans le district de *Lubime* qui offre, pour caractériser toute cette localité, un type encore plus prononcé que celui de Danilof[211]).

Bien que la population du district de Lubime s'occupe également beaucoup d'agriculture, elle est loin d'avoir suffisamment de blé pour sa consommation: cela tient probablement au peu de fertilité de son sol ainsi qu'au plus grand développement des professions hors du domicile. Quoique le district de Lubime soit tout aussi peuplé que celui de Danilof, la récolte du blé est deux fois moindre dans le premier que dans le second. Ce sont les métiers hors du logis qui servent de source principale à la subsistance de la population, surtout depuis la diminution de l'économie rurale des grands propriétaires qui se fait particulièrement sentir ici. Les biens des seigneurs, même avec leurs résidences, passent rapidement entre les mains des autres classes sociales parvenues depuis peu à la fortune, pour la plupart entre les mains des paysans (qui ne le sont que par leur titre officiel), mais qui, grâce à l'industrie et au commerce dont ils se sont enrichis, ont complétement perdu toute trace de leur ancien type villageois. Nombre d'entre eux se sont même installés dans les maisons seigneuriales qu'ils ont achetées, ce qui fait un tableau des plus caractéristiques de la vie moderne dans cette localité.

Le district de Lubime est fort pauvre en forêts; c'est à peine si 25% de tout l'espace s'en trouvent couverts. Le déboisement allait d'un train si rapide que, par ex. jusqu'en 1867, dans l'espace de 25 ans, les forêts avaient diminué des deux tiers. C'est dans la facilité du flottage du bois vers le Volga (par la rivière d'Obnore qui se jette dans la Kostroma), ainsi que dans la vente rapide des terres de la noblesse, et en partie dans le système de

211) Voy. Les habitants des villes en Russie t. V, p. II. p. 248; Le vocabulaire Géogr. — Statistique, t. II. Le calendrier du gouv. de Jaroslavl; Livre de mémoire du gouv. de Jaroslavl, l'année 1862.

212) Pour les notions sur le district de Lubime, voy. les mêmes sources que nous avons citées pour le district de Danilof.

culture agricole (la combustion du bois pour l'engraissement des champs), qu'il faut chercher les raisons de ce fait.

On peut dire qu'il n'existe ici aucune grande industrie de fabriques, car dans tout le district il ne se trouve qu'une seule usine considérable. On a bien installé quelques fromageries dans les villages, mais elles ont encore fort insignifiantes. Le trait le plus caractéristique de ce district, trait qui ajoute au type de la population de Lubime ainsi qu'à sa manière de vivre une physionomie tout-à-fait à part se trouve dans *l'industrie* dite des *restaurants*, qui est la spécialité prédominante parmi les professions des habitants de ce district. Cette industrie est la carrière principale à laquelle s'adonne la population villageoise du district de Lubime et qu'elle trouve particulièrement à Pétersbourg. Cette industrie ou profession, à commencer par les aubergistes, les propriétaires des restaurants, jusqu'aux derniers degrés de la hiérarchie des aubergistes, notamment les commis, les sommeliers et les employés de comptoirs (moins souvent les domestiques ou les garçons «polovoï» qui sont recrutés plutôt dans d'autres districts du gouvernement de Jaroslavl), est pratiquée par cette population jusqu'au dernier degré de perfection. Presque tous les restaurants russes à Pétersbourg appartiennent aux natifs du district de Lubime. Il est tout naturel que les propriétaires de ces restaurants et hôtels prennent à leur service leurs compatriotes; c'est aussi entre eux que ces établissements, ainsi que les divers emplois, passent de mains en mains. Cela a lieu à la suite de divers arrangements et même de mariages dans lesquels les auberges servent souvent de dot. Les habitants du même village occupent les divers emplois dans les restaurants de Pétersbourg à tour de rôle, et reviennent tour à tour chez eux pour vivre en famille et se reposer plus ou moins longtemps, quelquefois même des années entières, car ces occupations les fatiguent excessivement et ébranlent leur santé. Toute la population du district de Lubime s'est préparée depuis longtemps, peut-être depuis des siècles, à ce métier, et il est facile de comprendre pourquoi les propriéatires des restaurants de Pétersbourg recrutent parmi elle tout leur personnel.

Ainsi, l'avenir de chaque habitant du district de Lubime se

trouve assuré, dès sa naissance, par ce métier, à moins qu'il ne soit disposé à ne jamais quitter sa terre et à s'occuper d'agriculture. Le nombre de ces derniers est très restreint. La majeure partie joint les soins de l'économie rurale au dit métier qui semble n'avoir rien de commun avec les travaux des champs — (qui, de plus, est exercé à une distance de 1000 verstes du pays et des terres). Il ne reste que quelques hommes, notamment les vieillards et les enfants, puis toutes les femmes pour s'occuper d'agriculture et de ménage; on prend aussi des ouvriers des contrées voisines. Les aubergistes, comme nous l'avons déjà dit, reviennent chez eux en vacances, et y restent un certain temps pour se reposer et surveiller les travaux des champs dont ils ne s'occupent cependant pas de leurs propres bras. On peut se figurer à quel point est originale la vie domestique et rurale de ces gens; on trouve une agglomération d'éléments moraux et sociaux complétement disparates et à première vue inconciliables, venant des deux pôles diamétralement opposés de notre vie nationale: nous trouvons réunies la vie du paysan agriculteur dans une contrée isolée et tout-à-fait agricole (agricole par le genre des occupations sur les lieux) — et la vie du Pétersbourgeois, tout ce qu'il y a de plus Pétersbourgeois, façonné et rompu à toutes les finesses de toutes les conditions sociales de notre Babylone! Que de nouveaux motifs originaux, comiques et profondément dramatiques pourraient puiser les artistes ainsi que les romanciers dans cette vie si bizarre.

Il est certain que le métier d'aubergiste est très avantageux à la population de Lubime. Les propriétaires des restaurants (traktir) particulièrement, amassent des capitaux considérables pour le train de la vie d'un paysan. Cependant, autant que nous l'avons pu remarquer et d'après ce qu'on nous a dit, il ne se fait point (à quelques exceptions près) de grandes fortunes, passant d'une génération à l'autre. Tous les gains, les gros appointements, les divers bénéfices supplémentaires si facilement accessibles au personnel des restaurants, — tout cela, ainsi que tous les capitaux épargnés sont rapidement dépensés pour satisfaire à tous les besoins nombreux et à toutes les habitudes de luxe qui accompagnent ce métier. L'argent est très vite dissipé surtout dans le tourbillon de la vie de Pétersbourg; on le dépense aussi au village pour des objets de fantaisie, auxquels les Pétersbourgeois s'accoutument si facilement. L'argent le mieux employé est celui qui sert à agrandir les bâtiments et à améliorer leur intérieur, ce que ces gens-là aiment beaucoup; les dépenses sont encore plus opportunes lorsqu'elles ont pour objet l'achat d'une terre; les acquisitions de terrains ont beaucoup augmenté depuis que l'on vend à bas prix les propriétés des seigneurs. On nous a souvent parlé, en s'en vantant, de biens achetés à vil prix. A en juger d'après ce que nous savons, il faut croire que le métier d'aubergiste se trouve dans un état florissant; il prospère même. S'il existe en Russie une chose qui ne soit pas menacée de décadence, même à cette période de la dépression de l'industrie, c'est, assurément, l'entreprise des restaurants. Cependant les habitants de Lubime eux aussi, comme du reste tous les Russes de n'importe quelle condition ou profession, — se sont plaints à nous que maintenant les temps étaient bien changés au pire; ils se plaignaient de la concurrence des Tartares (de Kassimof gouv. de Kazan) qui entravent beaucoup leur métier à Pétersbourg. Il est connu que les natifs de Lubime, les Français et les Tartares (ceux-ci se sont multipliés surtout ces derniers temps) tiennent entre leurs mains tous les hôtels et les restaurants de notre capitale.

C'est depuis la gare de Prétchistoé que commença notre excursion à l'intérieur du pays, — en équipage et par les tout petits chemins vicinaux ou ruraux; c'est le seul moyen d'étudier la vie réelle du peuple. *Prétchistoé* est un ancien grand village ou bourg commerçant, bien connu dans cette contrée. Il est devenu encore plus important depuis la construction du chemin de fer, car c'est d'ici que partent plusieurs routes locales qui s'en vont bien loin à l'Ouest, à travers la ville de Potchéchonia, et à l'Est, par Lubime, vers la partie Nord du gouv. de Kostroma, ainsi que vers la partie Sud du gouv. de Vologda.

Tout en servant de centres commerciaux pour la vente des produits agricoles (ainsi que des produits de l'industrie domestique) et pour l'achat de diverses marchandises qui ne sont pas produites sur place, les bourgs de ce genre se développent et se peuplent chez nous rapidement, surtout parce qu'ils forment des nœuds de communication avec les chemins de fer. Ils surgissent et grandissent d'une façon toute naturelle, en dehors de tous réglements législatifs, tandis que beaucoup de villes qui n'existent que par la loi, privées de ces conditions naturelles, se dépeuplent et finissent par disparaître. Ces centres d'un type tout nouveau, sont à présent très nombreux chez nous et ne se prêtent à aucune norme officielle établie dans nos lois. Leur existence soulève une quantité de nouvelles questions administratives, et, entre autres, celles des rapports de la foule des nouveaux colons de diverses conditions établis ici pour toujours ou provisoirement, et dépassant de beaucoup par leur nombre, ainsi que par leurs fortunes, les membres de l'ancienne commune; du lieu des rapports, de cette population avec cette commune, la seule unité administrative reconnue par la loi, — de leurs rapports avec la population villageoise primitive.

Telle est la situation actuelle du bourg de Prétchistoé. A cause du chemin de fer de Vologda, cette place ne peut pas s'élever à un aussi haut degré que les points semblables des autres grandes lignes; mais malgré cela, c'est une place très fréquentée, et peut être la plus animée de toute cette ligne de Vologda, à cause des différents chemins vicinaux qui s'y croisent. Les jours de marchés il arrive ici une grande masse de marchands de toute la contrée avoisinante. Une foule de gens, particulièrement d'industriels, viennent ici, pour prendre le chemin de fer. La route la plus animée est celle qui traverse Lubime (26 verstes) et qui mène à différents endroits, au Nord-Est, aux gouv. de Kostroma et de Vologda.

La population de l'endroit comme, du reste, tous les habitants du gouv. de Jaroslavl, élevés depuis des siècles aux métiers enfantés par ces croisements de routes, s'est bien vite accommodée aux conditions modernes des communications de chemins de fer; cela lui a été d'autant plus facile que cet endroit se trouvait, dès les temps les plus reculés, sur la grande route du Nord. Les voituriers très alertes mènent, avec de bons chevaux, les voyageurs et les marchandises dans toutes les directions et à un prix très modéré, malgré le mauvais état des chemins, surtout à l'époque où nous les avons parcourus. Les cochers se plaignent avec humeur de la négligence des autorités locales (du zemstvo) à l'égard des routes; on est vraiment étonné de la facilité tout-à-fait russe et presque sauvage avec laquelle ils surmontent tous les obstacles sur ces chemins si mal entretenus. Auprès de la gare même, au-dessus d'un restaurant, s'est installé un hôtel pour les voyageurs qui manquent le train ou qui l'attendent. Il est évident que le confort de ce gîte est tout-à-fait primitif, mais il satisfait aux exigences minimes du public. Il serait impossible que la manière de vivre d'un pays quelconque, que les besoins de sa population qui dépendent surtout de son éducation, tels que la propreté et le confort d'un homme civilisé, puissent se développer aussi rapidement que se construisent les chemins de fer! Le trait caractéristique de l'hôtel susmentionné est que son agencement ne ressemble en rien aux autres établissements du même genre; il est installé dans une maison seigneuriale qui a été achetée par le propriétaire de l'hôtel dans le voisinage, dans un domaine aristocratique abandonné, et transportée ici. Ce fait, quoique nul en apparence, mais non accidentel dans cette contrée, nous a produit une certaine impression; il nous a frappé au premier moment de notre excursion dans un pays dont toute la vie passée est remplie de l'élément de la noblesse terrienne. La transformation de cet élément en diverses nouvelles appropriations sociales forme le côté essentiel de la vie moderne de cette contrée et ajoute un ton mélancolique à toutes les impressions du voyageur, malgré le caractère piquant et quelquefois joyeux de ces nouveaux phénomènes sociaux. Ainsi, nous avons vu, dans la suite de nos excursions, un cabaret installé dans l'aile d'une maison seigneuriale; le cabaretier, un monsieur à l'air grave, ancien valet de chambre du seigneur, l'appelle avec fierté «le cabaret du général», parce qu'il avait été d'abord établi par le seigneur qui était revêtu de ce grade, et était passé ensuite entre les mains du patron actuel, en récompense de ses fidèles services.

Comme nous l'avons déjà dit, nous avons trouvé à la gare de Prétchistoé toute l'installation adaptée à toutes les nouvelles conditions de la vie et des voyages rapides en chemin de fer. Le maître de l'hôtel tient aussi des chevaux pour conduire les voyageurs de tous les côtés; on le trouve toujours là à l'arrivée du train, proposant ses services à chaque voyageur. On croirait se trouver «en Europe», dans ces centres où les chemins de fer se croisent, où tout est arrangé pour l'aisance des nombreux touristes! La population du gouvern. de Jaroslavl n'a pas vécu et travaillé en vain, pendant plus de mille ans, à servir de toute manière les foules de passagers et de voyageurs qui traversent depuis des siècles leur contrèe; ce n'est pas en vain non plus qu'elle a exercé les divers métiers hors du domicile pour savoir s'accomoder aux exigences de toute espèce de gens de toute origine et nationalité. A Prétchistoé on vous propose immédiatement de vous conduire où vous voulez, dans n'importe quel équipage, avec un compagnon (ce qui est meilleur marché) ou seul. Le compagnon est choisi par le voiturier d'une manière très habile, si bien qu'il réussit en quelques moments à deviner la condition sociale et les goûts du voyageur.

Nous cûmes comme compagnon une personne très intéressante, un représentant typique du métier classique de Lubime. Il sert comme premier sommelier dans un restaurant russe (traktir) à Pétersbourg; il fut fort étonné que nous apprissions par lui pour la première fois l'existence de son restaurant, qui, selon lui, est d'une première importance pour notre capitale, servant de centre dans un grand quartier de Pétersbourg. D'après ses dires, il joue un rôle marquant dans la vie de notre capitale. Probablement que ce fameux restaurant, comme tous les traktirs russes de ce genre à Pétersbourg, n'est fréquenté que par les classes moyennes et basses. Notre compagnon, comme du reste toutes les personnes de cette espèce, est grand parleur; il n'est nullement embarrassé de se trouver dans la même voiture et de causer avec n'importe quel personnage d'une autre position sociale; un général en chef ou un ministre ne l'intimiderait nullement. Ceci d'ailleurs lui était habituel. Ses récits concernant la vie de Pétersbourg et tous ses mystères, étaient inépuisables; jamais à Pétersbourg même nous n'aurions pu en avoir des notions aussi précises. Après un travail bien long et bien pénible à son restaurant où il devait, nuit et jour, s'énerver en faisant de la «politique» (comme il s'exprimait) avec les habitués de la capitale de tout genre et de toute condition — son patron lui donna un congé d'un an pour se reposer et remettre ses nerfs. Cela lui permettra de vivre avec sa femme et ses enfants qu'il aime tendrement et dont il est toujours séparé. Du village, où il est né paysan-serf, il transporta sa famille à Lubime, où il construit une petite maison; il espérait au moyen de ses revenus et par l'éducation que ses enfants devaient recevoir à l'école du district, leur faire échanger la vie de paysan contre une condition plus élevée! Voici un trait caractéristique et consolant de ce roué Pétersbourgeois: notre compagnon nous racontait avec une sincérité profonde comment il jouissait de son repos dans sa famille, il nous parlait du bonheur de cette vie de famille après tous ces tracas d'enfer dans les repaires de Pétersbourg! C'est avec un grand amour qu'il nous donnait des détails sur ses enfants; il était comme leur bonne, et avait été acheter au bazar de Pretchistoé un joujou tout nouveau, qui devait leur faire un grand plaisir et qu'il tenait avec beaucoup de soin sur ses bras. Il ne faut pas croire que cet homme soit une exception. Plus tard nous aurons lieu de voir souvent ce trait national: un ancien attachement historique, patriarcal, on pourrait dire, naïf, dans la meilleure acception du mot, au foyer domestique l'emporte dans le coeur de ces Pétersbourgeois les plus dissolus sur toutes les extravagances de la vie de restaurant, sur toutes les séductions de Pétersbourg! Mais en dépit de tout cela, nous rencontrerons encore d'autres traits point du tout idylliques dans cette existence bizarre de gens qui vivent constamment séparés de leur famille et de leur maison. Nous aurons lieu de voir des résultats moraux tout-à-fait opposés de cette vie errante que mènent ces gens occupés de leurs divers métiers hors du domicile.

Il n'est pas étonnant, après tout ce que nous venons de dire de cette contrée, qu'en y voyageant on croirait se trouver dans nos capitales ou plutôt à Pétersbourg, qui est le premier sujet de toutes les conversations. C'est principalement à Pétersbourg que se pratiquent ces métiers. Outre notre compagnon de route, nous avons rencontré à la gare de Prétchistenskaïa le sommelier ou buffetier d'un des plus grands hôtels de Moscou, qui était venu pour plusieurs jours «visiter» les terres qu'il venait d'acheter dans le district de Lubime. Le domestique de l'hôtel à Pretchistoé avait servi pendant plusieurs années dans un des restaurants de Pétersbourg; son unique rêve était d'y retourner. A la suite de quelque arriéré d'impôts, il avait été appelé par la commune de son village, et voilà qu'à présent il était forcé de servir dans ce «méchant» hôtel sous la surveillance des autorités communales, jusqu'au payement de l'arriéré. Le cocher qui nous avait conduit à Lubime avait aussi exercé son métier à Pétersbourg, y avait été cocher de fiacre très élégant et avait été aussi mis à l'amende; son père le faisait travailler plus près de la maison paternelle et c'est en soupirant qu'il nous parlait de la bonne vie libre qu'il avait menée à Pétersbourg. Dans ces faits nous voyons encore la vigueur de l'autorité communale et paternelle, sans laquelle la vie domestique de braves Pétersbourgeois serait complétement perdue.

La ville de Lubime [213]) est un vrai village; elle n'est ville que de nom et comme chef-lieu du district. Dans ce sens-là, comme type de nos villes qui ne sont en réalité que des villages, elle est très curieuse, surtout en comparaison de nos villages qui sont en réalité des villes (voy. plus haut la description de Liskovo et celle de Pavlovo).

L'origine de Lubime comme celle de beaucoup d'autres villes de notre Grande Russie, n'a rien de commun avec les origines des villes de l'Europe Occidentale, c'est-à-dire avec les occupations urbaines des habitants, — le commerce et l'industrie. Lubime a été fondée par Jean le Terrible en 1546, sur la demande des gentilshommes du voisinage, pour servir de défense contre les invasions des Tartares ou comme place fortifiée, à l'exemple de beaucoup d'autres villes de la Grande Russie. Actuellement encore les remparts qui entourent la ville en rappellent le caractère primitif. La noblesse terrienne et les domaines seigneuriaux formaient encore tout dernièrement l'élément essentiel de la vie du district de Lubime et de son économie rurale. De nos jours le phénomène le plus en relief ici c'est la vente et la disparition des terres des seigneurs. La première question, que l'on nous posa à Lubime fut: «Vous êtes, sans doute, arrivé ici pour vendre vos terres?» C'est, au point de vue de tous les habitants de l'endroit,

---

213) Voy. l'Annuaire du gouv. de Jaroslavl, 1868; le calendrier du gouv. de Jaroslavl, 1879; le dictionnaire géogr.-statist., v. III.

le seul motif de l'arrivée d'un voyageur «distingué» (ou «seigneur»)
dans ces parages.

Comme ville, Lubime est parfaitement insignifiante. Il n'y a,
pour ainsi dire, qu'une seule rue, 4 églises et en tout 6 maisons en
pierre. En revanche, on y trouve, comme dans toutes les villes
du gouv. de Jaroslavl, quantité de boutiques; mais celles-ci ne
font d'affaires que les jours de marché. Nous n'avons point aperçu
d'acheteurs; les marchands, désoeuvrés dans leurs boutiques, ne
faisaient que prendre le thé pour tuer leur temps. Il y a près de
trois mille cinq cents habitants des deux sexes, et le chiffre de la
population n'a pas augmenté durant les vingt-cinq dernières années. La grande majorité des citoyens de Lubime émigre pour
exercer divers métiers, de sorte que, tous les ans, on délivre jusqu'
à 700 passeports, ce qui signifie qu'il part près de la moitié de
la population virile, ou presque tous les adultes.

La plupart des habitants de Lubime s'occupent d'agriculture
sur leurs propres terres, près de la ville et particulièrement sur
les terres de la ville. Ces dernières sont nombreuses et s'afferment à raison de 8 roubles la dessiatine par an. Il est toutefois
regrettable que la ville loue beaucoup de terres aux grands entrepreneurs, qui les sous-louent en détail aux paysans, à un prix
élevé.

Il se passe ici un phénomène auquel on pourrait ne pas croire
dans l'Europe Occidentale et qui est contraire à toutes les idées
élémentaires sur l'essence d'une ville et sur les métiers urbains.
Il y a des paysans, et entre autres ceux du gouv. de Vologda,
qui viennent s'installer à Lubime pour s'occuper *d'agriculture*
et affermer les terres appartenant à la commune urbaine! Cette
immigration d'agriculteurs s'est accrue surtout dans ces derniers
temps, après l'abolition du servage, vu que les paysans trouvent qu'il
est plus avantageux de cultiver ici les terres de la ville, que leurs
propres lots, dont ils ont été dotés après l'émancipation et qui
sont trop petits. Ainsi nous voyons un fait bien étrange: la ville
attire, et parfois de très loin, une population qui s'y rend pour des
travaux agricoles, tandis que ses propres habitants s'en vont
exercer leurs métiers bien loin de leur ville natale! Tout cela
paraissant anormal n'en est pas moins tout-à-fait naturel à

cause des conditions locales que nous avons indiquées. Lubime n'est une ville que sur les registres administratifs; en réalité c'est un village. Quant aux Lubimiens, ils trouvent plus avantageux d'exercer leurs métiers loin de leur foyers (à Pétersbourg ou ailleurs), à mille verstes de leurs familles! Ce sont des phénomènes que l'on ne recontre qu'en Russie et qui surprennent beaucoup les étrangers.

L'agriculture dans le district de Lubime se trouve actuellement principalement entre les mains des paysans; en partie s'en occupent d'autres classes, excepté la noblesse (les marchands afferment habituellement leurs terres aux paysans). L'agriculture ne fait que s'étendre dans le district de Lubime, comme du reste dans tout ce pays; on peut en dire autant du district de Bouï (gouv. de Kostroma) que nous avons visité après celui de Lubime. Nombre de paysans cultivent le blé en grande quantité, ce qui leur permet d'en vendre et de tirer profit de l'agriculture, malgré les gros bénéfices de leurs compatriotes exerçant des métiers hors du logis. En même temps, l'économie rurale des seigneurs tombe complètement, à moins qu'elle ne soit déjà complètement ruinée. Les propriétés de la noblesse disparaissent, car les propriétaires trouvent que l'agriculture gaspille leur fortune. C'est presque un fait général dans toute la Russie centrale du Nord (dans la région industrielle de Moscou); ce fait est très triste, non-seulement sous le rapport des progrès de la civilisation, mais aussi sous celui de l'agronomie. Les terres des seigneurs amoindries, l'élément intellectuel et moral de l'endroit diminue aussi dans la vie du peuple; quelque pénibles que soient les souvenirs que beaucoup de propriétaires nobles d'autrefois, de l'époque du servage, ont laissés dans le pays, il faut cependant avouer que la nouvelle classe sociale qui remplace peu à peu la noblesse dans ses terres et qui entre en force, ne possède pas encore les qualités nécessaires ni par son instruction, ni par son éducation, ni surtout par le caractère de son influence sur les affaires locales, pour qu'on puisse se réjouir de cette métamorphose sociale et en attendre quelques résultats bienfaisants. Du reste, dans la contrée dont nous parlons, les terres se trouvent encore plutôt entre les mains de la meilleure partie des nouvelles couches sociales, —

entre celles des simples paysans riches. Ailleurs nous rencontrons des capitalistes bourgeois, accapareurs des terres (surnommés chez nous« koulaks») qui exploitent de toute manière la misère du peuple. Mais, quant à l'agriculture proprement dite, elle ne fait aucun progrès chez les paysans et ce n'est que la grande culture des seigneurs ou des propriétaires instruits qui aurait pu la faire avancer.

Nous ne toucherons pas ici aux causes multiples et compliquées de la décadence de l'économie rurale parmi la noblesse terrienne; elle est d'ailleurs loin d'être, en Russie, un phénomène général [214]) c'est une question particulièrement à l'ordre du jour dans la région de Moscou. Nous ne parlerons de cette question qu'autant qu'elle se rattache au pays dont nous faisons la description.

Nous avons souvent entendu soulever cette question à Lubime; on peut dire que tout le monde ne fait qu'y parler des terres abandonnées par les seigneurs. On dit que dans tout le district de Lubime qui autrefois appartenait presqu'en entier à la noblesse, il ne reste plus que trois propriétaires nobles. En général, tout le monde, et entre autres les anciens serfs, regrette cet état de choses; cependant on ne dit pas beaucoup de bien des temps passés, on n'en parle qu'avec ironie, quoique sans amertume, cette dernière du reste est étrangère au bon caractère de la population de ce pays. «Les seigneurs étaient habitués, nous dit-on, à vivre agréablement, à leur aise (sans travail); maintenant qu'ils ne peuvent plus vivre de la même manière, ils se trouvent très malheureux, ne pouvant pas changer leurs habitudes. Nous avons eu souvent l'occasion d'entendre parler ainsi de la noblesse. Les personnes qui s'y entendent nous ont expliqué que l'économie rurale ne peut être avantageuse que pour les paysans qui travaillent eux-mêmes, tandis que les grands propriétaires sont ruinés par l'élévation de tous les frais de culture et surtout des salaires des ouvriers. Cette explication est bien connue; elle est un sujet de plaintes dans d'autres contrées de la Russie. Mais tout l'avantage de l'économie rurale des seigneurs, comparativement à celle des paysans,

---

214) Voy. nos réflexions sur ce sujet dans notre travail sur l'Exposition de 1882, à Moscou, ch. VI (dans l'appendice).

ne peut consister qu'en une culture plus *rationnelle et plus productive*; ce n'est seulement qu'une culture de ce genre qui peut rembourser chez nous, comme partout ailleurs, les frais énormes de la grande culture, comparativement à la petite culture du travail manuel des propriétaires-laboureurs. Cependant les procédés agronomiques de l'agriculture des seigneurs, là où elle est tombée, ne diffèrent presque en rien de l'agriculture des paysans, et c'est là précisément la cause première de l'abandon des terres seigneuriales. Telle fut ici autrefois l'économie des seigneurs, à cette période de servage que quelques auteurs de nos jours font passer pour florissante. A cette époque, l'agronomie de la noblesse n'était nullement meilleure; alors aussi, ils ne se distinguaient ni par leur savoir, ni par leur travail personnel, et ne profitaient guère que du travail gratuit des serfs, qui seul pouvait maintenir cette culture. A l'égard de la contrée dont nous parlons, nous avons entendu (de la part des paysans) une remarque assez juste: les seigneurs avaient dans ce temps à leur service, pour administrer leurs propriétés et pour toute sorte d'affaires économiques, un personnel choisi parmi leurs serfs, qui depuis lors, a disparu. L'ancienne génération de la noblesse ne peut pas plier aux conditions actuelles de l'économie rurale, tandis qu'on ne voit pas encore venir sur les lieux les représentants de la nouvelle génération.

Avant de quitter Lubime [215]) nous devons dire que cette ville nous a laissé une agréable impression générale. Les manières dégagées des habitants, jointes à la douceur et la politesse des mœurs qui distinguent la population de Jaroslavl, leur accueil bienveillant pour tout étranger, y rendent le séjour d'un voyageur très facile. Malgré l'insignifiance de leur ville, les Lubimiens sont habitués aux voyageurs de toutes les conditions et se piquent particulièrement de savoir traiter les «seigneurs» c'est-à-dire les étrangers de distinction; mais leur amabilité ne les empêche pas de conserver toujours dans les rapports avec ces étrangers un certain sentiment de leur dignité. Ce sentiment

---

215) Nous devons témoigner ici notre reconnaissance à *F. O. Krenëf*, président de la délégation du district de Lubime, pour son concours pendant notre voyage.

s'est beaucoup accru parmi les basses classes après l'émancipation des serfs, surtout parmi les paysans. «Maintenant nous sommes tous égaux», disent-ils;— cette phrase revenait fréquemment dans toutes les conversations des représentants des classes inférieures. Cependant, à toutes les qualités que nous venons de mentionner, on doit ajouter une grande part de rouerie, sinon de mauvaise foi qui généralement caractérise les Jaroslaviens, comme ils en conviennent eux-mêmes; leur amabilité à l'égard des étrangers est souvent due à l'idée de pouvoir en tirer profit. On remarque bien vite la grande différence qui existe entre la population du gouvernement de Jaroslavl et celle du gouvernement de Kostroma sa voisine immédiate: cette dernière est en somme plus grossière mais en revanche plus franche et plus droite.

De Lubime nous nous rendîmes à *Bouï* dans le gouv. de Kostroma (50 verstes), d'abord par le district de Lubime et ensuite par celui de Bouï, et de là, par le même chemin, nous retournâmes à Jaroslavl. L'automne étant déjà très avancé et les chemins devenant impraticables, nous fûmes obligé, à notre grand regret, de renoncer au premier plan de notre voyage qui était de nous rendre de Bouï à Galitch, ville historique, pour descendre de là vers le Volga par le gouv. de Kostroma. Pour augmenter le nombre des observations, nous avons pour principe dans ces excursions de ne retourner jamais par le même chemin. Mais d'un autre côté, en revenant par la même route, nous avons beaucoup gagné, car nous fûmes à même de faire plus ample connaissance du pays et de vérifier les premières impressions qui sont souvent erronées. D'ailleurs, nous n'étions pas obligé de nous hâter, en retournant avec les mêmes chevaux, et nous arrêtant souvent en chemin, où et quand nous voulions (c'est le meilleur système de voyage dans des excursions de ce genre).

Le chemin que nous prîmes était très animé et très-fréquenté, surtout dans cette saison-là. Comme nous l'avons déjà dit, il passe, par cette route, des industriels qui, des endroits éloignés du gouv. de Kostroma, ainsi que de celui de Vologda, partent pour Moscou et à Pétersbourg, ou bien retournent à leur domicile. Il va sans dire que la majeure partie des voyageurs étaient des Pétersbourgeois, c'est-à-dire des gens du pays qui résident à Pé-

20

tersbourg pour y exercer divers métiers. Leur foule joyeuse et bruyante, partie voyageant à pied, partie en équipage, en simples chariots ou en voitures (selon leurs moyens et leurs métiers), — encombrait toute la route. Comme ils sont grands parleurs et que leurs métiers sont très variés, on aurait bien pu, sur ce chemin, étudier Pétersbourg sous différents points de vue et recueillir les données statistiques les plus sûres. Il y avait entre autres une quantité de jeunes gens qui venaient de Pétersbourg dans leurs villages pour remplir leurs obligations militaires (tirer au sort).

Parmi toute cette foule, il y avait un personnage intéressant comme type d'artisan de haute volée, faisant à Pétersbourg une brillante carrière; c'est un excellent échantillon du nouveau tiers état qui se forme chez nous. C'était un entrepreneur poêlier, natif de la ville de Soligalitch (g. de Kostroma). Il avait abandonné pour quelques jours ses grandes opérations dans la capitale (entre autres, il avait un travail très pressé dans un palais Grand Ducal) pour aller au village voir sa mère qui se mourait. Il avait pris avec lui pour l'accompagner, une espèce de suite, plusieurs de ses compatriotes qui travaillaient chez lui et qui allaient également visiter leurs foyers. Nous eûmes la chance de faire ample connaissance avec ce groupe d'hommes qui allaient avec nous de Lubime à Bouï. Tout ce groupe et surtout son chef était digne du pinceau d'un maître; nous ne pouvons en offrir qu'une esquisse bien pâle. La compagnie, installée dans 2 équipages à 3 chevaux et abondamment munie de provisions diverses, pressait les chevaux. Le patron, un peu lancé, ne voulait plus rien se refuser; il avait déjà amassé un certain capital, s'était acheté du terrain près de son village (où il était né serf), et avait en train à Pétersbourg les travaux les plus avantageux. Il régalait largement ses compagnons à chaque halte et payait partout grandement. Encore jeune de figure, vêtu avec l'élégance que l'on ne trouve chez nous que dans les capitales (il portait un paletot de belle fourrure), il commandait à ses gens, comme à une armée, bien qu'il restât tout le temps leur meilleur ami et leur joyeux compagnon. Il avait toujours auprès de lui, pour son service personnel, en qualité de secrétaire ou de valet de chambre, le plus jeune des ouvriers, chargé, entre autres choses, de porter la guitare dont le patron mélomane ne se séparait jamais; cet instrument de musique, d'après ses dires, était son unique distraction dans ses nombreux travaux et préoccupations. Tout fier de ses succès industriels et de sa grande réputation, acquise par toute une série de nouvelles constructions à Pétersbourg, il se vantait de ses exploits de tout genre; il semblait néanmoins avoir bon cœur, était très bon enfant, et causait avec beaucoup de bonhomie avec ses camarades, ainsi qu'avec les étrangers. Il avait étudié toutes les finesses techniques de sa spécialité, bâtissait toute sorte de poêles et de calorifères, connaissait tous les perfectionnements modernes du chauffage et de la ventilation; les plus belles constructions de la capitale, les plus célèbres architectes ne pouvaient se passer de lui! Il était le conseiller intime de tous les premiers constructeurs de la Russie et des plus riches propriétaires, de tous les chefs de l'administration publique, de tous les gros bonnets dans le centre de l'Empire! Ses racontars sur Pétersbourg et sur sa vie coulaient comme une rivière; il connaissait tout ce qui se faisait dans le centre de l'Empire: les ressorts les plus mystérieux du gouvernement, les histoires de derrière les coulisses et de boudoirs et la vie intime de tous les hauts personnages! Il avait eu des entretiens et des relations intimes avec les personnes les plus haut placées. Comme constructeur et réparateur de poêles, il avait entrée libre dans tous les cabinets et dans tous les boudoirs. On peut facilement se rendre compte avec quelle curiosité la foule qui se rassemblait dans les auberges écoutait ses récits sur Pétersbourg et sur les affaires publiques (?). On peut également concevoir comment de ces récits se forme la rumeur publique qui se répand ensuite dans tous les recoins de la Russie; comment ces récits se changent en traditions que l'on trouve ensuite dans l'histoire, comment enfin se fait l'histoire! Il serait inutile d'ajouter que, dans tous ces récits, quelques notions vraies sur les hommes et les choses, quelques précieuses observations personnelles de la vie de la capitale dans ses plus hauts parages, — sont mélangées à une masse énorme d'absurdités et de fables, créées tantôt par fanfaronade, tantôt par ignorance. On ne peut pas supposer qu'un

homme presque illettré puisse pénétrer dans tous les secrets des
hautes sphères, qui lui sont parfaitement étrangères et comprendre
tout de suite les rouages du gouvernement rien que parce qu'il lui
est arrivé d'entrer dans le cabinet d'un homme d'Etat ou dans
le boudoir d'une grande dame pour visiter les poêles et d'avoir
peut-être échangé avec eux quelques paroles? Et cependant, que
de notions historiques se répandent de cette manière dans le
pays et parmi le peuple? La société de notre capitale ne refuse même
pas quelquefois de croire à ces vagues rumeurs, recueillies dans les
corridors et les antichambres des palais! C'est ainsi que se forment les légendes historiques (de l'avenir). Pour compléter le
portrait de notre Pétersbourgeois, nous devons citer encore un
trait: très préoccupé des grandes entreprises qu'il venait de
commencer à Pétersbourg, entraîné par les charmes de sa vie,
il s'arrache brusquement à toutes ses affaires et ses plaisirs, à la
première nouvelle de la maladie de sa mère. Il accourt vers elle,
dans sa chaumière de paysanne, pour lui fermer les yeux, et, à
chaque moment, il coupe court à ses joyeux récits par une ex-
clamation: «tout cela n'est que bagatelle, pourvu que je trouve
encore ma mère, que je puise la voir encore une fois!» Les larmes qui jaillissent des ses yeux lui couvrent la face et lui font
oublier toute sa grandeur, dont il venait de nous parler avec
tant de bruit. Son impatience de revoir sa mère et les récits qui
la concernaient, étaient vraiment touchants. Voilà un trait essentiellement national que l'on peut retrouver dans l'artisan le plus
éventé et le plus adonné aux bamboches de la capitale. Quelle que
soit la hauteur de la position qu'il ait acquise, il n'oublie jamais
sa mère et sa maison de paysan!

Dans notre trajet de Lubime à Bouï, nous devons noter surtout les maisons de paysans-agriculteurs qui sont très vastes,
très spacieuses, ordinairement à deux étages, et à 5 fenêtres. En
général, nous avons remarqué l'aisance, sinon la richesse, dans
les campagnes qui se trouvaient sur notre chemin. Ici le peuple vit mieux que dans beaucoup d'autres contrées plus riches,
de la région industrielle de Moscou, où il néglige l'agriculture,
comme par ex. dans le gouvern. de Moscou. On est surtout surpris de voir ici de belles bâtisses et de ne presque pas rencontrer

d'auberges (traktirs), si multiples dans les villages du gouvernement de Moscou, où nombre de paysans y passent la journée entière.

D'après nos observations de voyage, le district de Bouï dans lequel nous venions d'entrer ne diffère que très peu de celui de Lubime; la population est plus rare, et l'économie rurale occupe une place encore plus grande dans ses occupations.

La plus grande partie du district de Bouï[216]) compte parmi les parties les plus fertiles du gouv. de Kostroma qui produisent toujours plus de blé qu'il n'en faut pour la consommation locale. Ce qui surtout peut surprendre au premier abord, c'est qu'ici comme ailleurs, l'exercice des métiers hors du domicile très répandus dans le district de Bouï, contribue aux progrès de l'agriculture. D'une part, ces métiers font diminuer le nombre des consommateurs sur place; de l'autre — ils procurent de l'argent pour la culture de la terre appartenant aux industriels absents qui continuent leur économie rurale à l'aide des membres restants de leurs familles et par des ouvriers loués. Au contraire, les paysans qui travaillent dans les fabriques, perdent de plus en plus l'habitude de la terre et l'abandonnent à jamais. Une chose assez curieuse dans l'économie rurale du district de Bouï — c'est l'engraissement méthodique de jeunes coqs et de jeunes poules; c'est un métier très avantageux (1000 couples rapportent jusqu'à 400 rb. de bénéfice net) qui forme l'objet principal d'exportation dans les deux capitales (entre autres, le bourg de Dor a cette renommée). Ce métier prouve à quel point peuvent être avantageuses les diverses productions supplémentaires de l'économie rurale, surtout dans une région qui n'a pas de tchernozème; car ces produits rapportent beaucoup plus que la culture du blé. Mais, malheureusement, les productions de ce genre ne prennent racine chez nous que par routine; ni les paysans, ni

---

216) Pour le district de Bouï, voy *Pirogof*. Les matériaux pour la statistique du gouv. de Kostroma, livr. 3. 1875 (l'ouvrage de M. Pirogof est la meilleure source des notions statistiques et économiques sur le gouv. de Kostroma, et nous en avons profité); le Diction. Géogr.-Statist., t. 1.; *Krjeivoblotsky*, le gouv. de Kostroma, 1861.

les grands propriétaires, ne sont disposés à prendre l'initiative dans les entreprises de ce genre.

La plus grande partie de la population de Bouï exerce des métiers hors du domicile. Ils sont variés: on y trouve des maçons, des stucateurs, des briquetiers, des badigeonneurs, des fabricants de chaussures de feutre, des arçonneurs de laine, des tonneliers, des remouleurs, des colporteurs, des cochers etc. L'industrie manufacturière est nulle, et n'existe presque pas dans le district de Bouï (il n'y a en tout que 8 usines peu importantes d'eau-de-vie, de briques et une de bougies). La population ne travaille guère dans les fabriques. Les productions de la petite industrie domestique s'y trouvent répandues jusqu'à un certain point: particulièrement celles des fourrures à la laine, de feutre, les objets de fer, des bonnets et des chapeaux, les vêtements de paysans, la teinture des toiles et du fil, les craquelins, etc.

Le district de Bouï appartient aux localités du gouv. Kostroma dont le bien-être matériel de la population est comparativement plus élevé qu'ailleurs, surtout dans les contrées des grandes fabriques de ce gouvernement. Il s'est assurément élevé après l'abolition du servage qui donna ici une forte impulsion à deux sources principales de la subsistance du peuple ici — l'agriculture et les métiers hors du domicile. Le district de Bouï compte au nombre des localités qui ont été le plus opprimées par le régime du servage.

La ville de Bouï peut servir de modèle des villes-villages que nous avons décrits plus haut. C'est un vrai village qui n'a presque rien de la vie urbaine, à l'exception de quelques boutiques comme il s'en trouve d'ailleurs aussi dans nos grands bourgs. Tous ses habitants s'occupent d'agriculture et de flottage de bois vers le Volga, par la Kostroma, rivière près de laquelle est située la ville. Le nombre des habitants, 2000 personnes des deux sexes, ne s'accroît plus depuis des dizaines d'années. A l'exemple de bien d'autres villes-villages de notre Grande Russie, Bouï a surgi, non à cause de ses conditions favorables à la vie urbaine, mais comme place fortifiée, construite en 1536 sous la régence de la Princesse Hélène, mère de Jean IV. Dans la suite, il laissa une trace dans l'histoire, en servant de prison où furent enfermés les ennemis de l'usurpateur Godounof. Pendant un temps même cette ville fut supprimée et ne remplit maintenant le rôle de ville que comme résidence de l'administration du district.

Mais les villes de cette contrée sont moins intéressantes et ne caractérisent pas la vie de la population. C'est pourquoi nous n'y sommes resté que fort peu de temps et nous avons profité de chaque occasion que nous offrait notre excursion pour séjourner dans les villages. Heureusement, ces occasions ne manquaient pas: en automne, sur ces chemins exécrables, il arrive à chaque pas des accidents qui obligent le voyageur à chercher un gîte chez les paysans. Ceci permet au voyageur de pénétrer dans l'intérieur de leur existence, et de faire des observations sans qu'ils s'en aperçoivent et se sentent observés.

Ces observations ont servi de base à tous nos récits sur ce pays et, entre autres, sur le côté le plus caractéristique de sa vie. — les métiers hors du domicile. Quels que soient les avantages matériels que la population tire de ces métiers, leurs conséquences morales sont souvent très tristes. Ainsi que nous l'avons dit plus haut, le pli primitif et patriarcal de la vie de notre peuple, de même que sa foi religieuse — la crainte de Dieu (selon son expression) — maintiennent encore les principes de morale dans les mœurs et l'esprit de famille, malgré le poison qui les ronge et qui provient de ces vagabondages, de cette vie continuellement hors des foyers, où on se croit tout permis. Cependant, il nous est arrivé de voir à chaque pas comment ce poison de la vie célibataire corrompt et décompose la vie de famille, et ébranle le sentiment du devoir moral qui en forme la base.

A tout instant, pendant cette excursion nous étions témoin, dans les chaumières, de drames déchirants; ces drames ne sont par supposés par les personnes qui croient que le «paysan» ne vit exclusivement que de besoins et d'instincts animaux. Nous citerons un seul exemple de pareils drames qui s'est profondément gravé dans notre mémoire. Ce n'est là nullement un cas exceptionnel, mais plutôt un échantillon de phénomènes qui remplissent toute cette vie des métiers hors du domicile.

Nous avons été obligé de rester longtemps sur le chemin dont nous parlions dans une pauvre chaumière. Un vieillard et sa femme qui n'avaient pas d'enfants, prenaient soin de la famille de leur nièce, abandonnée par son mari qui travaillait loin du pays Un grand chagrin affligeait ces pauvres gens, et chacun, les vieux comme les enfants, le contait à sa manière et demandait aux voyageurs conseil sur la manière d'échapper à leur malheur. Tous les ans, l'industriel vient voir sa femme pour quelques jours, mais rien que pour «s'amuser» avec elle. Tous les ans, elle met un enfant au monde; c'est elle qui en a la charge, c'est elle qui doit nourrir et élever les enfants: elle n'en peut déjà plus. Elle s'efforce, autant que possible, d'assurer leur avenir, en les envoyant à l'école, selon la coutume de toute la population de l'endroit. C'est son oncle qui l'aide; mais il devient déjà très vieux. Le mari, de son côté, n'apporte rien dans la maison; il mène ailleurs une vie large et joyeuse, et dépense tous ses gains pour la femme de son patron. Cette femme est déjà âgée (elle a plus de 50 ans), mais est encore très séduisante; il se plait, évidemment, mieux dans sa société que dans celle de sa femme, qui, tout en étant jeune et jolie, n'est qu'une grossière paysanne! De cette façon, il vit avec sa maîtresse, comme si elle était sa femme, et traite sa femme comme une maîtresse!

Aux tristes récits des représentants de trois générations sur leur malheur de famille, se mêlait beaucoup de comique-tragique. L'aîné des garçons, âgé de 13 à 14 ans, très vif et très développé, prenait aussi part à la conversation: il émettait ses remarques enfantines et ses réflexions sur la conduite de son père. Le grand père disait avec beaucoup de raison: «Avec quelles idées sur leur père grandissent ces enfants?» L'aîné sera bientôt en âge, et ne permettra pas l'entrée de la maison à son père mauvais sujet; il le méprise déjà, en voyant les larmes de sa mère. Qui sait, si, un jour, le fils ne suivra pas le chemin de son père? A présent même, il est tout-à-fait gâté par sa malheureuse mère, qui ne sait plus ce qu'elle fait: il bat souvent sa petite soeur, et n'a pas jusqu'à présent connu la colère d'un père...».

Ces pauvres gens ont essayé tous les moyens pour enrayer

leur malheur; mais tout a été inutile. Chacun, d'après sa manière de voir, donnait un conseil pour faire revenir le mari auprès
de sa femme. Les communications que l'on nous fit à ce sujet
étaient très curieuses. «Comme nous n'avons plus de seigneur,
disait le grand papa, qui autrefois décidait ces affaires, il fallait
bien recourir aux autorités, quoique elles soient devenues très
faibles de notre temps». Le chef de la police locale avait répondu,
que «comme les impôts étaient payés régulièrement par le gaillard,
la police n'avait pas de mesures de rigueur à prendre contre lui;
et du reste que cela ne la regardait pas. La commune non plus ne
voulait pas s'en mêler comme elle le faisait autrefois. Sur le conseil de la vieille tante, toute la famille était allée faire des repro-
ches et des récriminations à la femme séductrice qui avait ensorcelé le mari et lui faire honte. Cette dernière n'avait fait que se
moquer d'eux et les avait tous renvoyés, etc.

Aux plaintes navrantes de la jeune femme, ainsi qu'à ses
questions pressantes sur ce qu'elle devait entreprendre, nous
n'avions autre chose à lui répondre, que son mari était un «vaurien», qu'elle avait tort de le laisser entrer dans sa maison, et
que, dans ces circonstances là, il ne lui restait plus rien à faire
que d'implorer Dieu, en Le priant de mettre son mari dans le
droit chemin.

A cela elle nous avait répondu d'abord, d'un ton saccadé et
nerveux, qu'elle n'avait pas le droit de fermer la porte à son
mari; puis, avec irritation: «mon mari n'est pas un vaurien, dit-
elle (cette expression l'avait profondément blessée) et ce n'est pas
de sa faute si une méchante femme l'a ensorcelé». Dans ces quelques paroles, après lesquelles elle disparut furieuse, nous avons pu
voir l'expression des idées du peuple, la résignation toute chrétienne
de cette femme, de même que son amour ardent pour son mari.
Lorsqu'elle se plaignait amèrement qu'il ne lui envoyait pas des sou-
liers qu'il avait promis pour Serge (son fils), ce n'était pas, sans
doute, le désir cupide de les avoir qui la faisait parler ainsi, mais
bien la douleur de voir son mari si indifférent pour ses enfants.

Nous n'avons pu présenter que le squelette bien nu de ce
drame. On en rencontre beaucoup d'autres sur le terrain tantôt

gai, tantôt triste de ces métiers hors du domicile. Le frère du héros de notre récit mène un genre de vie semblable. Un jour pendant que nous traversions une forêt, nous aperçûmes une femme courant après son mari qui partait au loin pour exercer son métier. Elle s'était saisie d'un fusil pour le tuer, mais n'ayant pu le rejoindre, elle s'était, dans son désespoir, tiré un coup de ce même fusil, et gisait sur le sol à demi-inanimée.

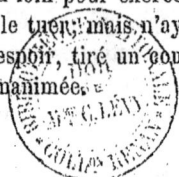

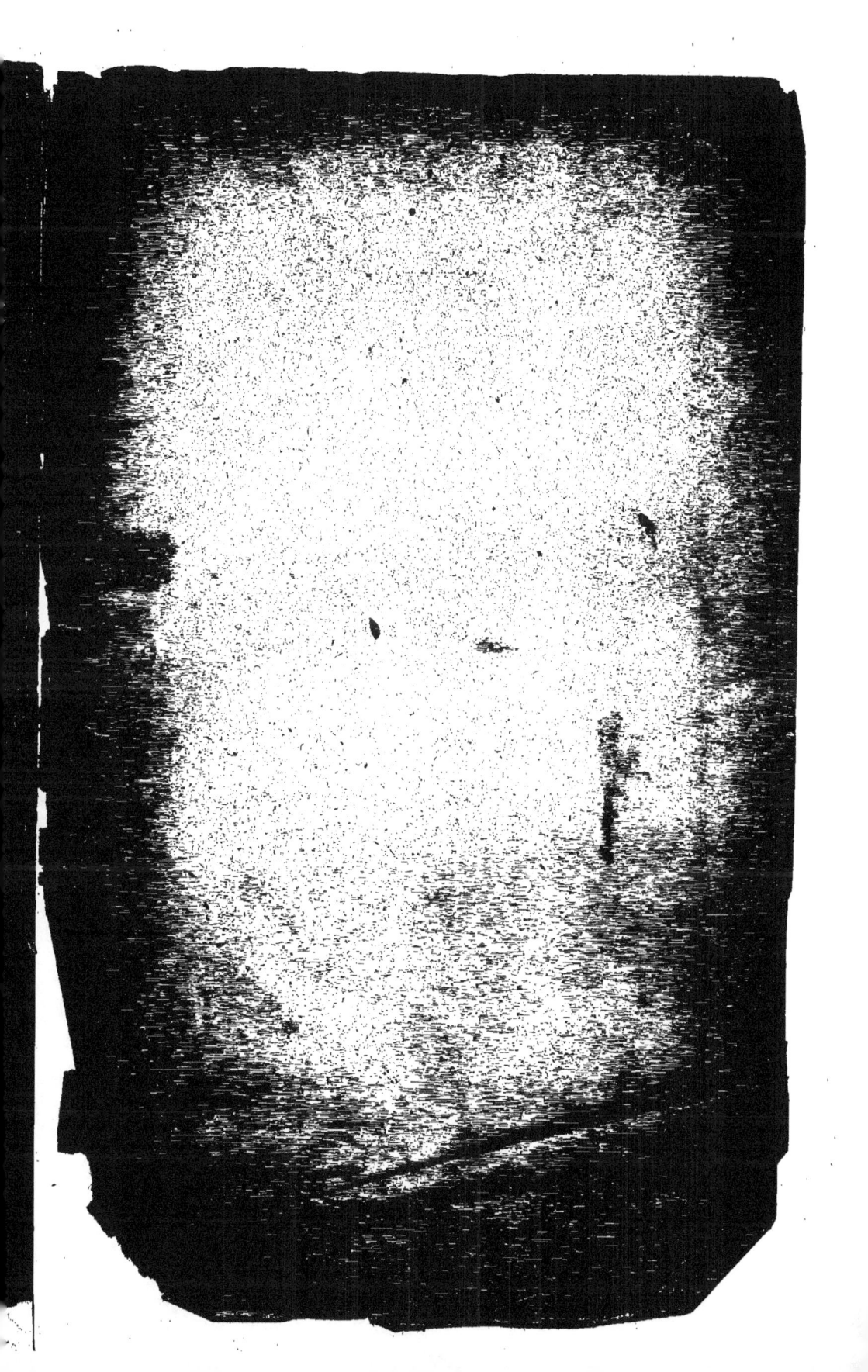

www.ingramcontent.com/pod-product-compliance
Lightning Source LLC
Chambersburg PA
CBHW060412200326
41518CB00009B/1334